招聘管理实务

Recruitment Management Practice

陈志鹏　范征　邓丹凤 ⊙ 主编

中南大学出版社
www.csupress.com.cn
·长沙·

图书在版编目（CIP）数据

招聘管理实务／陈志鹏，范征，邓丹凤主编. —长沙：
中南大学出版社，2025.1
　ISBN 978-7-5487-5698-9

　Ⅰ. ①招… Ⅱ. ①陈… ②范… ③邓… Ⅲ. ①招聘—
基本知识 Ⅳ. ①F241.32

中国国家版本馆 CIP 数据核字（2024）第 018307 号

招聘管理实务
ZHAOPIN GUANLI SHIWU

主编　陈志鹏　范　征　邓丹凤

□出 版 人	林绵优
□责任编辑	刘　莉
□责任印制	唐　曦
□出版发行	中南大学出版社
	社址：长沙市麓山南路　　　　邮编：410083
	发行科电话：0731-88876770　传真：0731-88710482
□印　　装	长沙新湘诚印刷有限公司

□开　　本	787 mm×1092 mm　1/16　□印张 18.75　□字数 453 千字
□版　　次	2025 年 1 月第 1 版　　□印次 2025 年 1 月第 1 次印刷
□书　　号	ISBN 978-7-5487-5698-9
□定　　价	59.80 元

招聘管理实务

编委会

主　编◎陈志鹏　范　征　邓丹凤

副主编◎吴士文　刘　岚　左晓娟

编　委◎王　欢　何清华　谢根甲

　　　　夏栋梁(企业)　朱　丹(企业)

　　　　刘滨睿

在知识经济和信息化时代，人力资源作为第一资源已成为一个国家经济、社会、科技发展的决定性因素。处于经济全球化、竞争日益加剧的动态环境下，企业要想提升整体绩效，维持并增强竞争优势，就不能仅仅依靠传统资本的运营，还必须依靠人力资源来培育核心竞争力。人力资源成为现代企业最具有竞争优势的战略性资源，在企业总体发展目标的实现中具有举足轻重的作用。

企业如何成功吸引、激励和留住优秀的人才，如何立足于竞争激烈的市场，最有效的途径就是掌握最新的人力资源管理知识，利用高效的方法、技术和工具，对人力资源进行科学的管理和充分的开发。人力资源管理各职能中，招聘管理是人力资源管理体系的源头，作为最基础的核心步骤，决定了整个企业的人力资源状况，是企业重大战略决策的重要辅助。招聘管理在以人为本思想指导下，将人岗匹配理念贯穿始终，保证达到人尽其才，才尽其用，更好地推进企业战略目标的实现。

鉴于招聘管理的重要性，本书立足于人力资源管理部门招聘管理岗位，针对企业通过外部招聘或内部选拔补充各层级空缺岗位人员的实际，将招聘管理的理论、方法与操作实务相结合，以招聘管理的流程为主线，系统地构建招聘管理基本理论框架，以帮助读者对招聘管理形成较为全面的认识和深入的理解。

本书内容主要分为十二章：第一章介绍了招聘管理的概念、原则、内容、地位和作用等，分析了影响招聘管理的因素。第二章阐述了劳动力市场基础理论、人力资源配置模式、招聘管理的主要原理和胜任力素质理论。第三章介绍了战略导向的招聘管理、HRBP下的招聘管理、数字化招聘管理三大招聘趋势。第四章介绍了招聘计划的相关概念及制订策略。第五章介绍了招聘渠道的种类，重点强调应根据企业不同的发展阶段、不同的职位选择不同的招聘渠道。第六章界定了人员甄选的概念，介绍了人员甄选的程序和主要工具，重点分析了人员甄选工具的信度和效度。第七章详细介绍了面试的概念、特点、目的、内容、组织实施程序、技巧以及误区等。第八章阐述了评价中心技术的概念，分析了三种常用的评价中心技术，总结了评价中心技术存在的问题及未来改进的方向。第九章介绍了心理测量的概念、程序和三种常用的心理测量技术。第十章概述了录用决策、发放录用通知、员工试用、正式入职、签订劳动合同等录用的各个环节，重点介绍了正式入职的步骤。第十一章阐述了招聘评估的定义、作用、流程、标准，分析了招聘过程中各个环节评估，最后介绍了招聘工作总结及招聘评估的注意事项。第十二章为招聘各个环节的文件示例。本书在编写过程中力求突出以下特色：

（1）结构系统、完整。本书宏观上围绕招聘管理的流程，从招聘计划、招聘渠道选择、简历筛选、笔试、面试、录用、招聘评估等方面，对招聘管理进行全面系统的介绍，微观上对各个模块的相关概念、特点、流程、方法等展开详细论述，力求为读者展示一个完整的招聘管理知识体系。

（2）理论与实际结合性强。在充分借鉴国内外招聘管理成熟理论、方法和最新研究成果的基础上，本着区别于单纯的理论和方法，努力提升对招聘管理实践的认识与理解，挖掘招聘管理的深层次内涵，将招聘管理提升到理论与实务相结合的高度。

（3）实践案例丰富。为更好地诠释招聘管理的相关理论与方法，在考虑体系完整性的同时，在每一章节的开篇和结尾案例中展示了国内外企业的实际情况，让读者带着兴趣和思考去学习招聘管理理论知识并运用其去分析案例问题，增强读者对理论的理解把握，提高读者解决实际问题的能力。

（4）编写体例科学。本书沿着知识结构图、学习要点、学习目标、引导案例、正文、本章小结、关键术语、复习思考题的思路设计每一章节的编写体例。正文在注重逻辑性阐述的同时利用通俗易懂的文字和图表，穿插丰富的小知识点和典型的小案例，准确地表达出招聘管理的主要内容，力求使本教材更具有可读性。学习目标和每章小结为读者系统地把握本章理论脉络和要点提供良好的指导。复习思考题有助于引导学生回顾所学内容。

（5）贴近教学实际。为提高本书的教学针对性，结合具体教学实践，吸纳大型企业高管加入编书团队，融入他们的企业真实案例和企业实践建议，反复修改完成本教材。

本书由陈志鹏、范征、邓丹凤担任主编，负责全书的总体设计、编写、修改和组织分工，吴士文、刘岚、左晓娟担任副主编，负责过程指导、质量控制和统稿定稿，具体为：左晓娟（第一章）、吴士文（第二章）、范征（第三章）、刘岚（第四章）、左晓娟（第五章）、陈志鹏（第六章）、刘岚（第七章）、王欢（第八章）、何清华（第九章）、邓丹凤（第十章）、范征（第十一章）、邓丹凤（第十二章），各位老师参与了本书的资料查阅、编写、修改完善工作。本书的编写得到了湖南女子学院范征教授、湖南金博高新科技产业集团（上市公司）人力资源副总裁袁玲副教授、长沙市望城区第一中学何清华老师的加盟和指导，湖南高速集团项目经理夏栋梁先生、长沙简聘信息科技有限公司总经理朱丹女士、湖南佳宜企业管理有限公司副总经理唐宇先生和湖南云畅网络科技有限公司人力资源行政部总监毕洁女士为本书提供了真实丰富的案例，在此一并表示衷心的感谢。此外，在编写过程中，本书遵循教材注重成熟概念、理论、方法并兼容前沿研究观点的原则，参考、借鉴、引用了国内外很多专家和学者的著作和最新研究成果以及案例等，虽然大部分在参考文献中列举，但由于篇幅所限，未能全部收列，在此向相关著作者致以诚挚的谢意。

由于招聘管理是一个实践性较强的知识领域，其理论和方法一直在不断发展和变化，再加上自身水平的局限性，书中难免有不足之处，敬请各位专家和学者批评指正，有关修改建议可发到电子邮箱 chenruolin@126.com，笔者将在以后的探索中不断改进，也衷心希望通过各位专家和学者的一致努力，使招聘管理教材的内容体系不断完善和成熟。

目录

CONTENTS

第一章
招聘管理概述

知识结构图

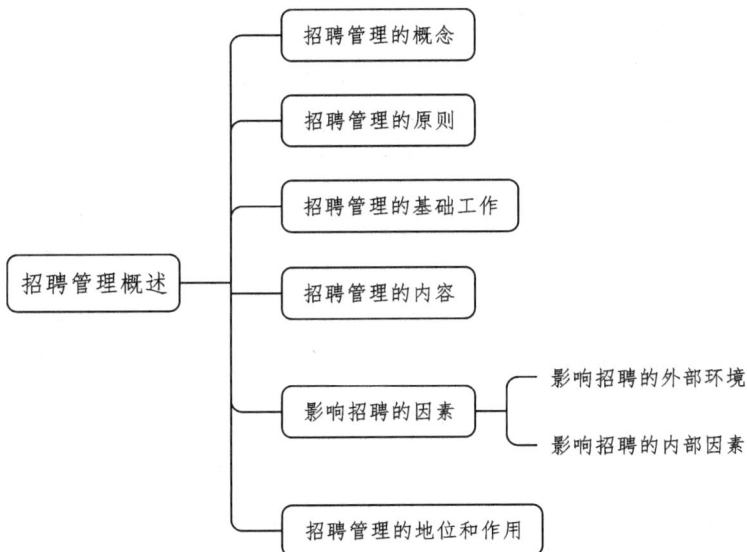

学习要点

- 招聘管理的内涵
- 招聘管理应遵循的五大基本原则
- 招聘管理的两项基础工作
- 招聘管理的四个阶段内容
- 影响招聘的外部环境
- 影响招聘的内部因素
- 招聘管理的地位和作用

🔊 学习目标

掌握招聘管理的概念、原则、内容及影响因素,理解招聘管理在人力资源管理中的地位与作用;掌握招聘管理的基本内容,能够结合企业实际情况具体分析招聘管理的影响因素。

🔊 引导案例

腾讯公司的招聘经验

伴随着互联网行业的飞速发展,腾讯公司的业务迅猛扩张,对人才的需求也在与日俱增。为尽快招聘到合适的人才,腾讯公司分析了行业人才的特征,定位了招聘对象,并动员全公司开展行动。

1. 互联网行业的人才特征分析

互联网行业的飞速发展带来了巨大的人才需求。首先是集中化。北上广深的互联网人才很多,尤其是北京和上海。其次是流动性高。主要集中在有三年经验的人才。这个行业里的人才的特点是年轻化、高学历、发展机会多。

从招聘的岗位而言,互联网行业主要的需求还是各种语言开发技术类的人才。但管理类人才欠缺,行业人才整体比较年轻、经验少,管理类的人才不是特别多。互联网行业的薪酬普遍都比较高。在互联网公司的上市大潮后,整个行业的薪酬出现了不小的上涨。这说明行业的前景不错,具有较大的发展空间。

2. 寻找有梦想、爱学习的实力派

"有梦想"是指对互联网行业有热情并持续关注,将其作为自己长期的事业来发展;"爱学习"的招聘标准,即有潜力,拥有良好的基础素质;"实力派"并不特指名牌高校,但专业成绩必须优秀,并有丰富的实践经历,对产品有个人独到的见解。

互联网行业的发展太快了,很多公司都以高薪来招揽优秀的人才。互联网招揽人才的方式也更加多样化,是传统行业无法想象的。再者,候选人本身的个性化诉求也非常多。随着80、90后员工成为主流,他们的忠诚度非常低,今天在公司上班,第二天可能就离职了。当然,他们的选择也很多,企业很难一一满足他们的个性化诉求,所以招聘的难度不小。

3. 带动全公司一起做招聘

当面临人才需求的急剧扩张时,腾讯公司在企业内部营造一种招聘氛围——内部推荐,就是带动全公司的人一起来做招聘。

在内部推荐时,人力资源部门第一要追求响应速度,候选人行或者不行,在三个工作日内必须给出结果;第二是一旦觉得候选人可以,就马上支付给伯乐奖金;第三是主动出击,人力资源部门会主动咨询刚入职的员工是否有其他合适的候选人可以推荐。新员工都

渴望尽快给公司做出贡献，而最有效的贡献就是推荐人才。另外，为离职人员建立了一个QQ群，请他们推荐人才。

案例思考：

1. 腾讯公司招聘管理中值得分享的经验有哪些？

2. 组织如何才能实现有效招聘，获取更多优秀人才？

（资料来源：吴文艳，《组织招聘管理》，东北财经大学出版社，2020年版，有改动）

一、招聘管理的概念

招聘管理是组织基于生存和发展的需要，根据人力资源规划和工作分析的要求，采用科学的方法，筛选出符合本组织所需合格人才并予以聘用的管理活动。组织员工会随着组织环境和组织结构的变动发生变化。为确保组织的生存与发展，员工招聘对组织来说意义重大。"成功的招聘是一种战略，甚至是一项最重要的战略。"招聘管理是人力资源管理的重要部分，属于人力资源输入环节。

基于组织战略管理前提下的招聘管理，必须做好组织人力资源规划和工作分析两项基础性的工作。人力资源规划是对组织需求和供应预测的过程，决定了要招聘的部门、职位、数量等因素。工作分析是对职位的任职要求进行的分析，为招聘提供主要的录用依据。招聘管理主要包括招募、选拔、录用和评估这几个关键环节。招募是组织为了吸引更多更好的候选人来应聘而开展的若干活动；选拔则是组织从招募的人员中选出最合适的人来担当某一职位；录用主要涉及员工的入职手续办理、合同签订以及试用；评估是对招聘活动的效益与录用人员的质量进行考评。

二、招聘管理的原则

员工招聘活动是一项经济活动，也是一项社会性、政策性很强的活动。在任何组织中，不管是招聘高级管理人员还是普通员工，无论招聘人员的数量多还是少，为了保障招聘工作的有效性，一般都须遵循以下基本原则：

(1) 遵守国家法律法规的原则。任何组织在招聘过程中都要遵守国家关于平等就业的相关法律法规和劳动政策，包括《中华人民共和国劳动法》《中华人民共和国劳动合同法》等劳动法规，实行公平竞争、平等就业，反对种族歧视、性别歧视、年龄歧视、信仰歧视甚至容貌歧视、身高歧视等，保护未成年人及妇女的权益，关注农民工等弱势群体、少数民族和残疾人等群体的就业现状。

(2) 双向选择原则。双向原则是指组织可以按照自己的意愿自主选择自己所需要的员工，而劳动者也完全可以按照自己的要求自由地选择组织。双向选择原则是劳动力市场资源配置的基本原则。这一原则既可以使组织不断完善自身形象，增强自身的吸引力，也可以使劳动者为了获取理想的职业、在招聘中取胜而努力提高自身的素质与技能。

(3) 公开公平竞争原则。公开公平竞争的原则强调组织在招聘过程中，应把招聘的单位、岗位、数量、资格、条件等情况面向一定范围进行公开告知。平等地对待所有的应聘者，达到择优选聘、优胜劣汰的目的，同时也给予社会各种人才一个公平竞争的机会，充分挖掘全社会的人力资源。

（4）能力与岗位匹配原则。组织在适宜的时间范围内，采取适宜的方式，实现人、职位、组织三者的最佳匹配，以达到因事任人、人尽其才、才尽其用的互赢共生目标，让最合适的人在最恰当的时间位于最合适的岗位，避免低才高就或者是高才低就的现象。因此，招聘过程中应坚持根据岗位任职要求，确定关键信任素质等标准，以此作为衡量人才匹配的尺度，以保障招聘工作的有效性。

（5）效率优先原则。这一原则是尽可能以最低的招聘费用录用到高素质、适合组织需要的人才。效率优先原则表现在招聘工作中，根据不同的招聘要求，灵活地选用招聘形式，并尽可能降低招聘成本。一般而言，招聘成本包括：①直接招聘成本，如招聘过程中产生的广告费、招聘人员的工资、差旅费、办公费及聘请专家等费用；②重置成本，即因招聘不力不得不重新再招聘所花的费用；③激活成本，即因人员离职及新员工尚未完全胜任工作而产生的费用。

三、招聘管理的基础工作

（一）人力资源规划

人力资源规划是对人力资源净需求进行预测，这份预测决定了预计要招聘的职位与部门、数量、时限、类型等因素。招聘工作一般是从招聘需求的提出开始的，招聘需求通常由用人部门提出，组织会根据一定时期的业务发展情况确定职位空缺数据。产生职位空缺的原因是多方面的，既可能是组织拓展（如业务领域的扩大、业务量的增加等），也可能是新技术、新发明或自动化工艺流程的采用以及组织自身的"新陈代谢"（如员工退休、晋升、降级等）。职位空缺是否需要填补还要视组织的人员预算而定，招聘的需求通常在人员预算的控制之下。但是由于实际工作的需要和业务的变化，会导致人员预算的变化，这时，就需要用人部门和人力资源部门根据具体情况对预算做出调整。

（二）岗位分析和胜任素质的确定

岗位分析和胜任素质的确定为录用提供了主要的参考依据，同时，也为应聘执行提供了详细信息。组织内有不同的部门、不同的职级、不同的工种及不同的工作环境等，即使相同的工作岗位，也会因客观条件的变化，产生不同的工作范围、表现水平及产出标准。因此，为使招聘工作体现"能岗匹配""人职匹配"，进行岗位分析是重要的一道程序。传统意义上的岗位分析主要是确定空缺职位所包含的一系列特定任务、职责和责任，它能使员工了解在这个工作岗位上组织期待他们去做的究竟是什么。而现代意义上的岗位分析则有两大主要目的：一是确定工作岗位所需要的主要才能或胜任特征，为拟定人员招聘条件提供依据；二是为整个筛选工作科学有序地进行提供依据。在进行工作岗位分析时，还应注意尽量忘记目前承担这份工作的人员特点，真正从工作岗位的客观实际出发。在工作岗位分析和组织价值导向的基础上，建立岗位胜任素质模型，确定关键胜任力，为以后的人员遴选确立标准。

四、招聘管理的内容

招聘管理流程大致可以分为招募、甄选、录用、评估四个阶段。

招募是招聘工作的第一阶段，是组织为了吸引更多更好的候选人来应聘而进行的若干活动，它主要包括：招聘计划的制订、招聘信息的发布、应聘者信息的收集和分析等。在招聘计划获得批准之后，组织需要选择合适方法来获得职位候选人。根据职位的不同、职位空缺的数量、填补职位的时间等因素综合考虑，选择最有效且成本合理的招聘渠道。招聘渠道通常分为内部招聘和外部招聘两种。内部招聘是在组织内部公开招聘，采取内部人员推荐人选、员工晋升或职位轮换补充空缺等方式；外部招聘主要包括在报纸或招聘网站发布招聘广告、参加招聘会、委托中介或猎头机构、校园招聘等方式。招聘信息发布出去之后，有关应聘者向招聘单位提出应聘申请，通过一般信函或电子信函方式，或者填写应聘申请表形式向招聘单位提出申请。

甄选则是组织从"人-事""人-组织"两个方面出发，在数量众多的应聘者中，进行选拔与评价的过程，从招募来的人员信息中，挑选出最合适的人来担当某一职位。人员甄选与评价主要根据实际需要选择，通常由个人履历申请表筛选、背景调查、面试、能力与个性测验、情境性测评、知识技能考试、体检等几个环节组成。

人员录用主要涉及员工的录用手续办理和合同签订以及试用、正式录用。经过测试与甄选环节，组织确定了录用人员名单，并对决定录用的求职者发出正式通知，对不予录用的求职者也要致函表示歉意。组织招聘员工，首先应向当地劳动人事行政主管部门办理录用手续，证明录用员工具有合法性，得到国家有关部门的承认，并且使招聘工作接受劳动人事部门的业务监督。根据《中华人民共和国劳动法》，建立劳动关系应当订立劳动合同。我国劳动用工制度改革的目标是实行全员劳动合同制。员工进入组织前，要与组织签订劳动合同。首先签订的应是试用合同。员工试用合同是员工与组织双方的约束与保障，是对甄选和聘用成果的法律保证。员工进入组织后，组织要为其安排合适的职位。一般来说，员工的职位均是按照招聘的要求和应聘者的应聘意愿来安排的。人员安排即人员试用的开始。试用是对员工的能力与潜力、个人品质与心理素质的进一步考核。员工的正式录用是指试用期满，试用合格的员工正式成为该组织的成员的过程。员工能否被正式录用，关键在于试用部门对其的考核结果如何，组织对试用员工应持公平、择优的原则录用。正式录用过程中，用人部门与人力资源部门应完成以下主要工作：员工试用期的考核鉴定、根据考核情况进行正式录用决策、与员工签订正式的雇佣合同、给员工提供相应的待遇、制订员工进一步发展计划、为员工提供必要的帮助与咨询等。

评估则是对招聘活动的效益与录用人员质量的评估。招聘评估是招聘流程中一个必不可少的总结回顾环节。招聘评估有利于找出各招聘环节上的薄弱之处，改进招聘工作，也为员工绩效评估提供了必要的信息，进一步提高招聘工作的质量。招聘评估包括：招聘结果的成效评估，如成本与效益评估，录用员工数量与质量的评估，以及招聘方法的成效评估等。

五、影响招聘的因素

招聘管理是一个开放系统，受诸多关联因素的影响和制约。招聘的成功既受外部环境的影响，也受组织内部环境的影响。

（一）影响招聘的外部环境

就外部环境而言，一般可以借助 PEST 分析框架来讨论外部各种主要因素对企业的影响作用。PEST 分析框架包括四个方面的含义：P 为英文 Political 的首字母，意为"政治的、法律的"，如政治稳定、政府和管理部门对待员工的态度、劳动法律和法规等；E 为英文 Economic 的首字母，意为"经济的"，如当前经济发展处于经济周期的阶段、社会就业状况、通货膨胀和银行利率等；S 为英文 Social 的首字母，意为"社会的"，如人口数量和人口结构的变化、社会收入分配状况、人们接受教育和培训的程度、人们对待工作和闲暇的偏爱态度等；T 为英文 Technological 的首字母，意为"技术的"，如科学技术的新进展、政府的科学技术开发政策、政府促进科技成果转化的措施等。

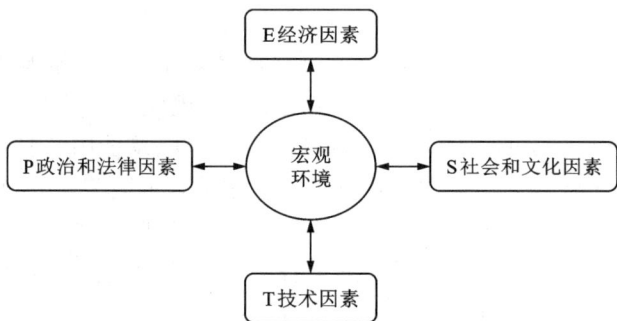

图 1-1　PEST 分析框架

PEST 分析框架是帮助人们系统认识环境的一种方法，可使人们学会从不同的角度来分析问题，有助于分辨出一个行业或者企业中存在的长期推动力。

1. 政治与法律因素

随着劳动用工制度的改革，我国已经先后制定了一系列的劳动法律法规，如 1986 年 7 月国务院发布的《国营企业实行劳动合同制暂行规定》《国营企业职工待业保险暂行规定》。1994 年 7 月 5 日，第八届全国人大常委会第八次会议通过了《中华人民共和国劳动法》，该法成为新中国成立以来的第一部劳动法典。2007 年 6 月 29 日，《中华人民共和国劳动合同法》颁布了，这部法律在《中华人民共和国劳动法》的基础上进一步加大了对劳动者合法权益的保护力度，对用人单位的人力资源管理方式、用工成本和用工模式等带来全方位的深远影响。法律、法规规定了劳动者平等就业和选择就业的权利，凡是具有劳动能力和劳动愿望的劳动者，不分民族、性别、宗教信仰等，享有平等的就业权，保护了在劳动力市场中处于相对弱势的劳动者的权益,逐步促进劳动力市场的规范发展。由此,我国在劳动力市场的改革上不断取得进步,实现了劳动力的双向选择。人员招聘的法律制度的完善,不仅能体现社会公平公正的用人机制,有效地保护了处于弱势群体地位的工作候选人的基本权利,也进一步规范了我国人才正常流动的秩序,是组织进行招聘管理的制度基础。

2. 经济因素

(1)不同经济体之间的影响。如美国等西方国家通行的是资本主义市场经济和自由竞争,追求的是效率和利润,这迫使企业更倾向于极力提高员工的效率、压缩用人成本,因而裁员成为提高企业竞争力的一个有力手段。我国人事管理过去实行的是统包统配制度,企业用人计划、招聘范围等都是统一计划管理,缺乏选人用人的自主权。随着改革的深入和观念的变化,目前企业的人力资源招聘也从无到有,由计划经济指导下的招聘向市场配置下的招聘转变。

(2)国家的经济运行情况的影响。如果国家经济运行良好,保持一定的增长率,失业率就会稳定在一个较低水平。此时企业员工就业的难度降低,企业裁员的压力也会降低。而在经济低迷、失业率高的国家,裁员将会构成对企业的严峻考验,企业的招聘规模将缩小并被谨慎对待。

(3)宏观经济中通货膨胀对招聘的影响。这直接体现在招聘过程所涉及的开支上。由于通货膨胀的作用,企业人力资源招聘的直接成本呈增长态势,交通费用、招聘者的工资、面谈开支、发布招聘信息的宣传费用等都呈增长态势,员工工资又上升,影响着招聘的规模。通货膨胀对招聘的影响,尤其明显地表现在对企业高级管理层和技术人员的招聘上。

3. 社会文化因素

研究表明,组织人力资源管理实践活动与特定的民族文化背景相对应。

(1)个人主义与集体主义对组织招募甄选活动产生的影响。个人主义文化背景的企业希望雇佣具有个人工作技能或经验的人从事某项工作,他们鼓励求职人员向公司投递个人简历。在个人主义文化的国家,企业大都采用这种方式招募新员工。但在集体主义文化的国家,企业强调求职者的可信任度、忠诚度和与同事的相容性,它们愿意招募有所了解的人,如公司员工的朋友或亲戚。因此,求职者会极力通过朋友或亲戚将自己引荐给人力资源部经理,而不是向公司投递写明自己个人成就的简历。因此,个人主义民族文化背景的企业在招聘实践中会采用如能力测试或结构性面试等正规手段,而集体主义文化国家的企业更多采用内部渠道或员工推荐等个人形式招募新员工。研究还显示,个人主义文化背景的企业在评估挑选求职者时关注他们的技术背景和技能,而集体主义文化背景的企业则强调求职者的社会技能。在集体主义文化背景企业中,员工对组织的忠诚度可以弥补技能的缺乏与不足,企业把员工招聘视为企业保持竞争优势的重要内容,管理层期望核心员工能够长期为本企业服务直至退休。因此,很多这类的企业在大学毕业生中直接招聘员工,希望把他们培养成公司的忠实员工。

(2)不确定性规避文化。不确定性规避维度是指社会成员对不确定情景所感受到的受威胁程度。在研究美国(低不确定性规避文化)和德国(高不确定性规避文化)公司招聘活动的过程中。研究人员指出，德国公司比美国公司采用风险更小、可靠性更强的方法和工具。例如，在招聘白领员工时，德国公司多使用内部渠道、招募熟练学徒工或发布招募广告，而美国公司多采用校园招聘。这可以解释为德国企业对新的大学毕业生求职者质量的不确定性。同样，在挑选新员工的过程中，德国企业采用结构化面试这种相对有效而保守的方法测试求职者，美国企业则采用风险较大的性格测试方法评估求职者的潜能。研究还显示，德国企业比美国企业在培训上投入更多的资金。所有研究结果都表明，高不确定性规避文化背景下的德国企业在招聘新员工时，会采取措施尽可能降低不确定性带来的风险。而且，终身雇佣制在高不确定性规避文化的国家如日本、葡萄牙和希腊等较普遍，而频繁的工作变动多发生在低不确定规避文化的民族中，如新加坡、丹麦和美国等国家。

(3)民族文化的阳刚和阴柔维度也对组织招募甄选活动产生显著影响。阳刚型的价值观注重对工作目标的追求，阴柔型的价值观则追求友好的气氛或与上级和同事的和睦相处。研究指出，阳刚文化(如日本)的企业比阴柔文化(如挪威)的企业更有可能抵制男女公平聘用。总体而言，阳刚文化社会中，男性比女性有更多的工作机会，而在阴柔文化社会中，人们强调人际关系和相互依赖的关系，关心他人。男性和女性的社会角色有所重叠，男秘书、女卡车司机和男护士在这种文化背景下很容易被接受，而且残疾人在企业招募挑选中会得到更多支持。

4.科技因素

科学技术的发展对招聘管理的影响表现在这几方面：

(1)科技发展影响劳动力市场。由于科技的发展变化，在不同地区、职业、产业，就业职位的破坏与创造情况非常不平衡，就业职位需求的分布发生了变化。如司炉工、纺织工、电话接线员等职业人数骤减，而工程师、专业护士、电脑程序员等职位人数猛增。

(2)科技发展要求就业者提高基本素质。科技的发展要求就业者必须具备更高的受教育水平和熟练的技术水平，并且那些掌握先进技术的人渐渐取代技术落后的人。科技的发展改变了职位的技能素质要求，招聘中的选择标准因而需要不断地进行调整。

(3)科技的发展影响人们的工作和生活方式。科技发展改变着人们的工作方式，使弹性工作制、远程工作、自雇佣等新的工作与就业方式被很多人认可，从而影响了招聘工作，雇佣方式和雇佣关系更灵活。

(二)影响招聘的内部因素

组织内部环境因素，包括组织职能界定、组织目标、组织文化、组织核心竞争力、任务性质、人员构成、工作方式、技术条件等。在外部环境分析的基础上，组织要寻求自身所处的地位和发展前景，从而确定在一定时期内的目标，并制订中长期战略性的规划。比如，就组织文化和组织形象而言。人才吸引和招聘过程是求职者和组织进行双向选择的过程，如果组织文化、组织形象被求职者认同和喜欢，就会吸引更多求职者积极来应聘。同样，企业的核心竞争力强、经营状况好，就意味着能给其员工提供较高的薪酬，能提供较多的发展机会，也就能吸引和留住更多的有用人才。

1. 组织生命周期与招聘管理

组织发展具有动态发展的生命周期，组织生命周期理论的目的不是要说明组织成长的阶段性，而是要揭示出影响组织生命周期的因素，进而说明如何改善这一周期。美国管理思想家伊查克·麦迪思把组织生命周期形象地比作人的成长与衰老，他把企业生命周期分为孕育期、婴儿期、鼎盛期、稳定期、贵族期、责难期、官僚期、死亡期，每个阶段的特点都非常鲜明。我们对此简化为以下几个阶段：婴儿期、成长期、成熟期和衰退期。不同的生命周期阶段的人力资源管理特征也不相同，招聘管理的诉求重点也会有差异。

（1）婴儿期组织的招聘。处在婴儿期的组织，刚刚诞生，正需要将创业的梦想和计划付诸实施，组织是新生儿，极富灵活性和成长性，内部的各种正式组织尚未建立，文化也未形成。组织的经营者和管理者是创业者，管理上"人治"色彩浓厚，人力资源管理也处于起步阶段，对各个具体职位的描述还不清楚，对组织需要的人才总量、人员结构、人才特质等都还没有明确的概念，而组织为了在市场竞争中求得生存和发展，正急需关键生产要素型的人才。因而，组织招聘首先要采取积极的态度、开放性的人事政策，努力搭建人力资源管理基础平台。如组织体系、激励与报酬体系、培训计划、人员发展规划、招聘制度等，为以后员工管理奠定基础。其次，通过不同渠道广泛吸纳组织发展所需的人才，尽力达到实现企业远景所需要的人员条件。再次，婴儿期的组织是创业者长期酝酿的成果，创业者有自己的目标和理念，所以组织要力求使招聘来的员工，尤其是中高层管理人员与创业者在组织经营发展层面上达成共识。

（2）成长期组织的招聘。处于成长期的组织，经营规模不断扩大，主营业务不断扩展并走向成熟，组织出现"人员饥渴症"，需要补充大量有用人才，并且组织形态正走向正规化。机构相对完善，规章制度不断健全，组织文化逐渐形成，创业者个人作用弱化，组织正试图寻找能保障其持续、稳定、健康发展的制度和机制。此时，组织人力资源管理部门的地位得到重视，聘用人、激励人、培育人、留人、裁人的体系和制度逐渐建立和完善，组织对职位的特点、所需的人才的特质及组织人才流动率有了比较清晰的理解，对员工总量、员工结构有了一定的把握。

（3）成熟期组织的招聘。成熟期是组织生命曲线中最理想的区间，在这一时期内，组织的灵活性、成长性及竞争性都达到了均衡状态。一般而言，此时的组织制度和组织结构能够充分发挥作用，即使它们暂时或局部出现了问题，组织也有自我协调的能力。组织的财务状况也大为改观，现金流入量大于流出量。组织体系的完善使组织对外部人力资源的封闭和排斥倾向大于开放和吸纳的倾向，这表现为既有利又有弊的一面。这一时期组织的招聘也很关键。成熟期往往意味着组织将走下坡路。成熟期的组织需要引入新成员，为组织注入新的活力。继续保持婴儿期的开放与兼容，避免封闭与排斥，为组织注入新鲜血液，促进组织内部循环，激发企业组织活力，使组织永远成为一个充满活力的开放系统，是这一时期的战略关注重点。

（4）衰退期组织的招聘。此时组织内部缺乏创新，缺少活力和动力，危机即将到来。如果再不进行重整和再造，组织就很可能被市场淘汰出局。此阶段，裁员是一种经常性的状态，也能为组织管理者理解。但招聘却很容易导致部分管理人员及普通员工的反对，可即便如此也不要忽视这个时期的招聘管理，它对组织能否渡过难关而进入新的生命阶段至关重要。这一时期的招聘主要应达到以下几个目的：一是去伪存真，留住真正的人才。同时，吸收新鲜血液，为优秀人才在组织重整和再造过程中发挥潜能创造一切条件。二是改造原有的组织文化，将新生力量配置到各个僵化的部门中，但是这需要得到高层管理者强有力的支持，否则新增人员很有可能遭到排斥和打击。

2.组织的战略导向

正如沃克曾强调的："在企业战略中，实施变革所要求的能力来自人，因为是人而不是企业在进行创新、做出决策、开发与生产新产品、开拓新市场、更高效地为顾客服务。人力资源问题通常是实施战略的核心问题。"可见，组织人力资源战略和组织经营战略密不可分，组织人力资源战略配合、服务于组织的经营战略，是以组织的独特文化和核心竞争力为依托，围绕组织战略目标的实现而对各类人员的选、任、育、留所做的系统设定。

组织的战略目标和战略类型决定着组织人力资源战略的内容，而招聘管理属于组织人力资源管理的重要组成部分。因此组织的战略目标和战略类型以及企业文化这些因素，都会与人力资源招聘工作相互作用，影响着招聘决策的内容。企业组织战略目标的改变、战略决策的层次、经营决策变化等，对招聘和选拔的影响是非常直接的，如完成生产量、达到质量标准或者实现销售目标等，都可能引起对新雇员的需求。

3.组织形象与条件

（1）组织的声望与管理水平。组织在求职者心目中是否形成了良好的形象，是否具有吸引力，必将在精神和行动两方面影响招聘活动。心理学家认为，每个人都希望自己成为优秀组织中的一员。为什么世界500强的企业或者品牌形象有口皆碑的企业深得求职者的追捧，就是因其在公众中具有极高声望，从而吸引了大量前来应聘的求职者。因此，这些企业的招聘甄选工作就有了很好的选才基础。当然，组织的声望形象与组织的管理水平是休戚相关的，组织的管理水平对组织的人力资源招聘影响也很大。第一，组织领导者水平和能力不仅决定着组织的整体管理水平和管理风格，也是许多求职者求职时优先考虑的因素。很多求职者都相信，组织能否进一步发展壮大，很大程度上取决于组织领导者是否具有雄才大略。第二，招聘过程实际上也体现着组织的管理水平。一般而言，组织的管理水平越高，各项管理制度越规范，招聘的效率也越高，越有可能招到组织真正需要的人才。同时，高水平管理的组织出于其发展的可预见性，能够吸引大量高素质的人才前来应聘。第三，招聘过程中招聘人员本身的素质形象也影响着招聘质量。如果招聘人员端庄有礼、热情高效、真诚细致，又懂得招聘管理技巧，既能提高招聘效率，也能给公众特别是应聘者留下良好印象，从而吸引更多的有识之士；反之，则会破坏组织形象，影响组织招聘吸引力。

（2）组织提供的报酬和所处的地理位置。根据需求理论，组织应当首先满足员工的物质需求，即具备基本的保健因素。表现在招聘过程中，就需要提供相对有吸引力的、公平的、优厚的工资、奖金，以及各种完善的福利保障制度。不少实力较强的企业，每年都进行市场工资调查并确定本企业的工资政策，保证自己的工资在市场中具有较强的竞争力，目的就是为了吸引和留住更多的优秀人才。除了工资水平对求职者产生影响外，组织是否能够提供培训机会以及是否关心员工的发展前途等，也是重要的影响因素。因此，这里的"报酬"，不仅指直接的工资、奖金等，也指间接的精神报酬。组织所处的地理位置在很大程度上也会影响求职者的求职意向。根据调查，我国高校毕业生就业的首选城市主要是北京、上海、广州、深圳、厦门等，因为这些城市经济发展水平高、企业的发展前景好，而一些中西部地区，相对来说，吸引人才的难度就大。这些地区的组织需要灵活运用各种优惠政策，才能有效完成组织的招聘工作。同样的，招聘难易程度的不同也会存在于同一个地区的城市中心与偏远的郊区之间。

（3）招聘成本。招聘成本和对人才需求的紧迫性明显地影响招聘效果。招聘资金充足的企业在发布招聘信息时，可以投入较大的资金用于招聘广告，所选择的传播媒体可以是在较大范围内发行的报纸、杂志，也可以直接在大学或其他地区开展现场的招聘宣传。在招聘甄选时也能选择更多或更精细的测评筛选方法，更广泛地调查求职者的背景资料，这样就可以在更大范围内更准确地选拔所需要的员工。

4. 求职者状况

（1）求职动机与强度。求职动机是指在一定需要的刺激下，直接推动个体进行求职活动以达到求职目的的内部心理活动。个人的求职目的与拟任职位所能提供的条件相一致时，个体胜任该职位工作并从事该工作的可能性较大。求职动机强度是指求职者在寻找职位过程中的努力程度，反映其得到应聘职位的迫切程度。求职动机强度与个人背景和经历相关，比如，成长于艰苦的农村环境中的人对工作岗位的挑剔度相对于在优越的城市环境中长大的人要低，受教育程度低且家庭经济条件差的人寻职强度也会较高。求职强度和个人财政状况呈负相关关系，比如，有非工资性收入（如有房租收入）或有失业保障金的人，其求职强度可能因此有所降低。求职强度高的应聘者一般较容易接受应聘条件，应聘成功率高；反之，求职强度低的应聘者对应聘条件较挑剔，应聘成功率较低。

（2）求职者的职业兴趣倾向性。理性的求职者通常会根据自身的职业兴趣及倾向性，在选择职业以及任职过程中，尽可能沿着自我设计的职业生涯方向发展。因此，不同的职业兴趣倾向性影响着劳动者个体的求职方向。美国学者 E. G. 沙因指出"职业锚"是建立在不同的工作动机和能力之外，引导个人的工作经历的自我概念，不同的职业锚对招聘有着不同的影响。

①技术/技能型职业锚。此类人喜欢围绕着他们的技术或技能安排自己的职业。他们在做出职业选择和决策时，主要注意自己从事职业的实际技术和技能内容。不论是工程技术分析、财务分析、营销分析、系统分析、公司计划，还是其他相关的领域，他们的职业定位在技术和技能领域，愿意在技术技能上努力耕耘并收获成功，但对管理工作可能兴趣不大。

②自主与独立型职业锚。此类人追求的是最大限度地摆脱组织的约束，喜欢自由自在的工作环境，选择的是能施展自己的职业能力或技术能力的工作环境。典型的职业如教授、作家、管理或技术咨询人员、零售业主等。

③创造型职业锚。倾向于这类职业锚的人，追求自主权，具有创新能力，希望能够展

示自己的特殊才能，创造出一种属于自己的成就。

④安全型职业锚。有这种职业锚的人寻求长期职业稳定和工作安全。他们倾向于按照他人的指示进行工作，喜欢一种稳定且有体面收入和福利保障的职业。如不少想挤进公务员队伍中的求职者就属于这样的人。

⑤管理型职业锚。这类人的特点是将管理作为自己的最终目标，具有较强的分析能力、组织协调能力、人际关系处理能力和情绪控制能力。

表1-1　E. G. 沙因"职业锚"

职业锚	表现
技术/技能型	不喜欢一般性管理活动，喜欢能够保证自己在既定的技术或技能领域中不断发展的职业
自主与独立型	喜欢摆脱依赖别人的境况，有一种自己决定自己命运的需要
创造型	喜欢建立或创设属于自己的东西——艺术品或公司等
安全型	极为重视职业的长期稳定和工作的保障性
管理型	有强烈的管理动机，认为自己有较强的分析能力、人际沟通能力和心理承受能力

六、招聘管理的地位与作用

在意识到"人力资源为第一资源"的今天，企业是否拥有一支数量充足的高素质员工队伍已经成为决定组织生存和发展的关键因素。组织间的商业竞争，更大意义上已是一场人才的竞争。招聘管理运作的成效直接影响着企业的各项管理活动。因此，在人力资源管理中，对于员工的招聘与甄选应给予高度重视，它的地位与作用体现在以下几个方面。

1. 确保录用人员的质量

组织为提高组织工作绩效和提升核心竞争能力，根据人力资源规划和工作分析需要，从外部吸收人力资源，为组织招聘新员工，一方面可以弥补组织内人力资源供给的不足，另一方面，经过选择的高素质的新员工，通过培训可能成为优秀员工，提高整个部门的工作绩效，进而提升组织的核心竞争力。

2. 给组织带来活力

这主要表现为对高层管理者和技术人员的成功招聘，可以为组织注入新的管理思想、新的工作模式，可能给组织带来技术上的重大革新，为组织增添新的活力。

3. 保留人力资源，降低流动率

成功的员工招聘，可以使组织更多地了解员工到本组织工作的动机和目标，组织可以从诸多候选人中甄选出个人发展目标与组织目标趋于一致并愿与组织共同发展的员工，这样，组织可以更多地保留人力资源，减少因员工离职而带来的损失，降低人员流动率，增强组织内部凝聚力。

4.提高组织知名度

成功的招聘也能够使组织的知名度得到提高,使外界能更多地了解本组织。企业通过人才招聘活动,在招收到所需人才的同时,也能通过招聘工作的运作和招聘人员的素质向外界展示企业良好的形象。

5.促进合理流动,优化资源配置

有效的招聘可以推进组织内部合理的人员竞争意识和主动精神,具有"鲶鱼效应",通过合理的流动,增强员工的危机感,刺激员工内在潜力的发挥,有效地进行人员的优化配置,推进组织的人才结构、层次、质量、数量符合组织战略的需要。

✦ 本章小结

本章对招聘管理的主要内容进行了纲领性阐述,介绍了招聘管理的概念、原则、基础工作、内容及影响因素,概括了招聘管理在人力资源管理中的地位与作用。

通过本章学习,将对招聘管理形成比较全面的认知,明确招聘管理对企业发展的重要意义,为后续知识的学习奠定了基础。

✦ 关键术语

人力资源规划(human resources planning)

需求预测(demand forecast)

供应分析(supply analysis)

工作分析(job analysis)

招聘法规(recruitment regulations)

劳动力市场(labour market)

文化背景(cultural background)

生命周期(life cycle)

求职动机(Job motivation)

职业兴趣(professional interests)

职业倾向(career tendency)

✦ 复习思考题

1.什么是招聘管理?

2.招聘管理的原则有哪些?

3.影响招聘的外部因素有哪些?

4.影响招聘的内部因素有哪些?

5.如何理解招聘管理在人力资源管理中的地位与作用?

第二章

招聘管理原理

知识结构图

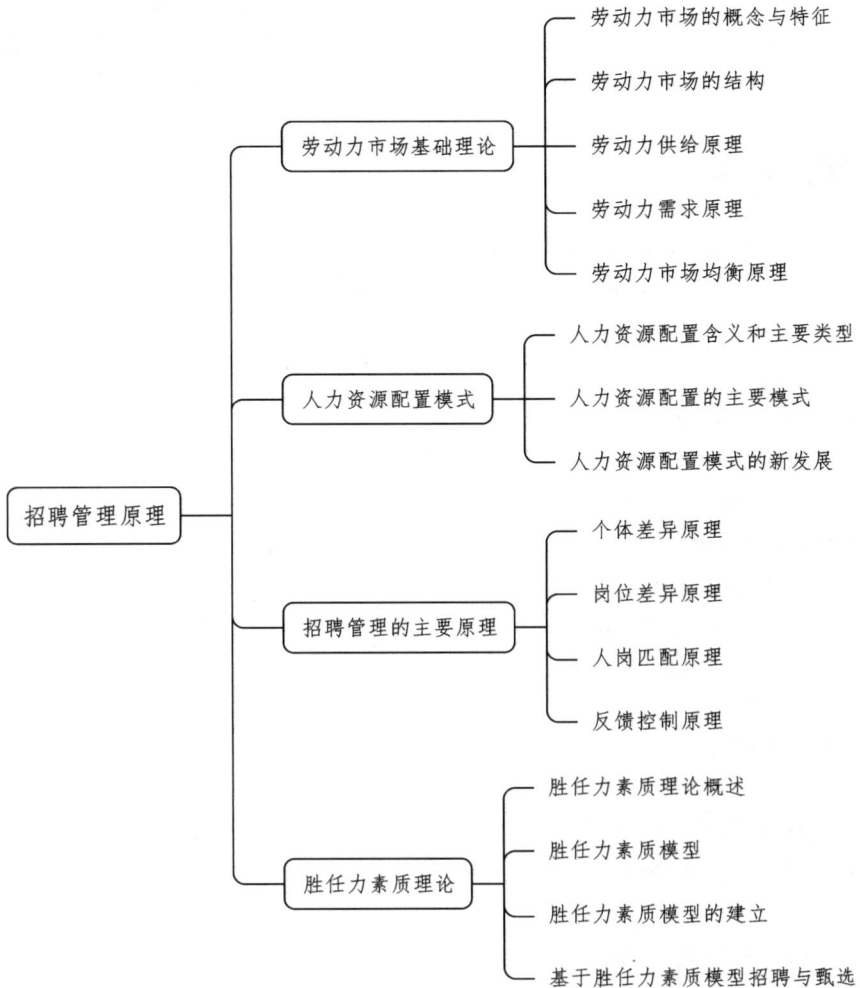

劳动力市场基础理论
- 劳动力市场的概念与特征
- 劳动力市场的结构
- 劳动力供给原理
- 劳动力需求原理
- 劳动力市场均衡原理

人力资源配置模式
- 人力资源配置含义和主要类型
- 人力资源配置的主要模式
- 人力资源配置模式的新发展

招聘管理原理

招聘管理的主要原理
- 个体差异原理
- 岗位差异原理
- 人岗匹配原理
- 反馈控制原理

胜任力素质理论
- 胜任力素质理论概述
- 胜任力素质模型
- 胜任力素质模型的建立
- 基于胜任力素质模型招聘与甄选

学习要点

- 劳动力市场基础理论
- 人力资源配置模式
- 招聘管理的四大原理
- 胜任力素质理论的概述
- 胜任力素质模型
- 胜任力素质模型的建立
- 基于胜任力素质模型招聘与甄选

学习目标

本章主要研究招聘管理原理，需要了解劳动力市场基础理论和人力资源配置模式；掌握招聘管理的四大原理；学会胜任力素质理论，在招聘和甄选中进行运用。

引导案例

胖东来的特色招聘

2023 年 7 月 30 日，河南新乡胖东来发布岗位招聘通知，招聘总经理助理两名，要求面试者具备 985、211 或双一流重点院校本科及以上学历，有外企工作经验者优先，年薪 20 万~30 万元。通知中提到，本次招聘是为弥补胖东来专业岗位的欠缺，引进和培养有国际化技术理念、有专业知识储备的高素质人才，缩小与国际化标准之间的差距，促进公司各部门、各岗位向国际化标准上进步和提升。新乡胖东来工作人员告诉时代财经："目前招聘仍处在报名和简历初筛阶段，工作内容、试用期等细节均要等到面试环节详谈。"

胖东来是由下岗职工于东来在 1995 年创立的商业零售企业，其从河南许昌起家，目前门店均位于许昌与新乡两座城市。凭借细致的顾客服务和丰厚的员工福利，胖东来屡次出圈，成为河南本土的零售巨头，小米创始人雷军曾称它为中国零售业神一般的存在。近年来，胖东来话题度飙升，社交平台上每当出现山姆、沃尔玛等新店开业的动态，评论区总有网友将其与胖东来进行比较，不少网红博主前去打卡，也推动其热度进一步提升。

2022 年以来，胖东来的招聘要求也有所提高，其去年年初发布的线上运营岗位，及此前多个岗位招聘多要求中专、大专及以上学历。但从去年 10 月开始，胖东来陆续发布新媒体视频编辑、企划员、超市理货员等岗位，均要求本科及以上学历。今年 6 月，于东来在行业大会上公开宣布退休，与此同时，他的阵地开始向抖音迁移，据时代财经统计，于东来 6 月以来在个人抖音账号直播 20 场，粉丝超 145 万。在胖东来近半年发布的招聘中，"国际化"字眼出现频率很高，其招聘偏好也倾向于重本毕业生与有外企工作经验的求职者。本次新乡胖东来高要求招聘之前，许昌胖东来也进行过一轮高学历人才的扩充。

2022 年 10 月，许昌胖东来发布岗位招聘通知，招聘人力资源总监/人力资源管培生/董事长助理/分公司总经理助理 4 个职位，共 18 名员工。

和新乡胖东来一样，许昌胖东来也表示，此次招聘是为了弥补胖东来专业岗位的欠缺，引进和培养有国际化技术理念、有专业知识储备的高素质人才，同时促进公司各部门、各岗位向国际化标准上进步和提升。招聘要求显示，人力资源总监必须要具备 5~10 年外企工作经验，人力资源管培生和分公司总经理助理要求 985、211 重点院校全日制本科及以上学历，董事长助理则要求 985 重点院校本科及以上学历。与此同时，许昌胖东来在招聘中表示，关于专业资深人才及 211、985 院校毕业人才的招聘需求长期有效。

此外，2023 年 6 月，有公众号发布了胖东来面向长沙地区 2022/2023 届高校毕业生的校招通知，采购专员与超市理货员也要求本科及以上学历。其中，采购专员负责公司采购工作，与供应商进行对接等，月薪 6000~7000 元；超市理货员需要了解商品销售情况、进行补货等工作，月薪 5000~6000 元。上述新乡胖东来工作人员向时代财经证实了长沙校招的真实性，她也强调，求职者如果想面试胖东来，最好还是以官方渠道发布的信息为准。凭借 30 天带薪年假、每天工作 6 个小时等员工福利，以及细致的顾客服务，胖东来的知名度越来越高。今年以来，其热度更是居高不下。而在一众网友呼吁其走出河南的声音中，于东来却宣布退休。今年 6 月，在联商网行业大会上，于东来公开表示，自己将从管理一线退下来，会在财务与后勤做一些服务工作，工作重心由经营转向建设和传播生活理念。新零售专家鲍跃忠认为，于东来并没有把走出河南作为目标，胖东来不同于家乐福、沃尔玛等零售企业，它本质上是一个特殊的人在一个特殊的市场和环境中做出的企业，属于零售行业的个案。"胖东来模式具有很强的地域性和特殊性，它用了很多年把许昌和新乡消费者的心抓住了。但与此同时，其标准化的复制能力非常弱。"官宣退休后的于东来在抖音"刷"足了存在感。时代财经注意到，6 月以来，他共在抖音个人账号直播 20 场，因金句频出多次登上微博热搜榜，"胖东来老板劝网友卖房""胖东来创始人称加班不道德"两个词条阅读量超 6.5 亿次。作为胖东来的一张名片，于东来在抖音的热度一定程度上也带动了胖东来抖音店铺的销量。时代财经发现，胖东来拥有多个抖音账号，最活跃的"胖东来"和"胖东来专营店"粉丝累计超 110 万。其中，"胖东来专营店"上线多款自有品牌商品，涵盖零食饮品、家居日用，其中一款 2 个装的蛋黄酥单价 59.6 元，已售 6.3 万件。

去年以来，胖东来开放新媒体视频编辑、企划总监、设计企划员招聘，并推出线上商城的做法，均体现出其向线上寻找增长的意图，而招聘专业与高学历人才、试图与国际接轨的举动，或许也有提升其标准化、可复制化的考量。

（资料来源：时代财经网，2023-08-01，作者：张雪梅）

第一节　劳动力市场基础理论

生产经营的需要决定了员工招聘。员工招聘是一个在内外劳动力市场进行双向选择的过程。从劳动经济角度而言，员工招聘是劳动力的需求行为。劳动力需求是在某种工资率下雇主愿意并能够雇佣到的劳动力的数量。这种需求是一种派生需求(间接需求或引致需求)，也就是说，厂商对劳动力的需求是由市场对产品或服务的需求引起和决定的，而非由其主观意志任意决定。所以，对劳动力需求或者员工招聘的分析必须先分析劳动产品需求。

劳动力市场对员工招聘有决定性影响。劳动力市场的制度性质、供求关系、竞争结构(最常见的形式是不完全竞争市场)影响着招聘的数量、质量、时间与成本，即招聘的有效性。劳动力的价格、劳动力市场的成熟程度、劳动力市场的地理区位、劳动力市场信息获取的难易程度也对招聘活动计划与实施产生了深刻影响。劳动力市场的相关政策、法律法规从客观上又界定了企业人力资源招聘的选择对象和限制条件。此外，劳动者受社会文化影响产生的择业观念会直接影响人们的职业选择，从而影响招聘活动。

所以，开展员工招聘管理活动势必要分析劳动力市场。

一、劳动力市场的概念与特征

(一)劳动力市场的概念

劳动力市场是进行劳动力交易的一种生产要素市场。生产要素包括土地、劳动、资本、技术、信息及企业家才能(创新)。土地为财富之母，劳动为财富之父。在各类生产要素中，劳动力是全要素生产中最活跃、最能动的生产要素，土地、资本要素只有通过劳动力才能激活与运转。

劳动力市场有广义和狭义之说。从广义来说，劳动力市场是指以市场机制为基础，对劳动力资源进行配置与调节的经济关系，其内容包括劳动契约、劳动就业、工资分配、社会保障、劳动立法、劳动培训、职业安全卫生以及劳动保护等。从狭义上来说，劳动力市场是指特定的劳动力供求双方通过双向选择进行劳动力交换的场所，以及运用市场机制调节劳动力供求关系的总和。

劳动力市场的内涵应从三个方面来把握：

第一，它是劳动力要素的交换场所，既可以是有形的市场(如职业介绍所、人才交流市场等)，也可以是无形的市场(如法律服务中心、信息中心或平台等)；第二，劳动力市场的核心要素是价格，价格决定劳动力供求双方的市场交换行为；第三，劳动力市场的运行会受到多种因素的影响，如政府政策、社会观念等。

当然，劳动市场理论还包括马克思的劳动力市场理论。它不仅是人类历史上第一个科学的劳动力市场理论，而且是一个包括劳动力商品理论、工资理论、相对过剩人口理论、劳资关系理论等在内的完整的理论体系。

(二)劳动力市场的构成要素

从市场角度看,劳动力市场的构成要素见图2-1所示。

(1)劳动力,即劳动力市场的供方。在劳动力市场充分发育并与其他生产要素市场互相配套、正常运行的情况下,它是指全部的社会劳动力,即国家或地区范围内全部从事和要求从事社会劳动的人口。

(2)用人单位,即劳动力市场的需求方。这包括企事业单位、党政机关、社会团体以及城镇居民等,这是微观层面。如果将以上单位作为整体来看时,它便形成了行业或市场层面的劳动力需求方。在宏观层面,劳动力需求是指在一定的市场工资率下,市场上的所有企业需要雇佣的劳动力数量总和。由于用人单位对劳动力的需求是一种间接需求或派生需求,所以其招聘管理会受到多种因素的制约。一般而言,对劳动力的需求或招聘在很大程度上取决于人们对产品或服务的需求。

(3)工资,即劳动力价格。作为劳动力市场活动中劳动力交换的支付手段,在调节劳动力供求关系中起核心的作用。工资是劳动力市场的价格信号,一个国家的人力资源正是通过这个市场信号被配置到不同岗位、企业、职业及地区中的。很多人力资本投资决策也受到这个价格信号的影响。所以,工资既是一个经济问题,也是一个社会问题,同时还是一个政治问题。

(4)劳动力市场组织者,通常指劳动力市场机构。这是劳动力供需之间洽谈、互相选择的场所,也是最直接体现劳动力市场的组织形式。

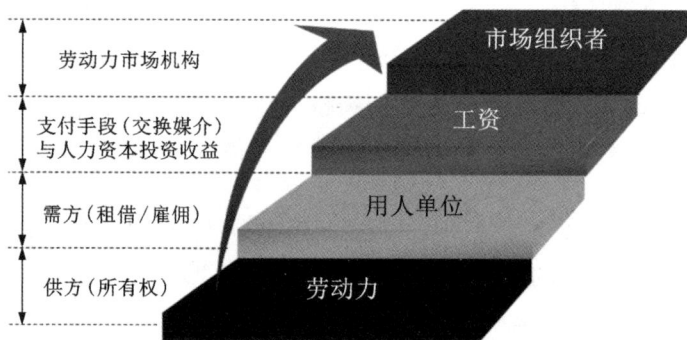

图2-1 劳动力市场的构成要素及其内在关系图

(三)劳动力市场的特征

劳动力市场的总体特征是,劳动者只能被雇佣或租借,劳动者本身不能被买卖。劳动者对劳动力拥有不可动摇的所有权。但是,劳动力市场的交易活动会受到多种因素的影响,劳动者在市场上往往处于不利地位,劳动力市场也存在各种歧视。

具体而说,其特点主要有:

（1）特殊性。即劳动力的所有权与使用权的分离。劳动力不可能脱离劳动者独立存在，它与一般商品的性质不同。在劳动力交易中，劳动力这种特殊商品的所有权并没有转移，转移的只是其使用权，劳动者将自己的劳动力出让或"租借"给企业使用一段时间，然后借此获得劳动报酬。这是劳动力市场最突出的特征。

（2）多样性。由于不同劳动力包含的知识、技能和经验存在差异，所以不同劳动力之间不能相互替代或不能完全相互替代，这便形成了不同类型的劳动力市场。在不同的劳动力市场上，劳动力的价格也不同。除了根据知识、技能等划分劳动力的市场之外，还可以从职业、具体职位、地理位置等多种不同角度来划分劳动力的市场。

（3）难以衡量性。一般商品的特征或性能差别往往非常容易被衡量出来。但是，如果企业要从众多求职者中挑选出想要雇佣的劳动者时，很难用某种可以准确量化的手段对劳动力的质量进行衡量。每位劳动者的实际生产能力不仅会因劳动者的年龄、性别、个人天赋、受教育程度、工作经验以及接受过的培训等方面的不同而存在非常大的差别，而且会受到劳动者个人的性格特征、工作态度以及价值取向等方面的重要影响。因此，要想在实际工作之前对劳动者的劳动能力进行准确判断是非常困难的。所以，企业往往需要采取多种手段来判断劳动者的劳动能力是否符合企业需要。如人力资源部门往往不得不利用面试、笔试、心理测验、背景调查、试用等多种手段对求职者进行甄选。

（4）难以匹配性。该特点是上一特征的延伸与发展。劳动力素质的差异性、内隐性、动态性和难以辨认性导致劳动力供求双方之间的匹配变得更为困难。无论是劳动力供求双方之间的相互搜寻，还是一方的单向搜寻，都需要付出相当大的成本。因此，很难保证劳动力供求双方之间实现最佳匹配。而且，劳动力市场会表现出明显的动态属性，即匹配不是终身性的，随着内外环境变化需要重新匹配。

（5）交易的延续性。对于一般商品，买卖双方之间的交易关系通常在交接完毕时就告结束。然而，劳动力市场上的交易劳资双方之间的关系却需要在一定的时期内才能明确固定下来。这是因为用人单位无法在交易完成之后，直接将劳动力带走使用。从需求方来说，一位新员工进入企业之后，往往要经过一段时期的在职训练，此后，在他为企业持续工作期间，还会逐渐积累一些有助于提高工作效率的工作经验。若员工表现良好，企业通常会期望他继续为自己工作。从供给方（劳动者）来说，在同一家企业中工作的时间越长，员工所获得的经验和技能就越多，其获得的收入相对就会越高。另外，许多特殊的报酬项目（如企业补充养老保险、职业保障等）往往也是与劳动者在企业中的连续服务年限挂钩的，因此，劳动者在对工作满意的情况下，也倾向于在企业中工作相对较长的年限。

（6）交易条件的复杂性。因为劳动力的购买者和出售者之间的关系并非随着交易完成就宣告结束，劳动力提供者要直接参与生产过程，所以在除工资之外的劳动力市场的交易条件中，工作条件和工作环境的好坏也是交易能否完成的一个重要决定因素。工作条件和工作环境要素既包括在工作过程中直接对劳动者产生作用的物质工作环境，如温度、湿度、灰尘、噪声等，又包括在工作中所要接受的企业的监督与控制这些软环境因素。总之，劳动力市场上的交易往往受一系列条件的约束。劳动者在市场上找工作时，会全面考虑所有的工资与非工资就业条件，并且总是倾向于选择净收益最大的那种工作。而对于企业来说，在需要吸引员工或留住已有员工时，既可以采取提高工资的做法，又可以采取改善非工资就业条件的做法，即在工资和非工资就业条件之间存在一定的相互替代关系。

(7)劳动力处于弱势地位。劳动力市场与其他市场相比较而言较为突出的另外一个特征是劳动力的出售者在劳动力市场上往往处于不利的地位。这主要是因为，工资收入是大多数劳动者的唯一生活来源，因此，劳动者承受失业从而在失去生活来源的情况下保持原有生活水平的能力一般都比较差。在经济不景气、失业率上升的情况下，劳动者的不利地位尤其明显。而即使是在经济景气时期，企业也往往处于一种挑选劳动者的地位。因此，为改善劳动者在劳动力市场上所处的不利地位，劳动者有时候会通过组建工会与企业进行集体谈判的方式来强化自己的议价能力。同时，政府往往也通过对总需求的管理以及对失业者的救助来适当地平衡劳动力供求双方之间的市场力量对比。

当然，劳动者在劳动力市场上的议价能力，一方面取决于劳动者所属的同种劳动力在市场上的供求状况，另一方面则取决于劳动者个人的技术、能力和经验等劳动力的质量水平。在其他条件相同的情况下，技术水平高、能力强、经验丰富的劳动者通常会比技术水平低、能力弱、经验不足的劳动者有更强的议价能力。此外，在劳动力供大于求的情况下，劳动者的议价能力就相对较差，反之则较强。

【理论前沿】新质生产力以全要素生产率大幅提升为核心标志

2024年1月，习近平总书记在主持中共中央政治局第十一次集体学习时系统阐述了新质生产力的理论内涵和主要特征，强调新质生产力具有高科技、高效能、高质量特征，以全要素生产率大幅提升为核心标志。加快发展新质生产力的作用毋庸置疑，路径值得深入探究。在操作层面，应坚持实践导向、问题导向、结果导向，锚定经济体制改革和结构转化的关键环节，以提升全要素生产率为主线加快发展新质生产力。

全要素生产率是指生产单位(主要为企业)作为系统中的各个要素的综合生产率，以区别于单一要素生产率(如技术生产率)。它是经济增长中扣除劳动、资本等要素投入数量等因素对经济增长率的贡献后的余值，或者说因更有效配置资源实现的额外增长，通常表现为技术进步、体制改革和组织管理改善等无形要素的作用。从本质上看，它是要素质量以及组合方式变革形成的产出贡献水平。因此，全要素生产率提升形成的产出贡献与一系列的经济制度相关。

人力资本是全要素生产率的核心推动因素，加快从"人口数量红利"转向"人口质量红利"至关重要。为此，政府财政支出中应加大对教育、医疗等的投入力度，提高教育、医疗等服务的供给水平，加快推进城乡基本公共服务均等化进程，缩小城乡居民在教育、医疗资源获取中的差距，提高对农村基础教育、基本医疗的财政支持水平，利用信息化技术等推进城乡教育、医疗一体化。

(资料来源：光明日报，2024-03-26，https://news.gmw.cn/2024-03/26/content_37225119.htm)

(四)劳动力市场的地位与作用

在市场经济条件下，劳动力市场是对劳动力这种生产性资源进行有效配置的根本手段。劳动力市场通过为劳动力供求双方提供接触、谈判和交易的机制，以一定的工资率（单位时间内所支付的工资标准）将一个国家的劳动力有效地分配到不同职业、行业、地区和企业之中。

明晰劳动力市场的地位与作用有利于我们对员工招聘展开更深入与更专业的分析。

二、劳动力市场的结构

劳动力市场的结构是指根据某种特征对劳动力市场所做的类型划分。通常情况下，劳动力市场可以划分为全国性劳动力市场和地区性劳动力市场、外部劳动力市场和内部劳动力市场，以及优等劳动力市场和次等劳动力市场，等等。

从根本上看，所有制决定劳动力性质。我国现阶段，实行的公有制为主体的多种所有制结构，这就决定了我国劳动力的性质，决定了我国劳动力市场的性质和结构。劳动力市场的基本结构是两大块：生产资料公有制，决定了我国非商品的劳动力流动市场；多种所有制，决定了我国的劳动力商品市场。非商品的劳动力市场，是因为生产资料公有制内部，不可能有真正的劳动力买卖，即真正的劳动力商品。劳动者的工资，是通过按劳分配得到的劳动报酬。劳动力商品市场，是因为非公有制经济即私有制经济存在，这就决定了劳动力的流动。无论是在私有制之间，如个体劳动者流入外资企业、私营企业，或者在公有制和私有制之间，如集体农民流入私人企业，都必然采取商品交换形式，即通过劳动力的买和卖。劳动者的工资，即劳动力的价格。

从形式上看，劳动力市场类型中最常见的形式是不完全竞争市场。不完全竞争市场相对于完全竞争市场而言，或多或少带有一定垄断因素的市场都被称为不完全竞争市场，包括完全垄断市场、寡头垄断市场和垄断竞争市场。其中，完全垄断市场的垄断程度最高，寡头垄断市场居中，垄断竞争市场最低。

（一）全国性劳动力市场和地区性劳动力市场

1.全国性劳动力市场

全国性劳动力市场是指劳动力供求双方在全国范围内彼此搜寻而形成的劳动力市场。通常情况下，某类劳动力越稀缺，需求方对这种劳动力的知识水平和技能要求越高，则这种劳动力的供给和需求受到地域限制的可能性就越小，从而形成全国性劳动力市场的可能性就越大，如我国当前已经逐步形成的高级技术人员、企业经理人员等的劳动力市场就属于全国性劳动力市场。一方面，对这些劳动力的需求遍布全国各地；另一方面，这些劳动者寻找工作或者准备更换工作时，往往也是在全国范围内进行考虑。

2.地区性劳动力市场

地区性劳动力市场是指劳动力供求双方仅仅在某一局部地区范围内彼此搜寻而形成的区域性的劳动力市场。地区性劳动力市场上的劳动力供给者通常是技能水平不高，市场竞争力不是很强的劳动者。企业在雇佣这类人员的时候，往往采取从当地雇佣的策略，因为在当地劳动力市场上已经有相对充足的劳动力供给，没有必要到全国性劳动力市场上去进行招募，同时，这也是节约招募和配置成本的需要。

无论是全国性的劳动力市场还是地区性的劳动力市场，关键都取决于劳动力供求双方相互进行搜寻的地理范围大小。其中一方的搜寻区域大小，尤其是劳动力供给者单方面搜寻区域的大小，并不能决定动力市场的性质。

(二) 外部劳动力市场和内部劳动力市场

1. 外部劳动力市场

外部劳动力市场就是我们通常所说的一般性劳动力市场，它是指处于组织外部、不受单个企业的人力资源管理政策与实践的影响，由大量的企业和劳动者共同参与的市场。外部劳动力市场执行的是价格机制（市场调整机制），一般遵循 MR＝MC 原则，即边际收益（单位增量收益）等于边际成本（单位增量成本）。这一原则是内、外劳动力市场的根本原则。在西方经济学理论看来，如果实现了 MR＝MC，企业就实现了利润最大化的目标。

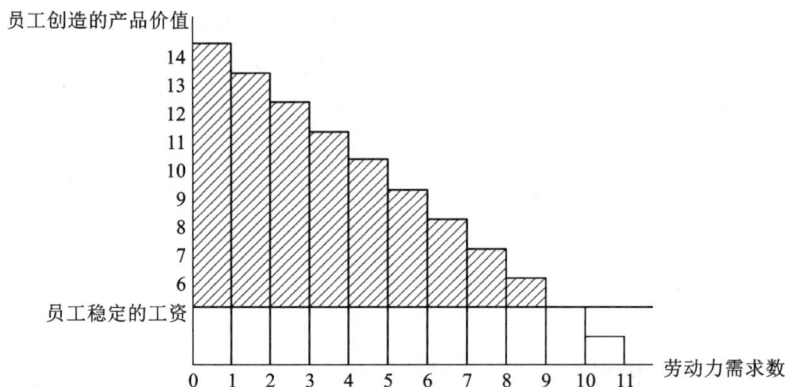

图 2-2　边际收益与边际成本比较分析简明示意图

2. 内部劳动力市场

内部劳动力市场是劳动力市场分割的结果，它是指在大型组织内部存在的，由一系列规则和程序指导组织内部的雇佣关系调整形成的一种有序的管理体系。它与外部劳动力市场的根本区别是，企业配置调整人力资源主要依据的是组织规章制度的力量，并不严格遵循 MR＝MC 原则，市场规则（价格机制）只是一种参考，仅起辅助作用。

内部劳动力市场的一个重要特征是，企业通常只从外部雇佣填补较低级别岗位的劳动者，中高层职位的任职者一般都是通过内部晋升来选拔的。在存在内部劳动力市场的情况下，企业通常对于短期解雇顺序、薪酬等级、职位分配、晋升、调薪以及争议处理程序等都有明确的规定。需要注意的是，这里的内部劳动力市场不是我们通常所说的为下岗职工在企业内部重新安排工作的那种所谓内部劳动力市场。

(三)优等劳动力市场和次等劳动力市场

双层劳动力市场理论认为,劳动力市场可以被划分为优等劳动力市场和次等劳动力市场两个相互独立的部分。

优等劳动力市场的特征是就业条件较好,工资福利水平较高,工作环境良好,工作保障性较强。但这种劳动力市场对劳动力供给者的要求较高,只有具备一定的受教育程度、技术熟练程度较高或者具备某种技能的人才有可能进入。

次等劳动力市场的特征是就业不稳定、工资率较低、工作条件较差,同时工作的社会地位也相对较低。这种市场通常是指普通商业服务人员、建筑业杂工,工厂工人等所在的劳动力市场。次等劳动力市场上的就业不稳定既有企业方面的原因,又有员工方面的原因。一方面,雇佣这些劳动者的企业的劳动力需求通常不稳定,如建筑公司在工程开工和结束时对劳动者的需求量差异很大。此外,在劳动者方面,由于次等劳动力市场上的工作提供的报酬通常比较低,在离职或因其他原因失去工作时损失比较小,所以流动率、缺勤率和迟到率比较高。

总之,优等劳动力市场和次等劳动力市场是相对独立运转的,尽管在两个市场之间也存在劳动力流动,但是大部分知识技能水平较低、就业机会较差的劳动者是很难从次等劳动市场流入优等劳动力市场的。而贫穷、歧视以及受教育程度不高导致的技能缺乏等是造成两种劳动力市场之间出现相对隔离的主要原因。

三、劳动力供给原理

(一)劳动力供给的定义

劳动力供给是指在一定的市场工资率(或工资标准)条件下,劳动力供给主体——家庭或个人愿意并能够提供的劳动时间,它包括劳动力供给的数量和劳动力供给质量两个面的内容。其中,劳动力质量主要是指劳动力队伍的身体健康状况以及受教育和训练的程度,主要表现为劳动者的知识、技能和经验等的水平,这方面因素主要可以通过人力资本投资理论加以解释。劳动力数量主要由劳动者提供的劳动时间(工时)来衡量。

一般来说,劳动力供给可分为个人劳动力供给、家庭劳动力供给和社会劳动力供给三个层次。

(二)劳动力供给原理

1.个人劳动力供给决定的基本原理

个人劳动力供给是指在某一特定的工资率或工资水平下,一位劳动者愿意提供的工作时间数。个人劳动力供给的最主要影响因素是工资率或工资水平,即小时工资率或时薪。

(1)倍数效应。这是指个人劳动力供给具有总和性特征,即个人劳动力供给由劳动者数量、质量、工作时数、劳动强度与工作积极性等因素共同决定。其计算公式是:

个人劳动力供给 = 劳动者数量×工作时数×供给质量×劳动强度×主体积极性

（2）收入效应。通常认为，工资率越高劳动者愿意提供的劳动力供给时间就越多，反之就越少。然而，个人劳动力供给和工资率之间的关系却并非如此简单。除正常睡眠时间外，劳动者可利用的所有时间划分为工作时间和闲暇时间两部分。工作时间是劳动者通过劳动获得工资收入的时间，然后用这些收入去购买物品或服务用于消费，从而产生效用（满足程度），而劳动者消费闲暇也能够产生效用。劳动者一般对工作时间和闲暇时间进行合理分配来实现实现效用的最大化。

从理论上来说，工资率上升对于个人劳动力供给决策会产生两个方面的作用，即收入效应和替代效应。

收入效应是指由于工资率上升到一定程度或非劳动收入增加，劳动者追求生活质量而带来的个人劳动力供给时间减少的一种特定社会现象。在其他条件不变而工资率上升时，个人在工作时间相同的情况下获得的总劳动收入增加，这就使劳动者变得更加富有，因而能够将更多时间用于闲暇，同时还保证不会降低甚至提高物质生活水平，这样，工资率的上升就有可能会导致劳动者减少工作时间而增加闲暇时间（如休闲旅游）。

（3）替代效应。在其他条件不变而工资率上升时，除了收入效应之外，同时还会发生另外一种效应，这就是工资率的上升同时使人们享受闲暇时间的成本更高了，因为如果劳动者此时去工作而不是享受闲暇，他们每小时工资水平比过去更高了。这种情况会促使劳动者在工资率上升时减少对闲暇的消费，将更多的时间用到工作上。这就是工资率上升对劳动力供给产生的替代效应。类似地，在其他条件不变而工资率下降时，也同样会对劳动者的个人劳动力供给时间产生替代效应，不过这时的替代效应导致的是劳动力供给时间的减少。因为在这个时候，每小时工资水平的下降低会导致劳动者享受闲暇时间的成本下降，因减少工作时间而遭受的损失比过去要小，这样他们就会选择多享受闲暇时间，而不愿意去辛苦地工作。

工资率上涨对劳动力供给产生的收入效应和替代效应的作用方向是相反的，即在其他情况不变时，工资率上涨的收入效应导致劳动者愿意减少劳动力供给时间，而替代效应却导致劳动者愿意增加劳动力供给时间。工资上升的总效应为收入效应与替代效应之和，当收入效应大于替代效应时，劳动力供给时间减少；反之，劳动力供给时间增加。

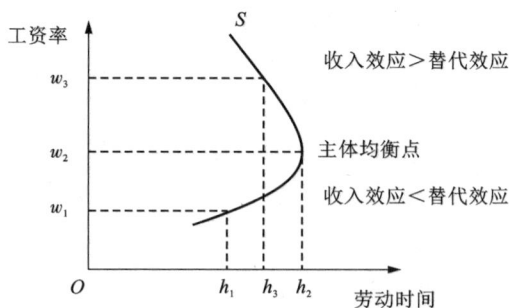

图 2-3　收入效应与替代效应示意图

（4）劳动力供给弹性。劳动力供给中，我们不仅要明确劳动力供给数量与工资率之间的方向变化关系，还要知晓工资率变化对于劳动力供给产生的影响程度，这就涉及劳动力供给弹性的原理了。所谓劳动力供给弹性，是指劳动力供给数量随工资率变动而发生变动的灵敏程度，一般可以用劳动工时变动百分比与工资率变动百分比之间的比率来表示。其计算公式为：

$$劳动力供给弹性 = \frac{劳动工时变动百分比}{工资率变动百分比} = \frac{\dfrac{工时增加或减少绝对数量}{初始工时} \times 100\%}{\dfrac{工资率上升或下降绝对数量}{初始工资率} \times 100\%}$$

劳动力供给弹性的符号可能为正，也可能为负。但通常情况下，工资率的上升带来劳动力供给数量增加的情况更为常见，因此劳动力供给弹性通常为正。劳动力供给弹性的绝对值则反映了工资率变化对劳动力供给时间变化产生影响的程度。劳动力供给弹性的绝对值总共有以下五种不同的情况：①当工时变动的百分比超过工资率变动的百分比时，劳动力供给弹性的绝对值大于1，这种情况被称为劳动力供给曲线富有弹性。②当工时变动百分比小于工资率变动百分比时，劳动力供给弹性小于1，这种情形被称为劳动力供给曲线缺乏弹性。③当工时变动百分比与工资率变动百分比相同时，则称劳动力供给曲线具有单位弹性，数值为1。④如果工资率变动不会带来劳动力供给时间的任何变动，则劳动力供给弹性为零，此时劳动力供给曲线处于无弹性状态，这种情况在图形上表现为垂直的劳动力供给曲线。⑤如果在某种工资率下，市场上可以获得任意数量的劳动力供给，则此时的劳动力供给弹性为无穷大，劳动力供给曲线有无限弹性。

2. 家庭劳动力供给原理

个人劳动力供给还不能略去家庭背景的影响，即劳动供给决策常常是丈夫和妻子在家联合做出的。生产活动在企业进行，而消费活动在家庭进行。新家庭经济学认为，家庭起着双重作用，它既是生产者又是消费者。家庭成员在进行劳动供给决策时，要同其他成员协商，并相互影响，即妻子是否去工作依赖于丈夫是否已工作，考虑自身生命周期的不同阶段等。丈夫的收入越高，妻子的劳动参与率越低；妻子的市场工资率越高，其劳动参与率越高。

3. 社会劳动力供给原理

在战略性招聘管理中，企业还要从宏观层面考虑劳动力供给的特点。该项原理的主要内容是，在年轻型社会结构中，少年儿童占比大，抚养任务重，因而劳动力供给相对不足；在成年型社会结构中，劳动力以成年人为主，抚养负担较低，劳动者数量规模较大，劳动力供给充足，利于社会经济发展；老年型结构中，老年人口比重较大，抚养老年人的任务较重，劳动力供给相对不足。

（1）人口红利。人口红利指一个国家的劳动年龄人口占总人口比重较大，抚养率比较低，为经济发展创造了有利的人口条件，整个国家的经济呈高投资高增长的局面。简言之就是有利于经济增长的"中间大，两头小"的人口年龄结构。其中，小于15岁和大于64岁的人口被称为被抚养的依赖人口，16~60岁称为劳动力人口。人口红利期就是人口负担系数小于或等于50%时期。

$$人口负担系数 = \frac{依赖人口}{劳动力人口} \leq 50\% \quad （人口红利）$$

（2）人口负债。由于人口结构变化所引起的抚养比提高，适龄劳动人口减少会带来社会经济问题。如果总抚养人口占总人口的比例超过50%则社会进入人口负债期。

$$人口负担系数 = \frac{依赖人口}{劳动力人口} > 50\% \quad （人口负债）$$

（3）人口红利拐点。人口红利拐点指的是人口红利向人口负债的转折点，其表现是劳动人口增长率低于非劳动人口特别是退休劳动人口的增长率，抚养比不断提高。出现人口红利拐点时用工成本提高，企业投资减少，抑制经济增长；被抚养人口比重大，社会消费大，资本积累的规模与速度降低，对资本缺乏的发展中国家相当不利。

中国出现了两次人口红利拐点。第一次是计划生育政策时期，人口负债向人口红利转变，第二次是现阶段人口红利向人口负债转变，这是人口惯性造成的。这次拐点对企业用工模式产生了较大的影响。当然，延迟退休也可以部分解决劳动力供给不足的问题。

四、劳动力需求原理

（一）劳动力需求及其影响因素

1. 劳动力需求的性质

劳动力需求有两个层面的含义：一个是单个企业的劳动力需求，另一个是行业或市场层面的劳动力需求。在微观层面，劳动力需求是指在一定的市场工资率水平上，企业愿意雇佣的某种劳动力数量。在宏观层面，劳动力需求是指在一定的市场工资率下，市场上的所有企业需要雇佣的劳动力数量总和。

当其他情况不变而产品需求发生变化时，劳动力的需求就会随之发生同方向的变化。某个国家生产的产品如果突然发生内部需求和外部需求都不足的情况，则对这个国家的劳动力需求就会产生打击，失业人数就可能增多。

劳动力在生产过程中通常需要与资本共同作用才能创造出产品。因此，劳动力需求和资本需求之间存在紧密的联系：一方面，劳动力需求和资本需求都会受到产品需求变化的影响；另一方面，劳动力需求还会受到企业的资本数量需求变化所产生的影响。从短期来看，企业只根据工资率的变化，通过调整劳动力的使用数量来增加产量；从长期看，企业可以同时通过调整劳动力数量和资本数量来增加产量，工资率变化对于劳动力需求数量的影响会更大。

2. 劳动力需求原理

无论是行业或市场劳动力需求，还是单个企业的劳动力需求，都是描述劳动力需求数量与市场工资率之间的关系，反映了企业在现行的市场工资率水平下希望雇佣多少劳动力的一种意愿。在劳动力市场上，工资率就是劳动力价格，在其他条件不变的情况下，劳动力需求数量会根据工资率的变化而发生变化。总的来说，其他条件不变，市场工资率越高，则企业的劳动力需求量越少；反之，市场工资率越低，则劳动力需求量就越大。劳动力需求量和市场工资率之间的这种关系如图2-4所示。

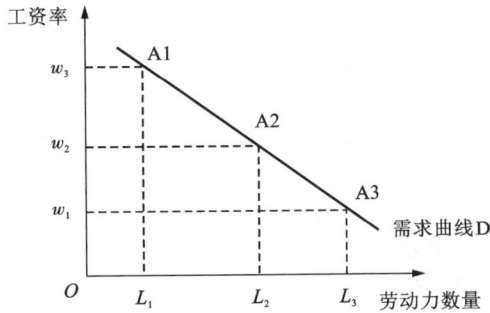

图 2-4　劳动力需求曲线

3. 工资率变化对长期劳动力需求数量的影响

在战略性招聘管理中，我们还要工资率与长期性或战略性劳动力需求的关系问题。长期来看，工资率变化对劳动力需求数量的影响是通过规模效应和替代效应反映出来的。

（1）规模效应。规模效应又被称为产出效应，它是指工资率变动首先直接作用于生产规模或产出规模，从而进一步影响劳动力需求量的作用过程及其结果。假如其他条件（生产技术、资本供给条件、产品需求以及产品质量等）不变，只有工资率上升，那么，工资率的上升就意味着企业的成本上升，从而导致企业为消化生产成本的上升而提高产品销售价格。而产品售价的提高会导致消费者减少商品的购买数量。在这种情况下，企业为了不亏损就不得不缩减生产规模，而生产规模的缩减就意味着企业要减少人员雇佣数量，即劳动力需求数量下降。在其他条件不变、工资率上升的情况下，企业因不得不缩减生产规模而减少劳动力需求数量。这时的工资率上涨产生的规模效应导致劳动力需求量下降。类似地，在其他条件不变但工资率下降的情况下，也同样会产生规模效应，只不过这时企业会扩大生产规模，从而增加劳动力需求量，即这时的工资率下降产生的规模效应导致劳动力需求增加。

（2）替代效应。工资率变动对劳动力需求数量产生的替代效应是指工资率的变动会通过作用于企业愿意使用的资本和劳动力相对投入比例，从而影响到劳动力需求数量。在其他条件不变的情况下，由于工资率这种劳动力价格上升，而另一种生产要素即资本的价格并没有发生变化，因此，劳动力价格相对于资本价格上升了。在这种情况下，追求利润最大化的企业通常会愿意使用更多的资本和更少的劳动力来进行生产，即会出现资本（如工业机器人设备）替代劳动力的现象，从而导致企业向更加资本密集化的生产方式转变。在这一过程中，与工资率上升直接相关的劳动力相对价格上升导致企业用资本替代劳动力，这便是其他条件不变情况下，工资率上涨对劳动力需求量产生的替代效应。相反，在工资率下降的时候也同样会产生替代效应。只不过在那种情况下，其他条件不变，工资下降会导致劳动力价格相对于资本价格的下降，进而促使企业用劳动力替代资本，从而最终导致劳动力需求数量的增加。

综上所述，在其他条件不变的情况下，无论哪个方向的工资率变动所产生的规模效应和替代效应的作用方向都是相同的,即在其他条件不变的情况下,工资率上升的规模效应和替代效应都导致劳动力需求量下降,而工资率下降的规模效应和替代效应都导致劳动力需求量的上升。

当然,在其他条件不变的情况下,在进行招聘需求分析与计划时,我们还要考虑资本价格变化对于劳动力需求数量的最终影响。如果资本价格上升的规模效应大于替代效应,则最终的劳动力需求数量将下降;反之则上升。如果资本价格下降的规模效应大于替代效应,则最终的劳动力需求数量将上升;反之则下降。

(二)劳动力需求弹性原理

1.劳动力需求的工资弹性

由于劳动力需求在很大程度上受到工资率变动的影响,因此,人们可能感兴趣的是,工资率的变动对劳动力需求数量的变动到底有多大程度的影响。这时就出现了劳动力需求弹性的概念。劳动力需求工资弹性(e)又称劳动力需求弹性,它是指某种劳动力的工资率(W)变化1%引起的自身劳动力需求数量(L)发生变化的百分比。用公式表示即为:

$$e = \frac{劳动力需求量变动}{工资率变动} \times 100\% = \frac{\Delta L/L}{\Delta W/W} \times 100\%$$

由于工资率变动方向与劳动力需求数量的变动方向是相反的,因而劳动力需求的自身工资弹性值为负。不过,由于劳动力需求的自身工资弹性重点考察的是劳动力需求数量变动对于工资率变动的反应敏感程度,因此经济学家通常关注的是这种弹性的绝对值。

劳动力需求弹性主要可以划分为三种情况:

(1)富有弹性。当劳动力需求弹性绝对值大于1时,即工资率上升1%引起的劳动力需求数量下降的幅度大于1%时,此时的劳动力需求对自身工资率是富有弹性的。

(2)缺乏弹性。当劳动力需求弹性绝对值小于1时,即工资率上升1%引起的劳动力需求数量下降幅度小于1%时,此时的劳动力需求对于自身工资率便是缺乏弹性的。

(3)单位弹性。当劳动力需求弹性绝对值等于1,即当工资率上升1%引起的劳动力需求数量下降也为1%时,此时的劳动力需求对于自身工资率便是单位弹性的。

2.弹性原理的内容

第一,如果劳动力需求富有弹性,则工资率上升时,劳动力需求数量下降的相对程度会高于工资率上升的相对程度,这类劳动力的工资总量(工资率×劳动力需求总水平或总就业量)下降。当工资率下降时,这类劳动力的工资总量是上升的。

第二,如果劳动力需求是缺乏弹性的,则当工资率上升时,劳动力需求数量尽管会减少,但减少的相对程度小于工资率上升的相对程度,因而最终这类劳动力的工资总量也会上升。若工资率下降,则这类劳动力的工资总量也下降。

第三,如果劳动力需求是单位弹性的,则无论工资率上升还是下降,劳动力需求数量在相反方向变动的相对程度都与工资率相同,因而最终该类劳动力的工资总量不会发生任何变化。

所以，企业在制订招聘计划时，是极为必要进行劳动力需求工资弹性分析的，尤其是当企业面临复杂多变的用工环境时。这也是提高招聘效率与质量、有效控制招聘成本和人力资源费用的有效手段之一。

3.派生需求定理

影响劳动力需求弹性的因素被归纳为以下四条，通称派生需求定理，又称希克斯-马歇尔派生需求定理。

（1）产品需求的价格弹性因素。最终产品需求的价格弹性是指产品价格变动1%导致的产品需求量变动的百分比。在其他条件相同的情况下，产品需求弹性越大，价格变动引起的产品需求量变动就越大。由于工资率上升导致产品价格上升，从而引起产品需求量减少，最终进一步导致在劳动力需求减少的过程中，产品需求的价格弹性越大，劳动力需求下降的幅度就越大，即产品需求弹性越大，生产产品的劳动力需求弹性越大。

（2）要素替代的难易度因素。当某种劳动力的工资率上升时，企业倾向于用相对便宜的其他生产要素（资本或其他类型的劳动力）对其进行替代。但如果替代难度很大，工资率上升的替代效应就很难发挥作用。反之，若其他条件相同，其他生产要素对劳动力替代越容易，劳动力需求弹性就越高。

（3）其他生产要素的供给弹性因素。其他生产要素的供给弹性类似于劳动力的供给弹性，是指某类生产要素的价格变动1%导致的此类生产要素供给量变动的百分比。生产要素的供给弹性如果较大，那么这种要素价格变动引起的这类要素的供给量变动也会较大。如果此类生产要素的供给量很容易增加，即供给弹性较大，那么企业用这种生产要素替代当前劳动力便很容易，从而导致当前的劳动力需求数量大幅度下降。总之，在其他条件相同的情况下，其他生产要素的供给弹性越大，劳动力需求弹性就越大，反之则越小。

（4）产品总成本中劳动力成本所占的比重因素。某种劳动力成本占总成本的比重也是影响劳动力需求弹性大小的主要因素。在其他条件相同的情况下，如果这种劳动力成本最初在产品总成本中所占的比重较大，则工资率上升一定的百分比对产品的总成本影响会较大，对企业的总产出以及相应的劳动力需求数量的影响也会较大。总之，劳动力成本在总成本中占的比重越大，劳动力需求弹性就越大，反之则越小。

4.劳动力需求的交叉工资弹性

劳动力需求的交叉工资弹性是指一种劳动力的工资率变化1%引起的另一类劳动力需求量变化的百分比。劳动力需求的交叉工资弹性的值可能为正，也可能为负，数值为正还是为负的意义是不一样的。如果两种劳动力的交叉工资弹性为正值，则意味着一种劳动力的工资率提高会导致另一种劳动力的需求数量上升，这种情况说明这两种劳动力之间是一种总替代系；如果两种劳动力的交叉工资弹性值为负，则意味着一种劳动力的工资率提高会促使另一种劳动力的需求数量减少，则说明两者之间是一种总互补关系。

两种劳动力之间是总替代关系还是总互补关系并不是绝对固定的，它取决于在一种劳动力的工资率上升带来的替代效应和规模效应中，哪一种效应对另一种劳动力的需求量产生的影响更大。例如，假定中年人和年轻人在生产过程中是可以互相替代的，年轻人工资率的下降对中年人的劳动力需求有副作用。一方面，在产出水平不变的情况下，企业希望用年轻人替代中年人（替代效应）减少对中人的劳动力需求；另一方面，轻人的工资率下降促使企业扩大生产规模（规模效应）增加所有投入要素（其中包括对中人）的需求。其中，规模效应的大小取决于产品需求的价格弹性，产品需求价格弹性越大，则规模效应越大。如果年轻人工资率下降的规模效应小于替代效应，则中年人的劳动力需求量下降，两者之间是总替代关系；如果规模效应大于替代效应，则年轻人工资率下降导致中年人的劳动力需求量上升，两者之间就是总互补关系。

五、劳动力市场均衡与非均衡原理

（一）劳动力市场均衡及其变动

1. 劳动力市场均衡

从市场的角度来说，劳动力供给反映的是在其他条件不变的情况下，相对于某一既定的市场工资率，市场上的所有劳动者愿意提供的劳动力数量；而劳动力需求则是在其他条件不变的情况下，相对于某一既定的市场工资率，市场上的所有企业愿意雇佣的劳动力数量。也就是说，劳动力供给和劳动力需求都随着市场工资率变化而变化，两者的差异在于，其他条件相同的情况下，市场工资率越高，劳动力需求量越少，但劳动力供给反而越多。反之，市场工资率越低，劳动力需求量越大，而劳动力供给却越少。这样，如果能找到一个能够使市场上的劳动力供给和劳动力需求正好相等的某个市场工资率就很有意义。如果能够找到这样一个工资率，我们便说劳动力市场达到了均衡。

劳动力市场均衡是指市场上的劳动力供求相等，从而供需双方均维持现状的一种劳动力市场状态。在这个时候，市场上既不存在失业，也不存在劳动力短缺，即市场上所有愿意在这一工资率水平上工作的人都能找到工作，而企业的所有职位空缺都有人填补。借助劳动力供给曲线和劳动力需求曲线，我们可以非常直观地了解劳动力市场均衡的含义。

劳动市场均衡曲线如图 2-5 所示，S 为劳动力供给曲线，D 为劳动力需求曲线，S 与 D 的相交之处 E 点即为劳动力市场均衡点，E 点所对应的 W_0 和 L_0 分别为均衡市场工资率和均衡就业量。在图中我们还标出了两个不同于 W_0 的工资率，即 W_1 和 W_2，其中 W_2 高于 W_0，而 W_1 低于 W_0。从图中可以看出，在工资率处在低于市场均衡工资率

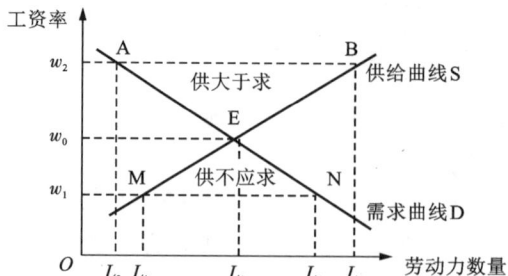

图 2-5 劳动力市场均衡模型图

的 W_1 水平上时，劳动力需求量超过劳动力供给量（两者之间的差额为图中 L_1L_2 线段），这时会存在劳动力短缺现象，企业必须在劳动力市场上展开竞争。而为了吸引更多的员工，企业这就必须提高工资率，从而推动整体市场工资水平上升，最终，劳动力供求双方共同

作用的结果是在到达 A 点后实现均衡，这时，双方不再做进一步变动，维持现状。

然而，如果由于某些原因，工资率上升到 W_2，劳动力的供给量将超过需求量(供给过剩数量为图中线段 BC 在横轴上对应的劳动力数量)。此时，企业需要雇佣的劳动力数量少于劳动力的供给数量，于是就会出现劳动力过剩，一个职位空缺可能会有许多求职者来竞争。在这种情况下，企业往往降低工资率也能得到足够数量的合格求职者；并且，如果工资率能有所下降，企业会愿意雇佣更多的人。随着工资率的下降，一些人为了获得工作岗位愿意接受已经降低的工资率，另一些人则会离开这一市场，要么是彻底退出劳动力市场，要么是到其他劳动力市场去求职。因此，随着工资率从 W_2 逐步下降，劳动力的供给和需求逐渐走向均衡。

2. 劳动力市场均衡的破坏与重建

劳动力市场均衡形成之后并非一成不变，一些因素的变化会打破劳动力市场原有的均衡状态，使劳动力供给曲线或劳动力需求曲线中的一条甚至两条同时发生位移，从而形成新的均衡，产生新的市场均衡工资率和均衡就业量。劳动力市场的均衡就是在不断建立、不断被打破、重新建立这样一种循环中构建的。

3. 劳动力供求曲线同时移动对劳动力市场均衡的影响

现实中，人口和劳动力的增加一方面会在平均消费水平不变的情况下引起消费需求总量的上升，即产品需求量上升导致对生产产品的劳动力需求增加，使劳动力需求曲线右移；另一方面，人口和劳动力数量的增加又必然使劳动力供给总量增加，劳动力供给曲线整体右移。但是在劳动力需求和劳动力供给同时扩大的情况下，劳动力市场均衡的位置是不确定的。结果取决于两种力量的对比，当劳动力需求曲线移动幅度更大时，均衡工资率上升；而当劳动力供给曲线的移动幅度更大时，均衡工资率下降。

(二)劳动力市场非均衡原理

在理论上，劳动力市场一旦形成均衡，便可以决定一个供求双方都能接受的市场工资率。但企业为了控制成本，不会支付比这个市场均衡工资率高的工资水平，也不能支付低于这个均衡工资率的工资水平，否则，劳动者就会到其他企业去求职。但是在实践中，劳动力市场上的供求双方发现，改变自己的劳动力供求行为会产生更多的成本，这就给劳动力市场带来了一些摩擦力。

1. 劳动力需求方遇到的摩擦力

(1)企业并不必须支付市场通行的工资率。在现实中，企业并不一定完全按照理论上的均衡工资率或市场工资率来支付员工工资主要有以下几个方面的原因：①有些企业支付的工资水平略低于市场工资率，但是在其他方面能够为员工提供有价值的报酬，使得这些企业也不会失去自己的劳动力。②有些企业为了激励员工的工作积极性，会有意提供超过(而不是等于)市场工资率的工资水平，这种工资水平在经济学中被称为效率工资。在现实中，很多企业通过支付这种效率工资成功地吸引了众多的高素质员工，强化了员工的工作动机并降低了对员工进行监督的成本，结果是强化了企业的竞争力。③在现代市场经济条件下，政府颁布的最低工资法律法规对企业有约束作用。④工会等非市场力量也会对企业支付的工资水平产生影响，它们往往通过集体谈判迫使企业将工资水平确定在高于市场通行工资率的水平上。

（2）企业不能自由调整雇佣量。现实中，雇佣和解雇劳动力需要耗费成本。包括搜寻成本以及对劳动者进行筛的成本，如发布招聘广告的费用、对求职者进行评价和筛选的费用、外聘专业招募甄选机构专业化甄选测试等的费用。在雇佣后，企业往往还需要承担培训成本。从解雇角度看，解雇员工会影响企业未来在市场上招募员工的能力，甚至会损害留用员工的生产率；另一方面，企业在解雇员工时必须支付法律规定的遣散费或其他补偿。上述这些因素导致企业在雇佣和解雇员工的时候都不会仅仅考虑工资率，而是要考虑到其中涉及的各种其他成本，从而使得劳动力需求数量的调整不会那么随意。

2. 劳动力供给方遇到的摩擦力

劳动力市场的供给方即劳动者在调整自己的行为时同样会面临各种摩擦力的作用。

（1）劳动者并非可以零成本自由流动。前面的分析模型假设劳动者可以在不需要任何时间延迟，且不需要付出任何成本的条件下从为一家企业工作转移到为另外一家企业工作。这样，如果一家企业支付的工资水平哪比市场工资率低一点，就不会有任何劳动者来求职，同时所有的员工也会立即跑到支付市场工资率高的其他企业去工作。然而，在现实中，劳动力流动确实是有成本的，其中不仅包括寻找就业信息的成本，而且包括因为离开原来的企业而失去的很多经济或非经济收益，如福利的损失或者与感情很好的同事不能经常在一起的情感的损失等。此外，在从为一家企业工作转移到为另外一家企业工作时，往往还会因为一些在原来企业学习到的技能失效，同时需要在新企业中重新接受培训，以掌握新的技能而产生新的成本。如果劳动者在不同企业之间可以无成本地自由流动，则他们在不同地区、行业或企业中工作时，就不应该存在太大的工资差别。但在现实中，我们却很容易看到这些工资差别的长期存在，这就表明劳动力流动是有成本的，在某种程度上是受到限制的，即劳动者在决定流动的时候不会仅仅考虑工资率，而是会综合考虑流动的各种成本。

（2）劳动者对工资率的反应并非极其敏感。由于劳动力流动具有成本，跳槽后重新就职也存在时间间隔。因此，即使是劳动者认为当前企业的工资水平低于市场水平，他们往往也不会马上辞职，而是不断权衡，确保不会因为两份工作之间出现空当而失去工资性报酬。此外，劳动者在找工作时，工资水平也并非唯一的考虑因素，福利水平、交通便利程度、企业的地理位置、能否满足照顾家庭的需要等也是劳动者的重要考虑因素。最后，前面的分析模型认为，一旦市场上的劳动力供给大于需求，市场工资率就会趋于下降，这是不以劳动者的意志为转移的，但在现实中却存在明显的所谓工资刚性或工资黏性的现象，即劳动者很不愿意接受甚至会主动抵制工资水平的下降。这种情况也会导致企业在削减工资时不会毫无顾忌，而是会尽可能地考虑劳动者的感受。除非迫不得已，大多数企业不会轻易削减工资，即使市场上已经出现了劳动力供给超过劳动力需求的情况。

第二节 人力资源配置模式

招聘管理是人力资源配置的前置环节，也是人力资源配置系统的核心组成部分之一。随着数智时代的来临和数字经济发展，企业面临的竞争环境日趋复杂与多变，因此，人力资源从业人员还必须放宽视野，从系统论的高度来理解、分析和把握人力资源配置工作和主要配置模式，以确保战略性招聘管理目标的顺利实现。

一、人力资源配置的含义和主要类型

经济活动主要是将三个基本要素——土地、劳动、资本进行有效结合与统筹安排的活动，这种要素的结合就是资源配置。资源配置问题是经济学理论分析与现实经济管理的重大问题，为经济学家和经济管理人员（尤其是宏观和微观经济决策者）所高度关注的。当一个组织和国家具备了自然资源、人力资源和资本资源后，关键问题便是对其如何配置。

（一）人力资源配置的含义

1.资源配置

要理解人力资源配置，就要先明确资源配置的内涵。资源配置是指资源的稀缺性决定了任何一个社会都必须通过一定的方式把有限的资源合理分配到社会的各个领域中去，以实现资源的最佳利用，即用最少的资源耗费，生产出最适用的商品和劳务，获取最佳的效益。简单地说，资源配置就是将资源分配到什么位置，放到什么地方。

2.人力资源配置

人力资源配置指的是将人力资源投入各个局部的工作岗位，使之与物质资源相结合，产生最大经济效益和社会效益的经济活动。从根本上讲，人力资源配置其实就是如何用人的问题。人力资源的科学配置，是人力资源生产与开发之后的关键环节，也是人力资源经济运动的核心。

（二）人力资源配置的类型

依据不同的标准，可分为如下类型：

1.按人力资源配置的层次划分

（1）人力资源宏观配置。这种配置方式一般由国家领导机构直接主导，主要由财政部门、教育部门、科技部门等多方面参与。在配置过程中，它是以各个不同地区为目标，并考虑各地区既有的生产能力、资源储备、运输成本、销售市场等条件与发展目标，相应地进行人力资源的综合统筹安排。在地区人力资源与物质资源配比不协调的情况下，可以通过对人的迁移实现合理配置。

（2）人力资源微观配置。在市场经济体制下，经济资源的配置主要通过市场的途径实现，它具体发生在微观单位（即用人单位），并由资源供求双方共同完成。这是人力资源配置的主体方式。人们常说的人力资源配置一般指的就是微观配置。科学有效的人力资源微观配置是宏观人力资源配置的基础与根本要求。

（3）人力资源个体配置。人力资源的个体配置，是人们选择自己的工作岗位的主动行为，它是人力资源自我选择性的体现。个体配置是充分发挥员工潜力、特长，以人为本，最终实现员工理想与人生价值的主要方式。

2. 按人力资源配置的内容划分

（1）员工数量配置。员工数量配置是基于工作岗位特点和要求对员工数量进行的合理配置，员工既可以在正常负荷下工作，又不会出现无事可干的现象，用最合适的员工、最合适的数量创造最高的经济价值。数量配置主要包括人数配置和工时配置，人数配置是一种硬性调整，工时配置是一种软性调整，其用工成本要低得多。

（2）员工结构配置。员工结构配置是根据工作岗位的内在要求，再筛选出学历、个性品质、经历及专业知识和技能素养等条件与岗位、团队相匹配的员工，让组织内一起工作的员工能互相帮助、取长补短，产生"1+1>2"的倍增效果。员工结构配置需要对工作岗位进行科学设计，要在尽可能地满足组织和人员需求的基础上，明确各个职位的职责、权力以及职位之间关系。这种配置是一种讲求人力资源使用质量的配置方式，当企业处在成熟稳定期时，对员工进行结构配置是一种常用方法。

3. 按人力资源配置的状态划分

（1）存量配置型，即对现有在业人员进行配置。主要通过调整现有的或正在使用的人力资源存量来实现配置目标。人力资源存量配置包括行政性再配置和市场性再配置。

（2）增量配置型，即追加型人力资源配置。它主要采取不断追加人力资源并进行投入方向的控制来实现配置目标。人力资源个体初次进入劳动市场领域的配置就是人力资源增量配置。

4. 按人力资源配置的变化关系划分

（1）静态配置。对于人力资源来说，静态配置是通过在特定环境中建立模型来最大化提高组织的效率，以及从量化的角度分析职位要求与员工能力之间的关系。

（2）动态配置。动态配置是相对静态配置而言的，是一个问题的两个方面。动态配置认为职位的要求和员工的能力在不断变化，为了合理配置组织中的人力资源，需要不断进行人员调整以最大限度地发挥员工的价值。目前最新的 OD 理论（Organizational Development Theory，组织发展理论）就是一种动态配置理论。组织发展是一种提高全体员工积极性、自我意识、主动地持续改进提高组织效能的有效方法，它与被动的组织变革有所不同。

5.按人力资源配置的时间顺序划分

(1)初始配置。人力资源的初始配置是以最初招聘或其他形式,将求职者先期安排到与其相适的工作岗位中的过程。为了人力资源的稳定发展,初始配置的时期不能太短。

(2)再配置。人力资源再配置是指管理者依据组织内外环境的变化,调整相应岗位的工作内容,以调整后的工作要求为标准,综合分析组织内人员素质水平,再次调整员工的过程。人力资源再配置的实际操作形式有以下几种:

第一,如果人岗之间的关系发生了变化,例如员工的晋升,解雇或降职,则需要重新配置员工。

第二,为了培养和提高员工,允许员工转到企业的不同职位进行锻炼,即"轮岗",其形式可以采用一人一岗、一人多岗或多人一岗等形式。

第三,当组织内有职位空缺时,管理者必须再次调整组织内的职位。我国曾出现的再就业中心就是一种典型的人力资源再配置。

二、人力资源配置的主要模式

(一)人力资源配置模式的含义

模式指的是某种事物的标准样式或让人可以仿效学习的标准样式。模式的作用主要是为了复制与推广。模式一般由三个组成部分,即标准化的模块组成、各模块之间的关系及要实现的目的或功能,其最大的特点是高效集成。

对人力资源配置模式,本教材采用如下定义:

人力资源配置模式就是通过标准化的、成熟化的和富有成效的识、选、用、育、留各职能模块工作并将其有机联系起来,以用为中心,将人力资源与工作岗位、物质资源进行有机结合,达到人尽其才、才尽其用、人事相宜的目标,以最终实现组织目标和社会效益最大化的人力资源管理集成方式。其本质是一种富有成效的人力资源管理模式。

(二)人力资源配置的模式

人力资源配置按配置主体可以分为以下四种配置模式,这是当前人力资源配置的主流模式分类。

1.自然配置模式

自然配置是指不受外界因素的干预,而是根据员工的特质调整和修改的配置。如有些组织根据年轻员工经验不足、年长型员工偏多的情况,开发出现代学徒制与双年长导师制等用人模式;还有的企业根据干部员工身经百战,国际管理经验丰富,而市场急需专业管理经验的培训输出,于是在内部组建企业大学或管理培训中心,既锻炼了队伍,又获取了管理资源和社会经济效益,一举多得,取得了不错的配置效果。

当然,尽管此模式有可充分利用和发挥员工特长,比较适应员工的自身发展的优势,但正如"靠山吃山，靠水吃水"一样，时间一长，往往会对企业的有效运营产生一些负面影响，如隧道视野，路径依赖等。

2.行政配置模式

该模式是指管理者借助行政命令直接配置现有人力资源的一种方式。这种模式下的人力资源是被动的，他们的能动性、选择性、差异性和其他特性经常被忽略或漠视，此模式通常发生在非营利性组织中，一些大型企业在部分岗位有时执行这种配置模式。

此外，我国在计划经济时期（1949—1978年）实行的劳动人事配置就是典型的行政配置模式。在计划经济体制下，由于不存在真正意义上的市场，各种资源包括人力资源都是通过计划和行政命令完成分配的，国有企业的很多人力资源管理决策由政府主管部门做出，企业更多的是执行政府政策（如工资与人员进出），企业和劳动者之间的匹配基本上是强制性的行政分配的结果。企业人力资源管理方式相对简单，只需进行事务性操作即可。企业常规性的人员管理包括工资、培训、奖惩等方面也缺乏自主权，企业对职工的激励是政治激励与思想激励。

3.市场配置模式

该模式是以劳动力自身生产成本（人力投资）及用人单位对该项资源未来的劳动产出预期为基础、由企业与求业者供求关系决定的工资为条件，通过供求双方的自由选择而完成的。当前，市场配置模式是我国人力资源配置的主要方式。

（1）人力资源市场配置的优势。

①它有利于经济运行，并对资源本身的生产起到信号作用（人们要按照市场需求及发展趋势进行人力投资），而且有利于资源配置后的使用，可达到较大的经济效益。

②当社会经济条件发生变化，就是企业对人力资源的需求和个人对人力资源的供给发生变化时，市场配置方式能够顺利、快速地完成人力资源的再配置。

③有时劳动市场还能作为"人力资源供给的蓄水池"。

（2）人力资源市场配置的缺陷。

①它在供求的结合上不可能尽善尽美，供求的信息不可能让对方全面了解，市场配置中双方都有一定的比较选择时间。摩擦性失业就不可避免，而且可能数量较大。

②市场配置在理论上，各个供方或需方有充分的选择权利，人力资源供方个体之间有着差异性，年龄有老有小、性别有男有女、学历有高有低、技能有强有弱，部分就业条件差的人就很难被需求方所吸收。

③市场配置方式会毫不留情地把过剩劳动力暴露出来并将其推向社会，给社会和政府带来较大的压力。

4.国家调控下的市场配置模式

正如经济学中有市场失灵之弊与政府失灵之说一样，单纯的行政配置模式与单纯的市场配置模式都有一定的甚至在某方面还有较大的缺陷，已远不能适应当前我国经济社会的发展。于是，在我国人力资源管理的长期探索与艰辛实践中，在学习西方先进人力资源管理理论与模式的基础上，创造出了适应中国土壤的、具有中国特色的国家调控下的人力资源市场配置模式。它是中国式现代化的中国特色之一，也是形成当前中国道路自信与理论自信的有机构成部分，是国家调控下的市场配置模式的代表，为今后我国进一步发展提升人力资源配置模式指明了方向。

（1）国家调控下的市场配置模式的主要特点。

①多种配置模式的有机融合。该模式主要融合了现有自然配置模式、行政配置模式、市场配置模式的自身优势，能有效克服单一模式之短。如我国近来提出的和谐人力资源管理模式、东方管理学就是对以上各模式的概括与凝练。

②市场是配置的主渠道。在我国走向市场经济的过程中，个人的就业选择权和用人单位的择员权得到承认和落实，计划分配人力资源的体制得到改变，人力资源市场配置局面已经形成。1998年我国提出的新就业方针——"劳动者自主就业、市场调节就业、政府促进就业"是这一人力资源配置模式的政策体现。首先，政府通过法律、就业服务、扶助困难群体就业对自由择业的基本权利加以保障，鼓励人们走入劳动市场、人才市场，鼓励人才们创业；其次，人们依靠较高的专业技能，在劳动市场、人才市场中寻找职业，发掘机会，塑造自己的职业生涯。

③政府进行存量和流量调控。在市场配置资源的体制下，政府也有着重要的责任，应运用行政权力，对人力资源存量和流量进行调节和控制，以促进人力资源的优化配置。另外，国家精简机构、分流干部，将事业单位进行企业化改造，是对人力资源存量的调控。国家对农村进城劳动力的规模控制，是对于人力资源流量的控制。

④企业对自身内部劳动力市场的配置与建设取得较大进展。我国一部分知名学者在深研西方劳动经济学后所构建的外部劳动力市场与内部劳动力市场有机联合理论体系也是一种有效的突破。

内部劳动力市场的形成实际上是企业和劳动者双方之间相互选择的结果。

首先，企业在雇佣员工时可能会遇到一个很大的难题，即工作动机、诚实可靠度等人格特征很难通过面试、甄选测试等加以准确判断。而通过创建内部劳动力市场，企业就可以通过一段较长的时间来观察这些员工的真实生产率特征。因此，采用内部劳动力市场来填补职位空缺的一个很大好处是，企业由于对自己的员工比较了解，所以在为更高一级岗位选拔任职者时，企业都可以做出相对更为可靠的决策，而不用担心出现太大意外。企业采用内部劳动力市场做法的另外一个动机是，当组织通过在职培训等方式在员工身上进行大量人力资本投资时，员工的流失会导致企业部分人力资本投资的损失，而招募新员工替代经验丰富的老员工的成本也会很高，在这种情况下，企业就倾向于在员工绩效良好的情况下继续将他们留在组织中。当要求担任更高一级岗位的人必须具有大量的企业专门知识，受过一些特殊培训，并且这些知识和培训通常只能通过多年的在岗学习才能获得时，企业最有可能从内部劳动力市场中获得正向收益。

其次，从员工的角度来说，一位劳动者既可以在组织内部（内部劳动力市场上）寻求职位等级以及薪酬等级的晋升，也可以到其他企业（外部劳动力市场上）去寻找更好的工作机会并获得相应的薪酬。但是由于劳动者在某一组织中积累的熟练程度、知识、技能、人际环境以及一些特殊的技能和经验等无法完全被带到另外一个组织之中，所以劳动者要

"跳槽"到其他企业很可能会损失一部分特殊人力资本投资。与此同时，内部劳动力市场的存在使员工们知道自己有一条向上晋升的内部通道，那些组织外部的人通常是不会被考虑的，而一旦自己离职，也就会失去这种有一定特权的地位，这也会促使他们愿意成为企业的长期员工。

不过，采用内部劳动力市场做法也会存在较高的成本，因为它将竞争组织内高级岗位的候选人范围完全局限于组织内部，但这些内部员工却未必是担任这些更高一级岗位的最佳人选。此外，内部劳动力市场还有可能会因为竞争不足而导致组织内的激励水平下降，甚至出现所谓的员工之间的串谋行为。因此，内部劳动力市场不能脱离外部劳动力市场而独立存在，它不能是完全自我封闭的，在薪酬水平、福利等方面必须与外部劳动力市场保持适度一致。

表 2-1　外部劳动力市场和内部劳动力市场区别表

比较内容	外部劳动力市场	内部劳动力市场
市场范围	存在于组织外部	存在于组织内部
主要性质	一般性劳动力市场	特殊性劳动力市场
运行规律	价格机制，即市场调整机制，一般遵循 MR＝MC 原则	规章制度调节为主，不严格遵循 MR＝MC 原则
主要目标	最优原则，利润最大化	满意原则，效用最大化，员工成长
运用方式	校园招聘、社会招聘等外部招聘	员工竞聘、岗位轮换、晋升等内部招聘

（2）中国人力资源配置工作取得了较大的成就。

这些成就主要表现在：人力资源管理的环境有了很大改善；现代人力资源管理理念得到普及，其对战略、竞争、文化的重要性取得共识；重要的人力资源管理新工具和新方法得到广泛运用；人力资源管理系统基本建立，依靠人力资源管理赢得竞争优势并在国际市场站稳脚跟；大批人力资源管理从业人员迅速成长，专业化水平不断提高；企业领导者和管理者对人力资源管理的理解更加全面深刻，能较好地胜任或承担人力资源管理的重要责任；政府、事业单位、国企整体人力资源管理水平不断提高。

【思政讲堂】亲情1+1：中国企业大胆创新，投入巨资给员工家属发"亲情工资"

员工入职满 1 年便能享受德邦快递给予的"亲情1+1"福利。作为劳动密集型企业，德邦 10 万多名员工的背后，是 10 万多个家庭，为了尽力地帮助员工和他们身后的家庭，德邦每月都会往员工家里寄一份工资，替员工尽孝心，这份工资员工个人拿 100 元，德邦出 100 元，因此被称为"亲情1+1"福利。如今，德邦快递每年需要花费 8000 万给员工家属"发工资"，并且 10 年来从未间断。

另外，德邦还推行了"全程无忧"福利计划。所谓全程无忧计划是指对于在德邦工作满 1 年的经理级及以上员工，从孩子出生到孩子上学一直到大学毕业的 20 多年，德邦每年都会给他们一定的补贴，这些补贴包含结婚贺礼、生小孩贺礼、小孩营养费、教育费等。德邦快递通过特色员工福利的建设与员工关爱行动的执行，力求让每一位员工在德邦都能感受到如"家"一般的关怀。

随着人力资源管理实践模式的深入，薪酬管理的创新化得到了大家的高度认同，创造了不一般的管理效果。正如德邦一样，2023年6月，山东临沂某集团公司在总部举行第十届感恩父母团拜会，向员工父母发放650余万元亲情工资。今年是该公司实行亲情工资"暖心工程"的第十年，10年来累计已发放亲情工资3650余万元。"感恩于心，回报于行"，孝老敬老是中华民族的传统美德，公司为员工父母发放亲情工资，弘扬了孝道、温暖了人心，增强了员工的凝聚力和向心力，劳资关系出现了浓浓情意式的和谐局面。

（资料来源：https://www.163.com/dy/article/D4B10PPL0511A4H9.html）

三、人力资源配置模式的新发展

21世纪是知识经济与数字经济时代。社会正从知识追逐资本向资本追逐知识转变。劳动的知识含量将进一步增加，这就要求人们具有较高的知识水平。因此，知识成为人力资源配置的核心。

我国社会对知识也越来越重视，拥有高水平知识并得到充分发挥的人才可以得到相当高的人力投资回报，他们也成为经济发展和技术进步的中坚力量。中国是人才资源大国，但不是人才资源强国，尽管具有丰富的人力资源，但缺少领军人才，缺少高精尖人才。要想占据国际制高点，就不得不认真审视中国目前的人才状况，探索开发更高效的人力资源尤其是人才资源配置新模式。

1. 和谐配置模式

中华民族信奉"以和为贵"，和谐的理念贯穿中国文化的始终。在中国特色社会主义建设新时期，通过协调双方利益，以和谐调动来不断增强整个组织的创造活力，是党的十八大以来党和政府明确提出的一项紧迫任务。

该模式的主要内容是：将以人为本作为构建和谐劳动关系的根本出发点和落脚点；完善协调劳动关系的三方协调组织体系，充分发挥政府部门、工会、企业代表在配置中的重要作用，增强劳资双方参与协调活动的积极性，促进共赢；规范制度，积极制订和完善根本性的劳动关系与劳动配置管理制度，为协调劳动关系提供依据。

2. 劳资命运共同体模式

劳资命运共同体是基于我党提出的"命运共同体"理念而形成的新模式，其核心在于"目标一致，利益共享"。在这种新模式下，劳资双方必须要自觉摒弃零和博弈思维，致力于促进企业与员工和谐共处，实现双赢。资方要时时刻刻关心劳方的利益需求，即时满足，并通过营造和谐的组织文化，促进组织与员工目标一致化，激发员工积极性，形成推动企业发展的最大合力。

3.无边界配置模式

在平台经济、数字经济等新经济形式迅猛发展的条件下，尤其是随着人工智能技术的发展，我国核心-边缘雇佣策略成为大多数企业面临的新形势，组织的边界越来越模糊，员工的外延不断扩大，员工的内外劳动力市场配置模式发生了巨大的深刻的变化。因此，共享员工模式(尤其是江浙地区创造出了政府牵头构建、基于劳动市场的劳动力余缺调节机制)、平台用工模式等多维主体配置模式不断融合、不断创新，推动了我国人力资源管理的新发展。

毋庸置疑，上述新型配置模式还会与传统的人力资源配置模式进行深度的碰撞，还会在震荡中不断融合，在不断叠加的我国目前新出现的多重矛盾背景下，将还会产生更高效的、更富有中国特色的新的人力资源配置模式。

第三节　招聘管理的主要原理

招聘管理与人力资源管理其他职能模块一样，必须遵循相应的规律，才能使其做到科学、有效。招聘管理原理就是招聘管理应遵循的客观规律，它是由招聘者在完成招聘任务过程中和应聘人员的相互作用中而形成的。招聘管理的任务并不是人们主观任意确定的产物，而是由招聘所处的客观条件决定的。因此，企业的招聘管理者必须把握其内在规律，以此来指导招聘管理实践，从而有效地实现组织目标。深入认识招聘管理的主要原理，是做好招聘工作的前提。本节主要阐述了个体差异原理、岗位差异原理、人岗匹配原理、反馈控制原理等几大原理。

一、个体差异原理

人力资源管理的根本任务是合理配置使用人力资源，提高人力资源投入产出比率和组织的有效性。员工招聘是一个双向选择的过程，在这个过程中，组织与个人扮演着不同的角色；而要使这个双向选择过程科学有效，首当其冲的是就要探究招聘对象存在的差异性，对人力资源的素质构成和特点有详细的了解，做到"知己知彼，百战不殆"。

个体差异性是指人与人之间在素质上存在差别的客观性质。个体差异的存在是客观的，世界上没有两个完全相同的人，人与人之间由于先天遗传因素和后天成长环境(社会文化背景、家庭环境、教育体系、工作环境等)的不同，形成了各种各样的个体。具体而言，个体差异主要表现在个体生理差异、个体心理差异和个体文化差异三个方面。这些个体差异性的存在，是人员招聘和甄选的客观条件和基本前提。在具体实施过程中，关注的核心是个体心理差异。

(一)个体的心理差异

个体的心理差异主要表现在能力、气质、性格、需要、动机、兴趣、态度和价值观等方面。

1. 个体能力差异

（1）能力类型差异。表现在一般能力差异，如有些人长于逻辑思维、有些人长于形象思维，有些人善于综合概括、有些人善于细节分析。另一种是特殊能力不同和能力组合不同，例如，有些人音乐能力强，有些人绘画能力强。

（2）能力水平差异。表现在能力发展的水平有高有低、有强有弱，诸如智力方面的表现，可以分为优秀、良好、中等、较差、很差等多个等次。

（3）能力发展早晚的差异。表现在人的能力发展有先后，有的少年早慧，有的大器晚成。

2. 个体的气质差异

气质与日常生活中所讲的"脾气"类似，它是个体先天的个性心理特征，一般与行为活动的内容、动机与目的无关。人的不同气质类型决定了人在感受性、忍耐性、反应的敏捷性和个性的内外倾向性等方面存在很大的差异，有些人灵活、适应能力强，有些人热情、乐于助人，有些人稳重细心、谨小慎微，有些人敏感、动作含蓄。气质没有好坏之分。

3. 个体的性格差异

性格是一个人对现实的态度，以及习惯化的行为方式中表现出来的较为稳定的心理特征，也可以说是人对现实的稳定态度和习惯化的行为方式。它是个性中最为重要、最为显著的心理特征，在个性中起着核心的作用，是一个人区别于他人的集中体现。人的性格差异主要表现在认知、情绪、意志等特征上，有些人认识事物主动、深刻、精确，有些人被动、肤浅、粗略；有些人活泼好动，有些人沉静安详；有些人自制、勇敢、认真，有些人缺乏自信、胆怯、马虎。性格有好坏之分。

（二）个体的生理差异

个体的生理差异表现在性别、年龄等方面。

1. 性别差异

男女性之间的差异是客观存在的，但总体上讲，两性能力差异不大，不足以影响人事决策。一般而言，女性在语言上的能力较优，而男性在视觉一空间能力和数学能力上较佳。机械操作能力，无论是速度或正确性，男性明显优于女性。文书能力女性优于男性。一般来讲，在感知方面，男性的视觉能力较强，对视觉刺激的反应速度快，特别是在视觉的空间知觉力方面，男性明显优于女性。在注意力发展方面，男性多注意物，喜欢摆弄物体并探索物体的奥秘，对物的注意力稳定性较好，持续时间较长；女性的注意力则多注意人，喜欢探索人生，对人与人之间的关系比较关心，很敏感。在记忆力发展方面，男性的理解记忆和抽象记忆较强，而女性的机械记忆和形象记忆优于男性。在思维能力方面，男女差异最为明显，男性更多的是偏向于逻辑思维类型，表现为倾向于分析、比较、抽象与概括；女性则由于心理承受能力较差，叙述事件常常带有浓厚的感情色彩，在社会和情绪方面辨别能力更为敏感,更多地偏向于形象思维类型。

鉴于男女能力的性别差异,在人才评价、安置时,要尽量取其所长。女性在文书能力上较强,注意力多定向于人,因此适合做文秘、公关、管理等工作。女性有极强的社会朝向性,男性较具进攻性。在价值研究中,男性所得到的优越成绩偏重在理论、经济、政治方面,而女性则在审美、社会性方面表现突出。

2. 年龄差异

年龄变化带来了能力差异,但不同年龄的人各有所短,也各有所长。比如:人过 45 岁以后,从事繁重的体力劳动能力下降,但在检验、保证产品质量方面却占有优势。有研究证明,随着年龄的增长,确有部分能力衰退的现象,但也有部分能力却恒久不变。1979年,赵红州同志提出了杰出科学家创造力的"最佳年龄区"问题。他研究发现,人的智力结构处于最佳状态时,就是人的创造力最旺盛的时期。但智力结构与年龄密切相关,组成智力的各种心理机能最佳或开始衰退的年龄是不一致的,如表 2-2 所示。

表 2-2　几种心理机能与年龄的关系

年龄(岁)智力	10~17	18~29	30~49	50~60	70~89
知觉	100	95	93	76	46
记忆	95	100	92	83	55
比较和判断	72	90	100	87	67
动作反应速度	88	100	97	92	71

(三)社会文化的差异

社会文化差异包括了地域差异、职业差异、民族文化差异等方面。地域差异是指由于人们生活的地理环境不同而形成的个体差异,如北方人豪爽、南方人细腻,草原人豁达、山区人韧性强,这些是对环境刺激引起的人的行为反应和适应。职业差异是指由于工作特征与条件的不同而形成的个体差异,一般而言如从事精密仪器制造的人对工作一丝不苟、性格稳重,从事体力劳动的人性格开朗、不拘小节。民族文化差异是指不同国家、民族由于生活习惯和行为方式的不同而造成的个体差异,一般而言,美国人创新、日本人精心、德国人严谨、法国人浪漫。考虑民族文化的背景,对于跨国公司的人才管理具有重要的意义。

总之,"用人之长,避人之短"是人力资源管理和员工招聘的基本原则。美国著名管理学家彼得·德鲁克说:"有效的管理者能使人发挥其长处,并知道人不能以弱点为基础,为达成成果必需用人之长——用其同僚之所长、用其上级之所长和用其本身之所长,人之长处,才是真正的资源。发挥人的长处,才是组织的唯一目的。"

二、岗位差异原理

长期以来，在中西方语境中，工作、岗位、职位、职业等概念经常混用。人们甚至专业工作人员都很难准确区分它们的内涵。实际上，一组任务、职责或责任就是工作，工作的集合就是岗位，不同内容的某项具体工作岗位与人严格对应，也就是俗称的"一个萝卜一个坑"；职位是对所有相同岗位的统称。由于以上关于"岗位"的概念具有较强的内在逻辑关系，故在此分别加以阐述相关理论。

1.岗位差异原理

岗位差异原理指的是不同岗位具备不同的特点，其职责范围、工作性质、技能要求等等都具有一定的差异性，由此形成了不同的岗位对员工的要求和期望也不同的社会现象。岗位差异化是一种合理的现象，它反映了不同岗位的职责所在和存在的价值，并推动着组织的进步和发展。同时，通过理解和应对岗位职责的差异化，我们可以更好地发挥个人潜力，实现职业目标。

（1）职责差异。不同岗位在组织中承担职责的不同。例如，管理岗位需要承担较重的领导和组织责任，销售岗位需要善于沟通和推销产品等。又如，高层管理者负责战略规划和决策，而基层员工则负责具体的操作和执行。

（2）职权差异。决策权是职权的核心。不同岗位在决策权力上也存在差异。这种差异性对员工和组织的发展均会产生较大影响。如，高层管理者通常具备更大的决策权力，他们可以制订组织的战略和政策，而基层员工的决策权力相对有限，他们需要按照领导的要求和规定进行工作。

（3）绩效要求差异。不同的岗位对绩效要求也有所不同。高层管理者的绩效评估通常与组织的整体目标密切相关，他们需要关注组织的发展和利益最大化。而基层员工的绩效评估通常与具体工作任务的完成情况有关，他们需要保证工作的质量和效率。

（4）管理策略差异。心理学家哈克曼（Hackman）等人创立了工作特征模型（job characteristics model，JCM），为岗位描述、岗位设计和员工岗位绩效测评提供了较好的策略理论基础，管理应用较为普遍。

工作特征模型包含五个核心维度，即：

①技能多样性：指完成一项工作任务需要员工具备的各种技能和能力的范围。

②任务完整性：指在多大程度上工作需要作为一个整体来完成并能明确看到工作结果。

③任务重要性：指工作对其他人的生活或工作有多大的影响。

④工作自主性：指工作使员工具有多大程度的自由、独立性、裁决权、支配权。

⑤工作反馈程度：指工作是否能使员工直接、明确地了解工作的绩效。

2.职业差异原理

所谓职业（Occupation），一般是指人们在社会生活中所从事的以获取物质报酬作为自己主要生活来源并能满足自己精神需求的、在社会分工中拥有专门技能的工作。2022 年 11 月,《中华人民共和国职业分类大典(2022 年版)》对职业作了权威界定:职业是指从业人员为获取主要生活来源所从事的社会工作类别。

职业的本质是一种有连续性与稳定性的有报酬的社会劳动。不固定从事某项专门工作、频繁改行就不会有职业的存在。从这个意义上说,职业可以是坚守某一个岗位工作,有时也包括多个类似岗位的工作。如某人既当小学教师,后来又当中学教师,深造后又调任大学担任专职教师,我们说其职业是教师。

(1)职业类型差异理论。这由美国霍普金斯大学心理学教授约翰·霍兰德(John Holland)提出,影响广泛。他将职业分为六大领域(如图 2-6),并认为这六大职业领域之间存在一定的相关性。有的职业之间联系紧密,有的相距较远。员工的职业性向与职业类型相关性越大,适应程度就越高,同一类型的员工与职业互相结合便达到适应状态。员工找到适宜的职业岗位,其才能与积极性才会得到充分发挥

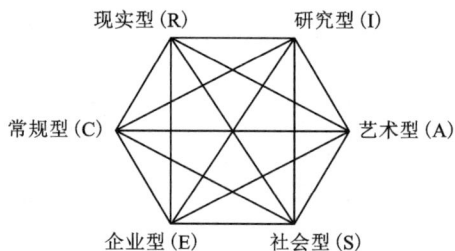

图 2-6　霍兰德职业类型图

(2)国际标准职业分类。这种分类方法主要是为了便于提高国际上职业统计资料的可比性和国际交流。此法将职业分为 8 个大类,具体如表 2-3 所示。

表 2-3　国际标准职业分类

序号	主要类型	划分依据
1	专家、技术人员及有关工作者	
2	政府官员和企业经理	
3	作家和有关工作者	
4	销售工作者	依据职业的主要职责或从事的工作
5	服务工作者	
6	农业、牧业、林业工作者以及渔民、猎人	
7	生产和有关工作者、运输设备操作者和劳动者	
8	不能按职业分类的其他劳动者	

(3)加拿大《职业岗位分类词典》的分类。此分类对每种职业都有定义,逐一说明了各种职业的内容以及从业人员在普通教育程度、职业培训、能力倾向、兴趣、性格以及体质方面的要求,有较大的参考价值。

表 2-4　国外职业分类表

序号	划分依据	类型	释义
1	按脑力和体力劳动的性质与层次分类	白领工作人员	包括专业性和科技性的工作,如会计、建筑师、计算机专家、工程师、法官、医生、教师、社会科学家、作家等;农场以外的经理和行政管理人员;销售人员;办公室工作人员
		蓝领工作人员	手工业及类似工人,如木匠、砖瓦匠、建造工人、油漆工等;运输装置工;农场以外的工人,如饲养人员、建筑工人、垃圾工、伐木工等;服务性行业工人,如清扫服务工、洗碗工、私人服务人员等
2	按个体心理差异进行分类	6 种类型	以霍兰德创立的分类理论为代表。主要分为现实型、研究型、艺术型、社会型、企业型(即进取型)和常规型职业。个体的职业性向也分为上述 6 种类型。最后将两者匹配以两相适应
3	依各职业主要职责或从事的工作内容进行分类	国际标准职业分类	把职业由粗至细分为四个层次,共 8 个大类、83 个小类、284 个细类、1506 个职业项目,详细列出了 1881 个职业
		加拿大职业岗位分类的分类	它把属于国民经济中主要行业的职业划分为 23 个主类,主类下分 81 个子类、439 个细类、7200 多个职业

(4)我国的职业分类

2000 多年前的儒学经典就记录过当时的职业和职业活动。中华人民共和国成立以来特别是改革开放 40 多年来,随着国家工农业、国防科技及服务业的飞速发展,我国职业的类别发生了巨大变化。20 世纪五六十年代制订了工人技术等级标准,80 年代中期颁布了国家职业分类和代码。1999 年 5 月国家向社会发布《中华人民共和国职业分类大典(1999 年版)》。该《职业分类大典》将我国职业划分为 8 个大类,66 个中类,413 个小类和 1838 个细类(职业)。《职业分类大典》的问世反映了我国职业管理工作达到了一个新的高度。

2015 年,国家职业分类大典修订工作委员会审议并颁布 2015 版《中华人民共和国职业分类大典(2015 年版)》。新修订的《职业分类大典》适应了我国经济社会发展和人力资源管理的新需要,在分类上更加科学规范,在结构上更加清晰严谨,在内容上更加准确完整,全面客观地反映了现阶段我国社会的职业构成、内涵、特点和发展规律,标志着我国职业分类管理工作进入了一个新的发展阶段。调整后的《职业分类大典》职业分类结构为 8 个大类、75 个中类、434 个小类、1481 个职业。

2021 年 4 月,人力资源和社会保障部(以下简称人社部)会同国家市场监督管理总局、国家统计局联合启动《中华人民共和国职业分类大典》第二次修订工作。119 个部门和行业组织、981 家企业院校,近万名专家学者、一线从业者和有关工作人员,历时一年多,经反复论证,修订完成 2022 年版《大典》。

表 2-5　我国职业分类体系变化对比表

类别	1999 年版《大典》	2015 年版《大典》	2022 年版《大典》
大类	8	8	8
中类	66	75	79
小类	413	434	450
细类(职业)	2028	1481	1639

(数据来源:《中华人民共和国职业分类大典(2022 年版)》)

三、人岗匹配原理

(一)人岗匹配的含义

人岗匹配原理是员工招聘中的基本原理。人岗匹配是指根据岗位的要求和员工能力,按照适人适岗、人事相宜的原则,将员工安排到相应的工作岗位上,保证岗位要求与员工实际能力一致,保持个体需要与工作报酬的对应性,从而达到人尽其才、才尽其用的目的。

人岗匹配实施的前提基础是个体之间素质不同、需求也不同,其基本任务是将个人安排在各自最合适的岗位上。所以,在招聘过程中,必须建立以工作岗位分析与评价制度为基础,运用人员素质测评技术等科学方法甄选人才,用以建立招聘、选拔、任用机制,提高岗位适合度,使人力资源得到充分开发与利用。

(二)人岗匹配原理的主要内容

传统的招聘中,组织通常比较关注个人与岗位的匹配度,但在实践中发现,仅有人岗匹配还不足以使应聘者在进入组织后取得预期的绩效,甚至很快流失。研究发现,由于人本思想的不断发展,员工的个人意识不断增强,社会的用工结构不断变化,知识员工比重越来越大,因此匹配原理得到丰富,除了个人与岗位的匹配以外,还应同时关注个人与团队、个人与组织的多元匹配。

1. 个人与岗位匹配(Person-Job fit)

人岗匹配原理指的是人的个人特征与岗位要求的匹配度。它包含两个内容:一是指个人的特征完全胜任岗位的要求,即所谓人得其职;二是指岗位要求的能力个人完全具备,即所谓职得其人,表现为个人能在岗位上充分发挥能力,岗位工作任务能有效完成。最优不等于最匹配,最匹配的必定是最适合的。评估人岗匹配首先要明确岗位特征和个人特征。为了了解和评价岗位,需要工作分析、岗位评价技术;为了评价个人,需要人才测评技术。

人岗匹配具有代表性的基础支持理论是霍兰德人格-工作适应理论,其目的是研究个体的特点与职业环境的匹配程度,以期了解员工对工作的满意度和流动倾向性。

人岗匹配具体包括了三个方面:

（1）气质、性格与岗位的匹配。各种岗位对从业人员的气质、性格都有一些特定的要求。一般而言，外向型的人更适合能充分发挥自己行动能力和积极性，并与外界有着广泛接触的岗位；内向型的人比较适合从事有计划的、稳定的、不需要与人过多交往的岗位。

（2）能力与岗位的匹配。能力是岗位适应性的首要的和基本的因素，需要关注能力类型差异和水平差异与岗位活动的关系，只有一致或基本一致，才能发挥能力优势，既不至于人才高消费，也不至于不能适应需要。

（3）价值观、兴趣与岗位的匹配。价值观表现为个人的取向和类型的差异性。价值观是决定个体满意度的主要因素之一，影响着个人对岗位工作过程的行为和态度；兴趣则是最好的老师，可以激发个人的动力，发挥个人的效用。

人岗匹配的内在逻辑关系可用图2-7来具体表示：

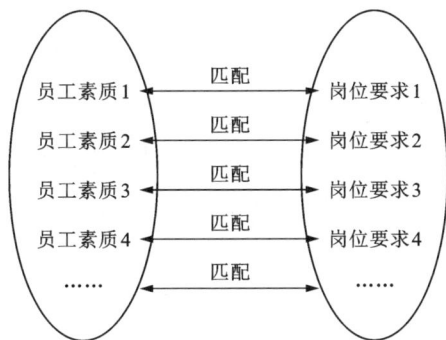

图2-7 人岗匹配逻辑关系示意图

2. 个人与团队匹配(Person-Group fit)

人与团队的匹配是人岗匹配的拓展与延伸。个人与团队匹配是指个人与其所属的团队或部门人员之间的匹配度。作为个体的人，不可能十全十美，而是各有优缺点，正所谓"金无足赤，人无完人"。因此，团队之间的配合显得十分重要，需要通过个体间的取长补短而形成整体优势，达到"1+1>2"的效果，以实现组织目标。所以，招聘时要考虑个人和原有团队的匹配性。

在现代组织中，很多岗位任务的实现，需要通过团队完成，这就决定了其他成员的工作效率会影响到团队效能，反过来会影响个人绩效。尤其是随着信息化的发展，扁平化的有机性组织越来越流行，这样，员工势必在各类团队尤其是任务型团队、虚拟团队中展开工作。在这些团队中，其岗位分工比较模糊，从事的工作、角色变动也极大，故传统的人岗匹配就转换为人与团队的匹配。这种匹配其本质是需要通过各类互补来实现，从而形成一个整体优化的人才结构，最终形成高绩效团队。

（1）知识互补。若个体在知识领域、知识的深度和广度上实现互补，那么整个集体的知识结构就比较全面、合理。

（2）能力互补。若个体在能力类型、能力大小方面实现互补，那么整个集体的能力就比较全面，在各种能力上都可以形成优势，这种团队的能力结构就比较合理。

（3）性格互补。若每个个体都具有不同的性格特点，则具有互补性。比如：有人内向，有人外向；有人急躁，有人冷静；有人激烈，有人温和；有人直爽，有人含蓄等。那么，作为一个整体而言，这个团队就易于形成良好的人际关系并胜任处理各类问题的良好性格结构。

（4）年龄互补。员工的年龄不仅与人的体力、智力有关，也与人的经验和心理有关。一个集体，根据其承担任务的性质和要求，都有一个合适的员工年龄结构，既可以在体力、智力、经验、心理上进行互补，又可以实现人力资源的新陈代谢，焕发出持久的活力。

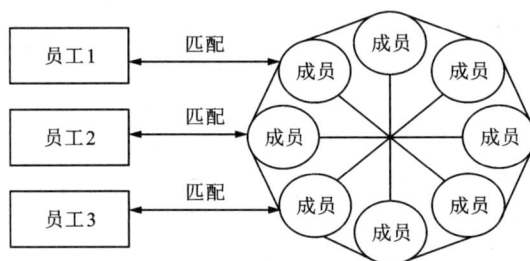

图 2-8　人岗匹配逻辑关系示意图

3. 岗位与岗位的匹配(Job-Job fit)

当岗位基本固定不变(如生产流水线)时，我们如何配置员工，让其迅速适应与胜任岗位工作呢？这就涉及岗位与岗位的匹配。这种匹配形式的产生，主要是因为在生产或服务流程中人的重要性大大降低，人只要各司其职、各在其岗，运转有序，发挥流程的整体优势即可。这种匹配在制造型企业大量存在。因此，我们要做好岗位设计，通过竞聘上岗、岗位轮换、工作团队等多种形式不断提高员工的参与度与满意度。

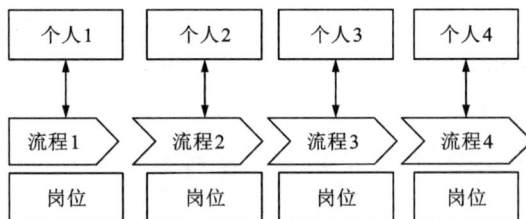

图 2-9　岗岗匹配逻辑关系示意图

4. 个人与组织匹配(Person-Organization fit)

个人与组织匹配是个人与组织期望之间的匹配度。组织和员工在进行双向选择时，越来越关心彼此深层次的要求，正所谓"不是一家人，不进一家门"，组织有自己的组织战略、文化和价值观,其期望是通过物质和非物质的(包括心理的和情感的)付出,得到个人预期的行为,达成预期的目标;个人也有自己的职业规划、工作动力,其期望是通过体力、脑力包括心理的付出,得到组织物质和非物质的(包括心理的和情感的)补偿。

从组织方面来讲,希望员工能认同其发展目标、组织文化,接受其价值观的规范,全身心地投入组织的工作中;从个人方面而言,希望组织不仅仅给予一份工作,也更希望能提高自己的综合素质、成就需求、工作满意度,最终实现自己的职业目标。这两者的匹配既有利于员工获得激励、激发工作积极性、推进组织目标的实现,也有利于组织了解员工需求、辅助其实现个人价值。所以,现代企业强调以人为本,开始以人为中心来进行匹配。

综上,我们将以上各种匹配总结如表2-6所示。

表2-6　多元匹配方式的比较

匹配类型	分析水平	动机成分	组织有效性成分
个人与岗位匹配	个人	自我效率	工作熟练程度
个人与团队匹配	团队	社交便利	团队合作、团队增效
岗位与岗位匹配	流程	运行效率	流程的整体效率
个人与组织匹配	组织	有效激励	满意程度、工作态度

四、反馈控制原理

反馈控制来源于管理控制理论。反馈控制即事后控制,它把注意力集中在工作结果上,通过对工作结果进行测量、比较和分析,找出差距,采取措施,进而矫正今后的行动。

招聘是为了获取合适的人才,是否合适体现的是一个质量的问题,就算其他的招聘相关工作再出色,但是获取的人选不能达到招聘的要求,那么招聘的结果就是低效的。只有获取的是真正能为组织带来高绩效的适合的员工,招聘的结果才是高效的。因此,这种评估更多的是考查录用人员的试用期合格率、晋升率等。这主要涉及对招聘的评估与反馈。

1.招聘效率的评估

招聘效率体现的是一种性价比,在讲求效果的同时,又要讲求效率,即用最少的投入获取最合适的员工。由于招聘过程有成本的投入和时间的约束,所以不能只讲效果不讲效率。因此,这种评估更多的是考查招聘的成本与效用,诸如招募成本与效用评估、甄选成本与效用评估、录用成本与效用评估等。

2.招聘流程的评估

(1)招募流程的评估。包括招募计划的质量、招募过程的执行效果(数量与时间)、招募渠道的有效性和招募总成本效益等方面的评估。

(2)甄选过程的评估。包括甄选过程的质量、甄选方法的效果、甄选考官的能力和甄选总成本效益等方面的评估。

（3）录用过程的评估。包括录用过程的质量、录用的成本、安置的成本、新员工培训的成本和录用总成本效益等方面的评估。

3.招聘部门的评估

（1）对高层管理者的评估。组织的高层管理者是组织战略的制定者，是人才战略的确定者，是未来人力资源管理方向的把控者，其理念的正确与否、政策的清晰与否、评估的有效与否，决定了招聘最终的效果，因此要对其战略规划、人才配置要求、用人观念、相关人力资源管理政策以及实践的力度等进行合理的评估。

（2）对人力资源部门的评估。在组织的招聘过程中，人力资源部门起着关键的作用，应该从专家的视角来推动招聘的整体管理。因此可对其组织战略的有效理解、人力资源需求规划、招聘流程管理、招聘效果和效率等综合方面进行评估。

（3）对用人部门的评估。组织中的用人部门是招聘人员的需求者和直接使用者，因此，可以对其招聘需求的合理性、招聘质量控制的有效性等方面进行评估。

4.招聘资源效果的评估

（1）人力资源效率的评估。人力资源效率的评估指的是对招聘人员的工作效果评估和对录用人员的效果评估。

（2）财力资源的效果评估。财力资源的效果评估即招聘成本的效果评估。

5.招聘评估的标准

一次招聘活动成功与否，至少要以五个标准来判断其招聘的效果。

（1）准确性。招聘的准确性应从所选用甄选工具的评估内容、合理程度以及它与工作性质相吻合的程度来判断，这取决于负责招聘的人员是否真正了解空缺职位的要求。例如，招聘高级会计师，必须测评其会计、统计、金融、资产评估、会计法规等方面的专业知识，否则甄选将没有意义。

（2）可靠性。可靠性是指评价结果在多大程度上反映应聘者的实际情况。这主要取决于甄选方法的效度。例如通过面试与知识考试相结合的方法测评营销人员的市场营销知识比较可靠，而要了解应聘者的个性特点就应该借助于专门的心理测验等方法。

（3）客观性。客观性是指不受主观因素的影响，对应聘者进行客观的评价。它包括两个方面：一是招聘者不受个人的偏见、价值观、感情等主观因素的影响，客观地对应聘者进行评价；二是应聘者不因其社会地位、种族、宗教、性别、籍贯、容貌等因素受到不公正的待遇。

（4）全面性。全面性是指测评内容是否具有完整性，能否全面反映胜任该职位所必需的技能。要想全面地对应聘者进行评价，首先需要明确各职位各方面的任职资格要求，包括职业道德素养、专业素质、身体素质等。就专业素质来讲，不仅包括专业知识，还包括专业技能及专业领域的工作经验等。

（5）适合性。适合性是指招聘录用人员与职位需求是否匹配。"合适的就是最好的"，松下公司的招聘理念之一是"招聘 70 分的人才"，再将他们培养成"100 分的人才"。招聘活动是否成功最终要看录用人员与职位的匹配度,这将决定他们的稳定性、工作能力的发挥程度以及对组织的贡献度。

通过招聘评估,我们对事后数据进行整理与分析,得出相应的结论,找出招聘工作改进方法与途径,并将评估结果与相关建议反馈给相关人员,不断提高招聘工作的有效性。

第四节 胜任力素质理论

如果说,工作说明书中提供的基本生理与社会特征、知识与技能特征是人员甄选中的"硬约束"的话,那么对于人员甄选中更具有实际意义的则是"软约束"——心理特征,虽然有的工作分析也涵盖此项内容,但更多的还是借助胜任力素质理论来探讨与获得。对任何组织的招聘管理而言,最重要、最基本的准备工作是建立以胜任力素质模型为基础的任职资格体系,这也是基于胜任力素质的人力资源管理研究的新方向之一。

一、胜任力素质理论概述

1.胜任力素质的概念

胜任力素质(Competency)是个体所具备的、能够以之达成或预测优秀工作绩效的内在基本特征和特点。它可以包括动机、特质、自我概念、态度、价值观、具体知识、技能、认知方式和行为模式等要素。简单地说,胜任力素质就是决定个体在既定职位上能够达成优秀工作成果的那些独特的内在特点。胜任力的本质是对岗位任职资格的细化、量化和结构化。通过这种差异性要求为企业人才甄选、考核、培训等提供依据。

2.理论来源

胜任力素质理论与应用,首先在 1973 年由美国哈佛大学教授戴维·麦克利兰(David C. McClelland)在《美国心理学家》杂志刊发了一篇题为 *Testing for Competence Rather Than for Intelligence*(测量胜任力而非智力)的论文中提出。在该文中麦克利兰自创了一个英文单词——"Competency",(在中文里被翻译为"资质""胜任力""胜任特征""胜任能力""竞争力""素质"等,本书以"胜任力素质"为指称),并从六个方面对测量胜任力进行了说明。胜任力素质体系的创立是一个不断探索与构建的过程,包括关于"胜任力素质"的界定,除了麦克利兰在《测量胜任力而非智力》中所定义的"能区分在特定的工作岗位上和组织环境中绩效水平的个人特征"这样的说明以外,也包括其他一些研究者的成果。美国学者理查德·博亚特兹(Richard Boyatzis)是第一个经过深入研究,将素质模型写成相关书籍的人。博亚特兹在其《有效管理者:高绩效素质模型》中,通过将工作要求、组织环境、个人素质三个对绩效的因素联系起来,扩展了素质模型设计的观点,也因此使素质被广泛理解为导致该绩效的一种潜在特质。美国学者莱尔·M.斯潘塞博士(Lyle M. Spencer, Jr., PH. D.)和塞尼·M.斯潘塞(Signe M. Spencer)在他们所著的《工作素质:高绩效模型》一书中指出,素质是在工作或情境中，产生高效率或高绩效所必需的人的潜在特征，同时只有当这种特征能够在现实中变成可衡量的成果时，才能称作"素质"。基于此，斯潘塞提出了素质的冰山模型（见图2-10），即素质存在于五个领域：知识与技能、社会角色、自我形象、品质、动机。

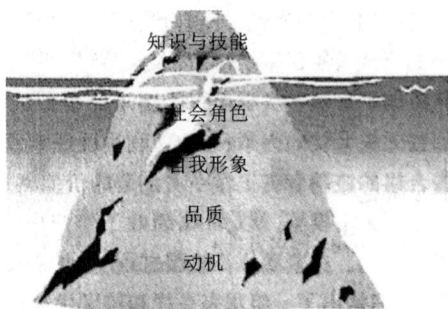

图2-10　素质的冰山模型

（1）知识与技能。知识是指个人在某一特定领域拥有的事实型与经验型信息；技能是指结构化地运用知识完成某项具体工作的能力，即对某一特定领域所需技术与知识的掌握情况。

（2）社会角色。指一个人留给大家的形象。

（3）自我形象。是一个人对自己的看法，即内在自己认同的本我。

（4）品质。指个性、身体特征对环境与各种信息所表现出来的持续而稳定的行为特征。

（5）动机。指在一个特定领域的自然而持续的想法和偏好（如成就、亲和、影响力），它们将驱动、引导和决定一个人的外在行动。品质与动机可以预测个人在长期无人监督下的工作状态。

其中在"水平面上"的知识与技能相对容易观察与评价，而在"水平面下"的其他特征是看不到的，必须有具体的行动才能推测出来。

二、胜任力素质模型

素质模型（Competency Model）就是为了完成某项工作或达成某一绩效目标，要求任职者具备的一系列不同素质要素的组合，其中包括不同的动机表现、个性与品质要求、自我形象与社会角色特征以及知识与技能等。从20世纪90年代起，一些公司和专业研究机构开始着手将胜任力素质体系引入各个具体的应用领域，引用到人力资源管理体系中，尤其是在招聘与甄选流程中发挥出根本性的作用。在过去的很多招聘实践中，人们往往以为知道自己要寻找的是哪些类型的任职者，而且也经常会根据自己对这类任职者特征的理解，去选择或设计一些甄选方法来识别应聘者。但是，他们所依据的经验式的标准以及由此所使用的甄选方法，往往是一厢情愿的，因为他们并没有找到职位对任职者的真正要求。而当利用已经建立起来的有效的胜任力素质模型进行招聘与甄选时，在招聘中关注的，将是应聘者身上所具备的那些能够实现组织所要求的绩效结果的心理特征和行为模式，而避免关注那些无关紧要的因素；当有效利用胜任力素质模型获得符合录用要求的应聘者时，这些合格的应聘者在工作中所创造的价值将是不可估量的。

胜任力素质模型，就是对高绩效工作产出所需要的胜任力素质的规范化的文字性描述和说明。在素质体系发展过程中，博亚特兹经过对大量原始资料的重新分析和研究，归纳出了一组用来寻找和辨别优秀经理人员的胜任力素质，这种有效的胜任力素质组合就是胜任力素质模型的雏形。胜任力素质模型的分类是建立胜任力素质模型时必须关注的一个核心问题。目前较普遍的看法是将胜任力素质模型分为以下五种类型。

（1）统一素质模型。即组织类胜任力素质模型，是指在同一组织中所有员工和岗位所共用的一套胜任力素质模型，它集中体现了组织文化和组织价值理念。这一类型的胜任力素质模型的构建可以在组织中形成共同的语言，能够把员工融合到共同的胜任力素质文化中去。

（2）岗位素质模型。即根据组织内具体岗位所开发的胜任力素质模型。相对于统一素质模型的笼统性，此类模型具体到职位上，精确度高，对于那些许多员工从事同一类岗位的大型机构来说，这种模型更具有适用性。

（3）职级素质模型。这一模型的建立需要分两步。首先要有一套基本的胜任力素质组合，即对于组织内所有人都适用或都要具备的一套基本素质模板；其次在每一个渐进的职级上，对该职级上的任职者在每一项胜任力素质上是否具备和熟悉程度都有更高的预期和要求，同时，在每一个渐进的职级上，还会增加更多的胜任力素质条目。

（4）通用素质模型。斯班瑟等人通过对近 300 个素质模型的研究，总结出了一个包括 21 项胜任力素质的胜任力素质辞典，就是一种针对管理和专业岗位的通用型胜任力素质模型，如图 2-11 所示。这种类型的模型为各种不同群体间的素质进行比较建立了一个参照系统，但是缺乏针对具体岗位的适用性。

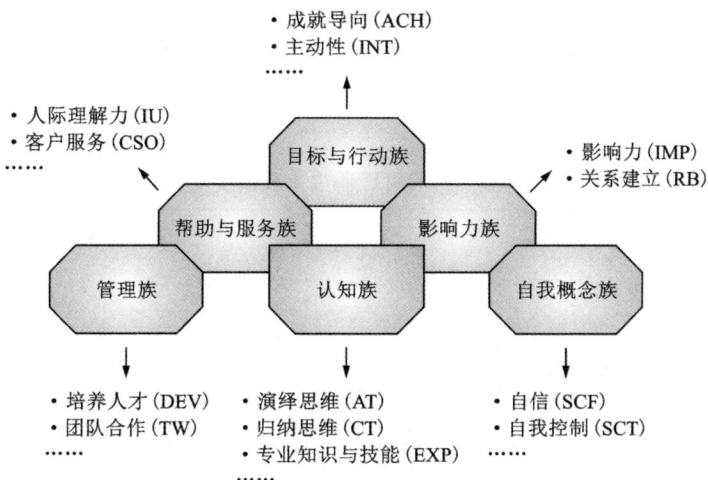

图 2-11 通用型胜任力素质模型

（5）职簇胜任力素质模型。这一胜任力素质模型类似于微型的统一模型，它是在一个职位种群内所开发的一套胜任力素质模型，尽管在这个职簇内各个不同层级的职位对胜任力素质的要求是不同的。因此，一定程度上，该胜任力素质模型可以改善统一模型的笼统、不精确的问题，也可以避免岗位模型建立中费时、昂贵等缺陷。

三、胜任力素质模型的建立

胜任力素质模型的建立一般采用工作胜任力评估法（JCAM）。这是一种严密的、实证性的分析方法，早在麦克里兰等人负责美国新闻总署项目时就已经开始采用了。利用这种方法建立胜任力素质模型的基本步骤可以简述为：

第一步：对既定职位进行全面分析，确定高绩效模范员工的绩效标准。

第二步：对高绩效员工进行分析和比较，建立起初步的胜任力素质模型。

第三步：对初步建立的素质模型进行验证，使之具有足够的效度。

这一基本步骤表现在麦克里兰的经典操作流程中，如图 2-12 所示。

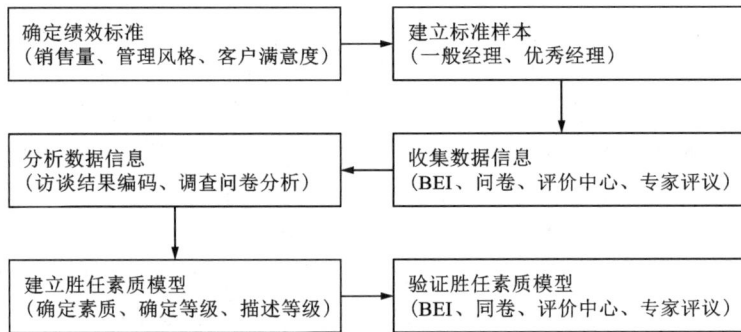

图 2-12　JCAM 素质模型开发流程

表 2-7 是某组织管理类职位的素质模型框架，表 2-8 则列举说明了其中"战略前瞻性"这项素质的行为等级定义。

表 2-7　一般管理职位素质模型框架

智力要求 战略前瞻性 分析力 商业判断 计划能力	人际交往 说服力 人员管理 决策力 交流技能 人际敏感性	成就导向 内驱力 主动性 组织能力 影响力	适应能力灵活性弹性

表 2-8　"战略前瞻性"行为等级定义

定义：把握组织愿景与长期发展目标，并采取创造性和有洞察力的战略行动的能力

正向行为：	负向行为：
能够不拘泥于细节，看到更主要的问题。 考虑到更广泛的信息。 能有逻辑地评估不同影响的变化的力量。 能够对长期的目标保持清晰的认识。 构建长期方向的组织资源、约束和价值观	忽略了要达成的目标。 全神贯注于目前的事情。 对未来发展和可能性只有短期的认识。 不能合理安排短期和长期目标优先次序。 仅权宜之计，忽略达到组织目标的价值观

四、基于胜任力素质模型的招聘与甄选

尽管人们可以利用工作分析方法进行招聘，但因为并不能清晰地知道究竟要对应聘者做出哪些方面的测量和评估，因此也就无法保证对应聘者的未来绩效进行准确的预测。而当人们有效地运用胜任力素质模型，通过招聘与甄选确定出那些达到录用标准的应聘者之后，这些被录用者在工作中能够创造令人满意的绩效水平。这一点已经被亨特等人（Hunter，Schmidt 和 Judiesch）进行的一项研究结果所证实。他们通过对 81 项独立调查研究项目的结果进行分析与整合，发现那些在胜任力素质具备程度上比一般员工高出一个标准差的优秀员工所能给组织带来的额外价值，可以高达 47%~120%，其中后者是指销售职位上的优秀员工所能带来的额外价值。另外，由其他人进行的一项研究显示，在基于胜任力素质的甄选上投资收益率可以高达 2300%。可以说，基于胜任力素质的招聘能够吸引那些具备了很难或无法通过培训与开发获取的个体特征的招聘者，使甄选过程更加有效，有助于提高组织的绩效水平。

国际人力资源管理研究院（IHRI）在将胜任力素质理论和模型运用于人力资源招聘与甄选过程的研究和应用中，进行了大量的研究和尝试，并建立起一套完整的基于胜任力素质的招聘与甄选操作体系（Competency-Based Recruitment and Selection，即 CBRS）。其核心内容是，根据业已建立并经过验证的胜任力素质模型，确定出一组最合适的甄选工具，然后按照制订出的标准对应聘者的胜任力素质状况开展测量和评估，最后通过包括人职匹配技术在内的专用程序，做出甄选决定。CBRS 的具体操作程序如下：

（1）确保人力资源专业人员具备推行 CBRS 的若干项胜任力素质。即要求准备推行 CBRS 的机构的人力资源专业人员或组织招聘者本身，须具备一些基本的胜任力素质，否则难以保证 CBRS 的顺利开展和成功运作。

（2）明确来自各方面的要求以及职位本身的要求。所有具体职位的存在都由组织的战略目标所决定。从组织战略需求的角度出发，确保既定职位的绩效任务与组织的战略方向保持一致，是进行职位分析，并将之与招聘管理工作联系起来思考的基点。因此，需要从组织战略需求出发，对职位的特性和要求进行全面的了解和分析。

（3）根据已建立的并经过验证的胜任力素质模型来完成或修正职位说明书。这一环节是建立和运用 CBRS 流程的核心所在，也是保证以后程序有效进行的基础。

（4）确定招聘来源。指根据职位复杂和重要程度的不同，确定产生应聘者的不同渠道。需要注意的是，不论选择哪种招聘渠道，都要把重心放在职位所需要的胜任力素质上，同时瞄准那些曾经出现过高绩效应聘者的招聘来源地。

（5）制作基于胜任力素质的聘任申请表和甄选标准。这里的聘任申请表除了包括应聘者基本的个人信息和个人经历信息以外，还包括了大量的与胜任力素质相关的问题。同时，根据胜任力素质模型的要求和职位说明书中的其他具体规定和要求，制订出详细的甄选标准，然后根据制订出的标准对申请表进行审核，对应聘者进行初步的甄选。

（6）进行行为面试。行为面试是 CBRS 中的核心工具，根据统计资料显示，正确实施的行为面试的效果在各种甄选工具中的预测效度仅次于评价中心，甚至有证据进一步证明，在许多情况下行为面试同样能达到评价中心的评估效果。

（7）运用其他辅助或强化工具对应聘者进行进一步的测评。这里可以采用心理测评、评价中心和人职匹配技术等测量工具，进行辅助或强化测评，对通过行为面试得出的胜任力素质程度进行证实性的测量和评估。

（8）背景审核和做出聘任决定。背景审核是基于胜任力素质的查核行为，要避免在一些无谓的问题上纠缠不休。做出招聘决定，则可能会有两种结果：或者是所有应聘者都没有达到事先确定的胜任标准，需要重新开始招聘活动；或者是应聘者达到录用标准，可以发出录用通知。

✦ 本章小结

本章对劳动力市场、人力资源配置模式、招聘管理中的主要原理和胜任力素质等概念进行了详细界定；然后以层层递进的方式系统阐述了招聘管理中所要运用的主要原理的主要内容。在本章中，编者结合厚实的企业实践和理论教学经验，对上述四大层次的原理尤其是对劳动力市场基础理论、人力资源配置模式、招聘管理的主要原理进行全面深入的梳理、总结、凝练与创造性延伸、拓展和提升，使得以上内容逻辑较为清晰，层次分明，重点突出，为本教材的后续章节内容的展开打下了良好的基础。

✦ 关键术语

劳动力市场（Labor Market）

岗位（Position）

职业（Occupation or Career）

人力资源配置（HR Placement）

人力资源配置模式（HR Placement Model）

人力资源市场配置（HR Placement By Market）

人岗匹配（Person-Job Fit or Match）

反馈控制（Feedback Control）

胜任力（Competencies）

胜任力素质模型(Competencies Model)

职业成功(Occupational Success)

✦ 复习思考题

1.在本章的引导案例中,你如何评价胖东来的员工招聘工作?如果你是该公司的人力资源招聘经理,你又如何优化公司的招聘体系?

2.学习教材第二节的人力资源配置内容后,你最大的收获是什么?课后请查阅相关资料,思考:什么是人力资源配置?什么是配置模式?当前我国人力资源配置面临的最大挑战是什么?并论述如何打造具有中国特色的人力资源配置模式?

3.疫情时期,很多企业经营遇到了较大困难,受此影响,他们开始深入探索实践共享员工这一用工模式,请从人岗匹配的角度加以分析与评述。

4.近年来,很多用人单位从组织目标和强化人力资本管理角度出发,为员工设计了多渠道的职业发展渠道,以留住核心人才,提高组织的核心竞争力。请你根据胜任力素质理论知识,论述企业核心竞争力与胜任力素质模型的关系。

5.结合现实讨论:作为当代大学生,你认为如何提升未来将从事岗位工作的胜任力素质?

6.结合现实,论述企业人力资源管理工作中,胜任力素质管理遇到的最大问题是什么?原因如何?如何解决?

第三章

招聘管理的发展趋势

知识结构图

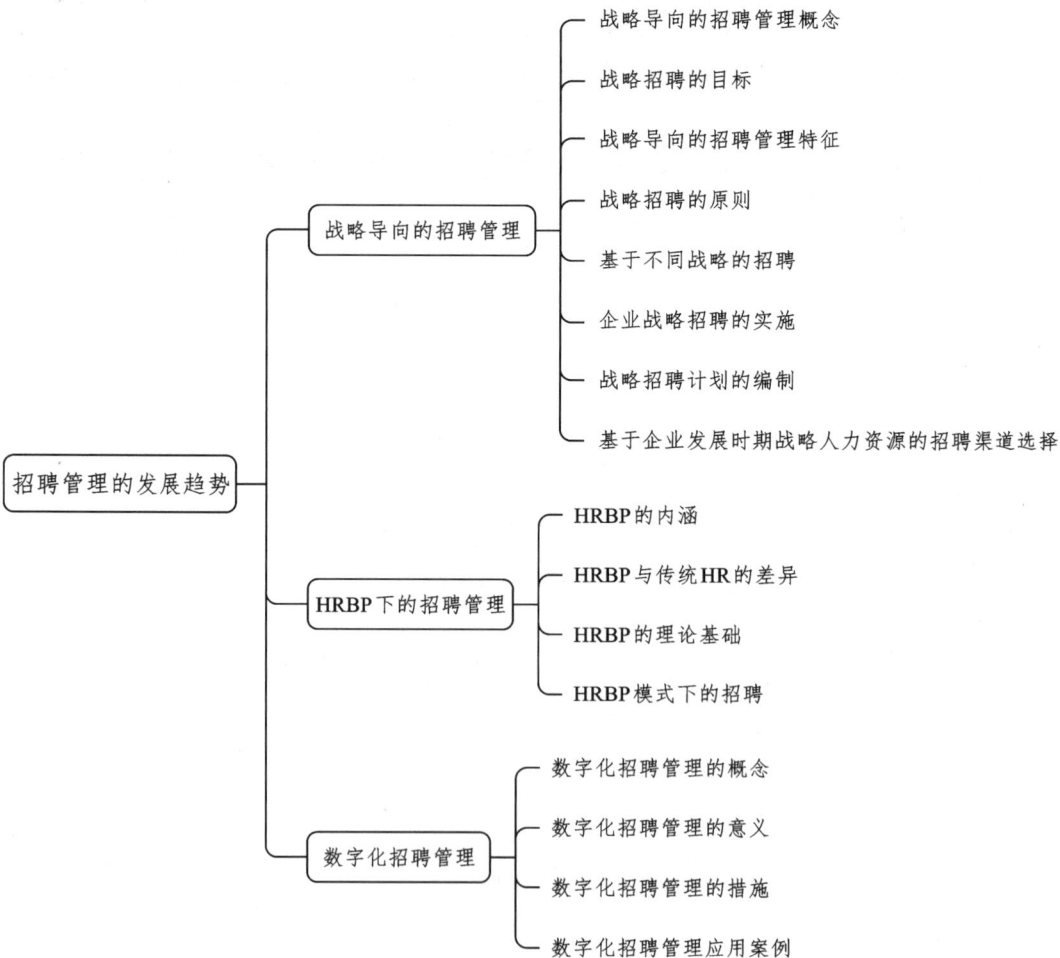

学习要点

- 战略导向招聘
- HRBP 下的招聘管理
- 三支柱理论
- 数字化招聘管理

学习目标

理解战略导向招聘的内涵；理解 HRBP 下招聘管理的内涵；理解三支柱理论的内涵；理解数字化招聘管理的内涵；掌握战略招聘管理的系统设计和实施流程；学会编写战略招聘计划；掌握 HRBP 的人才招聘体系结构；掌握数字化招聘管理的措施。

引导案例

Moka 解读数字化招聘

疫情加速了连锁零售企业的数字化进程。2020 年 4 月 16—17 日由中国连锁经营协会（CCFA）主办的"2020 中国连锁企业人力资源峰会"首次以在线会议的方式进行。Moka 招聘管理系统深耕零售招聘场景多年，首次以大会协办单位的角色亮相，共同探讨"新环境下连锁企业组织变革与人才发展"。

会上，Moka 解决方案总监田晓东发表了主题为"零售巨头背后的数字化人才战略"的演讲。从两大零售巨头的数字化招聘样板案例中，全面解读连锁门店数字化人才战略的四大场景，为零售企业提供系统、全面、可量化的数字化实践方法，吸引了众多连锁企业高管、人力资源总监和负责人，以及 HR 从业者参与。

Moka 在"2020 中国连锁企业人力资源峰会"上的亮相标志着互联网技术在终端招聘市场的进一步渗透。

过去招聘管理系统均以办公室招聘为主，终端招聘成为一个被遗忘的角落。针对线下门店，或者直接上门求职的场景，市场上没有合适的数字化解决方案。随着互联网行业用户人群的下沉，一线终端招聘成为又一个被互联网重塑的领域。

早在 2018 年，Moka 就深入剖析连锁门店招聘场景，并成功推出了连锁门店招聘解决方案，创新性地解决了门店招聘管理难、协作难、数据断层、缺乏人才沉淀等问题。方案一经推出，就得到了众多零售巨头的认可。

在 2019 年麦当劳 520 招聘周中，帮助麦当劳全国 3000 家餐厅接受线下简历，完成线下门店简历的电子化转变，实现了全数字化招聘管理。盒马鲜生和赫基集团也是较早使用 Moka 实现连锁门店招聘数字化管理的企业。

据不完全统计，使用 Moka 系统后，部分门店的招聘周期缩短了一半，线下简历收集量增长了 15%，offer 审批时间缩短了近 60%，而历史的简历资源也被激活复用，激活率高达 15%~20%，有些优秀的离职店员又重新入职公司。

连锁门店的招聘业务与职能岗位的招聘有着本质上的不同。连锁门店的服务员、导购等岗位主要由店长负责招聘，而店长能分配在招聘事务上的时间非常有限。Moka 采用"移动端+流程自动化"的方式，简化了店长的操作。当候选人投递了所负责的职位，店长在手机上就能看到候选人信息，安排面试、试工、入职等，都可以在手机上快速操作。当然这些安排也完全可以交给 Moka 系统的自动化流程，店长只需要在手机上点一点"满意"或"不满意"，Moka 系统就能按照设定，自动安排面试或试工，极大地节约了店长的时间。

正是因为 Moka 易操作、上手快等良好的用户体验，让连锁门店推行数字化招聘变得非常容易。这也成为连锁零售企业选型中最看重的特质之一。

门店店长、店员、导购等人才求职方式，与其他岗位候选人也有明显的差异。通过门店海报、到店询问、老乡推荐等方式求职的候选人超过 60%。这意味着连锁门店的招聘以线下方式为主，候选人的简历、面试评价、试工表现，都无法系统地反馈给 HR，招聘数据无法统计，也无法为未来招聘提供数据洞见。

Moka 采用门店二维码，就把这个问题彻底解决了。候选人到达门店后，只要扫描招聘海报上的二维码，就能快速投递简历，像订外卖一样简单，还能通过地理位置服务查看公司其他门店的位置和招聘岗位。候选人获取更多职位机会，连锁企业则获得更多候选人简历，避免人才流失。

为更便捷地办理入职，Moka 支持候选人拍照上传照片、体检证明、身份证等信息，无须 HR 手动录入，快速提交入职信息。

从源头实现了简历线上化后，面试评价、施工表现、是否入职等信息都可以在 Moka 系统中被记录，为后续的人才分析、渠道分析、人才盘点等，提供全面的数据参考。

将尽可能多的数据，放在企业管理者面前参考，是极为珍贵的。在谈零售必谈人效的时代，连锁企业可根据不同门店的人效表现，反观人才库中的人才数据，不断优化用人模型。Moka 为 HR 提供人才库画像、渠道分析和候选人归档原因分析等，通过对人才招聘全流程的回溯，岗位的分析，可以提高招聘精准性，也可以作为 HR 搭建高人效用人模型的参考。

零售是利润薄如刀片的行业，越来越多的企业追求精细化运营、精细化人才招聘。正如 Moka CEO 赵欧伦的预判："未来 3~5 年，国内人力资源信息化的普及应用程度会越来越高，在招聘业务场景中，企业使用系统的目的不再仅仅是流程的线上化，效能提升和数据决策的需求将成为刚需。人力资源管理会产生招聘、薪资、绩效、组织行为等大量数据，未来人力资源信息化可以更好地被数据统计与测算定位去驱动，而不是依靠感觉。"

案例思考：

1. 零售连锁企业的人力资源招聘有何特点？
2. Moka 的数字化招聘系统的优势有哪些？

（资料来源：根据网络资料整理）

第一节 战略导向的招聘管理

一、战略导向的招聘管理概念

战略招聘作为获取战略性人力资源的重要招聘模式，对组织战略目标的实现有着重要意义。总的来说，战略招聘不管是对形成组织的核心竞争力、实现人力资源自身价值，还是对塑造并传导良好组织形象而言都具有实施的必要性。

战略导向的招聘管理是指根据企业发展需求，从企业战略和企业文化出发，在战略的高度上来制订人力资源招聘战略，建立招聘工作流程体系，运用完善的招聘系统，用战略眼光、整体观念、纵深维度来实现招聘目标，使所招聘的人才适应动态环境下企业的生存与发展需要，要兼具系统性和前瞻性，招聘模式需根据情况调整。招聘的重点是重要人才，招聘的标准是企业文化。

从以上概念可以看出，战略招聘始终以企业战略为导向，综合衡量企业内外环境状况和企业生存发展需要，统筹招聘活动与人力资源管理体系其他组成部分的联系，关注应聘者的胜任力是否符合企业战略的需求，企业是否能够形成符合战略需求的胜任力体系，以获取竞争优势和提高企业绩效。

二、战略招聘的目标

基于人力资源战略的招聘目标可以分为三个层面来理解：

1.完成招聘任务及效率的需要

具体表现为填补职务空缺，按照录用标准以最经济的成本寻找到符合要求的申请人，以保证企业各项任务的顺利实施。

2.增强组织的核心竞争力，满足企业未来发展的需要

现代企业的竞争归根结底是人的竞争，因此，基于企业人力资源战略的招聘要把争夺与提高企业核心竞争力有重大关系的关键核心人才作为首要工作，从而使企业获得竞争优势，满足企业未来可持续性发展的需要。

3.实现员工职业生涯发展，激发人才潜能的发挥，增强企业的凝聚力和向心力

基于人力资源战略管理的招聘，不能仅仅站在企业角度考虑问题，还要通过一系列有效的手段使员工的职业生涯发展和企业人力资源规划相结合，从而调动员工的积极性、主动性和创造性，达到企业和员工双赢的目的。

三、战略导向的招聘管理特征

1. 战略导向性

战略招聘以企业战略为导向，整个招聘活动都处于企业战略的框架之下，并将应聘者与经营目标、企业战略视为一个相互关联的整体，同时依照合理而又有效的招聘选拔流程，使对企业生存和发展产生关键作用的关键人员及其胜任力能够获得足够的重视，为最终的招聘决策提供了有效的战略保证。

2. 前瞻性

战略招聘则具有前瞻性的特征，有效避免了招聘的盲目性和应急性，战略招聘通过清晰的人力资源战略规划及预测，根据企业不同的战略目标，对拟招聘人员结构、数量、能力、素质特性等进行预测及制订招聘方案，不仅仅关注企业当前阶段的人力资源需求，完成既定空缺的招聘任务，还要获取符合企业长远战略规划的战略性人力资源，以便形成人才蓄水池。在招聘过程中，不仅仅关注所招聘的人员是否能满足现岗的需求，还关注所招聘人员的胜任力是否有潜力支撑企业长期战略目标的实现。

例如在一些世界五百强企业存在的接班人制度，即在正式确定接班人之前，进行相关的超前性培养与选拔，以保证正式接班人符合企业战略的需求，这既是战略招聘的运用，也是前瞻性特征的体现。

3. 差异性

传统招聘在招聘渠道、招聘方法和招聘团队上没有根据招聘状况进行细分和选择，基本遵循统一的招聘标准和招聘模式开展招聘活动，难以获取符合企业战略需要的各种人力资源。战略招聘与一般招聘职能相似，但是实施起来更突出战略性特征，战略招聘周期更长，招聘过程更加完整，有效避免传统招聘中的短视行为。它根据人力资源与企业战略的关系的紧密性和重要性，将人力资源细分为不同的类型，然后具体问题具体分析，针对不同类型人力资源的个性特征及对企业战略的重要性，采用不同的招聘渠道、招聘方法和招聘团队，并不按照千篇一律的招聘标准和招聘模式进行招聘。

表 3-1　战略招聘与传统招聘的区别

工作内容流程	一般招聘	战略招聘	
		重点人才	一般人才
招聘准备阶段	①各部门上报员工缺口 ②制订招聘计划 ③调配资源	分解企业战略形成人才需求总计划	
		①分析目标人才分布 ②综合选择招聘渠道 ③制订人才引进计划	①人才需求 ②选择招聘渠道 ③制订招聘计划 ④调配招聘资源

续表3-1

工作内容流程		一般招聘	战略招聘	
			重点人才	一般人才
实施阶段	信息发布阶段	①发布职位空缺 ②发布任职资格	①综合多种渠道发布招聘信息 ②发布内部竞聘信息	
	人员甄选阶段	①筛选建立 ②笔试 ③面试	①筛选简历、确认信息 ②高层面谈与战略沟通	①筛选简历 ②综合性笔试 ③复合面试
	录用阶段	①拟定录用名单 ②签订录用合同 ③办理劳动关系	同左	
融职阶段		一般普适性培训	①高层面谈与沟通 ②企业工作支持 ③战略构想的检验	①人资入职培训 ②部门入职培训 ③招聘专员跟进

4.系统性

招聘，是一切战略的开始，是人力资源和企业的一个双向选择过程，只有使双方都满意的招聘才是成功的招聘，招聘的目标是实现企业和个人的长期合作与共同发展。招聘的目标决定了它是战略人力资源管理体系中人力资源获取体系的一个子系统，而不仅仅是人力资源部门的事情，或是一件独立于其他人力资源管理实践的单独的实践活动。战略招聘则把招聘当成是由企业各部门、各层次人员共同参与，并与人力资源规划、培训与开发、绩效、薪酬等人力资源管理实践活动相互配合的一项系统性工程，具有明显的系统性特征。

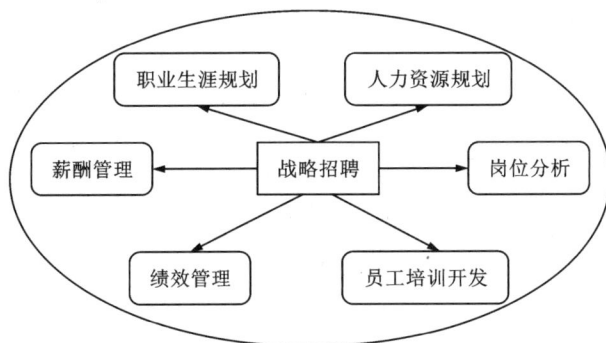

图3-1　战略招聘与人力资源管理其他环节的关系

5.企业文化认同性

企业文化是一个企业的精神，核心价值观则是一个企业的精神内核。战略招聘将企业文化和核心价值观作为招聘的关键性标准，只有具有企业文化认同性的人力资源，才是符合企业战略发展需要的人力资源。人力资源具备企业文化和核心价值观的高度认同性，有助于企业形成内聚力，有助于企业战略的有效实施，有助于在激烈的行业竞争中获取和维持优势。战略招聘将企业文化认同和核心价值观作为企业工作的主线，力求招聘到的人力资源在企业文化认同和核心价值观上与企业保持高度一致。

6.核心人力资源的首要性

根据人力资源在胜任力的价值性和特殊性上显示出的差异，可以将人力资源的类型进行细分，具体可以划分为核心型人力资源、独特型人力资源、通用型人力资源和辅助型人力资源四种。而核心型人力资源作为构成企业战略胜任力的基础，其重要性超过资本、土地、技术等基本要素，是形成企业核心竞争力的首要要素。因此战略招聘对核心人力资源则非常重视，将其视为一项首要性的战略资源，并作为招聘活动的重中之重。

可以看出，战略招聘是一项非传统意义上的事务性工作。因此，作为企业人力资源工作者，应该站在战略的高度来思考整体的招聘选拔理念、方法和行动，应该与时俱进，客观地分析企业所处的阶段，了解企业所面临的挑战以及企业战略目标，深入领会企业的核心价值观，树立正确的选人、用人观念，保证企业人力资源战略目标的达成。

四、战略招聘的原则

1.计划性

战略招聘要在战略人力资源规划的基础上，制订出切实可行的招聘计划，以此指导招聘工作，提高招聘工作效率，减少招聘的盲目性。

2.合法性

在招聘过程中，企业应严格遵守法律法规，坚持平等就业、相互选择、公平竞争，反对种族歧视、性别歧视、年龄歧视、信仰歧视，对弱势群体、少数民族和残疾人等应该予以保护和关心。严格控制未成年人就业，保护妇女儿童合法权益。由于用人单位的原因订立无效劳动合同或违反劳动合同，企业应承担责任。

3.差异性

差异性原则强调的是企业自身情况的差异。战略人力资源管理的招聘针对不同类型人力资源的不同特点以及对企业的重要程度，分别采取不同的招聘方法和策略，在招聘面试团队组建、招聘渠道选择、人才的吸引和保留等方面均根据不同人才的特点有针对性地选择不同的方法和策略。另外，处于不同发展阶段的企业，在进行战略招聘时要有所侧重，量力而行，不能盲目照搬其他企业的成功做法。

4. 协调性

协调性主要表现在三个层次的协调。

首先，当企业的战略招聘策略和其他的人力资源规划子战略存在冲突时，就要注意彼此间作用发挥的协调。

其次，当战略招聘依据的人力资源规划与其他部门的战略规划存在不和谐时，就要努力促成它们的协调。

最后，战略招聘策略有时候会间接或直接影响到企业的总体战略，这时候就需要根据情况对某一项或多项都进行调整，促成他们的协调。

5. 发展性

对于招聘的储备人才，不仅要观察其当前所具备的知识技能，还应关注冰山之下的价值观、品质、动机等隐性因素，一旦发现综合素质较好且具备潜质的人选，经过培训和锻炼，可以很快成为组织所需要的人才。

6. 可操作性

从战略招聘的基本内容及实现流程看，战略招聘的思想难免抽象。但它不应该仅仅是一种思路、理念，而是具有可操作的实现流程，能为解决实际问题提供具体、可行的方案。

7. 收益最大化

简单地理解收益就是收入和成本之差。战略招聘的特征之一高风险性意味着企业在战略招聘策略的实施过程当中不得不考虑战略管理成本、战略运行成本。

8. 适合性

标准要求是具体的、可衡量的，以作为招聘部门考察人、面试人、筛选人、录用人的标准。人才不是越优秀越好，只有合适的才是最好的。所谓的标准即指：企业目前需要什么样的人？岗位需要什么样的人？只有掌握了标准，招聘人员才能做到心中有数，才能用心中的这把"尺"去衡量每一位应聘者。

9. 双向选择性

树立"双向选择"的现代人才流动观念，与应聘者特别是重点应聘者平等地、客观地交流，双向考察，看彼此是否真正适合。一个合格的企业会在整个招聘过程中实事求是地向应聘者作客观的介绍。

10. 针对性

每一个企业根据自身战略意图和愿景，从自身核心竞争力出发，寻找适合自己企业长期发展的人才资源。

第一，要对人才市场的供求状况进行跟踪调查，同时，要知道自己到底需要什么样的人员。

第二，了解竞争对手的人力资源状况。

第三，人力资源部门应该与用人部门一同参与招聘工作。

明确以上三点，企业才能有针对性地确定招聘的时间、地点以及招聘策略。

五、基于不同战略的招聘

(一)基于总体战略的招聘

1.基于增长战略的招聘

企业需要根据扩张后的生产、结构、资金实力等各方面的因素选择招聘战略。比如选择完全外部获取战略。

2.基于稳定战略的招聘

采用稳定战略的企业的组织一般不会调整，人力资源战略也会相对稳定，不会出现大量的招聘或裁员等行动，重点转向保留核心员工和重视员工的职业生涯发展和精神激励。

3.基于收缩战略的招聘

收缩型战略是一种以退为进的战略。由于组织面临大幅度的调整，那么人力资源战略也要作相应调整。采取此战略的企业的招聘工作很少。

(二)基于竞争战略的招聘

1.基于成本领先战略的招聘

追求成本领先体现在人力资源管理方面就是追求高的生产率，即提高人均产出，尽可能保留现有人才以减少招聘成本同时保证企业的发展，不以高工资来吸引顶尖人才，而是希望以中等或较低工资招聘到胜任者，并从人力资源管理的各个环节降低成本，注重效率，包括简化招聘程序、招聘可以立即胜任工作者，或以较低培训投资即可使员工胜任工作。

2.基于差异化战略的招聘

由于实施差异化战略的企业主要以独特创新的产品、服务、技术等与对手竞争，人力资源战略需要培养员工具有高度的创造性与协作精神，必须设法主动接触所需人才，以高报酬吸引本领域中的高端人才，同时注重对关键员工的保留。另外，有些人才需要具有本领域独特技能，如果不能直接获取，则必须对有潜力的人才进行培训投资，以满足组织发展的需要。

3.基于集中战略的招聘

集中战略是以上两种战略在特定市场的应用，因此与集中战略匹配的招聘战略要视企业是采用以上哪一种战略而定。采取集中型战略的企业通常具有规范的职能型组织结构、集权的层级指挥系统以及标准化的运作程序。集中型战略要求招聘战略强调企业维持组织中已经存在的现有技能。

六、企业战略招聘的实施

（一）招聘实施的思路

招聘实践活动也必须在组织战略的指导下进行，并为组织实现战略目标服务。

战略体系包括企业使命、愿景、任务、战略目标以及企业的核心能力和价值观念等，是招聘系统设计的出发点和依据，战略招聘管理的体系设计如图 3-2 所示。

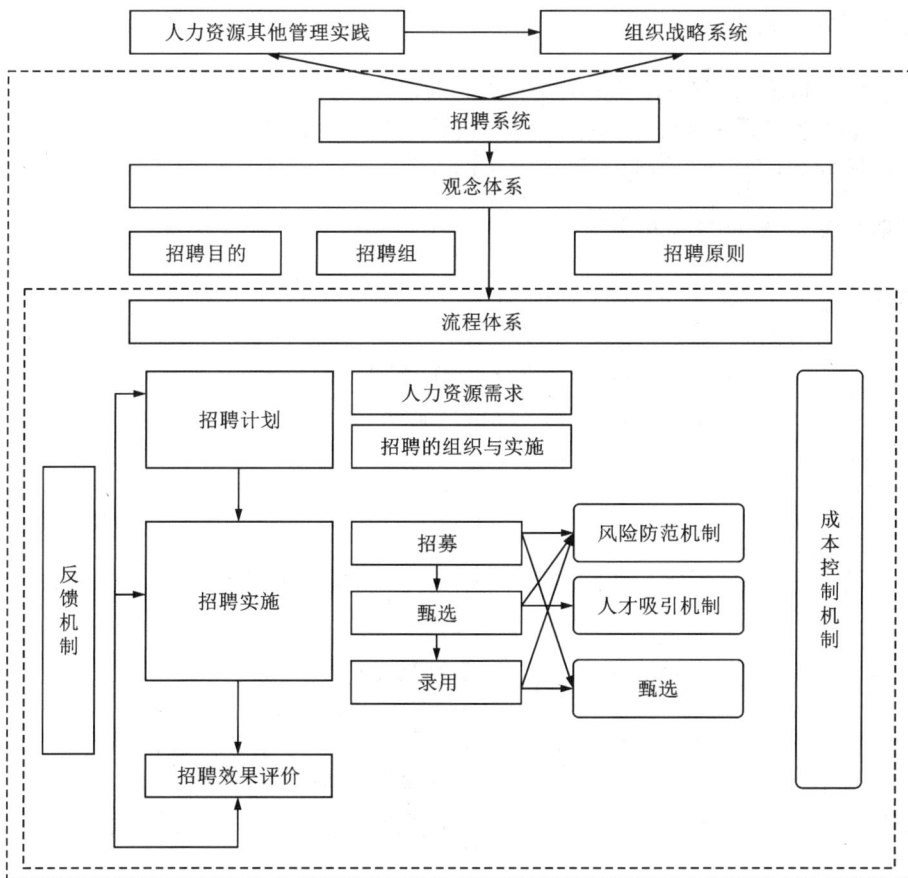

图 3-2　战略招聘管理的系统设计

(二) 招聘实施的流程

战略招聘实施的流程包括人员需求分析、招聘信息发布的信息和渠道、招聘小组人选、应聘者的考核测评方案、招聘的时间安排以及招聘费用预算等六个步骤。如图3-3所示。

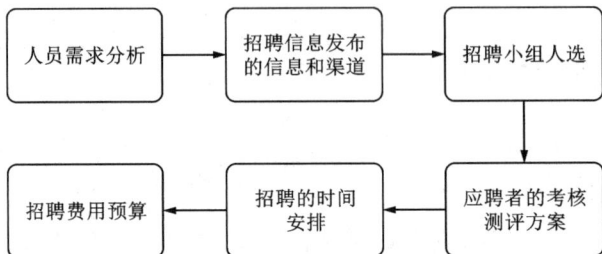

```
人员需求分析 → 招聘信息发布 → 招聘小组人选
              的信息和渠道          ↓
招聘费用预算 ← 招聘的时间 ← 应聘者的考核
              安排          测评方案
```

图3-3 战略招聘实施的流程

1.人员需求分析

人员需求分析主要包括招聘的职务名称、人数、任职资格要求、职位说明书等内容。

人员需求发生情况一般有三种：①人力资源规划中明确的人员需求信息；②因在职员工离职而造成的职位空缺；③部门经理递交推荐的招聘申请，并经相关领导批准。

2.招聘信息发布的时间和渠道

根据具体的人力资源战略及各子战略的进度安排，结合相关成本和预期收益等，确定招聘信息发布的时间和渠道，可采用报纸、电视广告、广播、杂志等媒介作为信息发布的渠道。同时，可以自行制作或者以外包形式制作招聘广告样式。

招聘渠道，可以选择内部招聘和外部招聘(猎头公司、校园招聘、人才市场、网络)的方式，也可以两者结合，视公司具体情况而言。

3.招聘小组人选

确定招聘小组中的招聘人员的名称、职位、数量等，并明确分工职责，以实现权责一致。

4.应聘者的考核测评方案

考核测评方案包括考核场所、时间、题目设计者等，考核方案包括心理测试、职业能力倾向测试、文件筐测试等对应聘人员进行全面彻底的科学测试，针对不同职位的应聘者采用不同的考核测评方案，确保为职位找到合适的员工，为员工找到合适的岗位。

5.招聘的时间安排

时间安排具体包含考核时间、招聘的截止时间、新员工上岗时间等具体的时间安排进度表，尽可能详细，方便彼此交流协作，严格按照计划定期完成。

6.招聘费用预算

预算费用包括资料费、广告费、人才交流会费用等，预算支出明细尽可能标清，以便于对账。

七、战略招聘计划的编制

招聘计划是指企业的人力资源管理部门根据企业战略和业务发展的要求，在人力资源规划的基础上，对招聘目标、时间、人数、标准、具体行动安排以及经费预算等进行详细的描述，有效地指导招聘工作的实施。招聘计划的编制以企业战略人力资源规划为基础。招聘计划与企业战略、人力资源战略、人力资源规划的关系如图3-4所示。

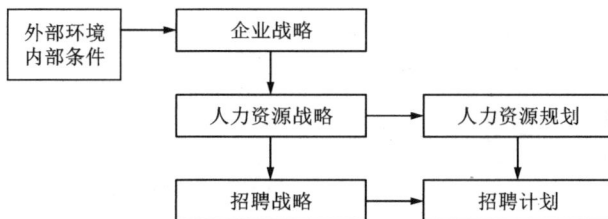

图3-4 企业战略、人力资源战略、人力资源规划与招聘计划的关系图

(一)编制招聘计划书的基本思路

招聘计划书是企业对聘用新员工的程序、时间、要求等做出安排的文书，通常是企业人力资源部在招聘员工时向企业主管领导提出的书面报告，同时也向社会公布，便于应聘人员了解企业录用员工的要求。其基本思路是：

首先，要明确企业的未来经营发展战略对人才数量和质量的要求。

其次，要结合企业的各类相关计划如销售计划、生产计划等，对未来经济发展态势和人力资源供求状况有一个科学预测，形成基于企业战略的人力资源规划。

再次，依据企业的人力资源规划确定要招聘的人员数量和要求，同时根据企业战略的特点和企业文化、员工素质模型的要求，选取合适的招聘渠道并做好招聘经费的预算。

最后，人力资源部根据以上的要求编制出企业招聘计划书。

(二)招聘计划书的主要内容

(1)人员需求清单，包括招聘的岗位名称、人数、任职资格要求等内容要做出充分说明，特别是任职资格，应当尽量详细具体，便于应聘人员选择。

(2)招聘信息发布的时间和渠道。

(3)招聘的组织构成，包括招聘团队的人选，包括小组人员姓名、职务、各自的职责。

（4）应聘者的考核方案，包括考核的场所、大体时间、题目设计者姓名等。

（5）招聘的时间安排。包括招聘的报名、测试时间和新员工的上岗时间。时间安排既要考虑有利于企业的运作，便于其他部门配合，也要考虑有利于应聘人员应聘。

（6）招聘费用预算，包括资料费、广告费、人才交流会费用等。

（三）编制招聘计划书的注意事项

1.招聘信息要简洁明了

找工作的人一般都会查阅很多的招聘信息，他们不会在某一个招聘信息上花很多的时间去浏览。如果招聘信息写得太长，不仅让读者厌烦，同时，所要展现的核心内容也会被一些无用的信息掩盖，吃力不讨好。所以招聘信息一定要简洁明了。

2.招聘信息注意把握核心内容

招聘信息一定要明确核心内容，不能想到什么就写什么。核心内容主要包括招聘岗位、工作职责、薪资待遇、联系方式等。

3.招聘信息不要夸大其词

有些企业在招聘信息中，喜欢把待遇夸大，以为这样就能吸引应聘者，其实这是一个目光短浅的做法，就算这样写也不能让企业招到满意的员工。

4.招聘信息内容合法，不得含有歧视性内容

在招聘简章中不能有"能喝酒""能陪客户跳舞"等用语，也不能有性别歧视、身高歧视、不招"乙肝携带者"等内容。

需要强调的是，战略招聘管理的重点是与企业战略直接相关的核心人才，因此，企业在战略招聘前，应该组建招聘团队，用合适的人去招聘这些符合企业战略需要的核心人才。

在招聘企业的核心人才时，招聘团队的成员除了需要具有良好的沟通能力、分析能力以及较强的团队合作精神之外，还要对本行业的特点及人才市场的状况有所了解，更重要的是洞悉本组织的长、中、短期战略目标，深谙本组织的文化和价值观。

八、基于企业发展时期战略人力资源的招聘渠道选择

（一）不同招聘渠道的选择

招聘渠道的选择是指企业以招聘成本最优化为目标，为空缺岗位选拔合适人才时，根据具体岗位的特点对招聘渠道做出的一系列决策。它主要包含两个方面的工作：一是在招聘时，通过合理的方法预测成本收益，从而选择合理的招聘渠道；二是通过以往的相关数据进行分析，为日后招聘渠道的选择提供依据。

不同招聘渠道的优缺点和适用范围以及不同种类、不同层次的人员适合的招聘方式和方法见表 3-2 和表 3-3。

表 3-2 不同招聘渠道的优缺点和适用范围

渠道		优点	缺点	适用
内部招聘	员工推荐	招聘前就双方有所了解，节约招聘程序和费用	选择范围小，不利于吸引社会中的优秀人才	关键岗位人员
	内部布告	风险小，成本低，有利于调动员工积极性和凝聚力	影响招聘公正性，易形成裙带关系	中高层管理人员岗位和技术岗位
	人才储备	成本低，针对性强	非即时材料，不能保证人员到岗位	中高层员工的招聘
外部招聘	广告	信息面大，能吸引较多的应聘者，优秀的招聘广告是对企业形象的有效宣传	广告费昂贵，应聘者较多，造成招聘费用增加	各层次各类型的员工招聘
	人才市场中介机构	招聘简单、快捷、费用较省、周期短	高层次人才较少	中、低层次员工的招聘
	猎头	所聘人员素质高，针对性强，服务良好	费用昂贵，周期长	高层次员工
	校园招聘	人员层次起点高，专业性强，针对性强	所招人员经验缺乏	储备人才、储备力量
	网络招聘	费用省，针对性强，专业性强	目前影响的范围窄	中、高层员工的招聘

表 3-3 不同种类、不同层次的人员适合的招聘方式和方法

不同种类人员适合的招聘方式和方法			
适合程度	行政办公类	生产作业类	专业技术类
最适合	网络招聘、报纸招聘	校园招聘、报纸招聘	网络招聘、报纸招聘
较适合	内部晋升	员工推荐、杂志招聘	内部晋升、校园招聘
适合	员工推荐	内部晋升、职业中介	员工推荐、杂志招聘
不同层次人员适合的招聘方式和方法			
适合程度	高层管理人员、研发人员	中层管理人员、技术骨干、业务骨干	一般管理人员、普通员工
最适合	内部晋升	内部晋升、员工推荐	网络招聘、报纸招聘
较适合	猎头公司	网络招聘	内部晋升

(二)基于企业发展时期战略人力资源的招聘渠道选择

1. 创业期

企业在初创期,实力较弱,各方面发展均不成熟,缺少相应的基本制度与企业文化,组织结构为直线型,企业发展战略的目标是求得生存与发展。

企业吸引人才的手段主要依靠良好的职业前景、工作的挑战性和领导者的个人魅力。薪酬低,弹性好,有较大的增长空间。但是企业资金不充裕,招聘费用较低,多采用朋友介绍、网络招聘和招聘会等招聘渠道。

2. 成长期

企业逐步走向正规化,经营规模不断扩大并快速增长,人员迅速膨胀,品牌知名度急剧上升,机构和规章制度不断建立和健全,企业的经营思想、理念和企业文化逐渐形成;跨部门的协调越来越多,并且越来越复杂;企业面临的主要问题是组织均衡成长和跨部门协同。高层间开始出现分歧,跟不上企业步伐的员工主动辞职,员工的流动性较大。

人才需求大,外部招聘数量多,高层、中层、一般员工等各层级均有,吸引人才的手段主要依靠较大的晋升空间、良好的发展前景和不低于行业平均水平的薪酬。

这时企业有一定的招聘费用,以招聘会为主,网络招聘为辅,在专业人才的招聘上开始引入猎头以建立广泛而灵活的招聘渠道。人员甄选主要依赖于用人部门的部门经理进行判断,要根据业务的发展进行人力资源需求预测,用人开始有一定的计划性,对招聘时间和招聘效率的要求高。

3. 成熟期

此阶段企业规模大,资金充盈,制度和结构也很完善,决策能够得到有效实施。在此阶段,人员晋升困难,人员规模相对稳定。

这一时期人才需求不多,外部招聘数量少,吸引人才的手段主要依靠企业实力和形象以及领先于行业平均水平的薪酬。企业招聘费用充裕,高级人才的招聘以猎头为主,辅以内部推荐、专场招聘会、网络招聘、校园招聘、平面媒体等丰富多样的招聘渠道。

4. 衰退期

企业市场占有率下降,整体竞争能力和获利能力全面下降,资金紧张,危机出现。

对外部人才的需求集中在一把手上,其他层级以内部竞聘为主,无对外招聘。吸引人才的手段主要依靠利益分享机制和操作权限。招聘经费锐减,但由于招聘时间短,而且还是高级、稀缺人才,因此主要以猎头公司为主。

(三)招聘渠道选择的注意事项

(1)渠道选择要与企业的长期人力资源规划配套,支持企业总体战略的实现。

(2)针对战略规划和阶段性目标形成的人力资源需求,抓紧储备、培训、锻炼、培养人才。

（3）要将外部招聘和内部招聘有机结合。

✦ **阅读与思考**

丰田公司的战略招聘

日本丰田汽车公司成立于 20 世纪 30 年代末，目前是世界上三大汽车公司之一，20 世纪 70 年代，日本汽车的崛起使得世界汽车工业热点从美国逐渐转移到日本，丰田公司的超越成为这一转移完成的标志。从此之后，丰田公司成为世界劳动生产率的领先者，其劳动生产率远远高于通用与福特。

丰田公司成功的秘诀是其独特的精益生产方式，被认为是创造丰田奇迹的核心能力，并在全球得以盛行。表面上看，丰田精益生产方式的核心是先进的制造技术，然而，大多数的企业并没有认识到丰田生产方式中"以人为中心"的实质。丰田公司的前副社长大野耐一指出，支撑丰田生产方式的支柱有两个：准时化、自动化。准时化与自动化只是降低成本的工具，它与过去"以机器为中心"的生产方式完全不同。因为"准时化"需要的是员工之间高度的配合与协作精神，而"自动化"则反映了员工个人的高超技术和综合素质，这意味着精益生产必须建立在理解、信赖、团队协作以及高超的个人能力等基础之上。因此，丰田生产方式的实质是"以人为中心"的生产方式，即提倡用智慧最大限度地发挥人的潜能，员工是精益生产体系的核心。

由此可见，丰田汽车与其他公司的区别不是精益生产的具体技术或工具，而是使这些技术得以实现的员工的不同。正是由于人力资源的优势使丰田与竞争对手产生了本质的区别。其中，丰田公司筛选员工的过程则构成了一个识别有潜能的员工的组织机制，这种机制成为组织获取具有创造力、愿意为组织奉献其努力、愿意作为团队一员工作的员工提供了保障。

丰田公司招聘机制的优势

（1）人力资源为精益生产模式提供了保障。丰田公司被视为世界范围劳动生产率的领先者，根本原因是丰田生产方式的背后是具有工作能力、热情并愿意为公司奉献的员工。

公司认为，复杂的招聘选拔流程帮助公司识别出这些价值观和经营策略对人力资源的要求，并确定了团队精神、强烈的质量意识以及不断尝试与创新等作为员工的选拔标准，从而确保员工基本价值观念与公司价值观以及战略要求的一致性，极大地保障了人力资源的质量，避免了为不合格的员工进行的培训、教育以及解雇等花费，并为实现企业精益生产方式所追求的核心能力提供了可能。

（2）高度的人员稳定性和敬业精神。对企业价值标准的认同是员工与企业、员工与员工之间合作的基础，因为优秀的企业首先需要员工在理念上进行融合。丰田公司的招聘通过强调员工价值观与企业文化的一致性，不仅降低了人员流动，并获得了愿意为公司奉献的具有高度敬业精神的员工。人力资源管理专家德斯勒指出，那些员工具有高度献身精神的企业通常都十分仔细地对待它们所要雇佣的人，从一开始就执行"以价值观为基础雇佣"的策略, 正是这种价值观的一致性才获得了具有高度献身精神的员工。

(3)灵活性的人力资源储备。对团队精神、持续改善精神、学习能力等素质的关注使员工能力具有更大的灵活性, 既满足了当前的需要, 又满足了环境的迅速变化对人力资源的挑战。

丰田公司认为, 在消费需求多样化的时代, 商品的需求会产生急剧变化, 因而不仅需要企业针对需求量进行及时的调整, 还需要企业不断开发适应需求的新产品。这些经营理念不仅体现在丰田生产方式中, 更重要的是, 它进一步转化为招聘规划与招聘实践。通过招聘体系保障了人力资源能力的灵活性, 这种人力资源的灵活性使得公司能够迅速应对环境变化, 从而超越竞争对手更好地服务于顾客而取胜。

丰田汽车公司招聘机制的特征

(1)基于精益生产战略的人才选拔标准。首先, 丰田生产方式所依赖的是团队工作, 不仅要求成员执行命令, 更重要的是积极参与, 并要求成员一专多能, 相互协作, 因此良好的人际交往能力是保证团队协作的关键素质。其次, 质量是丰田公司的核心价值观, 公司强调生产高质量产品, 这要求员工在制造汽车的每一个环节都强调质量, 因此需要所雇佣的员工必须对高品质的工作进行承诺, 能够持续改进工作, 不断提高产品质量。因而在群体面试或行为面试中都会涉及与质量承诺相关的问题。这也意味着员工必须具有一定的分析与解决问题能力, 具有学习热情和愿意尝试新事物的渴望, 以应对各种质量问题的挑战。再次, 公司的生产系统是建立在一致性决策的基础上, 例如在其他企业会鼓励员工努力超产, 但在丰田公司, 超产被视为是最严重的一种浪费形式。这就决定了丰田生产体系需要员工理解精益生产的理念, 进行大量详尽的计划、勤奋的工作和对细微之处的专注。

另外, 公司的生产系统要求员工具有多样化技能和能力, 因此需要对员工进行定期的工作轮换以及柔性的职业生涯路径设计, 相应地要求员工必须具有开放的思维和适应能力, 选拔过程中设计了问题解决的练习, 为选拔具备这些能力的人才提供了支持。

(2)超越"岗位职责"的要求招聘员工。首先, 超越岗位职责的招聘与公司实行的非专业化分工机制有直接的关系, 即每个人有自己的岗位职责, 但是更强调团队协作, 因为, 持续改进更依靠全体成员的智慧。其次, 竞争环境的不确定性需要组织应对日益激烈的挑战, 而且越来越多的工作需要以团队合作的方式完成, 要求员工具有很强的适应性、灵活性。在这样的环境下, 公司招聘的员工不再是仅仅为了完成某一具体职责, 而是能够随时为整个企业工作。

(3)严格的选拔程序和多重选拔技术。为招募到企业所需要的员工, 公司在选拔员工上花费了大量的精力。以澳大利亚丰田汽车为例, 公司的选拔过程共经历八个阶段, 而完成整个招聘过程一般要花费12个小时左右, 招聘初级员工的选拔时间也会达到8小时~10小时。类似地, 在对位于美国的丰田汽车公司的求职者进行的甄选过程中平均花费了18小时。同时, 在复杂的招聘程序中, 丰田公司采用了多种选拔技术以保证选拔出公司所期望的员工。例如, 通过背景调查发现并确认候选人信息的真实性; 通过能力倾向测验评价候选人的技术能力和发展潜力; 利用行为面试对应聘者的能力、技能和个人特征进行评价；同时，丰田公司充分利用了评价中心方法的特点，通过让候选人进行分组讨论来表现个人与小组中的其他成员之间的相互作用，以进一步考察人际交往、分析与解决问题能力；用人部门进行的面试则使候选人能够熟悉所提供的岗位，确保候选人准确地知道其工作地点、条件以及工作的内容；最后阶段的上岗观察则为员工和公司提供了一个双向选择的过程。

总之，把多种具有不同优势的选拔方法有机地结合起来，注重招聘质量，全面地考察候选人的特征，为确保企业选拔到真正适合的候选人提供了技术保证。

（4）候选人高度参与。公司通过实施现实的工作预览，让候选人观看录像、参观工厂以及在岗实习等环节，让候选人尽可能地参与到选拔过程，确保了候选人了解真实的工作环境和工作内容，也给候选人足够的时间确认公司是否是自己所需的类型，也避免企业选择错误的候选人。经过严格的选拔和充分的思考之后，无论是求职者还是公司都做出了十分慎重的决策，保证所招聘的员工是十分认可公司价值、愿意为公司奉献的优秀员工。这些既认可公司价值观又具有能力的员工成为丰田卓越生产力的创造者，取得了竞争对手难以逾越的业绩。而这样的选拔流程也避免了不合格员工的进入以及员工流失的成本，并为企业节约了因雇佣不合格员工而发生的不必要的培训与开发等各项费用。

案例思考：丰田公司的战略招聘对我国企业有何启示？

（资料来源：王兰云.丰田汽车公司的招聘机制研究——基于战略招聘视角的分析.现代管理科学.2009.3）

第二节　HRBP 下的招聘管理

一、HRBP 的内涵

HR Business Partner，称为人力资源业务合作伙伴，最早由美国密歇根大学商学院教授戴维·尤里奇（David Ulrich）在其 1997 年出版的《人力资源冠军》的书里面首次提出，是基于企业战略需要，创新的人力资源三支柱模型中的一环。尤里奇认为，面对不断变化的外部环境，人力资源部不能仅仅是行政支持部门，还应该是企业的策略伙伴、变革先锋、专业日常管理部门和员工的主心骨。为强化结果导向，可以尝试将部分人力资源管理活动下移，将人事管理中心派遣到公司每个业务部门的人事管理人员，通过专业知识和能力，结合企业战略，来帮助业务部门解决核心痛点及实际问题，协助企业的各个部门负责人对部门中的员工进行一系列的培养及工作方面的规划，为公司的人力资源提供相关的支持和指导，并支持与业务部门的协作和沟通，协助各业务单元高层及经理在员工发展、人才发掘、能力培养等方面的工作，将人力资源优势和特点嵌入业务单元的工作中，实现人力资源工作内容和企业战略的互补和优势的互补。其中人力资源合作伙伴的角色定位在企业人力资源管理工作中，扮演着"政委"角色，是 HR 中的特种部队，其目的就是组织达成既定的目标而与业务部门和三支柱中其他两支柱进行高密度合作。

HRBP 其主要工作内容是负责公司的人力资源管理政策体系、制度规范在各业务单元的推行落实，协助业务单元完善人力资源管理工作，并帮助培养和发展业务单元各级干部的人力资源管理能力；处理与业务部门有关的任务，以提高人力资源部门的工作效率和质量。

尤里奇教授认为可以为企业创造价值、能对内部和外部的客户及利益相关者提供的价值大小是 HR 管理最重要的意义。因此，要做好 HRBP，重点是放在面向内部客户，需要切实针对业务部门的特殊战略要求，提供独特的解决方案，将人力资源和其自身的价值真正内嵌到各业务单元的价值模块中，这样才能真正发挥和实现 HRBP 的重要作用。

HRBP 的适用条件包括两个方面：

1. 企业规模大

进入 21 世纪以来，企业的规模不断扩大，创新型公司追求多元化发展，而公司则追求规模经济，经过持续的横向和纵向发展，跨国公司和跨地区分支机构不断涌现，特别是合并后，公司的范围不断扩大，员工人数急剧增加。公司规模的增加导致公司的人员相应增加，但是如果人事部门已经整合和集中，这就会出现员工人数众多且工作复杂，所有员工的工作都要求员工排队并做出响应，导致工作效率太低，响应速度难以提升，引起员工的不满。这时候如果还是对人力资源部分进行整合，就浪费了很多资源。在 HRBP 管理方法中，每个子公司的业务部门都有自己的 HRBP，可以快速解决人员问题。提高工作效率，还提高了员工对公司人力资源部门的满意度。公司的规模大，竞争力增长速度较快的话，更适合 HRBP 管理模式。

2. 业务范围广

随着现代企业发展的多元化进程，人力资源管理模式也在不断地发生变化。倘若一家公司经营多种不同的业务，并且每个职位甚至每个业务需要不同的人才，那么在绩效评估、招聘和薪资设计上就会有很大的差异，人力资源管理人员不能将其混为一谈。在这种情况下，人事人员将不得不选择不同类型的人员。除了在管理人力资源方面的独特专业知识和经验外，还需要对不同行业、不同业务和不同类型的人才有很好的了解。倘若对业务不了解，无法处理相关事宜，则始终会遇到影响人事部门的问题。在 HRBP 管理模式的控制下，分配给业务部门的 HRBP 只需要学习一两种专业的业务知识，就可以对业务有更完整和熟练的了解，并为人员提供更好的准备。

二、HRBP 与传统 HR 差异

1. 工作要点不同

HR 的侧重点是模块化人力资源工作，主要任务就是招聘和绩效、工资的管理和组织，传统的人力资源的职责基本上就是基础工作，而 HRBP 的主要职责不仅是对于基础人力资源的管理，比如工资发放、绩效的管理，更重要的是与业务部门进行深入互通、组织诊断，并为业务部门提供可行性的措施和问题解决方案，提供人力资源维度专业方案。

2.团队性不同

传统 HR 习惯独立于业务部门之外，专注自身的任务，与业务部门分离，容易陷入自我工作中，而 HRBP 更倾向于与业务部门展开协作，目标就是通过人力资源部门和业务部门协作，通过解决业务部门的疑难杂症，提升组织效率。

3.工作节奏不同

传统 HR 几乎都是有规律地作业，实行标准工时制，加班则要计算加班费，这样的工作规律与 HRBP 不同，HRBP 主要与业务团队时间一致，与业务部门工作节奏同频，大部分实行不定时制，加班为常态。

4.工作焦点不同

传统的 HR 部门主要是重视事务性工作的处理及高度重复的工作流程，擅长流程的优化，而 HRBP 主要将焦点集中在业务部门的需求中，需要结合业务变化和行业背景，制订发展战略以解决业务痛点，达成企业战略目标。

5.突破性不同

传统 HR 会受模块工作及规则的制约，习惯于深陷在自己的内部业务中，很难去突破自己，但是 HRBP 不受到规则的约束，而是以组织目标导向，倾向于突破自己，根据环境的变化推动实现业务的目标。

6.开放性不同

传统 HR 对于人才的选择来说，主要是通过内部渠道解决，内部选拔自体培养，而 HRBP 人才渠道多元，培养方式不固定，人员层次更科学。

7.发展性不同

传统 HR 的发展主要是在人力资源专业通道上，跨专业部门的概率会比较小，但是 HRBP 因为经常与业务部门沟通和交流，因此晋升的渠道会多一些，可以往业务部门去发展，职业发展宽度更宽。

可以看出，HRBP 与人力资源管理是传承与发展、创新与开拓、包含与被包含的关系。HRBP 突破了人力资源管理中传统 HR 与企业战略的界限，为战略性人力资源管理和人力资本管理的发展提供了更优实践和持续的创新。

三、HRBP 的理论基础

(一)三支柱理论

学界于 20 世纪 80 年代中期提出战略人力资源管理理论，成为 HRBP 管理模式的理论渊源。基于对人力资源部门变革的思考，1995年，戴维·尤里奇提出人力资源管理部门要进行价值创造，需承担战略伙伴、效率专家、变革先锋和员工后盾这四大角色。为了在企业管理中实践"四角色"模型，1997年又提出了建立专家中心、共享服务中心和人力资源业务伙伴的构想。2007年，IBM公司明确地提出人力资源管理三支柱架构，具体包括人力资源领域专家中心（HRCOE）、人力资源业务伙伴（HRBP）和人力资源共享服务中心（HRSSC），以构建HR三支柱模型来实现企业人力资源部门的组织重构，如图3-5所示。HRBP是三大支柱的核心。借助于三支柱模型，人力资源可以充当战略合作伙伴，变革推动者，员工申请者和职能专家的角色，并完成战略角色的转变以实现业务部门的价值创造。

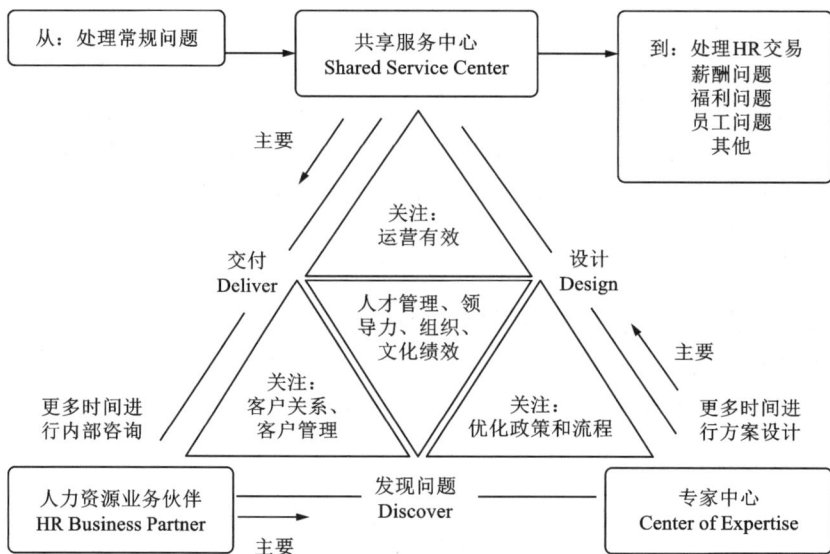

图 3-5 人力资源管理三支柱模型

从图3-5可以看出，HRCOE是领域专家的角色，基于丰富的独特人力资源知识和实践经验，可以实施和制订人力资源战略，创新流程和政策，并为其后的传播政策、计划反馈提供实施和优化支持。HRBP负责前端战略策略，决策计划，专家咨询以及在业务端附近实施核心价值渗透服务支持。HRSSC主要负责合作，致力于合作伙伴中心和专家中心相互合作，为业务部门和人力资源提供交易服务支持。三支柱模型要求人力资源部门更改职位并使用独立运营的业务部门的角色与其他业务部门进行交互。

(二)团队建设理论

团队理论源自日本。二战之后，日本的经济在电子和汽车行业尤为出色，其发展速度甚至超过了欧美等其他发达国家，最为典型的例子包括丰田汽车和佳能相机这样的领头羊。日本之所以能够在工业技术领域取得重大成果离不开团队间的通力协作。

二战后日本在工艺技术领域的迅速发展，随之也受到了到了全球理论学者的关注。一些管理方面的专家以及学者对此进了深入研究，在研究过程中发现：工作时的日本工人相互之间能够协同配合，互帮互助，具有这样一种思想所产生的团队合作效果十分显著，不管是个体还是全能型人才抑或特别优秀的员工无法发挥出这样的水平，"团队"的概念正式得以被管理专家和学者提出。在接下来的研究中，经过不懈的努力，越来越多的欧美学者在多年的摸索中提出了"团队建设"这一理念，此概念已被更多公司认可和普及，并已被列为欧美企业管理中的新概念。

关于团队的概念定义，不同的学者有各自不同的定义，最经典的是管理学家斯蒂芬·P·罗宾斯(Stephen·P·Robbins)在组织行为学一书中所表达的定义：团队是一个群体，它至少由两个成员来组成，为了完成特定的共同目标，成员之间相互协作以及相互补足，遵守所约定的规则结合在一起的群体称之为团队。

从团队的定义可以看出，一个团队必须具备三个不可或缺的要素，首先，团队成员的数量要保证两个或更多，单个成员没有团队说法；其次，一个共同的具体目标是团队构建的核心；最后，对小组成员的工作能力的要求，即工作能力，应构成额外的优势，这样团队水平才能最大限度地发挥出来。从上述团队三要素可知，团队是最高形式的合作。合作的前提是彼此信任、互补互助，这样团队才能发挥出最大优势，为了提高团队的凝聚力并保持团队为实现共同的团队目标而努力，齐心协作合力完成工作任务，最终团队才能取得成功。当企业面临不可避免的风险和挑战时，团队合作的意义才能体现出来，只有成为一个整体，才能应对企业所面临的各种挑战和风险。

对于企业运营者来说获得成功有一个重要的保障措施，根据他们的经验进行总结整理那就是进行团队建设，可以发现，没有一个人可以独自完成任何事情，所有的成功都是依靠团队来实现的。

四、HRBP 模式下的招聘

(一)HRBP 管理模式下的招聘体系

HRBP 管理模式下的招聘体系是对传统招聘计划、招募、选拔、录用和评估过程的一种优化，其借助人力资源三支柱模型对招聘工作的分配与协调进行了巨大的整合，从各个环节来提升招聘的效率。HRBP 管理模式招聘体系仅适用于公司规模大、业务范围广的企业，因为其需建立先进的信息系统，相对而言成本较高，且该招聘体系需将企业人力资源部门的共同业务从原有分散的组织中剥离出来再集中统一，对原有僵化的组织结构进行改革。这是对原有企业文化的一种挑战，需获得企业高层管理者的肯定，多方的支持，才能破除企业内、外部所存在的阻力。

HRBP 作为人力资源管理者的"首脑"，为企业制订战略方向与指导规范，必须拥有丰富的管理经验及过硬的专业素质；HRBP 作为业务部门的合作伙伴，参与业务部门管理，维持员工关系，必须具有良好的沟通能力并对业务保有敏感性；HRBP 作为操作层面，为企业及外部人员解决难题，必须具备敏锐的服务意识及卓越的操作能力。HRCOE、HRBP、HRSSC 三者协同配合、层层递进，解决招聘工作的战略、战术、操作问题，构建了新的招聘体系，如图 3-6 所示。

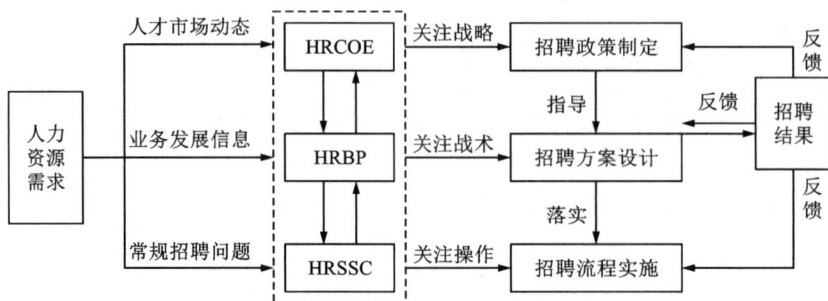

图 3-6 HRBP 管理模式下的招聘体系

其中，HRCOE 根据企业的战略目标制订人力资源规划，通过岗位分析制订职位说明书，并依据企业实际情况形成规范的招聘政策及流程；HRBP 根据各业务部门的情况制订部门人力资源计划，落实人才战略，管控招聘环节；HRSSC 在 HRCOE 制订的招聘政策指导下，进行招募、选拔等操作。HRCOE、HRBP、HRSSC 各尽所能、各司其职，保证招聘工作的顺利完成，并对招聘结果负责。

模型中，HRBP 支柱是由 HRBP 管理模式下的人力资源管理员工分派到各个部门的职员，是对传统招聘体系的重要管理方式的一种创新。即将人力资源管理员工的工作部门分派到各个部门，实现尤里奇等学者所说的将部分人力资源管理活动下移这一措施。此外，HRBP 支柱中的工作人员，可以深入地了解其所在部门的业务工作内容与工作管理体制，对招聘什么样的人才有着比传统的招聘人员更深刻的体验与认知。而 HRCOE 和 HRSSC 支柱，则可以有效地将传统的人力资源管理部门的事务性工作进行剥离，HRCOE 为企业发现并提供价值增值服务，而 HRSSC 则负责具体的事务性工作，并将工作过程反馈给其他支柱。三者形成互助协同机制，在工作范围界定清楚的条件下，实现无缝对接，可以有效避免传统招聘体系中工作任务不明确，员工搭便车等行为。其招聘工作内容如表 3-4 所示。

表 3-4 HRCOE、HRBP、HRSSC 招聘工作内容

	规划	实施	反馈
HRCOE	制订人力资源战略，规范企业招聘制度系统，进行岗位分析，设计岗位说明书，构建胜任力模型，完善招聘评价体系	监督制度规范落实	接受意见反馈，完善相应政策
HRBP	制订人力资源计划，提供部门招聘方案，贴合岗位说明书，明确部门招聘标准	推进招聘流程实施	反应业务需要，提供结果反馈
HRSSC	根据招聘方案，着手具体筹划	进行招聘信息发布，提供咨询解疑服务，收选简历安排复试，登记入职人员信息	发现操作难点，解决相关问题

(二) HRBP 管理模式下招聘体系的特点

1. 招聘基础专业化

企业的岗位规范与招聘政策是企业开展招聘工作的基础。人力资源业务合作伙伴、人力资源专家中心、人力资源共享中心利用其丰富的经验与专业的知识对企业内部工作进行分析，制订详细的工作职责、范围、工作流程，形成相应的岗位规范，制订招聘政策及流程，使人力资源业务合作伙伴、人力资源专家中心、人力资源共享中心的工作分工明确、职责明确、权责分明、工作考核量化指标透明。这种专业性的设计改进了招聘的基础，使企业的招聘政策与制度更具有指导意义，改变了许多企业招聘过程中的周期性不明确，应聘人员留用话语权主体不明，家族企业任人唯亲、根据个人喜欢判断人才去留的弊端，极大地促进了企业招聘体系的专业化。

2. 招聘过程协作化

HRBP 管理模式下的招聘体系更注重分工与协作，招聘工作不再是人力资源对事务性工作的承包。不同层次的工作交由相应能力的人员处理，人力资源业务合作伙伴、人力资源专家中心、人力资源共享中心三支柱之间的工作有极大的相互依赖性，因此，三支柱的高频率联络与沟通，极大地促进了设计部门、人力资源部门之间的交流，由于人力资源业务合作伙伴本身就选自人力资源部门，因此起到了降低设计部门与人力资源部门沟通的成本，人力资源部门与设计部门的沟通交流更加顺畅。大大减少了人力资源从业者在行政事务上所花费的时间，不仅节约了人力成本，更关注了企业的战略问题，提升了已有人力资本的价值。

3. 招聘结果精确化

人力资源管理者在 HRBP 管理模式招聘体系下能够深入业务部门，了解业务需求，把握招聘标准。而且 HRBP 管理模式招聘体系拥有庞大的信息交换平台和较强的信息处理能力，可以为专业的人力资源业务合作伙伴提供职位分析、人力资源专家中心的胜任能力维度分析，以及适合的面试工具，这些大量的工作，让用人部门花最少的时间，可为企业解决因规模扩大带来的繁重流程性工作。同时，HRSSC 能为外部人员提供个性化的服务，使其更加准确地了解企业用人标准。这都使招聘结果更加符合企业的要求，提高了招聘结果的效度。

✦ **阅读与思考**

云畅科技，HRBP 招聘助力企业发展

湖南云畅网络科技有限公司(简称"云畅科技")成立于 2014 年，总部位于长沙，是由国有资本持股投资，以自研低代码为核心技术的国家高新技术企业。公司凭借领先的低代

码技术优势和多年政企行业客户服务经验优势，已成为国内领先的低代码数字化转型解决方案提供商之一。

公司自主研发的万应低代码平台是技术开发与运营服务平台，作为领先的 aPaaS 平台，通过可拖拽式设计应用的界面，即可实现精准定制、快速交付海量数字化应用。公司凭借在产业数字化服务领域的突出技术能力和丰富实践经验，也积极投身加入低代码国家行业标准规范的制订，是湖南省内首个通过信创认证的自主知识产权的低代码厂商。

公司以 SaaS 产品开发、政企及行业平台定制开发、软件人才培养、产业园区创新运营及赋能为重点业务领域，建立了以"低码工具(万应低代码)+人才培养(万应培训)+交付服务(万应交付中心)+生态开放平台(万应市场)"为核心的万应特色交付体系，并基于真实业务商机和场景，面向相关渠道、交付、运营等合作伙伴，提供技术支撑和产业服务，构建"万应+"生态圈，互补共赢，培育壮大区域数字科技服务商生态。在技术方面，也充分融合云计算、大数据、人工智能、5G、区块链等前沿技术，大幅降低开发和部署成本，高效助力产业智慧升级。

顺应趋势，创造价值。云畅科技基于领先的低代码技术和交付体系，立志打造中部一流、国内领先的数字科技综合服务商，我们的使命是让软件交付更简单，同时基于真实业务场景，降低用户开发和部署成本，通过持续提升基于低代码敏捷开发的行业优质解决方案产出和交付量，持续扩大市场与生态、生态与生态之间的市场交易额，最终实现「打造领先高效的数字科技服务生态」的生态建设目标，推动产业智慧升级和区域数字经济更高质量的可持续发展。

在公司发展战略实现过程中，人力资源的位置是非常重要的，企业获取战略上成功的多种要素，最终都会落实到人力资源。近年来，公司业务不断发展，规模持续壮大，员工队伍呈年轻化态势，专业能力强，接受新事物、新技术的速度快，但这类人才追求的是展现自我的舞台，工作选择流动性也相对较高，为企业持续稳定发展带来一定的压力。

基于公司战略，为了进一步深入业务部门、服务业务部门，公司在人力资源管理工作中，推行三支柱模式，组建 HRBP 团队，从职能服务转换为业务伙伴，并建立了 HRBP 的招聘机制：

(1)成立人力资源管理委员会。公司高层担任负责人，体现了高层对企业当前面临形势的清醒判断，对解决人才问题的坚定态度；人力资源部门作为人才引进工作的主要部门，应确保公司人力资源制度的专业性、系统性、有效性。各部门总监、经理作为人才的直接管理者，应根据公司战略发展需要，评估本部门的人才需求；HRBP 作为人力资源部门和用人部门的桥梁和纽带，执行和推进人力资源管理制度，承接用人部门的人才需求，做好人员招聘、在职人才的培养和稳定工作。

(2)明确需求，清晰人才画像，选择招聘渠道。由 HRBP 牵头，与服务团队沟通，确立岗位人才标准，建立基于胜任力特征和工作分析的招募甄选体系。

(3)建立招聘SOP，通过建立标准的操作手册进而从整体上规范招聘工作，横向与各部门、纵向与人力资源各环节人员紧密配合。

序号	节点	事项
1	计划	HRBP 梳理用人部门需求，明确用人标准及人才画像，并根据需求和特点选择合适的招聘方式和渠道，拟定招聘计划和策略
2	发布	HRBP 整理岗位 JD，依据岗位 JD 发布信息到对应渠道
3	筛选	1. 简历筛选； 2. 电话筛选
4	笔试	1. 专业笔试； 2. PDP 性格测试
5	第一轮面试	直属 leader 面试
6	第二轮面试	间接 leader、分管 GMO 面试
7	第三轮面试	交叉面试
8	第四轮面试	人力资源复试及确认薪资
9	背景调查	1. 工作经历真实性； 2. 学历真实性
10	决议	HRBP 形成面试报告呈报管理团队决策，确定是否录用
11	发放 offer	邮件确认

以全栈工程师岗位招聘为例：

依据公司战略发展要求，承接业务交付与低代码交付人员的培养。云畅需要先增加公司全栈工程师的人员储备，扩充低代码交付队伍，与传统开发相比，低代码市场不够成熟，因此低代码人才在人才市场上，也相对稀缺。为让研发、交付能够与高速发展的业务需求相匹配，全栈工程师需求人数会较多，且招聘时间也较紧，而万应低代码已处于商用阶段，对全栈工程师的需求会比研发来得更大、更迫切。基于以上背景，HRBP 联合交付中心和产品研发中心通过对万应低代码工具的了解、交付模式的研究，梳理出全栈工程师的人才需求画像，分为初、中、高三个等级：

序号	岗位	基础要求	知识技能	职业素质
1	初级全栈工程师	年龄：21~24 岁； 学历：全日制本科及以上学历，计算机相关专业优先； 工作经历：应届生或毕业 2 年内，有一定的实习或开发经验者最佳	基础编程能力 低代码开发能力 产品需求能力 总结归纳能力	三观正直 诚实守信 责任心 执行力 沟通能力

续上表

序号	岗位	基础要求	知识技能	职业素质
2	中级全栈工程师	年龄：23~26 岁； 学历：全日制本科及以上学历，计算机相关专业优先； 工作经历：一年以上低代码开发经验，有一定的产品需求分析能力	基础编程能力 低代码开发能力 产品需求能力 项目管理能力 总结归纳及分析能力	三观正直 诚实守信 责任心 执行力 沟通能力 承压能力 客户导向 全局观
3	高级全栈工程师	年龄：25~30 岁； 学历：全日制本科及以上学历； 工作经历：二年以上低代码开发经验，有大型项目的产品设计及项目管理能力	编程能力 低代码开发能力 产品设计及规划能力 项目管理能力 总结归纳及分析能力 商务谈判能力	三观正直 诚实守信 责任心 执行力 沟通能力 承压能力 客户导向 全局观 带教及知识传递

不同的人才特性需要选择不同的招聘策略，比如招聘时机和渠道的选择。

HRBP 根据招聘人才的特性，考虑到校园招聘可以吸引一批具备优秀的计算机专业理论基础、相关技术能力的初级人才，2022 年 3—6 月，公司启动了针对初级全栈工程师的校园招聘，通过与高校、平台的合作，共招聘应届生 100 余人，人才的新鲜力量能给企业带来新的活力，为进一步实现公司战略培养新一代的中坚力量做准备。

问题：

（1）云畅科技的招聘机制是如何与企业战略相结合的？

（2）为助力公司业务发展，做好全栈工程师岗位人员的储备和培养，公司将在本年度再招聘 80 名应届生。假如你是云畅科技 HRBP，请你拟定一份校园招聘方案。

（资料来源：根据云畅科技有限公司提供资料整理）

第三节 数字化招聘管理

一、数字化招聘管理的概念

当前数字技术加速创新、日益成熟，业务工作结合数字技术、业务的数字化转型成为一种主流趋势。全社会对人才的需求度日益提高，人才招聘的理念和方式，需要从原来的基于劳动力数量优势的广泛搜寻，逐步向基于侧重劳动力质量需求的精准招聘转变，在提升引才频率的基础上，不断提高人才引进的精准性和招聘的成功率，为企业高质量发展贡献源源不断的人才支撑。

数字化技术具有通用性强、规范化程度高、延展匹配性强等特点，在企业内部各业务条线中的应用比较广泛，成为优化业务流程、增强工作效率、构建竞争优势的关键力量。人才招聘既包括企业内部的人才盘点、需求分析、薪酬模型等

工作链的整体衔接，也包括在外部人才市场中的人才布局分析、薪酬水平调查，同时，还包括对竞争对手和合作伙伴存量人才的调查和研究。因此，人才招聘涉及企业内部、市场外部、相关方等全方面。人才招聘的数字化能够有效激发整个招聘业务链的潜能。

数字化招聘管理是指从渠道管理开始，以提升效率为目标，再延伸至招聘全流程，运用 AI 面试、人际网络分析、情绪识别等技术或工具锚定最匹配企业和岗位的候选人，提高人才识别质量、候选人体验，实现自动化运营的效果。

二、数字化招聘管理的意义

(一)有助于减低招聘整体成本

在传统的招聘中，企业对招聘工作的关注点主要放在录用质量、流程合规、客户体验等方面，随着企业整体数字化转型，客户意识、成本意识成为人力资源从业者的普遍共识，人才招聘的成本主要包括企业内部招聘专员的薪酬福利成本、企业外部的招聘专家的咨询成本，以及进行广告宣传而形成的直接成本。如果把上述成本按照主体进行归类，一类是劳动力成本，包括内部工作人员和外部专家，用单位劳动力成本来衡量；二是信息传播成本，用单次岗位发布成本来衡量。以上两项成本构成了人才招聘的主要成本，从两个方面考虑，如果能够提高劳动生产率，就可以降低单位劳动力成本，如果提高招聘信息发布的针对性，精准触达目标候选人，就能降低信息发布成本。数字化、智能化的招聘系统虽然一次性投入较大，但其能够代替人工重复性的工作，可以降低劳动力使用率，抑制劳动力成本上涨。当前，AI、机器人、数字孪生等技术在越来越多的产业、行业中得到应用。通过机器换人显著提高了工作效率，已经成为企业应对人才成本上涨、劳动力不足的主要手段。同时，随着大数据、数据分析等数字化技术的突破，定向搜寻潜在目标、提高招聘信

息的触达率得到广泛应用，在降低成本的同时，提高招聘成功率。

(二) 有助于精准定位和挖掘目标人才

当前，市场环境复杂多变，应对变化是每个企业必须具备的基本条件，人才招聘需要脱离以往流程性单项推进的思维，向更高技术附加、更加快捷高效的方向升级，数字技术与业务流程的深度融合是人才招聘流程优化的重要推动力。招聘测试的底层逻辑是人岗匹配，实现人岗匹配的基础是充足的岗位样本数据。与传统的简单数据相比，大数据的优势在于数据的真实性和多样性，在数字化技术的作用下，结合更真实、多样、够大的样本数据，能够对目标候选人的职业经历、个人特质、学历背景进行单独或综合分析。这些数据中既有结构化数据，比如学历、绩效、经历等，也有非结构化或半结构化数据，如图片、文字、音视频等需要进一步解析的内容。这些内容从多个层面勾勒出候选人的基本画像和数据样本，用这些数据样本和目标岗位的标准样本进行比较即可快速精准定位到候选人，加快人才招聘速度、缩短招聘周期、降低招聘成本。企业的招聘需求分析，不用再单独进行、专门开展，可以结合业务发展情况，实时发现缺口岗位。

(三) 有助于招聘决策的标准化和科学化

在传统招聘的面试环节中，面试官在与候选人 20 分钟时间的交流过程中，要想发现候选人的具体特征是非常困难的，大部分情况下的录用决策通过以下两个方面做出：一是在比较前后候选人后，基于比较后的择优原则，做出录用决策；二是凭借个人直觉和判断，大部分情况下，在面试的前几分钟面试官就已经做出了录用决定。而通过大数据技术，基于对企业文化、价值观、存量优秀人才特质等海量数据的汇总分析，自动跟踪候选人从简历投递到 offer 获取各环节的海量数据，进行机器学习和评价，为人力资源部门提供更多的拥有高附加值的服务，招聘主管能够从人才匹配性的角度去做出录用决策，而不是基于择优原则，进一步减少人岗不匹配造成的资源浪费。同时，人力资源工作人员则将更多注意力放在公司人才战略规划等更具专业性的工作内容上，从繁杂的日常性事务中摆脱出来，赋予时间和空间，让人力资源部门参与到企业的重大经营决策中，推动人力资源部门由后台部门向前中台部门转型。

三、数字化招聘管理的措施

(一) 树立数字化管理理念，强数字化思维

在数字化时代背景下，企业人力资源招聘管理工作需要做到与时俱进，这就要求人力资源管理人员要树立数字化管理理念，并进一步强化自身的数字化思维，在实际工作中将大数据作为重要的战略资源，将数字化与人力资源管理工作深度融合，以此来提升招聘管理水平。特别是在实际工作中，人力资源管理人员通过对员工活动过程中产生的静态和动态数据信息进行收集，并充分地运用大数据分析来及时发现招聘管理工作中存在的问题，为实际管理工作提供重要的信息依据。

（二）扩大数据收集来源，逐步实现动态和预测分析

在实际招聘管理工作中，通过对员工结构化数据和非结构化数据收集和整合，能够深入挖掘员工的潜能。同时，运用大数据技术来积极构建招聘管理信息系统，可以实现招聘的规范化和信息化管理，确保人力资源管理决策的准确性和客观性。针对招聘管理的各项数据利用数据挖掘技术进行静态和动态分析，能够准确预测人员离职和人力资本投资回报率，从而为招聘管理工作提供重要的支持。

（三）优化招聘管理模式，提升招聘管理的信息化水平

在传统的招聘管理模式中，通常使用的管理方式为静态信息管理，这种管理模式虽然具有一定的优点，但是在数字化时代来临之后，这种管理模式就已经不能满足企业对于招聘管理的要求，因为这种管理模式无法做到及时更新人力信息，对于信息碎片的收集十分缺乏，单线人力信息整合能力较差。数字化时代下企业对招聘管理要求十分严格，要求招聘管理要加快信息化建设，以此来提升招聘管理的高效性，并实现人力信息的动态利用。作为现代化企业，应该认识到招聘管理对企业的发展的重要性，并在实际工作中重视信息技术的应用，针对招聘管理进行深入挖掘，实现企业人力资源的最大化利用。另外，企业也应当注重人性化管理，重视企业员工的培养，提高员工对企业的认可度，为员工营造一个良好的工作环境，从而促进企业的良性发展。

（四）构建招聘管理信息平台，提升数字化的应用效力

在当前招聘管理工作中，通过借助于先进的信息技术，并与企业自身特点相结合，构建完善的招聘管理信息平台，实现对企业招聘信息的收集和整合，并建立招聘管理数据库，实现招聘信息的高效利用和共享，为企业各项工作的开展提供重要的数据支持。同时，企业还要结合自身招聘管理的实际情况，并与企业发展战略目标相结合，做好招聘信息化平台的更新维护工作，使其能够更好地服务于企业人力资源管理工作，提升数字化的应用效力。另外，还要积极借助成功的经验，充分地发挥出大数据的优势，全面提升企业招聘管理工作的水平，促进企业的健康、有序发展。

阅读与思考

嘉士伯跨区域数字化招聘管理方案

Moka招聘管理系统协助嘉士伯推进数字化招聘。跨区域的业务模式对嘉士伯的人才招聘和管理都带来挑战。招聘团队在组织架构上虽然属于同一个团队，但是地理位置分散，沟通成本相对较高，尤其是招聘过程和结果的数据反馈，总部难以及时获取，相应的反馈和支持也没有那么及时。在每年要完成上千招聘量的压力下，招聘效率受到了制约。

嘉士伯的人力资源团队如嘉士伯品牌一样，有一股不畏惧的拼劲，有困难就一定会想办法解决。

2019 年底，在同行朋友的推荐下，嘉士伯人力资源伙伴联系到了 Moka 招聘管理系统，希望通过数字化系统打破物理界限，提升团队的协作。嘉士伯对招聘管理系统的需求非常清晰：

第一，功能上可以做到招聘流程管理，渠道管理和人才库管理，且要方便入场，易配置。

第二，数据统计要方便，至少不需要太多手动操作，数据准确。

第三，用户体验友好，一个友好的系统，大家才会使用起来。

措施一　推广三连：学习、纠错、反馈

向全国推广系统，是让系统发挥作用的第一步，也是嘉士伯转型数字化招聘的关键一步，而这一步嘉士伯迈得非常坚决，再一次体现了团队拼搏的信念，其中的方法也值得行业学习。

改变一个人的使用习惯总是很难的。在嘉士伯上线 Moka 招聘管理系统后的几周，系统总会有大大小小的问题产生，包括有伙伴没有使用系统，为了弄清楚原因，人力资源管理专家 Sophie 做了内部访谈，总结下来，问题主要有三个：日常招聘任务重的情况下还是惯性地线下处理忘记使用系统，有些流程不会操作或者不小心信息填错，不明白系统的关键逻辑关系。定位到问题后，Sophie 从三个方面推动系统的使用。

首先，4 页 PPT 极简版手册。Sophie 抛弃掉固有冗长的产品使用手册，仅用了 4 张 ppt 就把核心使用要点提炼出来，让招聘小伙伴照着学习，快速上手。很快，大家就逐渐适应系统。

其次，每周开会复盘招聘小伙伴的数据。Sophie 从逻辑方面看到底有没有错，一旦发现了哪些错误，马上指出，哪里错了，应该是怎么样的，相关的小伙伴就可以立刻修改。在不断地反馈、指导中规范起招聘团队的行为。

最后，日常遇到的小问题也会和 Moka 方及时沟通反馈。Moka 通过迭代系统功能，让机器多点自动判断，减少小伙伴要记、要想、要理解的流程。

两个月后，小伙伴们的操作已经非常规范了，数据上也能做到 90% 以上的正确率，系统运行进入正轨。正是嘉士伯对数字化招聘转型的重视，才能够让系统这么快在团队内推行，并且使用成熟度非常高。

项目目标 ▶	方案设计 ▶	系统建设 ▶	系统推广 ▶	持续使用 ▶
业务目标	业务调研	系统配置	系统上线	问题反馈搜集
系统目标	生态系统	POC场景演练	全面推广	阶段性汇报
		生态对接		持续迭代优化

措施二　制订核心指标：过程、渠道、完成度

系统落地后，招聘管理者就可以方便地查看全国各地的招聘进展了。Sophie 介绍，最关注的有三部分数据。

首先是招聘完成度。招聘任务完成了多少、还有多少在进行、进行到什么程度、用了多长时间、是按时完成还是超期完成等，用招聘结果数据来督促和指导招聘过程。

其次是职位数据。嘉士伯的招聘管理会关注每个职位现在处于什么状态，该职位下有没有人推荐，有多少个候选人，有没有人在面试、在 offer 中，等等。监测招聘过程数据，以便整体把控招聘进度。

最后是渠道数据。嘉士伯招募的人才以销售和供应链为主，除了主流的招聘网站、内推、猎头外，也会有当地的招聘渠道，例如新疆人才网、宁夏人才网、云南人才网等，关注渠道数据根据渠道的数据表现，为渠道优化与建设提供依据。

Moka 招聘管理系统从底层的数据收集到数据统计，实现了实时呈现，嘉士伯再也不需要人工收报表、催数据，沟通成本明显降低。Sophie 开玩笑说道："如果现在让我回到没有系统的状态，我肯定不乐意。"

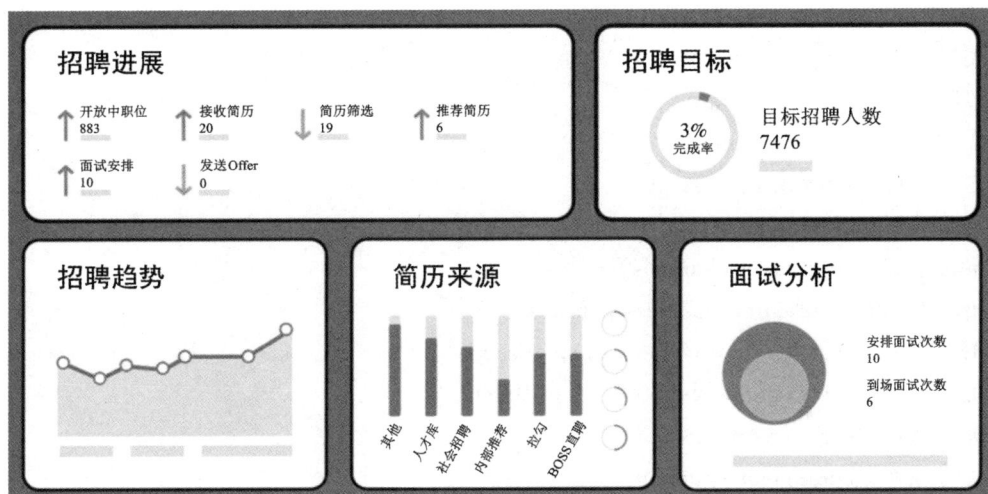

上线 Moka 系统半年来，嘉士伯的招聘数字化转型已初显成效，团队的协作更加便利。不仅如此，嘉士伯还有一些超预期的小收获。包括从人才库推荐获取不错的候选人，并且已入职；通过系统自动给候选人的微信端发送通知，提升候选人的求职体验；等等。

Sophie 也期待随着数字化系统的使用深入，未来能够更加有效的盘活人才库，用更加自动化的方式提升效率，用更丰富的数据分析提升业务。

说到嘉士伯，很容易让人想到足球，绿茵场上的活力与拼搏精神。嘉士伯是全球领先的啤酒酿制商之一，国内嘉士伯的系列品牌非常丰富，包括嘉士伯（Carlsberg）、乐堡 Tuborg 凯旋 1664（Kronenbourg 1664）、格林堡（Grimbergen）、布鲁克林（Brooklyn）、京 A（Jing A）、风花雪月（Wind Flower Snow Moon）、重庆（Chongqing）、山城（Shancheng）、西夏（Xixia）、乌苏（Wusu）、新疆（Xinjiang）、大理（Dali）、天目湖（Tianmuhu）等，此外还有数个非啤酒品牌，如保斯达（Boostar）、怡乐仙地（Jolly Shandy）等。嘉士伯立足中国发展超过 30 多年，此间取得的卓越成就均源自嘉士伯集团的宗旨——酿造更美好的现在和未来。这将继续鼓舞嘉士伯每一位员工努力酿造更优质的啤酒，拉近彼此心灵，尽享每一个欢聚时光。

请思考： 你从嘉士伯跨区域数字化招聘方案中得到了什么启发？

（资料来源：根据百度文库网站（wenku. baidu. com）资料整理）

本章小结

本章对招聘管理的发展趋势进行了系统阐述，介绍了战略导向招聘、HRBP 下的招聘管理、数字化招聘管理。

通过本章学习，明确招聘管理的发展趋势，为企业制订合适的招聘方案提供了理论支持。

关键术语

战略导向（strategic orientation）

招聘目标（recruitment target）

总体战略（overall strategy）

竞争战略（competitive strategy）

招聘计划（recruitment plan）

招聘渠道（recruitment channels）

HRBP（human resource business partners）

HRCOE（human resource center of expertise）

HRSSC（human resource shared service center）

团队建设（team construction）

招聘体系（recruitment system）

数字化招聘管理（digital recruitment management）

复习思考题

1. 什么是 HRBP 下的招聘管理？

2. 招聘管理应该如何关联企业战略？

3. HRBP 与传统 HR 有何差别？

4. 什么是人力资源管理的三支柱模型？

5. HRBP 模式下的招聘系统如何设计？有何特点？

6. 数字化招聘管理的意义体现在哪些方面？

第四章
招聘计划

知识结构图

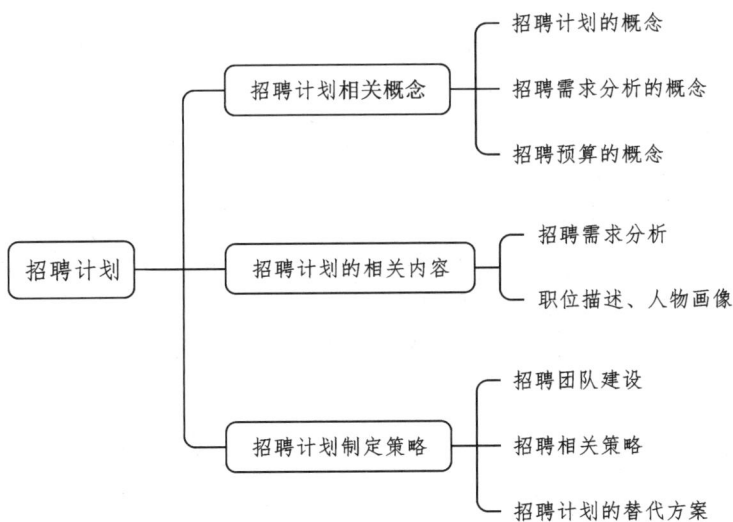

学习要点

- 招聘计划的相关概述
- 招聘需求分析
- 招聘职位描述
- 招聘人物画像
- 招聘团队建设
- 招聘成本预算
- 应聘申请表设计
- 招聘时间确定策略
- 招聘地点选择策略

学习目标

通过本章的学习，首先要理解招聘计划的相关的概念和内容；了解其基本原理及相关理论基础：包括招聘需求产生的原因、招聘信息的收集与整理、招聘计划的替代方案等；其次要掌握招聘计划制订的相关技巧和原理：包括招聘需求分析、招聘团队建设、招聘经费预算合理制订、招聘策略的分类与选择等相关内容。

引导案例

西门子招聘计划的制订与执行

"计划"对德国人来说是至关重要的。没有计划的工作，就像是没开大灯的汽车在黑暗而又不熟悉的荒郊行驶，令他们不知所措。

1. 计划的制订

每年的五六月份，西门子公司都会根据上一年的业务状况以及来年业务发展的需求，综合确定公司各个业务部门的人员需求。公司重点考虑的内容有：①公司计划拓展哪些方面的业务；②计划压缩哪些方面的业务；③组织结构有什么样的调整；④某一业务需要多少人；⑤公司内部的人员供给情况等。

在综合分析的基础上，他们会把下一年所需人员数量、人员应具备的素质与能力要求以及人员需求的时间等情况统计出来，将人员需求编制成可执行的招聘计划。随后，在HR 支持下，用人部门会根据计划安排，分期分批地把所需人员招募进来。

2. 计划的执行

西门子的招聘计划是与业务需要、经营目标与财务预算挂钩的，一经制订就要遵照执行，一般情况下很难变动。如遇特殊情况，有关业务部门需要改变招聘计划，则需要上报上级主管，上级主管再上报相应的上级，直至有权限的主管批准后方可改变。

一般地说，人员需求计划在其他欧美大公司也是一项很重要的工作。计划制订与执行的好坏，是影响各业务经理及部门主管个人"绩效得分"的重要因素，因此大家都会慎重对待，不到万不得已，一般不会做大的修改。

3. 实施要点

西门子招聘计划的制订与实施看似简单，但有几个关键点需要我们注意：

（1）要有一个清晰而明确的战略。这就要求企业放弃传统的单纯对发展速度的追求，放弃原来对偶然的发展机会的偏爱，而是要在一个具有较高竞争力的领域做精、做专。只有这样，很多东西对于你来说，才是可以掌握和控制的。这就是制订可行计划的前提。

（2）要将对计划的制订与执行纳入绩效考核当中。中国的企业往往有个通病，人们不做应该做的，而是集中精力、甚至是投机取巧地只做领导检查的。既然如此，要想使我们的各级管理人员真正重视计划的制订与执行，那就要将其纳入绩效考核当中，纳入晋升与加薪的考查因素当中。这就是很好执行计划的要诀。

通俗地说，对于企业各级管理者来说，要想做好人才招聘，那就要从做好计划的制订和执行开始。这样一来，企业的各项工作才有章可依，执行力才能真正提高。

思考：能否拟订一个具体的招聘计划？

企业在进行招聘选拔工作之前，需要制订详细的人力资源招聘计划。招聘计划为招聘工作奠定了基调，是一切招聘工作的基础。

（资料来源：新河英才网，htp://h. xjiob. neVnews/！News—show. php？id＝1582）

第一节　招聘计划概述

一、招聘计划的概念

招聘计划是人力资源部门根据用人部门的增员申请，结合企业的人力资源规划和职位描述书，明确一定时期内需招聘的职位、人员数量、资质要求等因素，并制订具体的招聘活动的执行方案。依据招聘计划，定期或不定期地招聘录用组织所需的各类人才，为组织人力资源系统充实新生力量，实现企业内部人力资源的合理配置，为企业扩大生产规模和调整生产结构提供人力资源的可靠保证，同时弥补人力资源的不足。避免人员招聘中的盲目性和随意性。

二、招聘计划的分类

（1）定期招聘计划。定期招聘计划是指用人单位根据人员需求状况，在每年固定时间内开展招聘的计划。

（2）不定期招聘计划。不定期招聘计划是指由用人单位根据实际情况提出招聘申请，经过人力资源部审核后可以随时开展招聘的计划。

三、招聘计划的内容

一般情况下企业制订的招聘计划需要明确以下几方面内容：

（1）招聘的目的与原则。

（2）人员需求清单，包括招聘的职位名称、人数、任职资格要求等内容。

（3）招聘信息发布的时间和渠道。

（4）招聘小组成员，包括小组人员姓名、职务、各自的职责。

（5）应聘者的考核方案，包括考核的场所、大体时间、题目设计等。

（6）招聘的截止日期。

（7）新员工的上岗时间。

（8）费用招聘预算。

（9）招聘进度表。

（10）招聘广告样稿。

四、招聘计划的特征

（1）预见性。这是招聘计划最明显的特点之一。这种预想不是盲目的、空想的，而是根据本单位各个部门用人需求，以本单位的实际条件为基础，以过去的招聘情况为依据，制订出具有科学依据和可行性的行动方案。

（2）针对性。招聘计划是针对本单位的工作任务、用人要求和主客观条件而定。它是为组织目标服务的，任何行动，如果没有目标，行动就是盲目的。从实际情况出发制订出来的计划，才是有意义、有价值的计划。

（3）可行性。可行性是和预见性、针对性紧密联系在一起的，预见准确、针对性强的招聘计划，在现实中才真正可行。即好的招聘计划要符合实际、易于操作、目标适宜。

（4）约束性。招聘计划一经通过、批准或认定，在其所指向的范围内就具有了约束作用，在这一范围内无论是集体还是个人都必须按计划的内容开展工作和活动，不得违背和拖延，并且可使各部门之间更好地协调配合，发挥综合效应的作用。

五、制订招聘计划的流程

表 4-1　招聘计划制订流程表示例

责任者/部门	运作流程	输入/输出	说明
用人部门	提出需求	年度用人计划 岗位说明书 年度招聘计划申请表	1. 公司相关部门根据公司年度经营预算确定年度人员招聘计划，并分类汇总"年度招聘计划申请表"。
人力资源部门	汇总	年度招聘计划申请表	2. 针对"年度招聘计划申请表"中的内容进行审核。审核时间为 4~6 个工作日，审核内容包括招聘岗位信息是否明确，不符合的可以驳回，最后确认签字。
总经理	审核	年度招聘计划申请表 年度招聘计划申请表	3. 根据管理权限，负责人对部门提出年度招聘计划进行审核及签字确认，并在确定时间完成计划。
集团人力资源开发中心	备案	招聘需求申请表	4. "公司年度招聘计划"报人力资源开发中心备案。
人力资源部	实施		5. 公司招聘专员根据用人部门实时需求调整制订月度招聘计划

第二节 招聘需求分析

一、招聘需求分析的定义

招聘需求分析是招聘计划的第一步，在整个招聘计划中具有重要作用。招聘需求分析，就是通过对本企业人力资源配置状况和需求进行分析，根据内外部环境的变化，确定人员需求。招聘需求分析是一项系统工作，要求根据不同的岗位要求及特点，实现企业对人员需求的及时调整。

一般而言，招聘需求通常由用人部门提出，由各部门经理根据本部门下一阶段的人力资源需求状况提出需求人员的数量职位、要求等。用人部门的增员申请可能会与人力资源规划有一定的出入，人力资源规划是为了保证未来人力资源的供给与企业战略目标的一致性，而用人部门的增员申请则反映了用人部门的实际需求。用人部门在出现人员短缺时会定期填写招聘申请表交给人力资源部门。

企业用人部门提出招聘需求，由人力资源部门的招聘负责人、用人部门的上级主管到用人部门复核，对招聘需求进行分析和判断，并写出复核意见，以确定招聘新员工的必要性。有时职位空缺或内部人手不够并非定要招聘新员工，还可以采用其他方式解决，如将其他部门富余的人员调配进来、现有人员加班、对工作内容进行重新设计、将某些工作外包等。即使的确需要招聘新员工，也需要决定招聘正式员工还是临时员工。某些非长期工作或简单工作，可以招聘临时工来完成。例如，旅行社等业务具有季节性特点的企业，在旺季时可以通过招聘临时员工来满足人员的需求，公司不必为他们支出许多福利费用，节约人力资源管理成本。企业会根据一定时期的业务发展情况编制人员预算，形成人员预算表。招聘的需求也需要在人员预算的控制之下，但实际工作的需要和业务的变化也会导致人员需求发生一些变化，这些变化情况，往往需要用人部门和人力资源部门根据对实际情况的分析做出决策。

二、招聘需求产生的原因

在现代企业管理中，招聘需求的产生具有多种原因，这些原因直接影响到企业的人力资源战略和整体运营效率。了解招聘需求的根本原因，不仅能够帮助企业制订更有效的人才吸引和保留策略，还能为企业的可持续发展奠定坚实的基础，招聘需求产生的主要原因如图 4-1。

(一)新企业成立或者新业务开展

新企业的成立意味着从零开始组建一支完整的团队，涵盖管理、运营、技术、市场等多个职能的专业人才。新业务的开展则需要具有特定技能和经验的员工，能够在新领域中

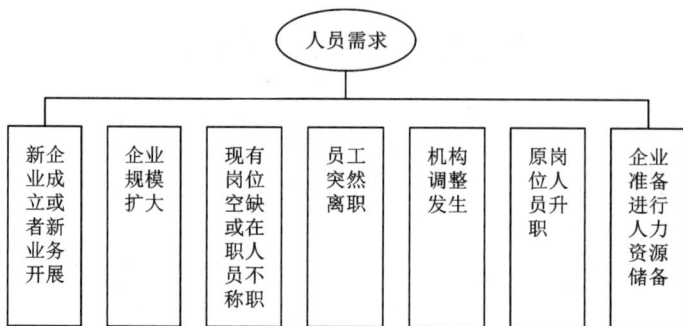

图 4-1　招聘需求产生的原因

快速上手，推动业务发展和创新。例如，科技公司进军人工智能领域，需要招聘具备该领域专业知识的工程师和数据科学家，以确保新业务的成功启动和快速成长。

（二）企业规模扩大

随着企业在市场竞争中取得成功，业务规模不断扩大，需要增加更多的人力资源来支持业务扩展。这不仅包括人员数量的增加，还涉及新的部门设立和新的管理层次形成。对于制造业来说，扩大生产线需要更多的技术工人和管理人员；对于服务业来说，扩展服务网点需要更多的客服人员和服务人员，以保证服务质量和客户满意度。

（三）现有岗位空缺或在职人员不称职

员工因退休、调动、长期病假或个人原因离职，导致现有岗位出现空缺。企业必须及时招聘合适的替代人员，以确保业务连续性和正常运作。此外，在职人员的能力或表现不符合岗位要求时，企业可能会选择招聘更合适的人员来替代，从而提升整体工作效率和绩效表现。例如，一个销售团队如果某些成员的业绩持续低迷，企业可能会考虑引入更有经验或潜力的销售人员。

（四）员工突然离职

员工因个人原因如家庭变动、职业发展等突然离职，给企业带来了意想不到的人员流失。这种突发情况要求企业迅速做出反应，通过紧急招聘填补空缺，以免对业务造成严重影响。尤其是在关键岗位上的员工突然离职，更需要迅速找到合适的替代者，确保业务的连续性和部门的稳定性。例如，一家金融公司的资深分析师突然离职，需要快速找到具备同等能力和经验的新员工来接替其工作。

（五）机构调整发生

企业进行战略调整或业务重组时，通常会对组织结构进行重新设计。这些调整可能是为了更好地适应市场需求、提升运营效率或推动创新发展。机构调整可能导致某些岗位的裁撤和新的岗位的设立，需要通过招聘找到适合新岗位的人才。例如，一个传统零售企业向电子商务转型，需要新设立电子商务部门，并招聘具有相关经验的电商运营人员、数字营销专家和技术支持人员。

(六) 原岗位人员升职

员工的升职反映了其在现有岗位上的出色表现，但也会留下一个空缺的职位。为了不影响工作流程和部门的整体运作，企业需要招聘新员工来接替升职者的原岗位，确保工作任务的连续性和部门的稳定性。例如，一个项目经理升职为高级项目经理，其原来的项目经理职位需要快速找到具备相应能力和经验的人来接替，确保项目的顺利进行。

(七) 企业准备进行人力资源储备

为了应对未来的不确定性和保持竞争力，企业会提前进行人力资源储备。通过储备一些有潜力的新人，企业可以在出现紧急需求时迅速补充各个岗位。这种做法不仅能增强企业的灵活性和应变能力，还能在市场变化或突发事件中保持业务的稳定和持续发展。例如，零售企业在年末购物季来临前，会提前储备更多的临时销售人员和仓储人员，以应对即将到来的业务高峰。

三、招聘需求分析方法

(一) 人员数量分析

各用人部门要按照自己部门的人员需求向人力资源部门申请人的数量。在进行人员数量分析时，我们不仅需要掌握每个招聘岗位的人员需求量，还需要每个部门与企业整体的人员需求量。

(二) 人员质量分析

除了需要分析人员的数量，还需要对人员质量进行分析。在进行人员质量分析时，应该从以下三个方面进行分析：第一，道德素质分析，分析个人价值观与企业的价值观是否吻合，以及个人对企业是否有较强的认同感；第二，任职资格条件分析，包括学历、通用外语能力等；第三，岗位胜任能力分析，每个招聘岗位需要人员的素质特征是什么，哪些能力是必须具备的。

(三) 现有人员配置分析

重新审核公司内部的人员和组织结构是否合理配置，如果存在不合理或多余的情况，是否能够通过培训把企业多余人员转为新业务的工作人员。

四、招聘信息的收集和整理

员工招聘是一个有目的、有计划的企业行为，招聘活动的展开应建立在人力资源规划和岗位分析的基础上。人力资源规划决定了企业在未来一段时间里为达成战略目标，预计要招聘的职位、部门、数量、时限、类型等。岗位分析是对企业中各职位的职责、所需资源进行分析。为招聘提供主要的参考依据，同时也为应聘者提供关于该职位的详细信息。人力资源规划和岗位分析两项基础性工作使招聘能建立在比较科学的基础上。

企业在完成了岗位分析和人力资源规划这些基础性工作后，实施招聘的首要步骤就是进行招聘信息的收集和整理，所谓招聘信息的收集和整理就是在招聘活动实施之前，企业先在各部门内部对人力资源的需求状况进行调查，目的是明确自身的需求，以此为依据决定是否要进行招聘，何时进行招聘，以及招聘的对象、渠道方法等系列的问题，使人力资源部门掌握哪些岗位需要人员，以及获得这些人员大致需要吸引多少应聘者，然后制订合理的招募范围与规模，保证招聘工作有的放矢、有条不紊地按计划实施。

五、年度招聘需求的确定

目前，国内很多企业越来越重视年度招聘需求，一般每年第三季度开始，会由专人汇总各职能部门递交的用人申请表，并根据公司上一年的业务状况、来年业务发展需求，以及岗位空缺情况，确定次年的招聘需求，从而制订公司的年度员工招聘计划需求表。在计划与用人部门进一步沟通交流、核对查证招聘需求后，则按照有关程序上报审批并申请招聘小组的成立工作。

六、解读职位描述

(一)职位描述概念

职位描述又叫职位界定，对经过职位分析得到的关于某一特定职位的职责和工作内容进行的一种书面记录，其成果叫工作说明书(job description)，是把工作所具有的一些特征用白描的手法写下来。

(二)职位描述的主要内容

职位描述的主要包括工作名称、工作职责、任职条件、工作所要求的技能，工作对个性的要求也可以写在工作说明书中。

从大的方面来分，包含岗位职责和任职要求。

岗位职责：反映的是一个岗位所要求的需要去完成的工作内容以及应当承担的责任范围。

任职要求：指的是完成该职位工作内容所要求的最低任职资格及在此基础上能够具备的理想条件。它由两部分组成：行为能力与素质要求。行为能力包括知识、技能和经验等；素质要求则是指任职人员的个性、兴趣偏好、价值观、人生观等。

(三)职位描述的意义

(1)为招聘、录用员工提供依据。

(2)对员工进行目标管理。

(3)是绩效考核的基本依据。

(4)为企业制定薪酬政策提供依据。

(5)员工教育与培训的依据。

(6)为员工晋升与开发提供依据。

(四)职位描述的撰写方法

1.确定撰写职位描述时的语言基调

(1)为了做到清晰、直白、简洁易懂,撰写岗位职责时必须字句斟酌尽可能地运用朴实无华、简洁通俗的语言来进行描述。例如:准备营销计划、提供优化策略等。

(2)为了做到准确、真实、权责分明,撰写岗位职责必须客观理性、平白直说,用表示主动行为的动词给出应该做什么的积极暗示。比如:计划、准备、实现、处理、提供、完成、联络等;而不能用比喻、夸张等手法,也不能使用修饰、形容等词语。

2.撰写岗位职责

撰写岗位职责想要做到有的放矢,我们在撰写之前,必须先了解清楚该岗位负责的全部事项。因不同企业中相同职位的岗位职责会有所区别,您可通过列举所招聘职位需要完成占用任职人员工作时间的5%以上的任何一项职责或责任清单来初步确定。然后根据列出的工作内容清单来撰写岗位职责:分析清单进行统一归类,并据此明确列举出必须执行的任务,将基础性的工作活动根据内容用简练的语言进行归纳分类,转换成实际责任,再用概括性的语言简洁表明任职人员被期望达到的结果以及为结果所负责任,即转化为岗位职责。

比如:一家公司需要招聘"行政文员",我们首先列举其日常工作任务:

(1)接听总机电话;转接总机电话→接听、转接总机电话。

(2)协助文控室收发传真;收发快递;收发信件;收发书刊→收发传真、快递、信件和报刊。

(3)承办员工考勤工作;承办员工外出登记→承办员工考勤和外出登记。

(4)协助人事办理人员离职手续,协助人事办理入职的相关手续→协助人事办理入职、离职手续。

(5)接待来访客人;根据来访客人预约情况通报相关部门→接待来访客人,并通报相关部门。

(6)协助部门领导组织公司活动;协助部门经理处理行政报表→完成上级交办的其他工作。

转换为岗位职责:①整理个人仪装以保持企业形象;②接听、转接总机电话;③收发传真、快递、信件和报刊；④接待来访客人，并通报相关部门；⑤承办员工考勤和外出登记；⑥协助人事办理入职、离职手续；⑦完成上级交办的其他工作。

3. 撰写任职要求

任职要求是基于完成岗位职责的基础上，所需要具备的行为能力与素质要求。所以，我们在撰写任职要求时需要根据前面该职位的岗位职责来确定。

（1）对每一项岗位职责进行分析，列举出最基本的能满足各项工作职能的资质，诸如教育程度、工作经历、知识和技能，包括所有的工作必需的关键技能和特长。

例如，对一个前台文员来说，主要的岗位职责可以概括为：

①整理个人仪装以保持企业形象→需要具备：良好的外在形象。

②接听、转接总机电话→需要具备：娴熟的多线路电话系统处理能力，专业、礼貌和耐心的电话沟通技巧，较高的工作效率。

③收发传真、快递、信件和报刊→需要具备：熟练使用办公自动化设备，较高的工作效率。

④接待来访客人，并通报相关部门→需要具备：接待客户时的主动热情、亲和力，一整天坐在一张桌子后面的耐心和忍受力，责任心强。

⑤承办员工考勤和外出登记→需要具备：严谨细心。

⑥协助人事办理入职、离职手续→需要具备：态度亲和，谨慎细致。

⑦完成上级交办的其他工作→需要具备：具有团队精神，较强的责任心和执行能力。

（2）结合该职位的工作开展过程及需要的结果，对以上列举出的能力要求及行为特征进行评级归类，明确需要强化的行为能力与素质要求，初步确定任职条件。

还是列举前台文员的例子，根据分析"前台文员"岗位职责得出的任职要求按工作目标进行归类，得出"前台文员"的任职要求。

①秘书、中文等相关专业中专以上学历。

②五官端正，外在形象气质佳。

③1年以上行政人事、文秘或相关工作经验。

④良好沟通表达能力，待人亲和，热情。

⑤熟练使用办公软件、办公自动化设备。

⑥工作细致认真，谨慎细心，积极主动。

⑦工作效率高，责任心、执行力强，具有团队精神。

（3）结合公司战略发展需求，对照内部人才历史结构，进一步分析、评估和探讨现有人员存在的差距和改进方向，最终确定并添加或改善需要的能力和素质要求。

比如：公司计划扩大国外业务范围，前台文员还需要负责接听外国客户的电话，或直接接待外国客户。则需要增加对前台文员的外语要求，同时学历要求也要提高，则关于上面"前台文员"的例子应做相应添加和改善：

添加：英文口语沟通能力良好。

改善：秘书、中文等相关专业大专以上学历。

4.撰写职位描述时的注意事项

（1）岗位职责应精确简练，不应过于详细、事无巨细。岗位职责不是工作指导书，只需做到清晰、精确、简练地告诉求职者的工作内容是什么和其需具备的能力要求，以及表明企业期望其达到怎样的效果。

（2）职位描述应随时保持更新状态。很多工作都会由于各种原因产生变动，如个人的成长、团队的发展，或者新技术的进展等。职位描述应根据公司的战略发展角度去思考和灵活调整，而不是仅仅停留在历史任职员工从事该职位的工作描述。

（3）任职要求要与工作相关，不应追求理想化。有不少企业在撰写任职要求时，会过于追求"最优秀"，给予职位一些过于理想的要求。HR 在撰写职位要求是考虑求职者完成该工作所需能力的同时，还要结合求职者的稳定性、可发展性来综合考虑。

（4）忌华丽的辞藻，忌妙笔生花，更不能虚假做作。

①撰写岗位职责应去除修饰、形容性的词语，使用经典的动宾结构。求职者是句子中的暗含主语，可以被省略。例如，前台文员的岗位职责其中一项是："接待来访客人"。如果写成："友好诚恳地接待办公室来访客人。"就显得累赘虚假了。

②使用动词的现在时态。例如：使用"负责"，而不是使用"将负责"。

③必要时使用解释性短语说明"为什么、如何、哪里或多经常"来帮助说明含义使其更清楚。例如："每两周一次收集员工时间表来帮助计算薪资。"

④省略任何不必要的冠词如"一个""那个"等，使描述容易理解。例如：前台文员的职责被写成：用一种友好的和一种诚恳的方式来欢迎所有的来这栋大楼的来访客人。

⑤不能使用含偏见的术语。比如：使用"他"或者"她"来构造句型，会给求职者带来被排除在外的距离感和不尊重感。

⑥避免使用易引起歧义的字眼。尽量不要用如下词汇："经常""某些""复杂的""偶尔的"或"几个"。

（5）结果为导向。职位描述既要说明对某职位期望的结果是什么，又要提出对结果的绩效衡量的标准是什么，这样可以大大减少受聘者对工作内容和结果的理解偏差。

七、绘制人物画像

（一）人物画像的概念

人物画像是以岗位要求为基准，定义和描绘能胜任某岗位的人才原型，包括技能、知识、价值观、自我形象、个人特质、动机等几个方面。人物画像本质就是解决人才与岗位之间不匹配的矛盾，方便人才快速便捷地寻找到合适自己的工作岗位，企业也可以根据人才画像找到对应的岗位技能人才。根据岗位需求，将适合的人才特性以画像的形式描绘出来，让企业清楚地知道自己需要什么样的人，从而有的放矢，帮助企业更有针对性地开展招聘、培训、发展等工作。

(二)构建人物画像的方法

(1)关键信息提炼。聚焦人员背后的关键信息,可以从花名册或员工信息系统中去提炼。

例如,给某美资品牌汽车的4s店店长做人才画像。从200多家4s店中,选择出前30%做得好的店长,包括最近两三年的历史数据,从中提炼关键信息,总结了9条关键规律,其中有一条是在他的职业生涯里,管理过三个品牌以上的汽车销售。

(2)能力画像。通过高绩效员工的能力模型、人才测评结果来进行画像,首先需要建立有效的胜任力模型,然后展开有效的测评,并且结合2~3年的数据结果,总结高绩效员工的能力项目或能力排序。

(3)关键行为事件画像。结合高绩效员工的过往行为数据或行为信息,来进行人才画像。具体的方法包括访谈、调研、信息追溯等方式,需要提取典型行为,并且通过归纳总结,来定义这些关键人才画像。

第三节 招聘团队建设

在现代组织中,人力资源的管理越来越具有重要的战略意义,人力资源管理实践中各个环节的工作,也逐渐被纳入战略意义上的思考范畴,赋予更为现代化、高效率、专业化的内容。招聘管理的有效实施必定依赖于一个高效而专业的现代招聘团队。

一、招聘团队及其人员分工

人力资源管理部门主持日常性招聘工作并参与招聘的全过程,招聘团队中,仍以人力资源管理部门为主,并吸收有关部门人员参加,用人部门(业务部门)的意见将在很大程度上起决定性作用。在传统观念中,招聘是人事部门的事,用人部门只要提出用人需求就行,不用参与或很少参与到招聘过程中。事实是,只有用人部门最清楚需要什么样的人,招聘进来的人员的素质和能力将直接关系到本部门的工作绩效。具体来说,用人部门的经理人员和人力资源部门的招聘人员在此合作过程中分别承担着不同的工作,如表4-2所示。

表4-2 招聘中用人部门与人力资源部门的分工

用人部门经理人员	人力资源部招聘人员
负责确定业务发展计划、人力规划及人力需求,负责制订招聘计划和报批	负责人力资源供应的外部环境因素,帮助用人部门分析招聘的必要性和可行性
制订招聘职位的工作说明书	选择招聘的渠道和方式、设计招聘中选拔、测试、评价的方法工具及测试内容

续表4-2

用人部门经理人员	人力资源部招聘人员
对应聘者的专业水平进行评判、初选	策划制作招聘广告或招聘网页、并办理相关审批手续，联系信息发布
负责面试和复试人员的确定	负责简历求职资料登记、甄选和背景调查
参与测试内容的设计和测试工作	通知面试、主持面试、实施人事评价程序
做出正式录用决策	为用人部门的决策提供咨询
参与新员工培训并负责其基本技能的训练辅导	负责试用人员资料审核、确定薪酬
负责被录用人员的绩效评估并参与招聘评估	寄发通知并帮助录用人员办理体检、档案转移、签订试用或正式劳动协议等手续，并为员工岗前培训服务
参与人力资源规划的修订	负责招聘评估及人力资源规划的修订

二、构建高效的招聘团队

需要说明的是，多个人的组合不能称为团队，只能称作群体。只有在群体的相依赖程度比较高，每个人的工作都和其他成员的工作密切相关，而且其他人工作有成果时他也会有成果，这种群体才称得上团队。因此，招聘团队是这样一种人群组合：他们为了实施企业的战略规划、完成企业的招聘任务而组合在一起，积极协同配合，共同高效完成招聘工作。企业的招聘管理中，如果能组建这样的招聘团队，就能极大地提高招聘工作的效率，顺利完成招聘任务。那么，如何组建高效的招聘团队呢？

(一) 团队运作目标的确立

高效的团队对所要达到的目标应有清晰的了解，坚信这一目标包含着重大的意义和价值，并以此激励着团队成员把个人目标与团队目标结合在一起，愿意为团队目标作出承诺。为此，在团队建立之前与之初，都有必要强调招聘工作的重要意义，认识到员工招聘是以不断满足组织经营管理需要、提高组织效率、增强组织核心竞争力、促进组织发展为根本目的，明确招聘合适的人并将其安排在合适的岗位上使其发挥作用是任何组织用人的一大目标。了解以最小的代价去获得组织需要的合适的员工并使其发挥最大的作用，是每一个组织都追求的目标。正如上海通用汽车公司在招聘工作开展伊始即实施的招聘策略：根据公司发展的战略宗旨，确立把传递"以人为本"的理念作为招聘的指导思想；根据公司的发展计划和生产建设进度，制订拉动式招聘员工计划，即根据"一流企业，需要一流员工队伍"的公司发展目标，确立面向全国广泛招聘的方针。有效的团队具有一个大家共同追求的、有意义的目标，它能够为团队成员指引方向，提供推动力，形成凝聚力。

(二) 互补的组合模式

一般而言，从企业的视角看，怎样才是完美的团队呢？可以定义为：外向的、有组织的、高激励的、具有创意的、勤奋的、客观的、圆融的、仔细的、博学多闻的。这九种特质不可能在一个人身上齐全，但却可以在团队中组合成功。同样，招聘者应该具有多方面的能力和良好的素质，但不可能每个招聘者都具备优秀的综合素质，可如果能够按知识、性格、能力、性别技能等相互补充组合在一起，则有可能形成一个较为完美的组合。比如，有的人工作风格雷厉风行，具有组织领导能力；有的人办事严谨，考虑问题周全；有的人老成持重、经验丰富；有的人年轻有为、富于创意；有的人懂得心理学，掌握测评技术；有的人熟悉专业技术知识；有的人沟通、协调能力强；有的则写作技巧高，表达能力强。组员优势互补扬长避短，可以形成功能强大的招聘团队组合。另外，特别要注意组合过程的均衡性，因为只有组合均衡的团队，组员才能做出有价值的贡献。实验显示，理想的组合是 3~5 个人，每个人承担不同的角色，有些人可能会承担双重的角色，需要管理者加以细心地组合、搭配。一般而言，一个有效运作的招聘团队需要三种不同的角色成员：一类是具有招聘岗位相关专业技术知识或人员招聘专业技术知识的成员；二是具有解决问题和决策技能的成员；三是具有善于倾听、反馈、解决冲突及协调人际关系技能的成员。

（三）相互信任和良好的沟通

成员相互信任和良好的沟通是建立高效团队的必要前提。就团队成员的信任关系而言，研究发现，信任概念包含 5 个维度：正直、能力、忠实、一贯、开放。而且正直程度和能力水平是一个人判断另一个人是否值得信赖的两个最关键特征。在一个招聘团队中，成员之间应该开诚布公，热诚对待你的伙伴并且信守诺言，同时又积极出谋划策、乐于奉献，表现出你的才能。无论是互相信任的人际关系的营造或是决策中的信息反馈与灵感碰撞，都需要建立在良好的沟通机制上。通过管理者与团队成员之间健康的信息交流，通过使用有效的会议技巧，鼓励团队成员有均等的说话机会，提出宝贵的意见，创造出各种选择，进行深入的专业化思考。比如，一些现代组织在招聘面试过程中，尽管采用的是一对一的面试方式，但往往需要进行多轮面试，每一轮面试之后，这一轮的面试考官即会把对应聘者的评价如实传递给下一轮的考官，尤其是对其不甚清楚的方面会特别叮嘱。最后，所有的面试考官会共同分析、探讨面试情况和面试结果，以保证面试的客观性。对人员内在素质测评的不确定性，以及人类自身认知过程中的缺陷性，诸如光环效应、刻板效应、投射作用、第一印象、近因效应等，都会影响招聘人员在人员选择中的准确性。鉴于招聘工作的特殊性，加强招聘团队成员之间的信任度和沟通能力，通过互相的沟通、交流、讨论，消除认识偏差，从而得出最科学的结论，就格外重要了。

（四）支持系统的建立

高效的招聘团队需要有一个系统的支持环境作为其运行的基础结构。现代组织管理层，应为团队完成招聘工作所需的各种资源，包括：

①提供前期培训；组织专家、教授、学者和经验丰富的实践者对团队的每个成员按照角色定位进行针对性的业务培训。使其一方面成为一个学习型团队，另一方面使招聘团队成员通过培训明确招聘的目标和任务，掌握招聘的基本技能和要领，形成良好的工作态度和一定的凝聚力，不断提高实战技能。

②建立一套易于理解的、用于成员工作总体绩效的测量系统和奖励系统。

③建立一套起支持作用的人力资源系统。

④配备恰当的团队领导者。所谓恰当的团队领导者，主要是领导者的角色不是去控制，而是提供支持和指导，指明目标，善于授权与激励招聘团队成员，帮助团队成员挖掘潜力、完成工作任务。领导者在实施招聘行为时，其在决策过程中，要善于汇总成员思路，理性评估各种选择，从效用与成本出发选择招募的渠道或者测评的方法等，某些情况下还可以考虑聘请专业咨询或机构的专家，共同协助完成任务。

三、团队成员素质要求与须避免的招聘误区

(一) 团队成员的基本素质

1. 良好的个人品质

对于应聘者来说，招聘者的形象、行为代表着该组织及组织的文化，从他们身上能够反映出组织的风范，所以组织对招聘者的个人品质应该有很高的要求。

首先，要热情、诚恳。招聘者热情、诚恳的态度，会让应聘者如沐春风，感受到该组织拥有良好的亲和力以及可信赖性，在无形中对应聘者形成带动和示范作用。需要说明的是，为避免应聘者产生不合实际的心理期望，招聘者在招聘期间的允诺都应慎重，一定要诚实地提供真实的信息。在发达国家，在招聘中越来越通过所谓 RJP，即真实职位预视，使应聘者形成一种更加接近真实情况的预期。

其次，要公正、认真。招聘者在招聘过程中，应本着公正、公平的原则，一切从组织利益出发，避免任人唯亲拉伙结帮的情况发生。同时，招聘者要有强烈的责任心，能够尽心尽责、踏踏实实地做好招聘工作中的每一环节，以保证招聘工作的有效性。

2. 个人能力

招聘工作可谓千头万绪，复杂而又关键，需要招聘者具备一定的能力和相关的技术。从能力上说，需具备：

(1) 表达能力。包括口头表达能力和书面表达能力。招聘者需要与诸如人才市场、人才中介公司广告媒体校园社区等各种各样的人员接触，会面对各种场合，他们需要通过谈话、机告、信件等形式来清楚地表达自己，表明组织对应聘者的要求，因此，表达能力十分重要。

(2) 观察能力。招聘者被要求在很短的时间内认识和了解应聘者的性格、才能等方面的信息。这需要培养和具备很强的观察能力，才能做到这一点。

(3) 协调和沟通能力。无论是实行内部招聘还是外部招聘，都需要同组织外部和组织内部发生关系，因此，招聘者需要具备良好的协调和沟通能力。

(4) 自我认知能力。心理学研究认为，人们总是习惯以自我为标准去评价他人，但对于招聘者而言，就要超越一般的自我，对自我有一个健全、完整的认识，以公正、公平地评判应聘者。

（5）不断完善自我的能力。招聘者为能适应现代企业的变化和发展，要不断地完善自我，学习各方面的知识来充实自己。心理学、社会学、法学、管理学、组织行为学等学科内容，招聘者应该有所涉猎，使自己具备广博的知识和不断更新知识的能力，并有效地运用到招聘实践中。

3. 相关技术

（1）人员测评技术。通过掌握人员测评的方法和手段，来提高对应聘者的评判能力，从而提高招聘能力和技巧。测评技术包括创造力测验、能力倾向测验、笔迹测验、人格测验、兴趣测验、评价中心等。

（2）面谈技术。这里的面谈不仅仅指面试，而是包括同应聘者进行的所有谈话。招聘者只有根据策略性的谈话技巧，才能突破应聘者的心理的防线，使之放松心情，展现真实的自我，从而为获取应聘者的真实信息奠定基础。面谈技术的关键是如何找到与交谈者之间的心灵共鸣点或叫思想交汇点。

（3）观察技术。观察是招聘者评价应聘者常用的方式。有经验的招聘者往往善于通过观察应聘者的不同的体态语言、习惯动作等，来进一步了解应聘者的情况。

（4）招聘环境设计。招聘者应有意识地提高自己的环境设计能力，招聘前要考虑环境布置问题，包括房间整洁，光线柔和温度适中、空间布置美观等因素，双方都能在这样的环境里心情愉快、注意力集中、思维敏捷、发挥正常。

（5）招聘测试题的设计技术。对于不同的招聘目的，只有设计与之相适合的测试形式，才能加强人员招聘的有效性。最初的测试多凭现场感觉，现在的测试，专业人员按特定要求进行科学设计，使测评效果有了很大的改变。为准确判断与选择应聘者，就要求招聘者具有较强的测试题的选择与设计技术。

（二）招聘者需避免的招聘误区

在当今激烈的国际市场竞争环境下，能否招聘到有用之才，对组织来说往往是生死攸关的事情。调查显示，30%～50%的主管级别的任命都以解雇或辞职告终，由此可见员工招聘的复杂性。同时，成功组织令人瞩目的业绩，也让人体会到了成功的招聘对组织的重大意义。为此，人们不断探求更好的招聘理念与招聘方法。下面所列"招聘者误区"或称"招聘者陷阱"，就是在探求过程中总结出来的、招聘者在招聘活动中常常不由自主会犯的几种错误。

1. 类比效应

类比效应在这里也可以称为反复性行为。很多组织在面对空缺职位从而去寻找合适人选时，常常关注和寻找与前任者拥有相似个性和有效能力的人，进行单一的类比，而不是根据这个职位的工作要求去衡量与挑选。事实上，没有人能够像其前任，而且也不应做如此要求。

2. 苛刻的招聘要求

很多尽心尽责的招聘者为了完成招聘任务，会以冗长，详细而重点不明的职位说明书指导自己的招聘工作。这些职位说明书对工作的方方面面都事无巨细地做了毫无遗漏的规定，但这些职位说明书却往往包含着矛盾，比如要求应聘者既是一个强制型的领导又是一个团队合作者，既是一个精力充沛的实干家又是一个深思熟虑的分析家，这样的苛刻规定，显然大大缩小了甄选范围，于是，那些拥有成功所需要的必需能力的最佳候选者，很可能因未达到某些条款而被拒之门外。

3. 只根据表面价值或履历做出判断

很多应聘者都对简历的制作非常用心，然而，这些精美的简历中所提供的信息都值得信赖吗？事实上，许多应聘者并未考虑与公司的长期契合，他们所想的可能只是逃避一个恶劣的环境，或获得更多的薪酬等，履历的撰写强调的是突出个人的成功经验，而那些不利于个人求职的东西则会被有意识地剔除掉。比如，在某家银行信贷部门工作 3 年以后，一位拥有 MBA 学历的人非常想进入一家高速成长型科技企业。当被问及是否喜欢冒险时，这个应聘者说他是如何喜欢给"勇于冒险的小企业"贷款的，但实际上，他只给两家小企业贷过款。而在同一时期，为了避免风险，他拒绝了大约 150 家小企业的贷款申请。可以理解的是，应聘者们总是一心想把自己最好的一面展示出来，但大多数招聘企业都忽视了应聘者的其他方面。

4. 片面相信背景调查

要慎重看待背景调查，尤其是申请者提供的证明信（人）所提供的信息，因为前任或现任老板和同事通常都不会吝啬他们的赞美之词，他们只提供好的一面而不会告知不足的一面，他们更关心的是他们与应聘者之间的关系，而不是帮助一个素未谋面的人做出正确的雇佣决定。有趣的是，尽管主管人员不知道那人是否可信，他们通常仍会相信证明信（人）所说的一切。

5. 寻找"似我者"之偏见

判断失误在招聘过程中会不断发生。例如，刻板印象——轻易将某些特征与某些种族、性别或民族联系在一起；晕轮效应——爱屋及乌等。但最常发生的偏见是对那些与招聘者相像的人给予过高的评价。一位北京大学毕业的招聘者或许会更多地倾向于有同样教育背景的申请者，但是有时工作恰巧需要那些拥有不同视角或不同技能的人来完成，才会取得更好的效果。

6. 过度授权

过度授权就是我们强调的招聘者职位应高于应聘者的原则。但实际上，很多组织管理人员因为业务繁忙，往往将关键空缺岗位的说明书的编制，授权给其下属或人力资源部，如果被授权者能很好地完成任务，一般就不会产生不良后果，但事实很少如此。另外，一些主管人员或者让那些未做好评估准备的职员，或者让那些不具备正确动机的职员去进行第一轮面试，于是，一些应聘者会认为让其未来的下属来审查自己完全是一种侮辱，结果也就可想而知了。

7. 非结构化的面试

研究表明，在各种面试评估方法中，结构化面试是最可信的。结构化，也就是意味着招聘人员须使用一些精心设计的问题来考评应聘者的能力——相关的知识、技能和通用能力。但在现实中，大多数面试是轻松、随意的，谈一些相互的熟人或者体育比赛等，即使言归正传，考官也只问一些应聘者猜都猜得出的问题，面试变成了闲聊。这种非结构化面试有许多缺点，其中最致命的是，那些企业真正需要的应聘者因为不善闲聊而被拒之门外。

8. 忽视情商

多数企业一股只关注应聘者的"硬件"数据——教育背景、智商和工作经历等，而忽视"软件"数据——情商。根据《运用情商工作》一书的作者丹尼尔·戈尔曼（Daniel Goldman）的研究，情商对于杰出绩效水平的贡献是智力和专业技能贡献的2倍。戈尔曼还发现，在高级领导人中，90%的成功取决于情商的水平。然而，或许是忽视，或许是测定情商的难度很大，情商的特性，比如自我意识、自我调节、动机、同情心、社会技能，很难在个体身上准确辨别。而且，不同的职位所需要的情商种类可能不相同。比如，对一个战略联盟单位的首席执行官的要求是具有高超的冲突管理技能，而对一个最近刚刚私有化的企业的中层管理人员或许更多地要求其具有强烈的同情心和推动变革的特殊能力。另外，大部分应聘者在招聘过程中会有意识地在人前表现得冷静、沉着以及友好、合作和好心肠。对情商的评估如此复杂，所以，大多数公司在招聘过程中，没能给予足够的重视。

9. 缺乏客观、准确的评价标准

如果在招聘过程中缺乏客观准确的评价标准，会导致多种情况的发生。比如，在招聘中，未能全面了解招聘者的情况就评判一个人。评判一个人的业绩应该考虑所处情境的因素，建立客观、准确的评价标准，而不可简单地做出判断。再比如，招聘中，有些人一旦身居要职就要推举其朋友出任某职位，拉帮结伙，其他人则碍于情面而放弃应有的招聘和评判标准，这种现象在招聘管理中被称为"流沙"现象，危害极大。

第四节　招聘经费预算

一、招聘经费预算的定义

合理的经费预算是保证招聘工作顺利开展的前提条件之一。经费预算既可以防止招聘工作占用过多的资金，又可以保证招聘工作有足够的经费，尤其进行异地招聘时，不会因为招聘经费短缺而使招聘工作陷入僵局。所谓招聘经费预算是指企事业单位在招聘过程中对于未来的一定时期内产生的招聘支出(成本)的计划。

二、编制招聘预算的原则

在编制招聘预算时，应遵循以下原则：

(1)客观原则。即招聘费用中各项目的预算要客观、合理，防止人为加大加宽，以至于出现预算没有使用情况。

(2)整体兼顾原则。即从企业整体出发，密切注意招聘中各项费用之间的关系，防止顾此失彼，造成整体招聘预算的失衡。

(3)严肃认真原则。即在进行招聘预算时，要秉持预算认真、实事求是的工作作风。缜密进行分析预测，不可主观臆测。

三、招聘成本

在招聘过程中发生的各种费用，我们称之为招聘成本。招聘成本的高低是招聘工作好坏的衡量标准之一。因此，招聘经费预算应以招聘成本的策略选择结果为依据，并尽可能准确估算每项活动所需的费用。招聘成本包括在招聘过程中招募、选拔、录用、安置和培训等各个环节发生的费用。

(一)招募成本

招募成本是为吸引确定企业所需内外人力资源而发生的费用。主要包括招募人员的直接劳务费用(如工资福利等)、直接业务费用(如参加招聘洽谈会的费用、差旅费、招聘代理费、专家咨询费、广告费、宣传材料费、办公费、水电费等)、间接管理费用(如行政管理费、临时场地及设备使用费)。

(二)选拔成本

选拔成本由对应聘人员进行鉴别选择，到做出录用决策的过程中所产生的费用构成，如劳务费、专家咨询费、试卷资料印刷费、体检费等。选拔成本随着应聘人员所从事的工作的不同而不同。一般来说，外部人员的选拔成本高于内部人员，技术人员高于操作人员，管理人员高于一般人员。总之，选拔成本随着待聘人员职位的增高及对企业影响的加大而增加。

(三)录用成本

录用成本指经过招募选拔后，把合适的人员录用到企业中所发生的费用，包括录取手续调动、补偿费、搬迁费和旅途补助费等。一般来讲，被录用的职位越高，录用成本越高。

(四)安置成本和培训成本

安置成本包括为新员工提供工作所需装备条件的费用、安排新员工的工作所发生的各种行政管理费用等。培训成本包括各种培训费用、培训者时间损失等。

以上所列举的费用等并不一定在所有的招聘活动中都会发生。在编制招聘预算时，应根据工作的客观需要做出客观估算，以便申请到足够的招聘经费。如果招聘经费不足，就应该追加申请资金或在制订招聘工作计划时缩短时间或简化招聘程序，并在招聘过程中节省经费开支，以降低招聘成本。招聘成本的降低必须以保证招聘的效率和效果为前提，否则就失去了提高招聘工作经济效益的意义。要降低招聘成本，必须适当控制招募阶段的应聘率和筛选阶段的产出率。应聘率和产出率的计算公式如下：

应聘率=需要招聘的人数/应聘者的人数

产出率=筛选合格的人数/筛选前的人数

例如，某企业需招聘 1 名部门经理，招募时有 20 人应聘，则应聘率为 5%。筛选的第一阶段从 20 人选 5 人，则第一阶段的产出率为 25%。筛选的第二阶段从 5 人中选出 2 人，则产出率为 40%。

三、怎样做好招聘预算

1.确定招聘需求

招聘费用的预算是整个招聘过程中的一环，正所谓牵一发而动全身，要想做好招聘预算，首先需要确定招聘需求。根据各个部门的用人需求，才能够清晰地制订招聘计划从而做出招聘预算。

2.确定费用类型

招聘预算方案主要包括各招聘渠道的费用(包括直接成本和间接成本)、各部门岗位配置计划、临时项目招聘费用，例如招聘网站费用、物料费用、差旅费用，宣传费用……如果公司对某项费用的投入较大，做预算的时候最好单列。当然，招聘费用预算的项目并非越多越好，越细越好，还需要视公司的实际需要而定。如果一味地细化招聘成本，而与实际情况脱节，那招聘预算也形同虚设了。

3.进行合理预估

分析以往的人员流动情况、招聘转化率、渠道有效性、市场薪资水平，结合现有岗位人员构成，来量体裁衣，预估完成招聘目标所需要的费用。在综合各种费用的基础上，再预留一定数量的应急资金，可以有±5%的弹性，特殊情况可以放大到±10%，形成最终的招聘预算表。

第五节 招聘计划编写

一、招聘计划编写的原则

1.人才招聘要内部培养和人才引进相结合

这是 HR 在确定招聘计划时需要首先考虑的原则。内部培养和人才引进在确定用人标准上是存在差异的，对着重内部培养的人才招聘标准上，可以考虑招聘对象在实际工作经验上不做苛刻要求，但是要求所招聘的对象必须具备培养的潜质，而这类人才的招聘可以采取从学校招聘和人才市场招聘相结合的办法；对于引进的人才，则要在工作经验和工作的适应性上提高招聘标准，确保引进的人才能尽快进入工作角色。

2.人才招聘要考虑现有人力配置和必要人力储备相结合的原则

人才规划要结合企业发展的战略和经营规划，HR 要确保人才规划不但确保企业现阶段的人力需求和配置要求，也要考虑为将来企业的经营和发展储备相应的人力，避免企业在急需用人之际出现人才的青黄不接的被动局面。因此这就需要 HR 在制订招聘计划时，一方面要考虑企业急需的人才招聘计划，另外一方面要根据企业经营发展的需要考虑适当的人才储备计划。对于需要储备的人才，HR 可以考虑招聘一些成本比较低的学生，然后由老员工实施传帮带计划，等企业需要人力时，让这些储备人才补充到相应的岗位上去。

二、招聘计划编写的注意事项

虽然理论上，在制订招聘计划时首先要对现有人力资源状况做系统的盘点，根据盘点结果制订来年的招聘计划，但实际上，很多企业并非如此，即使有些企业做了，但真正用于指导招聘计划制订的却很少。

"HR 部门发出需求调查表—用人部门提出需求—HR 部门汇总—高层审批"是绝大多数企业制订招聘计划的流程。相信下面这种情形，很多人都不会陌生，高层看到 HR 部门提交上来的招聘计划，第一是感觉数量太多，要求删减，但每个部门都说现有人员的数量不够，如果不增加，下一年的任务肯定完不成，双方各持己见，最终往往是相互妥协的结果，部门提出招 10 个人，老板不同意，几番讨价还价之后，确定招 5 个人，但是，究竟5 个人是否足够、是否必须，各方都拿不出客观的依据。

其实，人员需求量至少与两个因素有关，一个是工作量，一个是任职者的能力。能力不同、效率不同，同样的工作量，如果任职者的能力都很高，效率就高，需要的员工数量自然就少，相反，如果现有任职者的能力都很一般，必然需要更多的人。之所以老板和部门主管之间有分歧，原因在于部门主管更多考虑工作量增加，而老板们虽然不一定明确提出来现有员工的能力问题，但是他们基本上是有这种意识。

如果企业系统盘点过现有人力资源状况，清楚现有任职者的能力状况和提升空间，清楚能力不足而又没有提升可能的任职者有多少，有多少是可以通过培养提升的，在提出招聘需求时，同时说明两种不同的招聘理由和各自的招聘数量，因为能力不足需要替换的，老板一般不会反对，因为预计工作量增加需要补充的，也可能与老板有分歧，但多数情况下是双方对工作量的预计不同导致的，清楚了导致分歧的原因，至少比部门主管强调工作量，老板心里想着能力更容易达成共识。

所以，要想使招聘计划更客观可行，更容易得到老板的批准，部门主管千万不要单纯强调工作量，必须同时考虑现有员工的任职能力，前提就是系统的人力资源盘点，同时，招聘计划最好与培养计划同时制订、同时提交。

第六节　招聘策略

所谓策略，一般是指为了达到企业的总目标而采取的计划行动。企业的招聘策略是为了解决企业对人力资源的需求而进行的具体招聘行动计划，是招聘计划的具体体现，是为实现招聘计划而采取的具体策略。一个好的招聘策略能起到画龙点睛的作用。为招聘工作计划的实现和招聘工作的顺利进行而采取的具体策略包括招聘简历统一策略、招聘时间确定策略、招聘地点选择策略等。

企业招聘工作总是受诸多内外因素的影响，充分掌握和应对这些影响因素，就是要正确地制订招聘策略或正确地进行招聘策略选择，制订出符合实际的工作计划，采用合适的招募和甄选方法，最大限度地提高招聘方工作效率。招聘策略选择对招聘工作计划的制订和招聘工作的顺利开展至关重要。

一、简历统一策略

企业收到的应聘人员的简历格式往往五花八门，企业面试或审批人员无法很快找到需要的内容、影响工作效率，所以，企业在组织招聘面试前，最好事先设计和印刷招聘申请表、让应聘者填写。

企业面试或审批人员通过对应聘申请表的审查，可以较多地了解应聘者的基本情况，为面试和测试等筛选工作提供必要的信息资料，既便于面试时对应聘者做出初步评价，又便于面试后对所有应聘材料进行统一管理。

应聘中申请表内容的设计要根据工作岗位的内容而定，设计时还要注意有关法律和政策。例如，有的国家规定种族、性别、年龄、肤色宗教信仰等不得列入表内。

(一)应聘申请表的内容

(1)个人情况，包括姓名、年龄、性别、婚姻状况、地址及电话等。
(2)工作经历，包括目前的任职单位及地址、现任职务、工资、以往工作简历及离职原因。

（3）教育及培训情况，包括本人的最终学历与学位、接受过的培训。

（4）生活及个人健康状况，包括家庭成员结构、由医生开的健康状况证明。

（5）应聘者的自我评价，包括能力、技术专长、性格特点、兴趣爱好。

（6）其他可以帮助企业预测应聘者实际工作绩效的信息。

如果应聘者是高等院校的应届毕业生，他们基本上都可以提供自荐材料，其内容也比较全面，有的还包括毕业生在校期间所修课程的成绩和其在校表现的综合考察意见等，这些都是对应聘者进行评价的有用信息。

（二）设计要求

（1）应聘申请表的设计要以职务说明书为依据，每一栏目均应有一定的目的，不要烦琐、复杂。

（2）应聘申请表的设计要符合国家的法律法规和政策。

（3）应聘申请表的内容要全面，包括所了解的所有信息。

（4）应聘申请表的内容设计要考虑应聘者的立场。

二、招聘时间确定策略

在招聘过程中，招聘时间不仅是制订招聘工作计划的要素之一，而且对招聘成本有很大的影响。如果招聘时间长，招聘成本肯定会增加。因此，为满足企业对人力资源的需求，保证新员工及时到岗，需要对招聘时间做出恰当的安排。

招聘时间确定策略就是要在保证招聘质量的前提下，确定一个科学、合理的时间安排，包括两项任务：一是选择招聘开始的时间；二是确定整个招聘过程所需时间。招聘开始的时间是企业决定招聘并开始招聘准备工作的日期。确定招聘开始的时间应考虑以下几个因素。

（一）对人力资源需求的缓急程度

企业的人才需求是根据市场要求不断变化的，一旦工作岗位发生空缺，这种空缺的发生可能是老职工退休——自然减员引起的，也可能是有人跳槽引起的，更可能是业务的扩展需要新人补充。如果企业对人力资源的需求非常迫切，尤其是企业出现岗位空缺已经影响工作的正常开展时，招聘工作就应该立即开始，可能还要缩短准备工作和招聘过程的时间。如果企业根据人员规划，在半年或更长的时间内才需要补充员工，则不必急于投入招聘准备工作，以免造成人力、物力和财力的不必要浪费，引起招聘成本的上升。

（二）招聘过程所需时间

这段时间主要用于招聘工作的组织与实施。如果企业需要招聘的人数很多，招聘过程很长，招聘人员的层次较高，就应尽量将招聘开始的时间安排得早一点，以保证有充足的时间进行招募、筛选和培训。

招聘过程所需时间是从开始招聘准备工作到招聘结束所需要的时间，主要包括准备、招募、筛选和聘用四段时间。准备工作主要用于落实招聘人员，组织招聘面试小组，对职位说明书和岗位规范进行分析，制订招聘工作计划等。招募所需时间是发布招聘信息，解答应聘者的咨询，收集应聘材料的时间。筛选所需时间是指一系列筛选工作的时间。培训所需时间包括岗前培训和试用期考察的时间。

（三）人才市场供给的季节性变化

每年高等院校学生毕业，都会使人才市场供给情况发生季节性变化。如果企业需要从高等院校毕业生中招聘员工，则要在学生毕业前的几个月就开始招募，或抓住有一定季节性的人才交流会的机会。一般来说，人才市场每年有两个旺季：一是每年的1—2月，二是每年的7—8月。第一个旺季是一个财政年度刚结束，各企业都会有新的年度规划，这时必然会涉及人力资源需求的变化，而企业员工也因年度结束，领到了一年的年终奖，开始考虑跳槽换工作。第二个旺季是企业年中对年度计划进行调整，同时许多员工（与毕业就职的时间有很大关系）的劳动合同一般都是在这时到期，员工考虑跳槽换工作。无论是企业的人力需求还是人才本身要寻觅新的发展机会，都会导致人才市场中人才供需两旺。

招聘时间确定策略应根据经费预算、招募和筛选所采用的方法等因素确定。如果经费预算高，可安排较多的应聘者，进行精挑细选，但时间也不可过长，否则会使应聘者失去耐心而另谋高就。如果招聘经费预算低，则应采取简化的招聘程序以缩短时间，但时间安排也不可太短，否则无法保证筛选、测试的信度和效度。

三、招聘地点选择策略

招聘地点选择策略也是关系到企业能否招聘到合适员工的重要因素。选择招聘地点时应对企业所需人员的类型、人才市场所在的地点及调节范围、招聘地点人才的分布、供求状况招聘成本等因素加以综合分析。

如果采用校园招聘的方法，可选择高等院校比较集中的地区，也可以去专业对口的院校。一般应考虑以下三个因素：高等院校的专业设置及名声，高等院校与企业的距离，企业过去在该院校招聘的成功率。如果该院校没有企业所需要的专业，企业就没有必要去该院校进行招聘。招聘也要考虑高等院校的名声，名声好的高等院校培养出的人才的各项素质相对较高，有助于提高招聘效果，完成招聘任务。如果企业与高等院校的距离太远可能会因旅途的劳顿影响招聘工作人员的工作效率，同时还会造成招聘成本的提高。如果企业在某院校的招聘效果几年来一直好，该企业的形象已深入人心，则招聘的成功率会更高；如果以前的成功率一直不高，那么再去院校进行招聘显然是不明智的。

如果采用人才市场的招聘方法，则需要根据所要招聘的人员类型来确定选择何地的何种人才市场。人才市场按区域可分为全国性的人才市场、省市级的人才市场和县区级的人才市场。选择的规则有以下几点：

（1）如果要招聘高级管理人员或专家教授，就要扩大招聘范围，选择全国性或省市级世界范围的人才市场进行招聘。例如，美国把在世界范围内争夺科技人才作为一项国策，这使其在第二次世界大战后的经济得到飞速发展。我国海南建省初期，曾在全国开放式地广招省一级的高级管理人员。近几年，我国许多地方政府还经常组织招聘团到国外展开人才引进工作，重点招聘出国留学人员，吸引他们回国就业。

（2）在跨地区的市场上招聘中级管理人员和专业技术人才。我国已经建立了不少跨地区的人才交流市场，举办人才交流活动，为招聘单位和应聘人才在更大范围内进行双向选择创造了有利的客观条件。

（3）如果招聘普通工作人员和技术工人，一般在招聘单位所在地区的人才市场进行招聘就可以。

选择人才市场还应考虑招聘地点的人力资源分布和供求状况。如果企业所在地的人力资源供求状况与外地相差无几，则不必舍近求远。两地相距太远，不仅会增加招聘成本，应聘者也会考虑到生活习惯差异、气候和家庭搬迁等一系列复杂的问题而不愿意去很远的地方工作，从而影响招聘工作的开展及整个招聘工作的成效。

第七节　招聘计划的替代方案

一、招聘外包

随着企业间竞争的日益激烈，越来越多的企业逐渐发现单靠人力资源部去完成企业所需要的批量招聘，已经力不从心，逐渐开始采用招聘外包。招聘外包的方式既可以满足企业正常的人才需求，又可以让企业的人力资源部从传统的事务性招聘工作中转换出来，从而更加关注于更重要的人力资源长远战略和履行人事管理职能。

通常所说的招聘外包实际就是招聘流程的外包，是将企业的全部或部分招聘甄选工作委托给第三方的专业人力资源公司。专业人力资源公司利用自己在人才资源、评价工具和流程管理方面的优势来完成招聘工作。

（一）招聘外包的原因和作用

1.招聘外包的原因

企业选择招聘外包通常会有一定的前提因素。研究表明，当企业存在以下情形时会选择招聘外包。

（1）企业招聘成本高。企业人员招聘费用占据人力资源管理费用的较大一部分比重，人员筛选占据时间也较多，招聘投入与招聘实际收益不能成正比，而企业自身已不具备削减招聘费用的能力了，在这种情况下就应该考虑将招聘工作外包出去。

（2）企业招聘工作缺乏规范性操作依据。没有明确的标准，企业招聘岗位用人标准缺乏规范性，朝令夕改，随意性太大，而企业目前没有合适的人选对这一现象进行改善。

（3）企业需要招聘大批量的人员。当企业的人员流动性和需求量都很大时，与其自己招聘，不如请专业的人力资源公司来完成。这样不仅操作起来方便，而且提高了招聘效率。

（4）可以合理规避法律风险。企业通过招聘工作外包，将一些相关的劳动关系手续委托给人力资源公司。企业只管用人，这样可以适当地降低或减少企业负担的法律风险，为企业安心、顺利经营提供后勤保障。

2. 招聘外包的作用

招聘外包在大多数企业中已逐渐推广和普及，发挥了重要的作用。具体体现在以下五个方面：

（1）企业人力资源部门从传统的事务性工作中解脱出来。

（2）人力资源部更注重于人力资源长远战略及人力资源管理职能。

（3）满足企业正常人才需求。

（4）提高了招聘效率和质量。

（5）优化了招聘进程。

（二）招聘外包的操作流程和注意事项

1. 招聘外包的操作流程

企业在实施招聘外包时通常遵循以下操作流程：

（1）确定招聘外包岗位。即明确企业希望将什么样的岗位实施招聘外包：是将全部岗位的招聘工作统一外包，还是将急切需要的岗位外包，或者将核心岗位招聘外包，将一些专业冷僻、在劳动力市场上不容易招到相关人才的岗位实施外包。

（2）编制招聘外包管理制度。企业如果希望将招聘外包工作做得规范、科学，需要制订一定的管理制度，使得企业的招聘外包工作有据可依，也便于随时查看招聘外包工作实施情况，及时发现不足并及时完善，进而不断提升企业招聘外包管理水平。

（3）选择招聘外包服务机构。企业既然选择某种岗位招聘外包，就希望该岗位的招聘工作在相关服务公司的操作下能取得更为优质的效果。这时企业就应该考虑选择在某方面较为专业的服务机构。因此，企业在实施招聘外包前应该认真对招聘外包服务机构进行调研，包括服务质量、擅长项目和收费标准。

（4）与选定对象业务洽谈。企业与选定的外包服务机构就合作内容进行细节上的协商和谈判，确定委托合同的主要内容，并签订招聘外包委托服务合同。

（5）招聘外包合同执行。在双方确定了合作内容后招聘外包服务机便可以正式开展招聘工作，双方各自履行自己的职责与义务。

2. 招聘外包的注意事项

企业招聘外包是一个非常复杂的过程，它能给企业带来新的发展机会，但决策的失误可能导致企业浪费宝贵的资源甚至付出昂贵的代价。在实践中招聘外包工作要特别注意以下两点：

（1）外包商的选择。合适的外包商是招聘外包成功的关键，企业不仅要考虑外包价格，还要综合考虑外包商的服务质量、资质、整体能力、专业技能等。在外包商的众多评价指标中，要重点查看对企业影响较大的指标。

（2）招聘外包影响因素的把握。企业是否希望将人力资源管理的核心工作转移到其他更重要的业务上，而不再为配备新的人力资源管理人员增加固定成本，这是决定招聘外包必要性的最主要的因素。此外，外包企业自身是否有专业的招聘专员以及他们是否有足够的招聘知识与素养，是影响招聘效果的重要因素。其他影响招聘外包的因素有很多，这些因素的重要程度都是不同的，企业应根据自身的特点来选择这些因素并对其排序，这也是困扰企业的一大难题。

（三）招聘外包的模式

1.岗位招聘外包

企业考虑招聘工作外包时，可选用全部岗位招聘外包、核心岗位招聘外包、紧急岗位招聘外包、偏冷岗位招聘外包四种模式。

出于对人力资源管理工作的专业性和经济性考虑，目前，越来越多的企业选择了人力资源管理工作全面岗位招聘外包。全面岗位招聘外包是企业把整个招聘流程外包，也就是说，把管理招聘从开始到结束的整条流程的工作都交给专门的人力资源招聘机构，企业品牌的建立、招聘质量的提高、外部招聘渠道及供应商的管理、内部招聘渠道的整合与管理都由这家招聘机构负责。企业只需与这家机构确定服务标准，比如完成时间、招聘成本、新入职员工离职率、客户反馈等，就可以得到一对一的招聘服务。

2.招聘特定业务外包

招聘特定业务外包也是目前较为普遍的一种外包方式，企业根据自身的实际需要，将特定的业务如简历筛选、预约面试筛选、复试过程或招聘工作全部内容转交给外包公司来完成。这样可以实现企业自身的劣势与外包公司的优势的互补，实现企业效益最大化。同时人力资源部有更多空闲的时间去钻研自己擅长的、对企业经营发展更有意义的业务。

3.与猎头公司合作的模式

不管是岗位招聘外包还是特定业务外包，企业都可考虑与猎头公司合作，通常需要签订委托招聘协议，然后对猎头公司提供的人才直接进行复试并上岗。委托招聘协议应明确以下内容：

（1）明确界定成功聘用的含义。通常按照候选人到企业工作的第一天起开始计算，包括试用期。有些企业在规定成功聘用时会采用转正的概念。因此，为了避免或降低合作纠纷风险，双方应尽量达成"成功聘用"的概念。

（2）确定费用支付水平。费用支付水平协商是协议的重中之重，双方要确定是按照年薪比例支付费用，还是协商达成固定金额的服务费用。

（3）明确费用支付方式。多数猎头公司都会要求企业先支付一定的预付款，主要是作为搜寻成本和没有找到合适候选人的成本。然而，企业可以与猎头公司协商免去预付款，采用一次性支付或分阶段支付的方式结算。

（4）费用支付手段。支付手段主要是指企业采用现金支付或是银行支付的方式支付服务费用。

（5）明确试用期保证事项。有些猎头协议中只写试用期保证，未明确写几个月的试用期，企业要尽量争取自己的利益，在国家及地方法律规定范围内设定明确的保证期限。当候选人离职（包括主动和被动）时，需在协议中规定需多长时间提供几名候选人替代，并且要明确职位关闭日期。试用期候选人离职，如果不能提供替代候选人，企业要与猎头公司约定退款事宜。

（6）明确雇佣期限保证事项。通常猎头公司会签订一年的服务协议。由于服务期较短，企业应该根据行业及企业的业务情况规定时间。在有效的时间内，猎头公司不对企业现有员工提供就业信息，不招聘或不为其他企业招聘现有员工，并且不得收集或将企业现有员工的资料提供给第三方。

（7）明确已雇佣的候选人不得推荐给其他企业的事项。企业需要明确规定候选人在企业雇佣期间，猎头公司不再将候选人推荐给其他企业，否则将支付一定的赔偿金。

（四）招聘外包的成本——效益分析

随着企业人力资源管理外包业务的不断发展，招聘外包也在逐步完善。当前企业实施招聘外包的目的不仅是节约成本、节约时间，而且还希望能从中获得一定的优势，获得更加优质的服务。通过将招聘外包，企业从日常的人力资源管理事务性工作中解脱出来，进而将注意力转移到更核心的业务上来，提高企业的经营发展能力。

1. 招聘外包的成本分析

在招聘相关业务的自制与外包两种选择中存在三种成本：生产成本、谈判成本和机会成本。其中，谈判成本和机会成本是监督成本，这三种成本最小的是外包。这也进一步表明招聘外包是一项有价值的管理活动。

较多企业关注招聘工作由人力资源部自己完成会花费多少费用，同样的事情交由外包公司来完成需要支付的成本是多少，将两项成本进行比较，再将相应的收益对比，以发现到底哪种做法收益更大。

2. 招聘外包的效益分析

企业通过招聘外包的规模效应，能够有效地控制人力资源成本，或者以同样的费用获取更高的收益。招聘外包可以使企业人力资源部从日常事务中解脱出来，把精力投入更有价值的方面，通过实现优势互补为企业人力资源增值，实现企业招聘效益最大化。

招聘外包服务有利于企业充分利用外界的强项弥补自己的弱项，以产生协同作用，使企业最大限度地发挥人力资源的使用效率。招聘外包还可以使得企业获得更加专业化的服务，提升招聘人员的质量，从而为企业带来更高的经济效益。

二、兼职人员与临时工

兼职人员是指拥有正当工作，同时利用部分时间参与另外一家企业相关工作的人员。临时工是指企业临时雇佣的工作人员，其雇佣时间较短，具有临时性、季节性、不稳定性的特点。

兼职人员、临时工是与企业正式员工相对而言的，是企业满足自身人员需求的重要渠道。企业可以通过招聘网站、招聘中介机构和宣传媒体或张贴招聘广告等多种渠道招聘兼职人员和临时工。

当企业因工作任务变动需要临时增加工作人员时，企业可通过招聘兼职人员和临时工来满足实际工作需要。通过该种方式可以使企业的用工需求更具灵活性，避免企业用工不足和人力资源的闲置浪费。在实践中，企业招聘兼职人员和临时工应当注意如下三点：

（1）企业应围绕实际工作需要和时间安排，合理选择招聘兼职人员还是临时工，确定招聘人数和录用工作时间。

（2）企业应与兼职人员和临时工就工作条件、工作待遇、责任承担以及其他重要问题进行认真协商并达成一致意见，尽量避免出现劳动纠纷。

（3）企业招聘兼职人员和临时工，应根据相关法律法规要求与录用人员签订劳动合同或劳动协议。

三、延长工时

（一）延长工时所受的法律约束

延长工时是指企业要求员工在 8 小时工作之外或法定节假日继续为企业付出劳动的现象。一般情况下，企业不能随意延长员工工时。如有特殊情况要延长工时，需要和员工协商后适当延长工时。根据国家法律规定，企业应保障员工身体健康条件下的工时每日延长不得超过 3 小时，且每月不得超过 36 个小时。同时，《中华人民共和国劳动合同法》也针对延长工时的补偿支付问题做出了明确规定，企业必须对延长工时的员工进行补偿支付：①安排员工延长每日工作时间的支付不低于 150% 的工资薪酬；②安排员工在休息日进行工作且未安排补休的，应支付不低于 200% 的工资薪酬；③法定节假日安排员工加班的应支付不低于 300% 的工资薪酬。

（二）延长工时的妥当做法

当企业短期内需要大量劳动人员，同时招聘工作又无法满足时，可以选择延长现有员工工时的方法，暂时满足工作需要。因国家法律法规对延长工时的做法规定明确、要求严格，因此企业人力资源部采用这一做法时，应认真考虑，并做好充分准备。

为了更好地说服员工，得到员工的支持，同时不违反相关法律规定，企业应对延长工时的员工采取相应的补偿措施，如增加工作薪酬、补偿休息时间等。另外，企业还应合理运用物质激励和精神激励办法，调动员工的积极性，提高其工作效率。

四、员工租赁

员工租赁类似于劳动派遣，是指员工租赁公司和用人单位签订员工租赁合同，按照其用人需求将合适的员工租赁给企业的一种新兴雇佣方式。劳动派遣方式是由用人单位支付派遣员工薪酬和福利；而员工租赁是由用人单位向租赁公司支付费用，由租赁公司向被租赁的员工支付薪酬和提供福利保障。用人单位与租赁公司属于租赁关系，与被租赁的员工属于劳务关系。租赁员工应服从企业的调度和安排，并接受企业的监督、管理。合理运用员工租赁这方式可以满足企业短期用人需求，增加企业用人弹性，减少人力资源管理成本和风险。然而在现实操作中，企业应避免过分依赖员工租赁，注意并消除员工租赁给企业带来的不利影响。

员工租赁的不利影响如下：

（1）因租赁员工的临时性和短期性，使得企业不愿意对租赁员工进行培训和投资，从而影响租赁员工的工作能力和工作效率，不利于企业整体生产水平的提高。

（2）因租赁员工和正式员工的地位和福利待遇不同，常会使租赁员工产生心理落差，一方面增加与企业间的隔阂，另一方面造成消极工作、严重影响工作效率。

（3）如果企业过分依赖员工租赁，将严重影响企业的人才储备，削弱企业的人才竞争力，从而不利于企业的长远、持续发展。

员工租赁的不利影响消除办法如下：

（1）企业应加强对租赁员工的培训和投资，提高租赁员工的生产技能和生产效率。

（2）企业应增加对租赁员工的激励措施，调动租赁员工的工作积极性，改善其工作态度。

（3）企业应理解和尊重租赁员工，提高其地位，允许其参加企业活动，拉近租赁员工与企业间的距离，提高租赁员工的向心力和凝聚力。

（4）企业应选择优秀的租赁员工，通过合理的方法和途径将其转化为正式员工，提高企业的人才储备。

（5）企业发展多种人才招聘渠道，加强对优秀员工的招聘和筛选，增强企业的人才储备和人才竞争力。

✦ 阅读与思考

白天鹅酒店人力资源招聘计划

××××年广州业务取得突破性发展，为了保证酒店正常开展运营工作，必须大力招进合适的员工，选拔优秀人才，为酒店补充人员，提升酒店员工活力和积极性，以及为酒店选拔和储备具有潜力的优秀的管理和营销人才。为此，根据人力资源规划，特制订××××年广东白天鹅酒店人力资源招聘计划。

1.招聘需求的确定

人力资源规划确定我公司的未来业务拓展性的人员需求，工作分析确定了公司当前岗位变化性的人员需求。为此，各分公司、各部门通过填写表4-3，将人员需求提交给公司人力资源部。人力资源部通过填写表4-4，将全公司年度人力资源需求情况按部门汇总并报上级 领导审批。

表4-3　白天鹅酒店20××年度员工招聘申请表

招聘部门	岗位	工作内容	招聘人数	招聘原因	到岗时间	聘用条件			
						学历	专业	工作经验	性别与年龄
部门负责人意见									
主管副总意见									
人力资源部意见									

表4-4　白天鹅酒店年度员工招聘需求汇总及审批表

招聘部门	现有人数	聘用人数	聘用人	聘用岗位	到岗数	聘用原因	聘用时间	聘用条件			
								学历	专业	经验	性别年龄
行政人力副总意见											

注：原因 A.扩大编制 B.储备人力 C.离职补充 D.新业务补充。

2.招募工作

(1)确定招募目标。白天鹅酒店最终决定，××××年招聘行政助理1名、销售助理2名。公司确定这次招募工作的目标主要有两个：一是吸引大量合适的求职者来应聘，二是通过招聘活动宣传公司，树立良好企业形象。

（2）确定招募信息发布渠道。

①在公司内部网站"人力资源"栏目和浮动广告中刊登招聘信息，鼓励员工应聘和候选人推荐。

②在人才招聘网上刊登招聘广告，并从这些网站的人才库中检索所需人才。

（3）确定招募人员。

①在招聘活动中需要人力资源部招聘人员和用人部门的负责人一同参与，这样利于提高招聘效率，降低招聘成本。

②在招聘会中主要参与人员：人力资源部全体员工、部分保安人员、行政后勤人员、用人部门负责人。

③网络简历投递和文字简历投递由人力资源部招聘专员和专职秘书负责接收，并初步筛选后传送到用人部门负责人处。

3.选择合适的甄选方法

不同岗位，需要人员的素质不同，因而要有针对性地选择不同的面试与测评方法。

序号	考察指标	甄选方法
1	关注细节与秩序	无领导小组讨论形式
2	分析与解决问题能力	无领导小组讨论形式
3	市场意识	问答式
4	专业能力	问答式

4.拟定招募预算

白云酒店××××年整体性的招募活动是一项庞大的"工程"，所以招募的费用也比较高。人力资源部招聘人员通过与各方联络，确定各种费用，并做出了初步的预算。

5.招募信息发布渠道

（1）在公司内部网站和浮动广告中刊登招聘信息，鼓励公司员工推荐候选人。

（2）在搜狐、新浪两大门户网站首页刊登浮动广告。

（3）在南方人才网刊登招聘广告。

（4）在《广州日报》《南方都市报》《羊城晚报》《南方日报》等报刊上刊登招聘的信息。

思考题：

1.白天鹅酒店的招聘计划是否合理？请说明理由。

2.请根据所学对白天鹅酒店的招聘计划提出自己的想法。

本章小结

　　招聘计划是人力资源部门根据用人部门的增员申请，结合企业的人资源规划和职务描述书，明确一定时期内需招聘的职位、人员数量、资质要求等因素，并制订具体的招聘活动的执行方案。按照招聘周期的不同，招聘计划可以分为定期招聘计划和不定期招聘计划。招聘计划具有预见性、针对性、可行性、约束性的特征。制订招聘计划遵循规范的流程。组建高效的招聘团队需要确立团队运作目标、设计互补的组合模式相互信任和良好沟通、建立支持系统。团队成员需要良好的个人品质一定的能力和相关的技术。合理的经费预算是保证招聘工作顺利开展的前提条件之一。在编制招聘预算时，应遵循大局，整体意识，严肃认真的原则。在招聘过程中招募选拔录用安置和培训各个环节都会发生各项成本、为招聘计划的实现，可在招聘简历、招聘时间、招聘地点等方面采取一定的策略。越来越多的企业将全部或部分招聘、甄选工作外包给第三方的专业人力资源公司，选用全部岗位招聘外包、核心岗位招聘外包、紧急岗位招聘外包、偏冷岗位招聘外包等模式，甚至采用雇佣兼职人员与临时工、延长工时、租赁员工等措施来解决人员短缺问题。

关键术语

　　招聘计划（recruitment plan）
　　招聘需求分析（recruitment requirements analysis）
　　招聘经费预算（recruitment budget）
　　人物画像（portrait of a character）
　　招聘外包（recruitment outsourcing）
　　员工租赁（employee lease）

复习思考题

　　1. 招聘计划的内容有哪些？
　　2. 如何进行招聘需求分析？
　　3. 如何制订招聘计划？
　　4. 如何构建高效的招聘团队？
　　5. 如何选择招聘的时间和地点？
　　6. 招聘的替代方案主要有哪些，如何操作？

第五章

招聘渠道

🔊 知识结构图

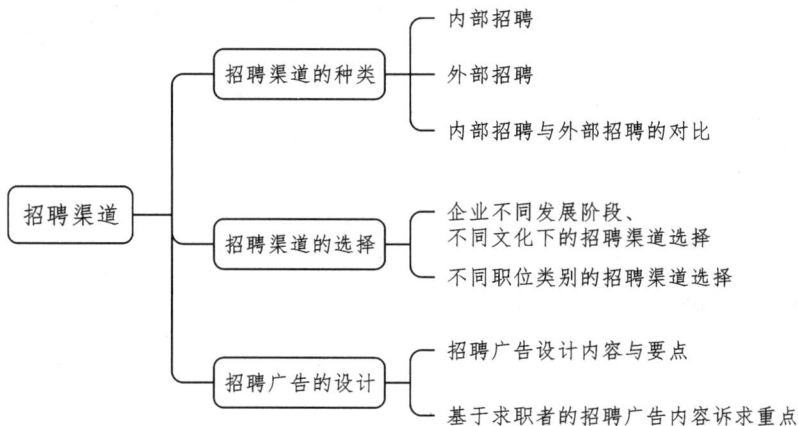

🔊 学习要点

- 内部招聘的原则和方法
- 外部招聘的原则和方法
- 内部招聘和外部招聘的优缺点
- 招聘渠道的选择
- 招聘广告设计的内容与要点

🔊 学习目标

通过本章的学习，首先要了解招聘渠道的种类，熟悉招聘的主要方法，其次要能掌握招聘广告的设计。能够综合分析招聘方和应聘者的需求，科学设计招聘广告的内容与要点。

引导案例

宝洁公司的校园招聘

宝洁在用人方面,是外企中最为独特的:与其他外企强调有工作经验不同,宝洁只接收刚从大学毕业的学生。由于我国只有每年的6月份才有毕业生,宝洁才不得不吸收少量的非应届毕业生。中国宝洁北京地区人力资源部傅经理介绍说,在中国,宝洁90%的管理员工是从大学应届毕业生中招聘来的。为什么宝洁青睐应届大学毕业生?傅经理介绍说,宝洁很重视年轻人的发展,实行从内部提升的原则。所有的人都是从大学中刚出来,都处在同一个起跑线,竞争与升迁的条件是均等的。另外,许多有工作经验的人被招聘进来,如果还是和应届毕业的大学生享受同样的待遇,他们也同样不会高兴。因此我们尽量不要有多年工作经验的人,如果招来了非应届毕业生,他们基本上也会被安排和其他应届毕业生一样,从起点职务干起。毕业生只要有能力,便会很快得到升迁。

每年10月前后,宝洁公司就开始在全国各大学招聘新人了。宝洁一般根据往年招聘的毕业生的情况,有针对性地选择部分重点大学,并以每一个大学为单位,成立专门的招聘小组。小组成立后,第一项工作就是在各学校召开"介绍会",介绍宝洁及其人才观,并发放报名表,要求在一定时间内寄回。公司相关人员阅表后,对报名的同学进行第一轮的筛选;通过者由招聘部门进行第一轮面试,面试通过后,将进行唯一的一次笔试。笔试通过后,进行第二轮的面试,这次面试结束,基本上就可以确定是否会被录用。如需要,一些部门还将请同学到广州总部去考察,以确认自己的选择。

宝洁最注重大学生什么品质与能力呢?傅经理说,整个招聘过程特别注意这几点:优秀的合作精神,良好的表达交流能力,出色的分析能力和领导才能。在宝洁的整个考察过程中,没有一道题是考死记硬背的知识。笔试主要是考察同学解决问题的能力,多为智力题。一般说来,这一关的通过率在90%以上。与大多数外企不同,宝洁对应聘同学的外语没有任何要求。在宝洁公司的招聘宣传册上,各部门对同学所学专业几乎没有任何限制,学文也行,学理也行,只要你能通过考察就行。在宝洁,"学非所用"的人比比皆是。宝洁不盲目追求高学历,在每年的招聘中,被录用的本科生往往占到了总数的70%~80%。

思考:

1. 如何评价宝洁公司对招聘渠道的选择?校园招聘有什么优势?
2. 除了校园招聘,还有哪些招聘渠道可供选择?

(资料来源:吴文艳.《组织招聘管理》.东北财经大学出版社.2020年,有改动)

第一节 招聘渠道的种类

人员招聘就是通过一定的方法,寻找或吸引具有一定任职资格和条件的应聘者前来应聘的工作过程。招募过程的一个基本要求是找到足够数量的合格应聘者。当人力资源不足以满足企业生产经营需要时，组织就必须进行人员的增补，以弥补原有空缺职位或新增岗位。即使组织现有人员能满足生存发展的需要，组织也应从人力资源管理长远战略出发考虑人力资源的储备，有计划地进行招聘工作，建立人力资源库，以应对人员非正常流出或特殊情况给组织带来的震荡，并为内部劳动力市场的有效运作打好基础。在招募工作开始之前，要根据需补充人员的业务类型、职位复杂度、招募方法本身的适用性等情况，对招募方法与渠道做出正确的策略选择。可以说，到目前为止还没有哪一种招募方法或渠道是尽善尽美的，我们只能根据组织不同的需求，去选择那些最合适的方法和渠道。组织人员招聘的渠道就是内部和外部两种。

一、内部招聘

（一）内部招聘的原则

内部招聘是指组织采用职位公告、岗位竞聘或部门推荐等方式在组织内部招聘新员工。当组织出现职位空缺时，在组织内部通过各种方式向全体职员公开职位空缺的信息，并招聘具备条件的合适人选来填补空缺。内部招聘目前在企业界和其他各类型的机构中都得到普遍运用。

内部招聘应遵循以下基本原则：

（1）机会均等。内部招聘的信息覆盖面应是整个组织内部的全体员工，应当让每一个人都清楚空缺职位的工作职责和任职要求、时间等，从而使所有符合招聘条件的员工都有获得该职位的机会。

（2）任人唯贤，唯才是用。"贤""才"是人才的客观标准，"任"是主观上对人才使用做出的决策。只有解决了对人才的选任问题，才能保证合格的优秀人才有适合它发挥才干的岗位和机会。

（3）激励员工。无论是通过选拔优秀的员工到更高的职位上工作，还是通过考试将员工安排到更适合他的岗位上去，都应当让广大员工认识到，不断地提高自己的工作能力将会在组织内获得更大的发展空间，从而有效调动员工的工作积极性，起到激励的效用。

（4）合理配置，用人所长。经过竞争、选拔、考核、筛选，安排最合适的人选到空缺岗位上去，充分发挥其特长，确保其能胜任该岗位工作。如果员工在新的岗位上不能取得比原岗位更高的绩效，那么这就不是一次成功的内部招聘，同时也不能调动起本人及其他员工的工作积极性。

（二）内部招聘的方法

内部招聘的实施方法主要有内部晋升或岗位轮换、内部竞聘、内部员工举荐和临时人员转正等方法。

1. 内部晋升或岗位轮换

内部晋升或岗位轮换是建立在系统有序基础上的内部职位空缺补充办法。运用此种方法首先需要建立一套完善的职位体系，明确不同职位的关键职责、胜任素质、职位级别等在晋升和岗位轮换中的运作依据；其次需要建立员工的职业生涯管理体系，对员工的绩效状况、工作能力进行评估和建立相应的档案，根据组织中员工的发展愿望和发展可能性进行岗位的晋升和有序轮换，使有潜力的员工得到相应的发展。

2.内部竞聘

内部竞聘上岗是内部获取人才的主要方法。它是通过内部公告的形式在内部组织公开招聘，符合条件的员工可以根据自己意愿自由竞争后应聘上岗。内部竞聘中需要接受选拔评价程序，只有经过选拔评价符合任职资格的人员才能予以录用，以保证内部招聘的质量。另外，参加内部竞聘的员工须征得原主管的同意，且一旦应聘成功，应给予一定的时间进行工作交接。对内部竞聘的员工的条件也有一定的界定，如应在现有的职位上工作满一定时限、绩效评定的结果应该满足一定的标准等。我国目前不少国有企事业单位在改革人事管理制度中，尝试实施中层干部以及一般管理岗位人员的定期竞聘上岗制度。内部竞聘由于其组织流程较为复杂，周期较长，因此，不是所有的岗位都适合运用内部竞聘的方法。

3.内部员工举荐

内部员工举荐即当组织出现职位空缺时，鼓励内部员工利用自己的人际关系为组织推荐优秀的人才。在员工举荐的过程中，为保证推荐的有效性，组织有必要注意以下三个因素：员工的道德水平、工作信息的准确性以及中间人的亲密程度。组织鼓励或要求熟人推荐自己熟悉的人应聘空缺职位前，必须先建立一套明确的举荐制度。有很多公司愿意采用员工举荐的方式聘用新人，首先将推荐办法在公司网上公布，员工可以上网查看所有相关细节。其次，公司将职位空缺信息及所需条件也列在网上，员工可以直接转寄给熟人或朋友，同时员工可以在网上填写介绍表。被推荐者也可以直接通过网络传递履历，整个过程清楚方便。当然，公司在收到介绍资料后也会尽快处理、答复。

4.临时人员转正

不少组织在核心员工或正式员工之外，为完成一些临时性的工作任务或因编制所限或因组织结构整合需要等原因，会雇佣一些临时性员工或派遣员工。当人力资源派遣成为一种发展趋势，派遣员工或临时性员工队伍逐渐扩大的时候，组织应当特别重视这部分人力资源的价值。因此，当正式岗位出现空缺，而临时性员工的能力和资格又符合所需岗位的任职资格要求时，可以通过临时人员转正的方式，既可填补空缺，满足组织用人需求，又能激励临时员工的工作积极性。

二、外部招聘

(一)外部招聘的原则

外部招聘则是根据一定的标准和程序,从组织外部众多候选人中选拔获取所需人选的方法。这是组织根据自身发展的需要,向外界发布招聘信息,并对应聘者进行有关的测试、考核、评定及一定时期的试用,综合考虑其各方面条件之后决定是否聘用的常见方式。

外部招聘应遵循以下基本原则:

(1)公正公平原则。外部招聘的对象是广大招聘信息的接受者。面对众多的应聘者,公正公平是首要的原则。应给每一位应聘者以平等的机会,展示自我、公平竞争,使真正有能力的候选人不因一些外界的人为因素的影响而失去获得该职位的机会。组织的招聘人员,应明确公正公平的深刻含义,排除主观偏见,选拔出真正适合组织的优秀人才。

(2)适用适合原则。招聘人员应熟悉空缺岗位的工作性质、工作职责、能力要求等情况,并根据这些具体条件,认真选择合适的人选,使所招聘的人员真正适合并胜任这项工作。在实际招聘过程中,所聘用的人员并不具备担任该职位能力的现象时有发生。此外,还有一种招聘现象也不容忽视,即许多组织在招聘过程中出现的人才"高消费"现象,不少组织的招聘广告提出仅招聘本科及研究生以上学历的标准,使许多有实际工作能力和经验但不具备正式文凭的人才,只能面对组织招聘高高的门槛望而却步。与此同时,组织在招聘中对应聘者的期望过高,录用了能力超出职位要求很高的优秀人才,虽然在短期内组织是受益者,但其结果却造成该人才很快感到该职位并不足以提供满足其个人发展的广阔空间,人才的流失在所难免,从而造成人员流动速度过快、频率过高的现象。这无疑会加大组织招聘的工作量和难度,增加招聘、培训等的成本。

(3)真实客观原则。组织在进行外部招聘的过程中,面对的是不熟悉组织的外部应聘人员,招聘人员有必要真实、客观地向应聘者介绍组织的情况,即在招聘时向应聘者提供全面的信息,这有助于应聘者与组织形成正确的心理契约。实际招聘中,不少组织往往倾向于把自己的组织说得非常好,以吸引更多的应聘者,但这通常会使应聘者产生过高的期望值,反而容易产生失望和不满情绪,甚至有受骗上当的感觉,导致新进人员保持率降低。因此,本着真实客观的原则,组织招聘人员应向应聘者如实介绍组织的真实情况,以提高招聘的有效性,防止人员流动率过高。

(4)沟通与服务原则。外部招聘是组织内外互动的过程,通过信息的双向流动,组织在获取应聘者个人信息的同时,也应向应聘者传递组织的相关信息,实现组织内部与外部的双向沟通。此外,招聘过程也是招聘人员向应聘者提供咨询服务的过程,招聘人员向外界传递的相关信息,直接关系着该组织的形象。这些信息不仅包括组织的内部结构、部门设置等硬件设施和组织文化、经营理念、发展潜力等软件配置,还应该能够从招聘人员的形象、谈吐、待人接物等方面反映出该组织成员素质,从而使应聘者即使不能最终录用,也能对组织留下良好的印象。

(二)外部招聘的方法

外部招聘的主要方式有广告招募、人才市场招募、网络招募等。

1.广告招募

广告招募是通过报刊、电视和行业出版物等传统媒介向公众传递组织的人力资源需求信息，以吸引求职者前来应聘的招募方法。在借助广告进行招募合适的候选人的过程中，要注意两个关键因素：一是注意广告方式的选择策略，即决定选用何种媒体。这是由招聘预算和待招聘的职位特点所决定的。除了考虑成本的因素外，还要考虑职位的特点和要求，一般而言。由于报纸发行的地域性较强，故报纸分类广告比较适合于将候选人的来源限定于某一地区使用；专业杂志广告的优点是针对性比较强，所以当招聘职位专业性较强，并对上岗时间和候选人来源地没有太多要求时，在专业杂志上进行广告招募不失为一个很好的选择；电视广告如能与提高组织知名度相结合，也可成为一个明智的选择。二是注意广告的内容与形式设计。广告的核心内容应包括两个方面：职位所要求的胜任素质和向受众表明组织对符合资格要求的应聘者的欢迎态度。

2.人才市场招聘会

我国人才市场包括各级人才市场、劳动力商场和职业介绍中心等机构。这些机构都是各级政府人事部门和劳动部门为指导和服务就业工作而建立的人才管理服务机构。人才市场招聘会往往就是由这些机构作为主办单位所开展的市场招聘活动。根据主办者情况的不同，招聘会一般分为专场招聘会和非专场招聘会两种。专场招聘会是由一家单位主办，也只为这一家单位的招聘工作服务；非专场招聘会则是由人才市场或中介机构组织的、有多家单位参加的招聘会。人才市场招募，能使组织在短时间内集中掌握众多求职者的信息，且供需直接见面，有利于双方的直接沟通，也有利于组织进行一定的形象宣传，因此这种方法在实际招聘工作中也运用得较多。目前，人才市场招聘会作为一种重要的招聘形式已经有了进一步的发展，比如出现了针对某些专门人才的专业市场招聘会，以及针对应届大学毕业生的校园招聘会等。

3.校园招募

每年都有大量的大学毕业生走出校园进入社会，这些走出校门的毕业生充满朝气、可塑性强、最具发展潜力，是就业市场上的生力军、是组织获取新鲜人力资源的源泉。越来越多的企业将目光对准校园，展开各式各样校园招聘活动，以之作为获取人才的一个主渠道。目前，不少企业主要采用的校园招聘方式有：

（1）校园活动。校园活动是企业在校园招聘伊始针对目标高校组织的专门的活动，通过企业高层、人力资源部门负责人以及在本公司工作的该校校友的现身说法来传达公司基本概况、企业文化、经营理念，发布空缺职位、招聘条件、招聘流程等信息，借助情绪的感召和互动引导学生全面了解企业。"选秀大赛"作为一种新的校园招聘形式，发展趋势非常强劲。企业通过组织一些职业技能或商业大赛，模拟实际商业项目的运作，吸引大批学生参与，让优秀人才从中脱颖而出。

（2）学生直接去企业中实践。邀请学生进入企业中进行社会实践、工作实习或者参观访问等，使学生直接而深入地了解企业，对企业产生兴趣。企业也可以借此了解与观察实习学生的综合素质与能力，进行双向选择。学生参与企业实习实践有诸多好处：一来可以避开校园招聘的人才争夺高峰，将一些优秀毕业生提前纳入人才储备库。二来通过实习，企业能够提前了解应届毕业生的个性特点、价值观及在工作中的实际能力表现，有利于做出准确的录用决定。对于大学生而言，也能通过实习实践充分了解企业，感受行业与岗位的适合性，有利于今后择业方向的正确选择，而且，一旦正式录用，也能较快地适应岗位。

（3）企业设立奖学金制度或与学校联合办学。不少希望建立良好校企关系的企业，在相对专业对口的学校里设立了奖学金制度，用以资助那些学业优秀而生活困难的学生。通常情况下，获得奖学金的优秀学生还可以获得优先进入企业工作的机会，同时，受资助的学生也会对企业心存感激，愿意为企业的发展做出自己的努力，也使学校成为未来员工的培养之地。组织在决定去哪一所大学招聘时，必然会有一定的考虑，比如会考虑该学校在关键技能领域的声望、学校的总体声望、过去从该校中聘用的员工的绩效等。

4. 专业机构招募

外部招募中组织经常采用的方式就是委托人才招募机构。专业人才机构主要是指人力资源服务公司、人才中介服务公司、人才租赁公司、猎头公司等机构组织。不少人才中介机构都有自己独特的测验工具和测验体系，有多年的招聘经验，再加上对某一行业领域人才市场的熟悉，他们能为组织提供一些比较权威的、独特的测验分析报告，帮助雇主选拔人员，节省了组织招聘选拔的时间，特别是一些企业如果没有设立专门的人力资源部时，可以借助人才中介机构求职者资源广而且能提供专业咨询和服务的优势。

5. 网络招募

网络招募也称在线招募或者电子招募，它是指利用互联网技术进行的招募活动，包括招募信息的发布、简历的在线搜集整理、电子面试以及在线测评等。随着企业信息化程度的极大提高和互联网用户的迅猛增长，网络已经成为越来越多企业、人才进行招聘和求职的最重要手段。网络招募以其招聘范围广、信息量大、可挑选余地大、应聘人员素质高、招聘效果好、费用低等优势，获得了越来越多组织的认可。与传统招聘方式比较，网络招聘被认为具有以下优势：①提高了招聘信息的处理能力：企业利用搜索引擎、自动配比分类装置、自动反馈等技术，可以更快更好地识别、发掘优秀人才；②增强了招聘信息的时效性：网络招聘没有时间限制，供需双方可以随时通过传输材料进行交流；③降低了招聘成本：网络招聘因无地域、时空限制，供需双方足不出户即可直接交流，节约了人力资源部门的精力、时间和费用。网络招聘的不足则表现为：①由于缺乏面对面的沟通交流，无法深入考察应聘者的综合能力、内在气质、语言表达能力等，还需要之后进行进一步的考察；②目前网站良莠不齐，加上缺乏规范管理和有序竞争，许多网站之间的竞争演化成信息的竞争。一些网站不经授权转载报纸杂志或其他网站的招聘信息，导致公布的信息失真失效、过时虚假，误导应聘者；③网络招聘需要与网络硬件、信息技术关联，在一些发展不平衡地区可能缺乏足够的生存空间。

三、内部招聘与外部招聘的对比

各组织的招聘实践表明，组织应按招聘计划中职位数量和资格要求对成本效益进行计算，以此来选择一种或几种招募渠道和相应的招聘方法。在组织招募实践中，无论是内部招募还是外部招募，两种途径都有的优势和劣势，我们通过掌握它们之间的特点，进行具体情况具体分析选择、有效应用。

(一)内部招聘的优缺点

内部招聘的优点主要表现为：为组织内部员工提供了发展的机会，增加了组织对内部员工的信任感，这有利于稳定、激励内部员工，调动员工的积极性，提升内部员工的工作积极性和绩效水平。其次，可为组织节约大量的费用，如广告费、招聘人员与应聘人员的差旅费、被录取人员的生活安置费与培训费等。再次，简化了招聘程序，为组织节约了时间，省去了许多不必要的培训项目(如职前培训、基本技能培训)，减少了组织因职位空缺而造成的间接损失(如岗位闲置等待、效率降低等)。最后，它能够使组织获得大量非常了解自己的应聘者的同时，组织对内部员工也有较为充分的了解，使得被选择的人员也更加可靠，有利于保持企业内部的稳定性，尽量避免了识人用人的失误。而且，对于那些刚进入组织时被迫从事自己不感兴趣的工作的人来说，提供了较好的机遇，使他们有可能选择到感兴趣的工作，进一步提高了招聘质量。

内部招聘的缺点主要表现为：首先，由于人员选择面的狭小，往往不能满足组织发展的需要，尤其是当组织处于创业初期或快速发展时期的时候，或是需要特殊人才(如高级技术人员、高级管理人员)时，仅仅依靠挖掘内部人才资源显然是不够的，必须借助于组织外的劳动力市场采用外部招聘的方式来获得所需的人员。其次，内部招聘可能使被拒绝的申请者感到不公平、失望而影响工作的积极性和创造性。再次。如果长期使用内部招聘，会导致组织内部近亲繁殖，管理理念和管理风格缺乏差异性和缺少创新意识，影响组织的活力和竞争力。最后，内部招聘有可能在一定程度上造成内部部门之间的矛盾。

(二)外部招聘的优缺点

外部招聘的优点主要表现在：首先，外部招聘挑选的余地大，能招聘到更优秀的人才，尤其是一些稀缺的复合型人才，从而可以节省内部培养和培训的费用。其次，新员工会带来不同的价值观和新观点、新方法、新思路，从而给组织带来更多的创新机会。新员工加入组织，与组织内部的人员没有各种复杂的关系，可以放手工作。再次，外聘人才可以在无形中给组织原有员工施加压力，形成危机意识，激发斗志和潜能，从而产生"鲶鱼效应"，通过良性竞争而共同进步。另外，外部招聘可以缓和平息内部竞争者之间的紧张关系。组织内部可能会出现同时有几个人员基本符合某一空缺职位要求的情况，不良的竞争会导致钩心斗角，影响正常工作。而外部招聘可以使竞争者得到某种心理平衡，从而缓解他们之间的矛盾。最后，外部招聘也是一种很有效的信息交流方式，组织可借此树立良好的社会形象。

外部招聘的缺点主要表现为：首先，由于信息不对称，往往造成筛选难度大、成本高，可能出现被聘者的实际能力与招聘时的评价不符合的现象；其次，外聘员工需要花费较长的时间进行培训和定位，可能挫伤内部有上进心、事业心的员工的积极性，或者引发外聘人才与内部人员之间的冲突；再次，外聘人员需要一定时间才能适应新的组织文化，并可能出现"水土不服"的现象；最后，外聘人才可能使组织沦为外聘员工的"中转站"。

第二节　招聘渠道的选择

一、企业不同发展阶段、不同文化下的招聘渠道选择

组织不同的发展时期可以选择不同的招募渠道。在企业的初创期，特别需要有能力又有经验的人才加盟，然而现场招聘这样的人员几乎无可能性，因为有技能有经验的人才往往已经有稳定的职位，不大会有空闲时间去参加现场招聘会，但有可能通过网络投放简历，所以企业可以用网络招聘的方式去寻找。初创时期，由于企业规模较小、员工人数有限，一些企业在此阶段会更多从外部进行招聘以补充大量的空缺，尤其是基层的很多岗位。但对于管理人员和技术人员，此时可采用内部招聘，根据不同员工的表现给予内部晋升、工作轮换、返聘等。对于成长期的企业，由于企业规模日益壮大，对新员工的需求量逐渐增加，内部劳动力市场满足不了企业的发展，需求和供给的矛盾会比较突出，需要较多采用外部招聘的方法，因为这样一方面可以满足本企业对人才的需求，另一方面也借此展开对企业的形象宣传。此外，成长期企业如果需要中高层管理人才的话，可能更适合通过猎头公司给予解决。

二、不同职位类别的招聘渠道选择方法

在招聘管理实践中，组织招聘可以有多种渠道进行选择，如何以合理的成本吸引到足够数量的高质量的工作申请人，需要组织进行分析并不断总结经验。研究证明，内部招聘与外部招聘相结合使用会产生最佳的结果。如何结合以及结合的力度取决于组织战略、职位类别以及组织在劳动力市场上的相对位置等因素。比如就职位的类型而言，调查显示，对管理职位来说，使用得最多的是报纸招聘渠道，其次是私人就业服务机构，对销售人员的招聘，企业使用最多的是报纸广告招募渠道。

美国人力资源管理学界的一个主流看法是：招聘专业技术人员的最有效的三个途径依次是员工推荐、广告和就业服务机构。招聘管理人员的最有效的三个途径依次是：员工推荐、猎头公司和广告。研究人员还认为，对于需要保持相对稳定的组织中层管理人员，更多地适合从组织内部进行提拔，而高层管理人员在需要引入新的管理风格、面临新的竞争格局时，可以考虑从外部引入合适的人员。不同的工作岗位应该有不同的招聘来源。在

20 世纪 80 年代末，美国曾经公布过相关的调查结果，显示了组织对不同的招聘来源的有效性的评价。对于行政办公人员，被认为最有效的招聘渠道依次是报纸招聘、内部晋升、申请人自荐、员工推荐和政府就业服务机构。对于生产作业人员，被认为最有效的招聘渠道依次是：报纸招聘、申请人自荐、内部晋升、员工推荐和政府就业服务机构。对于专业技术人员，被认为最有效的招聘渠道依次是：报纸招聘、内部晋升、校园招聘、员工推荐和申请人自荐。对于获取佣金的销售人员，被认为最有效的招聘渠道依次是：报纸招聘、员工推荐、内部晋升、私人就业服务机构和申请人自荐。对于经理人员，被认为最有效的招聘渠道依次是：内部晋升、报纸招聘、私人就业服务机构、猎头公司和员工推荐。值得注意的是，各个组织对招聘来源的选择和使用与它们的有效性评价存在着很大程度上的不一致。例如，对于行政办公人员和生产作业人员，被认为最有效的招聘方法是报纸招聘，但是分别只有 84%和 77%的组织采用这种方法；对于获取佣金的销售人员，被认为最无效的招聘渠道是申请人的自荐，却有 52%的组织采用这种方式；对于经理人员，被认为最无效的招聘渠道是员工自荐，但是仍然有 64%的组织采用这种方式。只有专业技术人员的招聘渠道的使用频率与有效性的评价次序是一致的。

第三节 招聘广告的设计

招聘广告是招聘的重要准备之一，面对外部人员的招募常常需要以广告为先导，以广告的形式宣传自己的形象，招募本组织需要的人才，使组织能在较短的时间内，吸引更多合适的招聘对象，便于组织挑选与录用。

一、招聘广告设计内容与要点

(一) 在显眼位置标明组织标志和广告性质

招聘广告设计最基本的要求是要让阅读者一眼就可以判断出这是什么广告，不会与其他广告混同。因此。应在广告的显眼位置注明广告的性质。比如，就报纸广告而言，最显眼的位置应该是左上角。其次是左边，称为"金角""银边"，这与我们汉字从左至右的排版习惯有关，在"金角银边"的位置，应该印上招聘单位的名称和企业标志，并以大号字体注明"诚聘"或"聘"的字样。

(二) 组织性质简介

招聘广告的第一段应该写清楚组织性质及经营业务等情况简介，以便让应聘者对招聘组织有一个初步的了解。但也应避免文字过多、喧宾夺主，而应以简约的语言将有关组织最吸引求职者的信息表达出来。

(三)主要职责和任职要求

"主要职责"告诉应聘者这个职位要求你做什么,"任职要求"告诉应聘者应聘该职位要具备什么条件。这里不需要将该职位的"工作说明书"中的相关条款全部照搬下来。但至少要参考其中的主要条款并以简要的语言注明。

(四)申请资料的要求和联系方式

广告的最后部分,要向读者说明投寄申请资料的要求以及联系方式。如:"有意者请于某月某日前将详细的学习和工作简历、学历证书和身份证复印件、免冠近照、要求薪金、联络地址和电话寄至……"可以要求应聘者自己提出薪金要求,这是有关求职者的重要信息。提供招聘组织的联系方式可以有三种:通信地址、电子邮件和电话。

二、基于求职者的招聘广告内容诉求重点

在招聘广告的内容方面,由于招聘广告要解决的是招聘组织与求职者之间信息不对称问题,因此关注求职者对招聘广告内容的要求和态度,对提高招聘的效率、体现组织对求职者的尊重是十分必要的。

1. 个人发展前景和组织发展前景

现代员工更加重视的并非眼前的既得利益,而是哪个工作岗位能够给自己更多的发展机会、更广阔的发展空间。因此招聘组织如果想吸引更多应聘者,那么直接在招聘广告中体现这项内容或说明,可以在签约前为他们列出一份既简洁又具有吸引力的个人职业规划以及企业远景规划,既能吸引符合特定岗位要求的人员,也可显示出该公司对员工的责任心以及员工升迁的透明度,宣传了组织文化和组织形象。

2. 工资水平和员工福利

薪酬问题是招聘广告中一个核心问题。与商业广告要求创意不同,招聘广告一般不特别强调创意,主要以诚恳直述的语言和朴实简练的文风,起到向所求人才直陈其意的传播效果,即使为了加强人才招聘广告的可读性和吸引力而使用艺术化的语言和构思,也要符合组织特性的基础上做到内容翔实可信。从调查中发现,人们更希望在招聘广告中看到明确的薪酬福利信息,否则很容易使组织失去一批潜在的应聘者。

3. 组织性质

就我国而言,目前组织性质大致包括:国家机关、事业单位、国有企业、民营企业、私营企业、个体工商户、外商合资企业、外商独资企业等。在招聘广告中,我们仅从单位名称很难判断出该组织的性质,因而应对组织性质加以说明。

4.任职资格

招聘广告中界定清晰的任职资格，会吸引真正符合岗位要求的这部分求职人员，从而增加空缺岗位与求职人员的匹配度，提高招聘的有效性。关于任职资格说明，针对不同人群的招聘需要不同的策略。调查显示，40岁左右的人员往往更重视新工作岗位所提出的任职资格。这类员工由于积累了组织所需要的专业知识和经验，已经成为组织的骨干，能承担更多的职责。相对来说，应届毕业生由于缺少工作经验，针对他们的招聘广告，在资格要求一项上就可以处理得简单一些。

除此之外，在招聘广告内容设计中，是否还需要添加其他项目，如组织文化情况、食宿条件、培训情况等，可视招聘组织的具体情况和广告篇幅而定。但要注意根据具体情况突出重点，避免面面俱到。设计出一则成功的招聘广告，既能体现组织对人才的尊重和渴求，又能表现出组织在管理的细致、高效。

阅读与思考

稀缺人才，精准推荐

简聘人才集团是一家围绕"核心人才"为主线，致力于中高端人才引进、关键人才链管理、组织效能提升的综合人力资源服务商。

自2015年成立至今，简聘公司以"湘才回家引路人、人才发展主力军"为目标，密链北上广深优质资源，为湖南企业提供专业化人力资源服务。经过多年耕耘，简聘公司已成为湖南中高端人才产业链服务的知名人力资源机构，是湖南省人力资源协会常务理事单位、长沙市人力资源协会常务理事单位、长沙市青年企业家协会常务理事单位、长沙市人力资源信用等级AA级机构、长沙开福区高校毕业生就业见习基地、开福区人才工作先进单位。

简聘集团旗下包括："简聘人才"主要提供政府招才引智及企业大批量人才招聘服务；"长沙猎头"为企业提供猎头服务；"泰锐普咨询"提供企业管理咨询、人才评估及培养服务；"云业人力"提供人力外包和薪税外包服务。

主营业务：中高端人才招聘、校园招聘、事企业单位招考、政府引才、人才测评、人才背调、企业内训、企业管理咨询、人力外包服务。

具体招聘案例：为甲方ZL公司招聘1名气象工程师

（一）甲方公司简介

公司成立于2020年，是ZLZK旗下二级子公司，总部在湖南长沙。公司深耕农作物数字化种植技术研究，全力打造集数据采集、智能决策、精准作业与科学管理于一体的农业生产全过程综合服务体系，以实现农业生产、经营管理标准化、信息化和数字化为目标，助力现代农业发展。

（二）案例背景

公司加大数字农艺研发领域的投入，而农业气象是必不可少的部分，目前公司在气象板块还是空缺。

（三）气象工程师岗位 JD

岗位职责：

（1）负责收集、整理气象数据，通过编程进行预处理、分析、建模和可视化，为工程化应用提供数据分析和技术支撑。

（2）负责农业气象数据的整理和分析。

（3）负责农业气象相关算法研究和建立。

（4）负责气象数据库的构建与维护。

（5）负责利用气象数据结合农业应用场景，建立农业气象应用服务。

任职资格：

（1）硕士及以上学历，气象学、大气科学、应用气象学、农学等相关专业。

（2）熟悉农作物生长、气象灾害预测或病虫害预测相关知识，可以根据气象数据建立相关模型，具有 python 等编程能力者优先。

（3）具有较强的学习能力、团队合作精神、性格乐观开朗。

（四）招聘过程

（1）招聘岗位关键信息分析：懂农业气象，懂数据分析，懂算法。

（2）招聘困境及解决方案：

①简历搜索与电话沟通。气象相关候选人主要分布在北京、南京一带，而且主要在研究所等事业单位就职，长沙本土候选人需求极少且各大招聘网站均无相关简历。

解决方案：简历搜索放开地域限制，放宽岗位要求，从猎聘上找到一份非常简洁的江门气象局预报员的简历。

经过跟候选人电话沟通，发现其在岗位职责上与公司气象工程师岗位 JD 中的 2-5 项比较符合，候选人的优势在于懂农业气象，数据分析处理方面经验匹配，劣势在于算法不精通。

同时了解到候选人的离职原因及求职动机：事业单位下属国企，受国家财政影响，工资下调；夜班较多，晋升机会不多，职业发展遇到瓶颈；候选人自己是甘肃人，妻子是湖南人，可以看湖南机会。

综合分析得出，候选人优势比较明显，求职动机合理，是一个合格的候选人，可以向甲方公司推荐。

②推荐至甲方面试。与甲方公司 HR 保持联系，在候选人稀缺的情况下，向 HR 说明招聘难度，说服公司适当放低招聘要求，注重后期培养。甲方公司接受建议并安排了面试。

部门面试反馈：候选人具备扎实的气象学基本理论知识，平时工作重点是针对国家级、省级气象预报做本地的细化和订正，服务于农业、交通、航海等领域，具有多年气象服务经验。候选人在算法研发上相对欠缺，但考虑到气象领域一直人员短缺，气象服务又是公司必须推广的服务，而算法研发可以后期逐渐培养，故建议录用。

③薪资谈判。候选人薪资流水过低，但对于新工作要求工资翻倍，薪资翻倍的要求远远超过甲方公司不超过 20% 涨幅的标准。同时，候选人在算法研发方面的缺陷，又达不到

公司走特批的要求, 薪资谈判一度陷入困境。

解决方案: 在与企业方沟通过程中, 再次阐述人员的稀缺性及招聘难度, 并利用相关统计数据告知公司事业单位人员薪资本身就偏低; 其次因为疫情影响, 近几年候选人现所在单位进行了大幅度降薪。在与候选人沟通的过程中, 首先帮助候选人做职业规划, 协助候选人厘清自己的发展方向; 其次, 告知候选人甲方公司涨薪机制相对健全, 向候选人详述企业的涨薪方式, 让候选人对未来薪资有目标有期待; 最后再告诉候选人甲方公司未来的发展战略, 农业板块属于民生, 智慧农业是政府大力支持行业, 也是甲方集团公司非常关注的未来核心板块之一。公司未来发展大有可为。

(3)招聘结果: 最终, 甲方公司以候选人降薪前的薪资发放 offer, 涨薪幅度为 60%。候选人接受甲方公司 Offer 并顺利入职。

思考题:

在候选人极度稀缺的情况下, 简聘人才为甲方公司成功招聘到 1 名气象工程师, 其整个招聘流程有哪些值得我们借鉴的地方?

✦ 本章小结

本章介绍了招聘渠道与方法的选择。招聘渠道主要分为内部招聘和外部招聘, 内部招聘的方法包括内部晋升、岗位轮换、内部竞聘、内部员工举荐和临时人员转正等。外部招聘的方法包括广告招募、人才市场招募、校园招募、专业机构招募和网络招募等。在招聘渠道选择过程中要综合考虑职位类别差异、企业发展不同阶段、企业文化差异等因素的影响。

✦ 关键术语

招聘渠道(recruitment plan)

内部晋升(internal promotion)

岗位轮换(post rotation)

内部竞聘(internal competition)

内部员工举荐(internal staff recommendation)

临时人员转正(temporary personnel become regular)

广告招募(advertising recruitment)

人才市场招募(talent market recruitment)

校园招募(campus recruitment)

专业机构招募(recruitment of professional institutions)

网络招募(network recruitment)

复习思考题

1. 什么是招聘渠道?
2. 内部招聘的方法主要有哪些?
3. 外部招聘的方法主要有哪些?
4. 招聘广告的设计内容与要点主要有哪些?

第六章

人员甄选

知识结构图

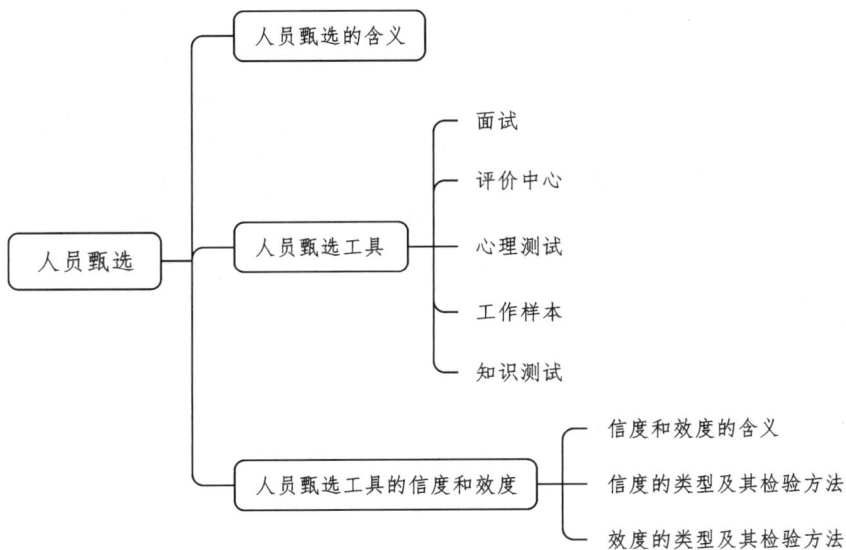

学习要点

- 人员甄选的含义
- 人员甄选的主要程序
- 人员甄选工具及人员甄选方法创新

学习目标

掌握人员甄选的含义、人员甄选的主要程序、人员甄选工具及人员甄选方法创新，学会运用人员甄选的工具为企业筛选出合适的人才。

🔊 引导案例

大数据背景下的人员甄选

科技企业创新性强,企业结构调整频繁,岗位轮替变化很大,这些因素对人才的选用育留构成了挑战。作为中国互联网行业的领军企业,百度充分发挥其在人工智能和大数据方面的天然优势,组建了面向智能化人才管理的专业复合型团队:百度人才智库(Baidu Talent Intelligence Center,TIC)。TIC 能够极大地提高招聘效率,科学识别优秀管理者与潜力人才,预判员工离职倾向和离职后影响,并有针对性地为人才获取、培养与保留提供智能支持。

TIC 带来最大的变化之一,就是实现了"人才"与"岗位"的智能双向自动匹配。在候选人搜寻(Sourcing)方面,TIC 改变了以前依靠人力从海量简历中大海捞针的模式,通过人工智能实现从"百里挑一"到"十里挑一"的转变。以前部门管理者在向 HR 部门提出人才需求时,描述可能主观且模糊,而 HR 部门经理需要去市面上各大招聘网站大海捞针寻找简历,招聘结果还不尽如人意,须反复寻找、匹配,过程烦琐且耗时漫长。而 TIC 可以在整个百度招聘系统里自动搜索并排列某个岗位最具价值的人才资源。例如,HR 部门提出招聘 C 语言工程师的岗位需求,TIC 能通过分析百度系统中所有相关人才的简历信息和工作绩效数据,立刻把市面上最符合要求的前 10 位人才资源直接搜索出来,省略了很多不必要的招聘中间环节,这为百度高效寻找到相关领域的优秀人才提供了支持。

问题:

1. 如何甄选出与岗位最匹配的候选人?

2. 如何提高招聘效率?

3. 大数据的出现给招聘甄选带来了哪些新的趋势?

(资料来源:根据网络资料整理)

第一节　人员甄选含义

一、人员甄选的概念

员工甄选,是指通过运用一定的工具或手段来对已经招募到的求职者进行鉴别和考察,区分他们的人格特点与知识技能水平、预测他们的未来工作绩效,从而最终挑选出能够填补职位空缺的合适人员。

准确地理解员工甄选的含义,要把握以下几个要点:

(1)员工甄选应包括两个方面的工作:一是评价应聘者的知识、能力和个性;二是预测应聘者未来在企业中的绩效。很多企业在员工甄选时将注意力过多地集中在前者，往往忽视了后者，其实后者对企业才是更有意义的。

（2）员工甄选要以空缺职位所要求的任职资格条件和所要求具备的胜任素质为依据来进行，只有那些符合职位要求的应聘者才是企业所需要的。

（3）员工甄选是由人力资源部门和直线部门共同完成的，最终的录用决策应当由直线部门做出。

一个高质量的招聘录用决策应同时满足两个要求，即没有录用不符合要求的人员，又没有遗漏符合要求的人员。

二、人员甄选的主要程序

为了保证员工甄选的效果，按照上面所提到的几项标准，员工甄选工作一般来说要按照下面的程序进行：首先评价应聘者的工作申请表和简历，然后进行选拔测试和面试，接下来审核应聘者材料的真实性，之后进行体检，初步录用应聘者后还要经过一个试用期的考察，最后才能做出正式录用的决策，如图6-1所示。

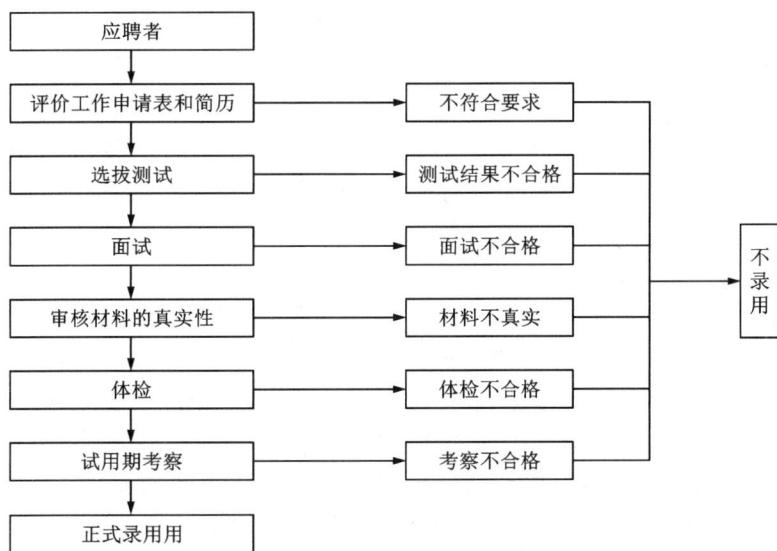

图 6-1　人员甄选的主要程序

从程序图可以看出，整个员工甄选过程是由六个步骤组成的，其中的每个步骤都是关键决策点，应聘者如果达不到该决策点的要求就要被淘汰，只有通过该决策点的应聘者才能继续参加之后的选拔。至于每个决策点的标准，企业要根据自己的情况来确定，但总的原则是要以空缺职位所要求的任职资格条件为依据。

需要强调的是，在员工甄选过程的每个步骤，都会有一些应聘者因不符合要求而被淘汰，如何正确地对待这些落选者对企业来说也是一项非常重要的工作，如果不能妥善地处理与这些人的关系，可能就会影响到企业的形象，从而不利于以后的招聘工作。正确的处理方法应当是当面或以书面的形式向落选者解释清楚原因。

第二节　人员甄选工具

一、面试

面试是指通过应聘者与面试者之间面对面的交流和沟通，对应聘者做出评价的方法。虽然学者们对面试的看法并不完全一致，但在实践中面试却是企业最常用的一种员工甄选方法。

(一)面试的类型

按照不同的标准，可以将面试划分为不同的类型。

(1)根据面试的结构化程度，可以分为结构化面试、非结构化面试和半结构化面试三种类型。结构化面试，又称标准化面试，是根据特定职位的胜任素质要求，遵循固定程序，采用事先命好的题目、评价标准和评价方法，通过考官(或考官小组)与应聘者面对面的言语交流，评价应聘者胜任特征的人才测评过程和方法。这种面试可以避免遗漏重要的问题，同时还可以对不同的应聘者进行比较，但是缺乏灵活性，不利于对问题进行深入了解。非结构化面试是指根据实际情况随机进行提问的面试，这种面试方法的优缺点和结构化面试正好格反。半结构化面试是指将前两种方法结合起来进行的面试，它可以有效地避免结构化面试和非结构化面试的缺点。

(2)根据面试的组织方式，可以分为陪审团式面试、集体面试两种类型。陪审团式面试是指由多个面试者对一个应聘者进行面试，这种方法可以对应聘者做出比较全面的评价，但比较耗费时间。集体面试是指由一个面试者同时对多个应聘者进行面试，它虽然可以节省时间，但是由于面试者要同时观察多个应聘者的表现，容易出现观察不到的情况。

(3)根据面试的过程，可以分为一次性面试和系列面试两种类型。一次性面试是指对应聘者只进行一次面试就做出决策。系列面试则是指要对应聘者依次进行几轮面试才能做出决策。

(4)根据面试的氛围，可以分为压力面试(stress interview)和非压力面试(non stress interview)。压力面试是指将应聘者置于一种人为的紧张气氛中，考官以富有压力的问题让应聘者接受诸如挑衅性、刁难性或攻击性的提问，以考察应聘者的压力承受能力，情绪调节能力，以及应变和解决紧急问题的能力等。非压力面试是在没有人为制造压力情境下的面试。

在实践中，企业往往将上述类型的面试结合起来使用，一般会采取一次性的陪审团式面试方式。

（二）面试的过程

不同的企业对面试过程的安排会有所不同，但是为了保证面试的效果，一般来说都要按照下面几个步骤来进行面试。

（1）面试准备。面试准备阶段要完成以下几项工作：

第一，选择面试考官。这是决定面试成功与否的一个重要因素，有经验的面试考官能够很好地控制面试进程，能够通过对应聘者的观察做出正确的判断。面试考官一般由人力资源部门和业务部门的人员共同组成。

第二，明确面试时间。这不仅可以让应聘者充分做好准备，更重要的是可以让面试者提前对自己的工作进行安排，避免与面试时间发生冲突，以保证面试的顺利进行。

第三，了解应聘者的情况。面试者应提前查阅应聘者的相关资料，对应聘者的基本情况有一个大致的了解，这样在面试中可以更有针对性地提出问题，提高面试的效率。

第四，准备面试材料。这包括两个方面的内容：一是面试评价表，这是面试者记录应聘者面试表现的工具，一般由应聘者信息、评价要素以及评价等级三个部分组成。二是面试提纲，对于结构化和半结构化面试来说，一定要提前准备好面试的提纲；即使是非结构化面试，也要在面试之前大致思考一下准备提问的主题，以免在面试过程中离题太远；面试提纲一般要根据准备评价的要素来制订。

第五，安排面试场所。面试场所是构成面试的空间要素，企业在安排面试场所时应当尽可能让应聘者易于寻找。此外，面试场所应该宽敞、明亮、干净、整洁、安静，为应聘者提供一个舒适的环境。

（2）面试实施。这是面试的具体操作阶段，也是整个面试过程的主体部分，一般又分为以下三个小的阶段：

阶段一：引入阶段。应聘者刚开始进行面试时往往比较紧张，因此面试者不能一上来就切入主题，应当经过一个引入阶段，向一些比较轻松的话题，以消除应聘者的紧张情绪，建立起宽松、融洽的面试气氛，比如问，"你今天是怎么过来的呀？""我们这里还好找吧？"等等。

阶段二：正题阶段。经过引入阶段，面试就可以切入正题，正式开始。在这一阶段，面试者要按照事先准备的提纲或者根据面试的具体进程，对应聘者提出问题，同时对面试评价表的各项评价要素做出评价。提问的方式一般有两种：一是开放式提问，就是让应聘者可以自由发挥回答的提问，比如"你认为一个人成功需要具备什么条件？"二是封闭式提问，就是让应聘者做出"是"与"否"选择的提问，比如"你是否能够经常出差？"

在这个过程中，面试者要特别注意提问的方式，提问应当明确，不能含糊不清或产生歧义；提问应当简短，过长的提问既不利于应聘者抓住主题，也会挤占他们的回答时间；提问时尽量不要带感情色彩，以免影响应聘者的回答；提问时尽量不要问令人难堪的问题，除非是某种特殊需要。

此外，面试者还要注意自己的态度举止，尽量不要出现异常的表情和行动，例如点头、皱眉等，这些体态语言会让应聘者感到面试者在肯定或否定自己的答案，可能影响应聘者的回答。

阶段三：收尾阶段。主要问题提问完毕以后，面试就进入了收尾阶段，这时可以让应聘者提出一些自己感兴趣的问题由面试者解答，以自然的方式结束面试谈话，不能让应聘者感到突然。

（3）面试的提问技巧。

第一，善于运用多种提问方式。面试过程中，提问的问题不在于多，而在于精，最好能灵活运用各种类型的面试题目进行提问。

①行为型问题。这类问题要求面试者要直接围绕与工作相关的关键胜任能力来提问，并且让应聘者讲述一些关键的行为事例。例如，某项工作要求任职者对项目进行管理，就可以在面试中问这样的问题："请你讲述一次在过去的工作中由你管理项目的经历。当时这个项目有什么要求？""除了你之外，还有哪些人参与了这个项目？""你是怎样完成项目目标的？"

②情境型问题。提供给应聘者一个与未来的工作情景相关的假设情境，让应聘者回答他们的问题在这种情境中会怎样做。例如，"假如一个员工一向工作表现出色，最近却在工作中频频失误，你会怎样解决这件事？"

③智能型问题。提供给应聘者一个比较复杂的社会问题，让应聘者发表自己的看法，这种类型的问题考察应聘者的综合分析能力，也在一定程度上考察应聘者对社会的关心程度。这类题一般不是让应聘者发表专业性的观点，也不是对观点本身正确与否做评价，主要是看应聘者是否能言之成理。比如，"中国有句古话'一朝天子一朝臣'，你怎么看？"

④意愿型问题。考察应聘者的求职动机与拟任职位的匹配性、应聘者的价值取向和生活态度。比如，"你为何想离开原工作单位？"

第二，提问时尽量避免应聘者用"是"与"否"回答问题。

第三，对应聘者的回答不论是否正确，不要做任何评价，要学会倾听和观察，必要时给予目光接触以鼓励。

第四，注意掌握和控制时间，不要让应聘者支配整个面试，使得面试者无法问出所有的问题。遇到滔滔不绝的应聘者，要善于将话题拉回正轨。

（4）避免面试中的错误。面试是考官与应聘者面对面的交流，带有较强的主观性和随意性。表6-2总结了可能会影响面试准确性的问题，对于这些问题面试考官要特别注意。一般情况下，在面试前最好能对面试考官进行系统的培训，以避免犯这类错误。

例6-1　面试中常犯的错误

1.面试考官说话过多，有碍从应聘者那里得到与工作相关的信息。

2.对应聘者的提问不统一，造成从每个应聘者那里获得的信息类型不同。

3.问的问题或者与工作业绩无关，或者关系很小.

4.在面试过程中使应聘者感觉不自在，以致较难获得真实的或深入的信息。

5.面试考官对评价应聘者的能力过于自信，从而导致草率的决定。

6.对应聘者有刻板的看法，让个人偏见影响了客观评价。

7.被应聘者的非语言行为影响。

8.给许多应聘者相同的评价，如优秀（面试考官过于宽大）、一般（有集中的趋势）、较差（过于严厉）。

9. 某个应聘者的一两个优点或缺点，影响了对这位应聘者其他特征的评价（晕轮效应）。

10. 由于一些应聘者的资格超过了当前的应聘者，就影响了对当前应聘者的评价。

11. 在最初几分钟的面试时，就对应聘者做出了评价（第一印象）。

12. 由于应聘者在某个方面和面试考官相似，而给应聘者较好的评价（类我效应）。

资料来源：Robert D. Gatewood and Huber S. Field(1998)，Human Resource Selection，4th ed. Fort Worth，TX：Dryden，pp. 494-495.

（5）面试结束。面试谈话结束以后，并不意味着面试就结束了，在面试结束阶段还有一些工作需要完成，主要是由面试者对面试记录进行整理，填写面试评价表，等等，以便在全部面试结束后进行综合评定，做出录用决策。

二、评价中心

评价中心（assessment centre）起源于德国心理学家 1929 年建立的一套选拔军官的多项评价程序（Byham，1982），其中一项就是对领导才能的测评。测评的方法是让被测评者指挥一组士兵，他必须完成一个任务或是向士兵解释一个问题，然后根据他在此情境下的表现对其进行综合评价。这就是现代评价中心技术的前身。第二次世界大战期间，美国战略情报局使用小组讨论和情景模拟练习来选拔情报人员，获得了成功。1948 年出版的《对人的评价》第一次使用了"评价中心"一词，并详细介绍了评价中心在第二次世界大战期间在军事上的发展与应用。第二次世界大战后，评价中心技术得到迅速发展和完善，开始进入工商界和行政管理部门，并广泛应用于管理人才的素质测评、选拔和培训活动中。最早在工业组织中大规模使用评价中心技术的是美国电话电报公司（AT&T）。1956 年，AT&-T 开发了管理进步研究计划，这是当时对管理者的职业开发进行的规模最大、最全面的研究，目的是搞清楚具备什么样素质的年轻雇员能够从低级职位不断晋升到中高级职位。该评价工作从 1956 年一直持续到 1960 年，结果证明，在被提升到中级管理岗位的员工中，有 78% 与评价中心的评价鉴定是一致的；在未被提升的员工中，有 95% 与评价中心在 8 年前认定的缺乏潜在管理能力的判断是吻合的。自此评价中心就成为该公司管理人员获得晋升资格的标准评估手段。此后，许多大公司，如通用电气、IBM、福特、柯达等都采用了这项技术，并建立了相应的评价中心机构来评价管理人员。

评价中心是一种综合性的人员测评方法，关于其定义较为权威的是 2000 年 5 月在美国加利福尼亚州举行的第 28 届评价中心国际会议上做出的定义：评价中心是基于多种信息来源对个体行为进行的标准化评估。它使用多种测评技术，通过多名经过训练的评价者对个体在特定的测评情境表现出的行为做出评价，评价者将各自的评价结果集中在一起进行讨论以达成一致或用统计方法对评价结果进行汇总，得到对求职者行为表现的综合评价，这些评价是按照预先设计好的维度或变量来进行的。评价中心其实就是通过情景模拟的方法来对应聘者做出评价，它与工作样本比较类似，不同的是工作样本是用实际的工作任务来进行测试，而评价中心则是用模拟的工作任务来进行测试。评价中心技术主要包括文件筐测试、案例分析、无领导小组讨论、模拟面谈、演讲、搜索事实、管理游戏等。其中最常用的是无领导小组讨论、文件筐测试和案例分析。

(一)无领导小组讨论

无领导小组讨论(leadless groups discussion，LGD)，又叫作无主持人讨论、无领导小组测试，是评价中心中应用较广的测评技术。无领导小组讨论就是把几个应聘者组成一个小组，给他们提供一个议题，事先并不指定主持人，让他们通过小组讨论的方式在限定的时间内给出一个决策，评价者通过对被评价者在讨论中的言语及非言语行为的观察来对他们做出评价的一种测评形式。在无领导小组讨论测试中，可以不给被评价者指定特别的角色(不定角色的无领导小组讨论测试)，也可以指定一个彼此平等的角色(定角色的无领导小组讨论测试)，但都不指定领导，也不指定每个被评价者应该坐在哪个位置，而是让所有被评价者自行安排和组织。无领导小组讨论比较独特的地方在于它能考察出求职者在人际互动中的能力和特性，比如人际敏感性、社会性和领导能力。同时，通过观察讨论过程中每个人自发承担的角色可以对求职者的计划组织能力、分析问题和创造性地解决问题的能力、主动性、坚定性和决断性等意志力进行一定的考察。已有的研究和管理实践表明，无领导小组讨论对于评定被评价者分析问题的能力、解决问题的能力，衡量他们的社会技能尤其是"领导"素质有很好的效果。

无领导小组讨论的题目从形式上而言可以分为开放式问题、两难问题、多项选择问题、操作性问题和资源争夺问题，具体如下：

(1)开放式问题。开放式问题答案的范围可以很广、很宽。主要考察被评价者思考问题是否全面，是否有针对性，思路是否清晰，是否有新的观点和见解。例如：你认为什么样的领导是好领导？关于此问题，被评价者可以从很多方面，如领导的人格魅力、领导的才能、领导的亲和取向、领导的管理取向等来回答，可以列出很多优良品质。对考官来讲，这种问题容易出，但不容易对被评价者进行评价，因为此类问题不太容易引起被评价者之间的争辩，所测查被评价者的能力范围较为有限。

(2)两难问题。两难问题是让被评价者在两种各有利弊的答案中选择其中一种。主要考查被评价者的分析能力、语言表达能力以及说服力等。例如，你认为以工作为取向的领导是好领导还是以人为取向的领导是好领导？此类问题对被评价者而言，既通俗易懂，又能引起充分的辩论。对于考官而言，编制题目比较方便，评价被评价者也比较有效。但是，此种类型的题目需要注意的是两种备选答案都具有同等程度的利弊，不存在其中一个答案比另一个答案有明显的选择性优势的情况。

(3)多项选择问题。多项选择问题是让被评价者在多种备选答案中选择其中有效的几种或对备选答案的重要性进行排序(见例6-2)。主要考查被评价者分析问题、抓住问题的本质等方面的能力。这类问题出题难度较大，但对于考查被评价者的能力和人格特点较为有利。

例6-2 无领导小组讨论多项选择问题案例

近年来，腐败现象引起了广大人民群众的强烈不满，成为社会舆论的一个热点问题。导致腐败现象滋生蔓延的原因很多，有人把它归纳为以下八个方面：

1.所谓"仓廪实而知礼节，衣食足而知荣辱"，现在是社会主义初级阶段，市场经济还不发达，人民群众的物质生活水平不高，贫富差距拉大，造成"笑贫不笑如"等畸形心态。

2. 商品经济、市场经济的负面影响诱发了"一切向钱看"，导致拜金主义和个人主义泛滥。

3. 国家在惩治腐败问题上，政策太宽，打击无力。

4. 精神文明建设没跟上，形成"一手硬一手软"的现象。

5. 与市场经济发展相配套的民主制度与法律法规不健全。

6. 谁都反对腐败，但有时却自觉不自觉地参与或助长腐败行为。

7. 中国传统封建意识中的"当官发财""不捞白不捞"等思想死灰复燃，一些干部"为人民服务"的思想淡化。

8. 随着改革开放的深入，西方不健康思想涌入我国，给人们带来消极的影响。

你认为上述八点中哪三点是导致腐败现象滋生蔓延的主要原因？阐述你的理由(只准列举三点)。

(4)操作性问题。这是给出材料、工具或道具，让被评价者利用所给的材料制造出一个或一些考官指定的物体来(见例 6-3)。主要考察被评价者的能动性、合作能力以及在一项实际操作任务中所充当的角色特点。此类问题，考察被评价者的操作行为比其他类型的问题要多一些，情景模拟的程度要大一些，但考察语言方面的能力则较少。必须充分地准备材料，对考官和题目的要求都比较高。

例 6-3 无领导小组讨论操作性问题案例

材料：三张硬纸板，分别为红色、蓝色和绿色。一张稿纸，两把剪刀、一瓶胶水，一把直尺和一支笔。

要求：请你们用所提供的这些用品，在 45 分钟之内设计完成一件适合 3~5 岁儿童的玩具、演示并说明玩具的功能。每人先表达自己的设计想法，得出一致意见后再开始制作玩具。

(5)资源争夺问题。此类问题适用于指定角色的无领导小组讨论，是让处于同等地位的被评价者就有限的资源进行分配，从而考察被评价者的语言表达能力、概括或总结能力、发言的积极性和反应的灵敏性等(见例 6-4)。如让被评价者担当各个分部门的经理并就一定数量的登金进行分配。因为要想获得更多的资源，自己必须要有理有据，必须能说服他人，所以此类问题能引起被评价者的充分辩论，也有利于考官对被评价者的评价，只是对试题的设计要求较高。

在进行无领导小组讨论时，应注意的问题有：(1)适当控制小组的人数，一般以 6 人左右为宜。(2)保证适宜的现场环境，一般以圆桌会议为佳。(3)可以每隔一段时间增添一些新的变化信息，以增加讨论的深入程度和充分性。(4)评委事先应该制订统一的评分标准。

例 6-4 无领导小组讨论资源争夺问题案例

乐居公司是一家中等规模的家具配件公司。最近上级拨给公司一个参加国外高级员工培训班的名额，培训的内容与公司大部分岗位相关，而且可由自己选定所需的培训课程。公司传达培训通知后，报名的人很多，有人甚至托人向经理打招呼。总经理意识到如果这件事处理得不公平会影响员工的士气，于是，他决定让下属的 5 个部门各推出一名候选人，再将 5 位候选人的情况进行比较，最后确定一名。

5 位候选人的情况如下：

1. 生产部李月：掌握最先进的生产技术，经验丰富，多次获得先进工作者称号。为人忠厚老实，但灵活性不够，不善于与人沟通，喜欢埋头干事，不能整合大家的智慧。

2. 销售部王家斌：进公司虽时间不长，但业绩骄人，有较高的学历，善于与人交流，为人热情开朗，但易冲动，凡事缺乏耐心，凭兴趣做事。

3. 人事部赵敏：成功策划了几场非常重要的招聘会，提出过富有创意的用人方案，保持了公司较低的员工流失率。他智商很高，但为人孤傲冷僻，难接近。

4. 财务部张辉：公司的资金运转至今仍保持良好的势头，与她提出的几条很好的财务建议分不开。做事勤勤恳恳、任劳任怨，但不大关心其他部门的事，对员工提出的一些补助申请不做了解就予以否定，为此得罪了不少员工。

5. 设计部梁英：工作主动性强，去年两项新设计的产品赢得了不少市场占有率，也是公司保持核心竞争力的关键因素。因成绩非凡，看不起别人，总是为自己争取最大利益。

现在你们对号入座，分别充当这 5 个部门的负责人。这 5 位候选人也是由你们各自提出的，你们对自己提出的本部门员工最熟悉，相信有充分的理由推荐他们。现在你们坐在一起，来讨论决定哪一位最有资格获得培训名额，同时公司员工也最能接受。

(二) 文件筐测试

文件筐测试(in-basket test)，也称公文筐测试，是评价中心技术中最主要的活动之一，也是对管理人员潜在能力最主要的测评方法(见例 6-5)。在文件筐测试中，被评价者假定要接替某个领导或管理人员的职位，每个人都发到一篮子文件，文件筐测试因此而得名。测试要求受测人员以领导者的身份模拟真实生活中的情景和想法，在规定条件下(一般是比较紧迫而困难的条件，如时间较短、提供信息有限、孤立无援、外部环境陌生等)，对各类公文材料进行处理，写出一个公文处理报告。公文可以包括信函、电话记录、命令、备忘录、请示报告、各种函件等，内容涉及人事、资金、财务、合同、工作程序、突发事件等诸多方面。文件筐所包含的文件是根据这个职位经常会遇到的典型问题而设计的，从日常琐事到重要事件都会有所涉及。文件可多可少，一般不少于 5 份，不多于 30 份，每个被评价者要批阅的文件可以一样，也可以不一样，但难度要相似。根据文件的难度和数量，规定完成的时间。测试时间通常为 2~3 小时，并且要以文字或口头的方式报告他们处理的原则与理由，说明自己为什么这样处理。如果评价者不清楚或想深入了解某部分内容，还可以与被评价者交谈，以澄清模糊之处。考官根据被评价者的处理情况把有关行为逐一分类，再予以评分：分析判断能力等做出评价。

对其相关能力素质做出相应的评价。通过这种方法，可以对应聘者的规划能力、决策能力、分析判断能力等做出评价。

例 6-5　文件筐测试案例

假定你是上海某合资食品公司的总经理，下面的任务都要求你一个人单独完成。今天是 6 月 15 日，你到总部开了一天的会议刚回来，已经是下午 4:40 了。你的办公桌上有一堆文件，你最好在5:00前处理完毕，因为你要去北京参加全国食品卫生鉴定会，机票已经订好，司机小王5:00来接你去机场，你6月22日才能回到办公室办公。你公司的主要产品是星星牌系列食品，产品市场需求量很大，正打算扩大生产规模。好，你现在可以开始工作了。

公文1

关于加强职工教育培训工作的报告

贸总：职工教育是开发、培养人才的重要途径，是企业持续发展的可靠保证。我公司50%的职工没有达到大专程度，基础知识缺乏，业务方面实际操作水平低，多数管理人员业务水平低，且缺乏现代企业经营管理的知识。如果不改变这种状况，就很难掌握先进的技术和设备，就不能管好现代化的企业，就不能消除人力、物力、财力的巨大浪费，也就难以大幅度提高劳动生产率。我公司虽然生产任务很重，但提高职工的素质也势在必行。所以有必要把干部、职工最大限度地组织起来，有计划地进行态度观念、文化、技术业务的培训，我们计划在6月18日下午3:00~5:00举行培训协调大会，到时请你出席并为大会讲话，以引起有关人员的高度重视，完成我们的培训计划，从而为企业发展做出贡献。

培训部：田二平
2023年6月14日

公文2

贾总：工商银行的赵行长来电话约你商量有关5000万元贷款到期后再延长3个月的有关问题。他约你于明天下午3:00在阳光酒店会谈，能否赴约请你通知赵行长。

财务部：张杰
2023年6月15日

公文3

贾总：接到湖南联营厂刘厂长的长途电话：原定于本月20日举行的开工典礼，因一些棘手问题尚未解决，决定延期举行。

助理：王平
2023年6月15日下午3:00

公文4

贾总：从本季度财务报表来看，这个月底应收款为500万元，应付款为250万元，应归还银行贷款200万元，现银行账面余额为250万元，从报表情况来看，本季度销售情况虽然比较好，但销货款回收不理想，上海食品二店的销货款至今还未到账。应收款项只能收回10%，因此本月的工资和奖金没有办法支付。而6月25日是工资和奖金发放的日期，如果到时职工领不到工资和奖金，将会产生不良后果。如何解决这一问题，请你尽快做出决定。

财务部：张杰
2023年6月15日

公文5

贾总：暑期高温就要到了，一车间提出要解决他们车间里的降温设备问题。二车间和三车间都装有空调，由于一车间的空间太大，少量空调不起什么作用，而多装的话需要的资金太多，这个问题一直没有解决。为此，二车间的职工意见很大，他们认为很不合理，对他们很不公平，他们提出今年如果不解决降温设备问题，他们将集体提出抗议，如果再不解决，他们将集体怠工。你看怎样解决这一问题？

生产部：陆唯文
2023 年 6 月 15 日

公文 6

贾总：今天下午，公司外方经理比尔在车间检查工作时发现操作工小王在打瞌睡，他极为恼火，操着生硬的中国话用粗鲁的语言训斥、谩骂小王，语言极为难听，并决定扣发小王的当月工资并罚款 100 元。这件事引起全车间工人的强烈反响。他们议论说："小王有错该批评，但不该训斥、谩骂，经济惩罚也太重了。新中国成立前，我们工人受尽洋人的欺凌，现在再也不能受洋人的气。"有的工人说："再发生这类事，我们要罢工。"请问该如何处理这件事？

人力资源部：李劲
2023 年 6 月 15 日

文件筐测试的优势非常明显，具体包括：①情景性强。完全模拟现实中真实发生的经营、管理情境，对实际操作有高度仿真性，因而预测效度高。相对于纸笔测试，更加生动灵活、有创新性，能较好地反映被评价者的真实水平。②非常适合评价管理人员，尤其是中层管理者。文件筐测试主要是通过对管理人员管理工作的一种模拟，其适用对象也就限定为有一定管理经验的人。③综合性强。测试材料涉及经营、市场、人事、客户及公共关系政策法规、财务等企业组织的各方面事务，考察计划、授权、预测、决策、沟通等多方面的能力，能够对中高层管理者进行全面评价。④表面效度很高。由于文件筐测试所采用的文件十分类似于竞聘职位日常所要处理的文件，或者就是实际的文件，被评价者对这种方式也就非常容易理解和接受。⑤操作简便，要求低。相对于其他测评方法，文件筐测试可采用团体纸笔测试的方式，实施者只要能向被评价者说明指导语即可，实施操作非常简便，对实施者的要求也很低。施测的场地也只要具备简单的桌椅、采光良好的一般房间即可，对场地的要求最低。

文件筐测试的缺点有：①成本较高。测试的设计、实施、评分都要耗费较长的时间，投入相当大的人力、物力才能保证较高的表面效度，因此花费的精力和费用都较高。此外，由于较适合进行个体测试，当被评价者较多时也非常耗费时间。②评分较为困难。因为文件筐测试的作答基本上是开放式的，不同的人因其背景、经验、管理理念、素质等的不同，处理文件的方式便不同。不同的评价者之间也会有不同的认识，尤其是专业人员与实际工作人员之间的差异较大。不过，这种情况可以通过将作答方式改为标准化试题予以改善。③公文筐测试对评价者的要求较高，它要求评价者了解测试的内核，通晓每份材料之间的内部联系，对每个可能的答案了如指掌，评分前要对评价者进行系统的培训，以保证测评结果的客观公正。④由于被评价者单独作答，很难考察他们的人际交往等能力。

(三) 案例分析

案例分析通常是让求职者阅读一些关于组织中存在问题的材料，然后让其准备出一系列建议，提交给更高层的管理部门。这种方法可以考察求职者的综合分析能力和判断决策能力,既包括一般性技能,也涵盖特殊性技能。如果案例分析结果是采取书面报告形式,还可以对求职者所撰写报告的内容及形式进行评价。这种测量方法着重于考察求职者的计划组织能力、分析问题的能力、决断性等。案例分析与文件筐测试有些类似,都是让被评价者对文件材料进行分析。但文件筐测试中所提供的材料可能稍显零散,而且是原始文件;案例分析中所提供的文件大多是经过加工的,例如一些图表。文件筐测试要求求职者针对文件提出一系列具体的问题;而案例分析则是要求求职者撰写一份分析报告。评价者可以根据分析报告对其综合分析能力或者管理及业务技能做出判断,案例分析的一个不足之处就是很难找到客观的计分方法。案例分析的优点是操作非常方便,分析结果既可以采取口头报告也可以采取书面报告。

案例分析主要适用于中高层管理者的选拔。有研究表明,不同职业背景、不同职位、不同学历、不同经历的人在案例分析的得分上存在明显差异,因此如果试题编制得当,案例分析完全可以用于管理者的选拔。其次,案例分析既适合个别施测,也适用于团体施测,尤其是在有条件限制、其他测评方法不便使用或不能使用的场合。最后,在实际应用中,案例分析不仅可以作为领导干部的测评手段,也可以作为领导干部的培训手段。

例6-6　案例分析示例

牛建奎担任某市市长后,根据该市的资源、区位及文化优势,主张抓住西部大开发的历史机遇,大胆引进外资,发展经济。这一主张得到了市委市政府的肯定。于是,倡导和鼓励引进外资,开创全市对外开放新局面成为近期工作的一个突破口。该市的金砂药业公司为更多地占有市场份额,决定进行二期技改,但工厂缺乏资金。经多方努力,可望引进1000万美元的外资。由于引资心切,加之前景看好,又符合市委意图,应外商要求,牛市长、市财政局局长遂在担保书上签字盖章。药业公司引进这笔资金后,二期技改工程顺利竣工。不料,周边省市的同种新药产品捷足先登,迅速挤占了金砂药业的市场份额。眼看合同到期,药业公司在偿还了外商700万美元后,再无力偿还剩余的资金。于是,外商将市政府、市财政局以及金砂药业推上了被告席。

问:

1. 企业融资,政府(市委)该不该担保? 为什么?

2. 政府(市委)该不该负责? 为什么?

三、心理测试

(一)能力测试

能力是指个人顺利完成某种活动所必备的心理特征,任何一种活动都要求从事者具备相应的能力。能力测试就是用来衡量应聘者是否具备完成职位职责所要求的能力。能力测试有两种功能:一是判断应聘者具备什么样的能力,即诊断功能;二是测定在从事的活动中,成功的可能性,即预测功能。能力测试包括一般能力测试(也就是我们通常所说的智力测试)、能力倾向测验和特殊能力测试三种。

(1)一般能力测试。科学测验源于智力测验,同时智力测验也是最早运用于人员测评和选拔的。常用的智力测验有：韦科斯勒智力量表（Wechsler-Belle-Vue）和瑞文推理测验（包括瑞文标准推理测验和瑞文高级推理测验）。

1939年，美国纽约大学附属贝尔维医院神经科主任大卫·韦克斯勒（David Wechsler）发表了韦克斯勒智力量表。1942年，在《成人智力的测量》一书中，韦克斯勒曾做过一次修订，但仍觉测验有不足之处，需进一步修改。1955年发表了修订版，定名为WAIS，即韦克斯勒成人智力量表（Wechsler Adult Intelligence Scale，WAIS）。之后又开发了不同的版本。20世纪90年代中期，韦克斯勒成人智力量表在1981年修订版（WAIS-R）的基础上推出了新版本WAIS-Ⅲ，并做了标准化。WAIS-Ⅲ适用于16~89岁的成人。WAIS-R分言语量表和操作量表两部分，共有11项分测验，测量了26种能力和速度，具体见表6-11。

瑞文推理测验是英国心理学家瑞文（R. J. Raven）于1938年编制的，原名"渐进方阵"（progressive matrices），它是一种非文字的测验，主要测量一个人的观察能力和清晰的形象思维推理能力。量的能力倾向有：言语理解能力、数量关系能力、逻辑推理能力、综合分析能力、知觉速度和准确性等。为了能方便地对能力倾向进行评价，一些机构编制了成套的力倾向测验，其中比较有代表性的有：一般能力倾向测试（general aptitude test battery，GATB）、鉴别能力倾向测试（different aptitude test，DAT）。

一般能力倾向测试（GATB）最初是由美国劳工部自1934年开始花了10多年的时间研究制定的，包括9种职业能力倾向：一般能力（G）、言语能力（V）、数理能力（N）、书写能力（Q、空间判断力（S）、形状知觉（P）、运动协调（K）、手指灵活度（F）、手腕灵巧度（MD）。这套测试所涵盖的各种能力与不同的职业类型密切相关，经过测试可以对应聘者是否适宜从事所应聘的职位做出判断，例如手指灵活度不高的人，就不适宜从事打字员这一职位。

鉴别能力倾向测试（DAT）由美国心理公司开发，包括8个单独施测、单独计分的分测验，具体包括言语能力、数字能力、抽象推理、文书速度与准确性、机械推理、空间关系、语言运用（拼写）、语言运用（文法）。

（2）特殊能力测试。特殊能力指那些与具体职位相联系的不同于一般能力要求的能力，例如，人力资源管理职位要求具备较强的人际协调能力；保安职位对反应能力的要求比较高。特殊能力测试的方法主要有：明尼苏达办事员测试（Minnesota clerical test）、西肖音乐能力测试（Seashor measures of musical talents）、梅尔美术判断能力测试（Meier at tests）等。在使用特殊能力测试时，企业要根据空缺职位的类别，选择相应的测试方法。

（二）人格测试

人格指个人对现实的稳定态度和习惯的行为方式，按照不同的标准可以将人们的人格划分成不同的类型。由于人格在很大程度上决定着人们的行为方式，而不同的职位所要求的行为方式又不同，因此对应聘者的人格进行测试有助于判断他们是否胜任所应聘的职位，例如销售职位需要经常与人打交道，因此要求应聘者的人格应当比较外向。人格测试的方法有很多，主要可以归结为两大类：自陈式测试和投身式测试。

（1）自陈式测试。自陈式测试就是向被试提出一组有关个人行为、态度方面的问题，被试根据自己的实际情况回答，测试者将被试的回答和标准进行比较，从而判断他们的人格，常用的方法有：大五人格、卡特尔16种人格因素问卷、明尼苏达多项人格量表（MMPD）、加州心理调查表（CPD、爱德华个人爱好量表（EPPS）、迈尔斯-布里格斯类型指标（Myers - Briggs Type Indicator，MBTI）、NEO个性问卷（NEO personality inventory，NEO-PD）、DISC人格测试等。

近年来，大量颇具影响力的实证研究证实，有五项人格维度构成了所有人格因素的基础，称为大五人格（big five）。大五人格包括以下五个因素：

①外倾性（extraversion）：合群，对人友好，健谈，坚定自信，爱交际。

②亲和性（agreeableness）：合作，热心，关心人，恭谦，温顺。

③责任心（conscientiousness）：可靠，认真，自律，坚持不懈，有责任感。

④情绪稳定性（emotional stability）：心理安全，平和放松，高兴，不忧虑。

⑤开明性（openness to experience）：好奇，有智慧，有艺术细胞，有想象力，灵活。

（2）投射式测试就是向被试提供一些刺激物或设置一些刺激情景，让他们在不受限制的条件下自由地做出反应，测试者通过分析反应的结果，从而判断被试的人格。罗夏墨述测试、主画统觉测试（TAT）是两种常用的投射测试方法。

罗夏墨迹测试是由瑞士精神病学家赫尔曼·罗夏（Hermann Rorschach）于1921年编制的，是非常有代表性且在当今仍广为使用的投射测试。罗夏墨迹测试基于知觉和人格之间有某种关系这一假说，即在个人知觉中反映着人格。它主要是通过观察被试对一些标准化的墨迹图形的自由反应，评估被试所投射出来的人格特征。

四、工作样本

工作样本（work sample）就是要求应聘者完成职位中的一项或若干项任务，依据任务的完成情况来做出评价，这种方法强调直接衡量工作的绩效，因此具有较高的预测效度，工作样本的优点在于它测量的是实际工作任务，应聘者很难伪装，给出假答案；缺点是需要对每个应聘者单独进行测试，实施成本比较高；不适用于那些周期比较长的任务。在实施工作样本时，首先要挑选出职位中的关键任务；然后让应聘者来完成这些任务，同时由测试者对他们的表现进行监测并记录下任务的执行情况；最后由测试者对应聘者的表现和工作完成情况做出评价。

五、知识测试

这种测试主要是用来衡量应聘者是否具备完成职位职责所要求的知识，虽然具备职位所要求的知识并不是实际工作绩效良好的充分条件，但往往是必要条件，因此员工甄选中要对应聘者的相关知识进行测试。不同的职位，知识测试的内容也不一样，例如录用会计人员，就要试与会计有关的知识；录用人力资源管理人员，就要测试人力资源管理知识。

这种测试方法的好处是：比较简单，便于操作，不需要特殊的设备；可以同时对很多聘者进行测试，因此费用也比较低，也可以节约时间；相对来说比较公平，受主观因素影响较小。这种方法的缺点在于主要考察的是应聘者的记忆能力,对实际工作的能力考察不够因此知识测试往往作为一种辅助手段和其他方法一起使用。

第三节 人员甄选工具的信度和效度

一、信度和效度的含义

信度是指测试的可靠程度和客观程度,即测试的一致性。也指测试方法不受随机误差干扰的程度,简单地说就是指测试方法得到的测试结果的稳定性和一致性程度,稳定性和一致性程度越高,说明测试方法的信度越高;否则,就意味着测试方法的信度越低。例如,我们用一把尺子来测量某人的身高,结果为 170 厘米;第二天我们再来测量,结果变成了175 厘米,一个人的身高是比较稳定的,一天之内不可能发生这么大的变化,这说明这把尺子测量为结果稳定性比较差,也就是说它的信度比较差。

效度也叫有效性或者正确性,是指测试方法测量出的所要测量内容的程度,也就是说它在多大程度上能测量出要测的内容,如果测量出要测内容的程度比较高,就说明测试方法的效度比较高;反之,就表明测试方法的效度比较低。举个例子大家就非常容易理解。例如我们用英语出了一份试卷来测试学生的人力资源管理知识,那么这份试卷就是低效度的,因为当某个学生的成绩比较低时,并不能说明他的人力资源管理知识不够,这有可能是由于学生的英语水平不高才导致他无法回答出问题。如果我们用这份试卷连续测试几次,发现总是这名学生的成绩最差,那说明这份试卷的信度是比较高的。

以上我们讲的是一般意义上的效度含义,在员工甄选中,效度是指应聘者的测试成绩与今后的实际工作绩效之间的相关程度,如果在测试中成绩最好的人也是今后实际工作绩效最好的人,同时在测试中成绩最差的人也是今后实际工作绩效最差的人,就说明这一测试方法具有很高的效度。对效度进行研究,可以帮助企业选择正确的指标对应聘者进行选拔。

可见,为了保证员工甄选的效果,测试方法必须同时具备高的信度和效度。

二、信度的类型及其检验方法

(一)再测信度

对某一应聘者进行测试后,隔一段时间用这种方法再进行测试,两次测试结果的相关程度越高,说明这种测试方法的信度越高。这种检验方法的问题在于:第一,成本比较高,要进行两次测试;第二,应聘者可能记住了第一次测试的题目,第二次测试的结果可能会不真实。

(二)复本信度

用两种内容相当的测试方法对同一个应聘者进行测试,两种测试结果的相关程度越高,说明测试方法信度越高。这种方法虽然可以避免再测检验法的第二个问题,但是实施的成本依然比较高。

(三)分半信度

把一种测试方法分成两部分来进行考察,两部分的结果相关程度越高,说明测试方法的信度越高。例如可以把测试题目按奇数和偶数分为两部分。

(四)评分者一致性

随机抽取数份试卷,由两位或两位以上评分者分别评分,然后计算每份试卷所评各分数之间的相关程度,所得的结果就是评分者一致性。

三、效度的类型及其检验方法

(一)内容效度

内容效度指测评工具所包括的题目能否真正代表所需要测评的内容。比如,在结构化面试的时候,为了对候选人的计划能力、组织能力、应变能力等进行评价,我们设计了一套结构化面试的题目。如果这套题目能涵括所需要评价的能力,包括计划能力、组织能力和应变能力,则可以认为这套题目的内容效度比较高;而如果不能涵括所需要评价的能力,则其内部效度比较低。内容效度的检验主要采用专家判断的方法。一般应该在评价之前,通过职位分析等方法确定所需要评价的内容,再让专家根据需要测评的内容采用内容效度高的测评了具。而如果在确定需要评价的内容时发生了错误,比如确定所需要评价的内容不是真正需要的内容,确定需要评价的内容过多,或者确定需要评价的内容过少,则不管我们采用什么样的评价工具,最后的内容效度都会比较低。

(二)效标关联效度

内容效度是指测评工具所包括的题目能否真正代表所需要测评的内容;效标关联效度则是指测评的结果与被预测的内容关联程度,这里我们把需要预测的内容称为"效标"。比如,如果我们采用某一测评工具对候选人的计划能力进行评价,结果发现在测评中得分比较高的候选人计划能力强,而得分比较低的候选人计划能力差,则我们所使用的测评工具的效标关联效度比较高;反之,如果在测评中得分比较高的计划能力并不一定强,得分比较低的计划能力并不一定差,则我们所使用的测评工具的效标关联效度比较低。

根据所使用的效标的不同,可以把效标关联效度分为两种:预测效度和同时效度。预测效度是指先采用测评工具对研究对象进行测评,过一段时间再对研究对象的"效标"进行测评,然后计算两者之间的关系。比如,公司在招聘销售人员的时候,先采用某一测评工具对所有候选人进行测评，这样每名候选人员都有一个得分(测验分数)。等这些候选人在公司工作了一段时间之后，搜集这些人员的效标数据(这里为实际业绩)。然后，计算测验分数和实际业绩之间的相关度。如果测验分数和实际业绩之间的相关度很高，则所使用的测评工具的预测效度很高，公司在今后招聘销售人员时可以继续使用这一测评工具；反之，如果两者之间的相关度很低，则所使用的测评工具的预测效度很低，公司在今后招聘销售人员时应该放弃使用这一测评工具。

由于预测效度需要的时间长，所以很多时候我们都采用同时效度。比如，公司需要考察某一测评工具的预测效度(即采用这一工具来招聘新的员工是否合适)，可以先采用该工具对公司内部人员进行测评，然后获取公司内部人员的效标数据(这里一般为实际业绩)，然后计算测评结果与实际业绩之间的相关度(同时效度)。同时效度在获取上相对来说更为容易，但是因为同时效度会受到参加测评人员的工作经验的影响，因而从预测准确性的角度来看要略低于预测效度。

✦ 阅读与思考

YC公司的招聘面试

星期一早上，在上海YC公司(中国)总部的一间办公室里，负责人力资源管理的副总经理陈先生正在考虑着一会儿要进行的招聘高级研究人员的一些事项。他的办公桌上放着3个人的材料，包括个人简历、相关证书以及一些素质测评的结论。这3人是从107名应聘者中选拔出来的，每个人都有独到之处。

A：男，29岁，应届博士生。毕业于名牌大学，其毕业论文中关于氟化玻璃的硬度与纯度的研究与公司下一步的技术开发方向十分吻合。去年A曾到YC公司在中国的有力对手AK公司的一个实验室里实习过一个月。陈先生派人了解过他的情况，那个实验室的人高度评价了A在专业方面的悟性和工作能力，但对他的骄傲自大颇有微词。"有才华的人总免不了有些骄傲的。"陈先生想。

B：女，35岁，硕士。目前是一家省级科学院的副研究员，在新型材料的市场调研和应用研究方面是专家。想进YC公司就职主要为解决夫妻两地分居的问题。

C：男，33岁，硕士。自由职业者，有关于氟化玻璃的两项专利。

10分钟后，陈先生和其他4位专家一起开始了对A、B、C 3人的面试。谈话中，除一些话题与个人情况密切相关外，有几项重要的提问对3人是相同的，但回答大相径庭。1面试主要内容记录如下：

问：为什么要做氟化玻璃这个项目？

A：无所谓，是导师帮助定的，定了我就做。其实换个题目我照样能做好，我有这份信心。

B：这是当前和今后几年里市场上的热点项目，技术上处在领先地位，获利很高。

C：我做是因为我喜欢，我喜欢研究那些透明的晶体。目前我国的技术与国外相比还是不行。你注意了吗？国产的氟化玻璃总是有杂质，肉眼看都很明显。

问：能否比较一下本公司与你以前工作过的单位？

A：没法比。我实习过的那家公司糟透了，无论人员素质还是技术水平，都太落后，我的才能只有在 YC 这样的大公司里才能发挥出来。

B：差不多。贵公司的技术条件与我们研究所差不多，不过，资金实力更雄厚一些。

C：没法比较，我没有属于过哪家公司，但贵公司可以提供给我继续工作的资金和场所、仪器，所以我们还应该就待遇问题进一步谈谈。

问：你愿意和什么样的人相处？

A：什么样的都行，或者反过来什么样的都不行。说实话，我不认为与什么人相处能对我的工作有所帮助，别人不可能帮得了我，我的工作主要靠我自己的努力。

B：我希望与不太自私的人共事。这样大家才能协作得好，才有利于组织目标的实现，越是大公司越应该注意这一点。但不必担心，就我个人来说，一般情况下，我能和大家合作好的。

C：与别人共事时不可能总是融洽的，但我希望与我共事的人能以工作为重，否则我会很气愤。这会影响工作的。

问：如果你的研究项目失败，你会怎样？

A：再换一个就是。我说过，不管做什么我都会成功的。

B：多找一找原因，并从技术、市场、材料、仪器等方面，研究有无做下去的必要。如果有前景，有市场，当然应该继续做下去。

C：我研究过了，这个项目的前景非常好。我会不遗余力地做下去，我不怕失败，不怕任何难面试结束了，陈先生面对面试记录，陷入了沉思。

请思考：

1.如果由你来决定，你会录用谁？请说明理由。

2.如果必须要放弃一个人，你会放弃哪一个？请说明理由。

3.请评价 ABC3 个应聘者的表现。

（资料来源：高秀娟，王朝霞.人员招聘与配置.北京：中国人民大学出版社，2011）

✦ 本章小结

人员甄选是指通过运用一定的工具和手段对已经招募到的求职者进行鉴别和考察，区分他们的人格特点与知识技能水平，预测他们未来的工作绩效，从而最终挑选出企业所需要的、恰当的职位空缺填补者。

一般来说，人员甄选要遵循六个步骤，即首先评价应聘者的工作申请表和简历，然后进行选拔测试和面试，接下来审核应聘材料的真实性，之后进行体检，录用应聘者后还要经过一个试用期的考察，最后才能做出正式录用的决策。常用的甄选工具有：面试、评价中心、心理测试、工作样本与知识测试。

关键术语

人员甄选（PERSONNEL SELECTION）

能力测试（ability test）

人格测试（personality test）

职业兴趣测试（vocational interest test）

成就测试（achievement test）

评价中心技术（evaluation center technique）

笔迹分析法（handwriting analysis）

大数据分析法（big data analysis）

复习思考题

1. 什么是员工甄选？

2. 人员甄选工具有哪些？每个的优缺点是什么？

3. 各种类型的面试的特点及适用范围与情景是什么？

4. 面试有哪些方面的技巧？如何运用？

5. 人员甄选的创新方法有哪些？

第七章
面试

🔊 知识结构图

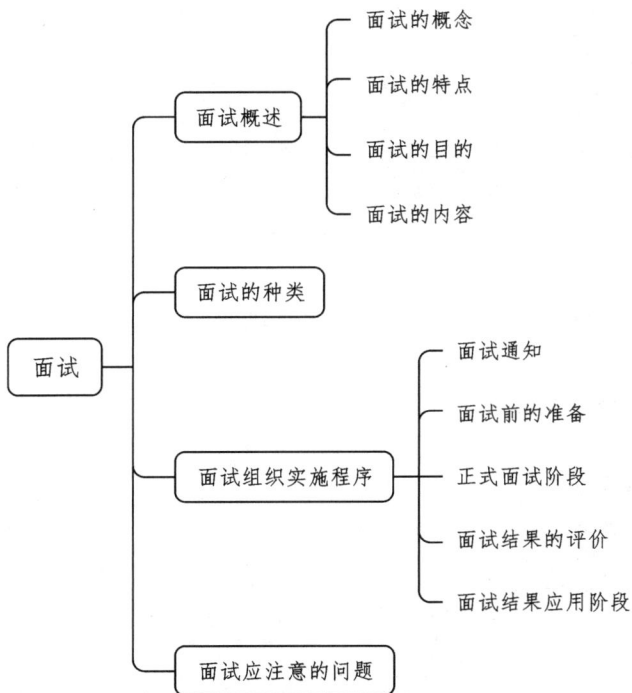

🔊 学习要点

- 面试的概念
- 面试的特点
- 面试的内容
- 面试的种类

- 面试组织实施的程序
- 面试的技巧
- 面试的误区

🔊 学习目标

通过本章的学习，首先要理解面试的概念和内容；了解面试的特点，面试的作用；掌握面试的组织实施程序；掌握面试的各种技巧及面试过程中可能存在的误区，增强面试的有效性。

🔊 引导案例

失败的招聘面试

刘先生是某 IT 公司的部门经理。因为一次偶然的机会，需要全权负责公司项目主管的招聘。刘先生进行了一系列的准备工作。首先是撰写职位说明书，他参考了其他公司相关职位的条件，结合了自己和同事的想法，编制了招聘启事，具体包括以下内容：大专以上学历，相关专业两年以上工作经验，年龄在 28~45 岁；有相关证书者优先考虑；吃苦耐劳，能够适应经常性出差，为人乐观开朗，积极向上，有较强的处理人际关系的能力和团队管理能力等。其次，他又在本地有影响力的招聘网站上发布招聘启事，并收到了大量的求职简历。在经过一段时间的简历筛选之后，开始安排初步面试。

刘先生觉得现在都在讲结构化面试，因此在进行面试之前就准备了针对能够经常出差、沟通能力、团队管理能力等方面的一些问题，以便在面试中提问。大致的问题有：

(1)说一说你能胜任应聘岗位的理由。

(2)这个岗位会经常出差，工作量较大，你能承受吗？

(3)你如何理解团队合作？

(4)你觉得团队管理能力重要吗？为什么？

……

在整个面试过程中，刘先生态度和蔼，有时还和应聘者做一些讨论。面试结束后，他对其中几个人不满意。

一位是北方人，此人工作经历非常符合应聘岗位的要求。但一见面，刘先生就对他的第一印象不太好，那个人身形瘦弱，看起来不太舒服，因此将他淘汰了。

另一位自我感觉良好，说话滔滔不绝，不过过于自负，有些压不住的感觉，刘先生与他面谈一会儿就打发他走人了。

还有一位，他的背景良好，专业较为对口，回答问题比较符合刘先生的想法，语言表达能力也强，因此刘先生和他足足聊了一个半小时。

面试之后，刘先生最终确定了一位自己觉得非常合适的项目主管人选。该项目主管上岗以后，却说得多，做得少，团队成员对他意见很大，所负责的项目也出现了重大问题。

思考：

刘先生的面试存在哪些问题？你觉得如何进行面试比较合适？

（资料来源：李旭旦、吴文艳，《员工招聘与甄选》第 2 版，上海，华东理工大学出版社，2014 年）

面试在企业招聘中有着至关重要的作用。研究表明，有 90% 以上的企业在招聘中使用面试，其中为数不少的企业最终是通过面试来决定人员的选拔录用。因此，面试对人员的选拔具有非常重要的意义。

面试考官在面试中起着主导作用，任务是实施面试，以确定最后的人选。面试过程需要很多技巧，包括提出面试问题、观察和分析应聘者在面试中的各种行为表现、对应聘者进行判断和评价等。同时，也要求面试考官尽量不受主观因素的影响，公平公正地找到合适的人选。企业招聘到的人才的素质高低与面试有着很大的关系。本章将详细介绍面试的定义、作用、特点、种类、内容、组织实施程序、技巧以及误区等。

第一节 面试概述

一、面试的概念

面试是用人单位招聘录用人才使用最为普遍的一种选拔测评方法。面试是指面试官通过和应聘者直接交谈，知晓应聘者的综合素质、能力水平与求职动机的一种招聘技术，是供需双方相互加深了解的必要途径。

由于与笔试相比较，面试具有更大的灵活性和综合性，它不仅能考核求职者的知识水平、业务能力，而且可以面对面观察求职者的仪态、气质、口才和应变能力及某些特殊技能等，所以，面试既是应聘者各方面能力的真实展现过程，也是用人单位对应聘者的深入了解、评估，是双方能否一拍即合的最佳机会。因此，许多用人单位对这种方式更感兴趣。面试在招聘中的作用已越来越重要。

在面试过程中，主试者与应聘者直接交谈，根据应聘者对所提问题的回答情况，考查其相关知识的掌握程度，通过其外貌、风度、气质，以及现场的应变能力，判断应聘者是否符应聘岗位的标准和要求。

面试的形式多种多样，内容也可以根据招聘职位的需要进行灵活设计和调整，因此，主试者可以在面试过程中根据实际情况及时调整面试内容，及时弄清楚应聘者在回答中表述不清的，从而提高考察的深度和清晰度，并减少应聘者说谎、欺骗、作弊等行为的发生。

另外，应聘者也可以通过提问、观察等方式，对招聘企业的情况、招聘职位的条件企业的薪酬福利等情况进行深入细致的了解。

总之，通过直接的接触，面试可以使用人单位了解应聘者的社会背景，以及语言表达、反应能力、个人修养、逻辑思维能力等；同时，面试也能使应聘者了解自己在该单位未来的发展前景，并将个人期望与现实情况进行对比，找到最好的结合点。

二、面试的特点

(一) 面对面直接互动

笔试是对命题人、评分人严加保密的测评方式，招聘者与应聘者通过试看进行间接交流。而面试中应聘者是与面试官面对面直接接触与交流的，应聘者的回答及行为表现与评判结果是直接连接的，没有任何中介转换形式。这种直接性提高了沟通的效果与面试的真实性，也增加了人情味。

(二) 内容、形式和时间的灵活性

相对笔试来说，面试是一种更加灵活的测评方式。首先，不同应聘者面试的时间可以根据实际情况随时调整，不再局限于规定的几个小时；其次，面试的形式多种多样，如无领导小组讨论、角色扮演、集体面试、单独面试等，面试单位可以根据不同的岗位选择合适的面试形式；最后，面试的内容会因应聘者的个人经历、背景等情况而无法固定，还会受到具体岗位的职责、工作内容、任职资格等的影响，也会根据应聘者的实际表现而随时修改。

(三) 双向沟通性

面试是面试官与应聘者之间双向沟通的过程。虽然面试过程是面试官主导的，但应聘者并不是完全处于被动状态。在面试官通过谈话和观察来评价应聘者的同时，应聘者也可以通过面试官的行为来判断其评价标准、态度偏好及对自己表现的满意度等，从而调整自己的行为。而且应聘者有权利向面试官提问，了解更多有关应聘单位、职位的信息，进一步判断自己是否真的适合这个工作，这也是一个双向选择的过程。所以面试不仅仅是面试官对应聘者单向的考察，也是双方的沟通交流与能力较量，需要应聘者摆正心态、抓住机会。

(四) 以观察为手段

除了通过沟通交流来考察应聘者，观察也是面试官的重要手段。面试需要面试官善于运用自己的各种感官，不是通过单一的视(眼)、听(耳)、想(脑)等信息渠道进行，而是通过向(口)、察(眼与脑)、听(耳)、析(脑)、觉(第六感)综合进行。面试官既要收集语言形式的信息，又要注意非语言形式的信息，因此观察成为重要的手段。

面试官要从面部表情和身体语言两方面来进行观察。在求职面试中，可从应聘者面部表情中获得的信息量高达 50% 以上，而身体、四肢等在信息交流过程中也发挥着重要的作用。

(五) 评价的主观性

笔试是有着明确的客观标准的评价方式，更多需要理性的逻辑判断与事实判断，通过分数的高低来体现应聘者与评价标准的契合度。而面试的判断却带有一种直觉性，面试评

价也具有较强的主观性，不同面试官的评价标准会有一定差异。受个人主观印象阅历、情感知识水平等诸多因素的影响，不同面试官对同一应聘者的评价往存在不同，甚至截然相反。这种主观性会在一定程度上影响面试结果的有效性，需要招聘单位加以重视。但经验丰富的面试官会把自己长期积累的经验运用到面试评价中去，又使这种主观性有了独特的价值。

三、面试的目的

(一) 求职者的目的

对求职者来说，面试的目标是在限定时间内向招聘人员推销自己，同时也通过面试去了解所应聘公司及工作性质，看看是否与自己的期望相符。

(二) 招聘者的目的

对招聘人员来说，主要是：

查核：透过问答，了解应聘者提供的资料及登记表上的信息是否可信。

观察：面对面观察申请人的仪容、态度、谈吐等。

测验：用各种办法评估应聘者的性格、才能及知识等。

判断：评估应试者干好工作的能力，考虑申请人是否有能力及诚意担当此职，是否适合在该公司工作。

沟通：把岗位和组织的信息完整、准确、真实地传达给求职者。

四、面试的内容

面试的内容常常因工作单位的招聘目的、应聘者素质等因素不同而有很大的差异。面试中要考查的方面一般包括：仪表风度、语言表达能力、专业知识、人际交往能力、综合分析能力、反应能力与应变能力、工作经验、工作态度、求职动机与工作期望、个人兴趣爱好等。

(一) 仪表举止

良好的仪表风度、得当的谈吐举止是一些工作和职位必须具备的条件。例如，中高级的管理人员、公关人员和行政服务人员等。在面试这些人员时，应当对他们体格姿态、外貌、气色、衣着举止、精神状态进行考察。研究表明，仪表端庄、衣着整洁、举止文明的人，一般做事有规律，自我约束能力和责任心较强。同时，员工的仪态仪表也是企业形象的具体表现，一个精神抖擞、举止有礼的人会给企业带来加分。

(二) 教育培训背景

教育培训背景是面试的基本内容。它包括学习的专业、毕业的学校、学历、学位、接受过的培训等。它对了解和掌握应试者的知识结构、发展方向、工作潜力、进行职业规划都有很大的帮助。

(三)专业技能(职称/资格)

应聘者掌握哪些专业技能,水平如何,取得哪些专业的资格认证,获得哪些专业技术的职称等。从专业的角度了解应聘者专业知识的广度和深度,可以作为笔试的补充,进一步评估其专业知识是否符合职位的要求。

(四)工作经验与工作经历

了解应试者的工作经验和工作经历是面试中十分重要的内容。这是因为一个人的工作绩效和他的工作经验与工作经历有着非常密切的关系。经验是一种积累,经验越丰富,解决问题的能力越强、工作技能就越高。工作的经历也十分重要,他在一定程度上说明应聘者的职业发展轨迹和职业发展能力,从侧面补充说明应聘者的能力。

(五)求职动机

求职动机包括:为何到本企业来应聘、为何离开原来的公司等。求职动机在一定程度上影响求职者对工作的态度、事业心和工作取向等一些重要的价值观和理念,主试者可以通过这些问题,对应试者进行更深入的了解。当然,在涉及这些问题的时候,应聘者可能会隐瞒一些真实的想法,或对有关的信息进行过滤。主试者应当进行客观的分析和判断。

(六)薪酬福利与工作期望

薪酬福利与工作期望是面试的一个基本内容。主试者需要了解应聘者对薪酬福利的期望、能够接受的最低工资以及公积金、养老金、医疗保险和税收问题;了解应聘者对今后在企业的发展和想法及工作的期望等。此外,应试者也通过这个机会,了解企业的薪酬福利政策和录用后的具体待遇,了解录用后个人职业发展的机会等。

(七)人际沟通能力

面试是测试应试者人际沟通能力的最有效的手段。在面试的双向沟通过程中,可以询问应聘者经常参加哪些社团活动、喜欢和哪种类型的人交往等,通过提问、回答、交谈、阐述、自我介绍和交换观点等方式,主试者能够很好地了解应试者的表达、倾听、陈述、辩驳、劝说等人际沟通的能力及人际交往倾向和与人相处的技巧。

(八)自我控制力

某些职位如中高级的管理人员,需要具备较好的自我控制能力。在面试这类应聘者时,可以采用压力式的面试方法,提出一些令人窘迫和尴尬的问题,或抓住对方的弱点穷追不舍,以此测试应试者的自我控制能力。

（九）事业心

事业心主要测试应试者的进取精神、工作责任感和成就需要等。在研发人员和高层管理人员的面试中，事业心是一项重要的测试内容。这是因为是否具有强烈的事业心和责任感，对他们今后工作和绩效具有非常重要的作用。

（十）反应能力

有些工作需要良好的反应能力。在面试中可以提出一些特殊问题和要求，以了解和评价应试者的反应能力。以此预测应聘者今后在工作中能否准确判断，及时做出反应，迅速处理各种意外和突发的事件。

（十一）特长与爱好

面试还应该了解应试者具有哪些特长，特别是与职位和工作有关的特长，如外语、计算机等；了解应试者的业余爱好，如运动、旅游和音乐等。这些信息有助于了解掌握员工的其他潜力和技能，为员工的任用发展、职业规划和人才储备收集信息和提供依据。

（十二）团队精神

团队精神是企业每个员工都必须具备的基本条件。现代的社会和组织，需要成员之间相互理解和协作，需要很好的团队精神。一个能力再强的员工，如果没有团队精神，不能与他人进行很好的合作，就不可能有效地发挥作用，可能还会给企业造成负面的影响和损失。

第二节　面试的种类

一、结构化面试、非结构化面试、半结构化面试

根据结构化程度来分，面试可以分成结构化面试、非结构化面试、半结构化面试。

（一）结构化面试

结构化面试又称标准化面试，是指依据预先确定的内容、程序、分值结构进行的面试形式。面试过程中，主试必须根据事先拟定好的面试提纲逐项对被试人测试，不能随意变动面试提纲。被试人也必须针对问题进行回答，面试各个要素的评判也必须按分值结构合成。

结构化面试的优点在于：

第一，由于是事先进行准备，按流程实施，面试的问题比较系统和完整，操作比较规范，不易遗漏应该提出的问题。

第二，结构化的面试一般会根据问题，设计可能的答案和评分标准，并且对所有应聘者均按同一标准进行评判，所以，能够很快按标准给出评分，有利于对应试者进行分析、比较，减少主观性，同时提高面试的效率，且对面试考官的要求较低。

它的缺点是：结构化面试事先准备的问题不可能包括所有应该提出的问题，局限了信息收集的范围，面试的形式和过程比较单调和死板、谈话方式过于程式化，不利于双方的自由沟通。

结构化面试的内容一般包括：工作技能和工作经验、教育和培训的情况、工作经历、爱好和特长、薪酬福利和自我评价等，主要考察应聘者综合分析能力、言语表达能力、计划组织协调能力、应变能力、自我情绪控制、人际合作意识与技巧、求职动机与拟任职位的匹配性、举止仪表等。

（二）非结构化面试

非结构化面试是对与面试有关的因素不做任何限定的面试，也就是没有任何规范和随意性的面试。事先不需要太多的准备，主试者只要掌握企业以及相关岗位的基本情况即可。主试者可以根据需要，对不同的应试者提出不同的问题。面试的话题可以围绕不同的方向展开，主试者在一定工作规范下，可以随机提出各种与工作有关的问题。应聘者可以自由地发表议论、抒发感情。这种面试的主要目的在于给应聘者充分发挥自己能力与潜能的机会，通过观察应聘者的知识面、价值观、谈吐和风度，了解其表达能力、思维能力、判断能力和组织能力等。

由于这种面试有很大的随意性，需要主试者有丰富的知识和经验，掌握灵活的谈话技巧，否则很容易使面谈失败。同时，由于主试者所提问题的真实意图比较隐蔽，要求应聘者有很好的理解能力与应变能力。

非结构化面试的优点是主试者可以灵活地调整掌握面试的操作，针对不同的对象自由提出各种问题，深入了解应试者的某些情况；面试的过程比较自然、气氛较轻松，应试者比较容易进入状态，正常发挥。

非结构化面试的缺点在于：由于事先没有系统的设计策划，可能会遗漏一些重要的问题，另外，由于缺乏统一的评判标准，不利于应聘者进行分析、比较，容易产生偏差。非结构化面试主要考查应聘者的服务意识、人际交往能力、进取心等非智力素质。

（三）半结构化面试

半结构化面试是指只对面试的部分因素有统一要求的面试，如规定有统一的程序和评价标准，但是面试题目可以根据面试对象而随意变化。半结构化面试是在预先设计好试题的基础上，由考官向应聘者提出一些随机性的试题，也可以说它是结构化面试和非结构化面试的综合体。这种面试可以使用人单位全面考虑应聘者的人际交往能力和沟通能力。

三者的比较如表7-1所示。

表 7-1　结构化面试、非结构化面试和半结构化面试的比较

面试类型	优势	劣势
结构化面试	客观、公证、可量化，不同面试考官的不同面试结果有可比性，可大规模施测	灵活性弱
非结构化面试	灵活性强	主观性强，偶发因素影响大，受面试考官个人偏好影响，难以防范应聘者社会赞许倾向和表演行为
半结构化面试	兼具两者优势	受面试考官影响较大，评价结构的客观性、可比性受其结构化的影响

二、单独面试、系列面试、小组面试和集体面试

按面试的组织方式及应聘者的数量来划分，可分为单独面试和系列面试、小组面试和集体面试等。

(一) 单独面试

单独面试，也是一对一的面试就是主试者和应聘者两人一对一的面试。在面试过程中，一个人提出问题，另一人回答问题。面试的操作和对应聘者的评价全由主试者一人决定。

(二) 系列面试

在系列面试中，由几个不同的主试人员，分别对应聘者进行面试。每个人从各自不同的角度提出问题，根据应聘者的回答，做出自己的评价。

系列面试是企业常用的一种面试方法。例如，在招聘选拔公司的销售人员时，公司分别安排人力资源管理部的经理、市场部的经理、销售总监对应聘者进行面试。他们从不同的角度提出问题，各自按标准对应聘者进行面试，并做出评价。系列面试可以是结构式的，也可以是非结构式的。系列面试的最大优点是能够较全面地对应聘者进行评价，避免一对一的面试可能出现的主观偏差。

(三) 小组面试

小组面试就是由几个主试人员组成有关的面试小组，同时对应聘者进行共同面试。在面试中，各个主试人员可以从不同的侧面提出自己的问题，对应试者进行评价。例如，来自财务部的经理，可以从财务角度出发，提出一些管理的问题，要求应聘者做出回答；来自销售部的经理可能提出一些与市场营销有关的问题，请应聘者谈谈自己的看法；而企业的副总经理则可能就企业的经营提出一些问题，来测试应聘者的管理能力。这种面试与系列面试一样，它可以较全面地对应试者进行面试。但由于同时面对几个主试人员，回答不同角度的问题，可能会给应试者造成较大的心理压力。

（四）集体面试

集体面试是由小组面试发展变化而来的。它是由面试小组对多个应聘人员同时进行面试。在集体面试中，主考官提出问题，然后由应聘人员回答问题。在集体面试中，应聘人员的表现和行为可能会产生相互影响的作用，它的优点是能够了解应聘人员的人际交往能力和管理领导能力，也可以节省面试的时间。

三、压力面试和非压力面试

（一）压力面试

压力面试是在对应试者施加压力的情况下进行的一种特别的面试。在压力面试中，主试者会提出一系列十分直率的甚至不礼貌的问题，给应试者制造很大的压力。主试者会尽量寻找应试者在面试中的破绽和弱点，穷追不放，希望应试者失去自我控制能力。例如，问及应试者的辞职动机，追问为何屡次跳槽；又如，反复对应试者的弱点进行提问等。压力面试的目的是测试者承受压力和控制情绪的能力，了解应试者的机智和应变能力。

应当注意的是，采用这种压力面试，主试者必须具备良好的技巧和能力，能够控制和掌握面试的进行，避免应试者出现过度的反应，影响面试的效果。

（二）非压力面试

与压力面试相反，在非压力型面试中，面试考官力图创造一种宽松、亲切的氛围，使应聘者能在最小的压力下，在轻松自然的状态下回答问题，以获得录用所需的信息。非压力型面试适用于绝大多数职位的应聘者。

四、一次性面试和分阶段面试

（一）一次性面试

所谓一次性面试，即指用人单位对应聘者的面试集中在一次进行。在一次性面试中，面试考官的阵容一般都比较"强大"，通常由用人单位人事部门负责人、业务部门负责人及人事测评专家等人员组成。在一次性面试情况下，应聘者必须尽其所长，认真准备，全力以赴。

（二）分阶段面试

分阶段面试又可以分为两种类型，一种叫依序面试，一种叫逐步面试。

依序面试一般分为初试、复试与综合评定三步。初试的目的在于从众多应试者中筛选出较好的人选。初试一般由用人单位的人事部门主持，主要考察应聘者的仪表风度、工作态度、上进心、进取精神等，将明显不合格者予以淘汰。初试合格者则进入复试，复试一般由用人部门主管主持，以考察应聘者的专业知识和业务技能为主，衡量应聘者对拟任工作岗位是否适合。复试结束后再由人事部门会同用人部门综合评定每位应聘者的成绩，确定最终合格人选。

逐步面试，一般是由用人单位的主管领导以及一般工作人员组成的面试小组，按照小组成员的层次由低到高的顺序，依次对应聘者进行面试，高层则实施全面考察与最终把关，实行逐层淘汰筛选，越来越严。应聘者要对各层面试的要求做到心中有数，力争每个层次均留下较好的印象。

五、常规面试、情景面试、综合性面试

(一)常规面试

所谓常规面试，就是我们日常见到的，考官和应聘者面对面、以问卷形式为主的面试。在这种面试条件下，考官处于积极主动的位置，应聘者一般是被动应答的姿态。考官提出问题，应聘者根据考官的提问进行回答，展示自己的知识、能力、经验。考官根据应聘者对问题的回答以及应聘者的仪表仪态、身体语言、在面试过程中的情绪反应等对应聘者的综合素质做出评价。

(二)情景面试

情景面试又叫情景模拟面试或情景性面试等，是面试的一种类型，也是目前最流行的面试方法之一。情境面试是通过询问应试者一系列的问题来预测他在给定情况下的行为能力的一种面试方法。在情境面试中，面试的问题是在工作分析的基础上制订的，答案由一组主管人员确定，主试者根据应试者对问题的回答和事先确定的答案对应试者进行评价。情景面试突破了常规面试时考官和应聘者那种一问一答的模式，引入了无领导小组讨论、公文处理、角色扮演、演讲、答辩、案例分析等人员甄选中的情景模拟方法。

情景面试中具体方法灵活多样，面试的模拟性，逼真性强，应聘者的才华能得到更充分、更全面的展现，考官也能对应聘者的素质做出更全面、更深入、更准确的评价。

(三)综合性面试

综合性面试兼有前两种面试的特点，而且是结构化的，内容主要是集中在与工作相关的知识、技能、能力等个性心理特征和其他素质上。

第三节 面试组织实施程序

面试的主要过程包含以下几个阶段：面试通知、面试前的准备、正式面试、面试结果的评价以及面试结果的应用。

一、面试通知

(一)电话通知面试

电话通知面试主要是要注意电话礼仪。

一是时间的安排。这里有两个时间是需要非常注意的,即打电话的时间和通知面试的时间,打电话的时间一般上午 9 点到 11 点或者下午 3 点到 5 点是比较合适的,这样不会打搅候选人的休息或者用餐时间。在安排面试时间时,要考虑到用人部门面试考官是否有充足的面试时间,以及应聘者是否方便。一般来说,周一是个相对繁忙的工作日,诸多例会大都安排在周一,且周一的交通情况也不太好,因此,将面试时间安排在周一,会给应聘者请假带来不便。若将面试时间安排在下午,宜将面试开始时间定在两点以后,要给应聘者的午餐留下足够的时间,也可避开面试考官午餐后的倦怠期。

二是不要叫错应聘者的名字。叫错应聘者名字这是很不礼貌的,试想,若此人日后成为你的上司,他会对你有什么印象?对于一些拿不准的生僻字,可以事先请教别人,甚至翻翻字典,或者百度一下。

三是注意不要给应聘者现在的工作带来麻烦。在给应聘者打电话时,请先问问应聘者"是否方便接听电话"。

四是详细告知达到公司的路线。在给应聘者打电话时,应根据应聘者选择的交通方式,详细告知其路线。

五是不要怕重复。因为对于招聘人员来说,很多事情都是固定下来的,会觉得很熟,若换位思考一下,在应聘者比较紧张的情况下,第一次听到这么多信息,他是否会记得住?因此,可在结束电话约见前,再将面试的时间、地点重复一遍,或提醒应聘者将信息用笔记录下来。

六是做好回答问题的准备。电话通知面试是双向沟通的过程,所谓双向沟通,指的是信息发送者在信息发出后,还需及时听取反馈意见,必要时还要进行多次重复与沟通,直到双方共同明确信息为止。招聘人员在给应聘者打电话通知其面试时,应聘者有时回答说:"我现在外面办事,待会儿打给您。"或"你们公司做什么的啊?有网站吗?等我看完后给你去电吧。"或"明天下午啊?可能我没时间,能不能后天下午呢?"针对以上回答,招聘人员应有心理准备。关键是了解公司基本情况、应聘者应聘岗位情况,不要出现一问三不知的现象;对于时间方面的问题,应对应聘者表现出足够的尊重,尽量照顾到他的时间,但不要忘记再次打电话跟进。

七是保持积极的态度。最好是在电话旁放上一杯水。不要用沙哑的声音跟应聘者说话,你带给应聘者信息应是"我们每名员工都是在快乐、尽职地工作",而不是疲惫不堪的。

电话通知面试话术示例:

"您好!我是××公司人力资源部×××。我收到您发来的简历,您应聘的岗位是××××部××××岗位,希望约您来公司面试,您现在说话是否方便?"

（在得到对方的肯定回答后）"请您在××月××日××时××分，到××（注：办公地点，如××路×××大厦×××房间）。您来的时候请带上学历、学位、身份证的原件和复印件，一张一寸正装彩色照片。您到大厦前台后，请先在前台领取一张应聘登记表，填写完毕请打电话××××××与我联系。如果您有特殊情况不能赶到，也请提前告诉我。"

（正式内容通知完毕后，可以询问）"您对××××（办公地点）熟悉吗？是否能够找到？"（可以根据情况，告诉应聘者乘车路线；如应聘者无法如期面试，可以暂缓另外约定时间）

再重复一遍面试的时间、地点，并礼貌地说再见。

（二）其他面试通知方式

其他面试通知方式还有电子邮件，这种方法适合在电话通知不到的情况下；或者非重要的岗位面试；需要在短时间内通知大量应试者。这种方法是快速，便捷，省时省力；缺点是单向沟通，招聘人员不能及时收到反馈信息，且不能保证及时通知应聘者，通知的成功率不高。

公告栏（电子版或者纸质版），这种方式多用于招聘大量的在校毕业生。其优点是快速、省时省力，借助发布面试信息，可再次实现企业宣传的目的；缺点是招聘人员不能及时收到反馈信息，且不能保证及时通知应聘者，通知成功率不高。

手机短信，这种通知方法适用于招聘量大、工作量大的情况。其优点是快速省时省力，缺点是单向沟通，应聘者可能会与其他垃圾短信混淆，影响企业形象。

信函，这种方式适合招聘量小、重要岗位。其优点是正式、严谨；缺点是单向沟通，信息传递慢，反馈不及时。

二、面试前的准备

（一）面试所需材料的准备

（1）岗位工作说明书。"岗位工作说明书"是撰写招聘广告、编制面试提纲、对应聘者进行评价的基础和依据。

（2）应聘登记表。"应聘登记表"中涵盖了所有公司需要了解的应聘者个人信息，比简历中的信息还要全面。它对招聘工作来说是非常重要的，如证明人、社会关系、薪资要求等，阅读这些信息可以帮助面试者提高面试结果的预见性；同时，一旦应聘者被录用，这些信息也将成为员工档案的一部分。因此，招聘人员应该在面试前要求应聘者填写"应聘登记表"，以获取完整的信息。

（3）面试评价表。一份科学、可衡量的面试评价表是招聘者进行面试的好帮手，它可以帮助面试考官完整、全面地了解应聘者的个人特质、知识技能，作为评判的依据。

（4）相关证书及复印件。可以证明应聘者的身份以及以往部分经历的真实性。

（5）面试记录表、笔。每天面试大量的人员，仅靠脑子记是记不准的，招聘人员要备好纸笔，不但可记录得更准确、完整，且可为日后做总结打基础。

（6）白板、白板笔。有些应聘者在回答问题时，会需要在白板上写写、画画，以更好地表达。

（7）空白A4纸。在面试时，应聘者可能需要画图或计算，人力资源部的招聘人员准备一张A4纸，以备不时之需。

（8）纸巾。应聘者在面试过程中，可能会因为紧张而出汗，不免有些尴尬，准备一些纸巾，有备无患。

（二）编制面试提纲

（1）疑点提问。对于简历表上的疑点，事先要列出面试问题。对此，面试前面试官一定要认真细致地阅读应聘者的求职简历，努力找出求职者的疑点。提问疑点的目的是弄清事实真相。一般来说，疑点有以下几种：

一是工作时间是否存在空白段，在这个"空白段"里应聘者干了些什么？事实上，从这个"空白时间段"可以反映出应聘者的求职心态，是迫切要求上岗，还是带着无所谓的心态。

二是为什么离职，为什么频繁跳槽？一定要刨根问底，切忌含糊其词，因为这个问题可以或多或少地反映出应聘者的性格特征。

三是最近获得哪些新技能？用与时俱进的观点看，不学新知识就是文盲。为此，面试官可以列出以下问题："最近看什么书？""最喜欢看的电视栏目是什么？""最近获得什么新技能？"等等，从中可以反映出应聘者的学习力。

（2）编制面试提纲需结合阅读简历时发现的疑点，设计提问的问题，并确定待聘岗位需要考核哪些维度，然后围绕这些维度来编制问话提纲，如"上进心""沟通协作""责任感"等。

（3）提纲中的题目应具体、明确，一般10个问题（整个面试过程应该控制在30分钟以内）。

（4）面试题目要针对前面确定的维度制定，为保证应聘者叙述事例的完整性需根据STAR方式来提出问题：

Situation——工作情景或具体任务。

Target——上述情况下想达到的目标、任务。

Action——怎么说的，怎么做的。

Result——上述行为导致的结果怎样。

同时，应聘者有着不同的情况和经历，不必要每个人选都用同一套提纲依序一问到底。因此，每一个面试项目可从不同角度出一组题目，以便于面试时选择。

面试提纲可以分为通用提纲和重点提纲两个部分，通用提纲涉及问题较多，适合提问各类应聘者。重点提纲则是针对应聘者的特点，提出的对职位要求中有代表性的东西有所了解。

另外，不要问一些让应聘者很难回答的问题，比如"您近两年内会考虑结婚（生小孩）吗？"这样的问题让应聘者难以回答，也让人很尴尬，有些招聘人员面谈时，喜欢向其他同事证明他有高明的面谈技巧，因此会问一些极难回答的问题，令面谈气氛向负面方向发展。

不合适的问题可能会将招聘人员的注意力集中在显示技巧上,而忽视了对应聘者某些关键维度的考察。同时,有经验的应聘者便会乘虚而入,引导招聘人员步入面试的误区,做出错误的招聘决定;而经验较浅的应聘者会因此比较紧张,影响正常发挥。

(三)面试会议室准备

在选择面试使用的会议室时,需考虑以下几点:

(1)会议室的大小。面试使用的会议室大小以 10~15 平方米为宜。这样的面积不会让面试双方因空间太狭小感到压迫感,影响正常发挥;也不会因太大而显得空旷,分散双方注意力。

(2)会议室的温度、湿度及空气。会议室的温度应在 22~25 ℃为宜,湿度适当,特别是空气,可开窗通风的会议室为宜。

(3)会议室的布置。会议室的布置以简洁、适用为原则,特别注意的是要干净,墙壁上的污渍,会议桌、白板上的字迹都要擦洗干净,这些都反映了公司的管理水平。可以在会议室的醒目位置张贴宣传公司文化理念的宣传画等。

另外,在会议室内可以摆放一两株绿色植物,调节一下紧张的气氛。在桌上摆放水瓶、一次性水杯。

(四)面试人员的准备

人力资源部面试人员、用人部门面试人员应预留好面试时间,准时到面试会议室。尽量不要出现应聘者等待面试考官的事情,这样会给应聘者留下被怠慢、管理松散的印象。对于面试考官来说,当天的礼仪形象也很重要。

1.形象准备

(1)考官的发型。有关研究表明,每个人的发型都是最先被别人注意到的。如果企业不是一家艺术类的公司,请面试考官们不要将头发做得过分前卫,不要染成"突兀"的彩色,如黄色、绿色等。不过,最值得提醒的是决不能不修整头发,尤其是男士,头发很长时间未经修整,有的人头上满是头屑,脏兮兮的只会令人生厌。

(2)女考官的着装。灰、白、蓝、黑四色搭配出的套装是比较保险的一种选择,且永远不会过时。样式不要过于花哨、新潮,稍稍守旧一些的款式,恰好能显出考官的权威,而不是个性。穿套装里面配长袖衬衫时,最好在外衣的袖口外露出 0.5 厘米或 1 厘米,这是比较典型的职业和权威的象征。服装的质地要好,不要穿廉价的化纤材质的服装,可以选择高档纯棉、真丝材质的。如果穿裙装,千万不可穿超短裙,一来不方便,也会让应聘者感到不自在。

如果不希望过于严肃的着装影响了考场的气氛,可戴一条丝巾和服装相配。

鞋子选择没有带子的高跟船形鞋最为稳妥,鞋的颜色要与套装相配,避免穿过高的高跟鞋。

袜子不要选择带网眼的,关键是不要太显眼,穿颜色淡的或者肉色的,最好在办公室多放一双。

女考官戴的饰品不要很多，可以戴一枚胸针、一枚戒指、一副耳环、一条项链，这些饰品的样式也以简单为好，例如很粗的项链，很大的钻戒，都会给应聘者留下不好的印象。不要过多地再装饰手链、脚链、手镯。

（3）男考官的着装。男考官在面试时宜穿着合体的、质地上乘的西服套装或是衬衫加西裤。不要穿合成纤维织物。合成纤维一般有看起来比较便宜的光泽和纹理。合成纤维不像天然纤维那样笔挺，容易长久保持身体气味。

如果只穿长袖衬衫，白色或淡色为宜。不要穿带图案的或条纹衬衫。

不管怎样，领带是很重要的，合适的领带能使一般的服装看上去更好。

穿深蓝色或灰色西服时，建议穿黑色皮鞋，如果穿鞋面很低的皮鞋，就要特别注意选择袜子，颜色要和西装相配，长短合适。穿黑色或深灰色西服，一定不能穿白色袜子。

2. 其他一些细节问题

避免过多使用香水、花露水。人们对气味的感觉很情绪化。不要因为气味影响了应聘者的正常发挥。稍有一点香水或花露水的气味能给人以愉快、清新、亮丽的感觉。

3. 态度准备

招聘人员应真诚、礼貌地对待应聘者。招聘人员的态度直接影响到企业在应聘者心目中的形象。

三、正式面试阶段

（一）面试方法的选择

为达到招聘的预期效果，对应聘者进行客观的评估，从而为企业选拔优秀的人才，应运用一定的甄选技术和方法，科学有效地实施面试。

1. 行为描述面试法

行为描述面试法是通过应聘者对过去某种经历的具体描述或详细阐述，了解其在特定环境中的行为模式，并将此种行为模式和招聘岗位所期望的行为模式进行对比，从而预测应聘者在未来工作中的行为表现。就像一个经常迟到的人，下次开会还会再迟到一样。面试考官提出的问题应该让应聘者用他过去的言行实例来回答，通过了解应聘者过去经历中的一些关键细节，来判断他的能力，而不要轻信他对自己的主观评价。

行为描述面试法的一个前提假设是：一个人的说和做是截然不同的两码事。与应聘者自称"通常在做""能够做"的事情相比，他过去实际的所作所为显得更加重要。面试考官需要了解应聘者过去的行为表现，而不是获得未来表现的承诺。假如应聘者在面试时说："我总是积极主动地做好各种工作。"这句话能说明应聘者确实做了些或者做过些什么吗？什么也说明不了。除非应聘者能够列举出某个具体工作的例子，详细地说明他所承担的责任与做到的事情，你才会明白这一回答的具体含义。

行为描述法主要围绕招聘岗位的胜任能力,要求应聘者就某一行为的情境、工作任务、工作结果和个人能力展开叙述。一个完整的行为事件应包含以下四个因素,简称STAR。

(1)情境(Situation):行为事件发生的背景或者情境,即该事件是在什么样的背景或情况下发生的。

(2)任务(Task):在一定情境下所需达到的目标,或应完成的工作任务。

(3)行动(Action):为达到目标所采取的行动,或采取什么样的行动确保任务顺利完成。

(4)结果(Result):该事件所产生的效果如何,或最终取得了什么样的结果或者成绩。

具体来说,行为描述面试法有以下几个技巧需要面试考官注意:

(1)面试考官应该引导应聘者按照事件发生的时间顺序来表述。一旦发现应聘者的描述中有跳跃或是空白,就提出问题请应聘者详细地介绍。因为这些时间上的"空白点"往往是应聘者最不想被别人知道的"软肋",一般都是比较失败或者潦倒的一段经历。通过简单的问话引导应聘者说出事情的细节,而且要让应聘者清楚地描述过去而非现在的看法或者行为。

(2)如果应聘者在描述中提到"我们"这个词语,面试考官一定要询问清楚我们是指谁,目的在于了解应聘者个人在当时做了什么,甚至可以追问应聘者行为背后的一些想法。比如"您是如何做出那个决定的?"或者"您当时是怎么想的?"

(3)如果应聘者在面试中突然变得很情绪化,面试考官就要暂时停止发问直到他渐渐平静下来。比如有些应聘者的职业经历很坎坷,在回忆过去的经历时,很有可能会流泪。

(4)面试考官不要过多地重复应聘者所说的话,一是得不到新的信息,二是很可能被应聘者理解为一种引导性的提问。

(5)行为描述面试中所提的问题,都应当是从工作分析中得到的,也就是说,招聘单位应当有的放矢地向应聘者提问。行为描述面试法提问实例如表7-2所示。

表7-2 行为描述面试法提问实例

考查能力	提出问题	引导性提问
技术水平	请描述您曾经成功解决所在公司的比较困难的技术问题的一次经历	在以后的工作中您如果遇到一些从未见过的难题,而又必须在一天内解决,您会怎么做?
团队领导能力	请描述您曾经成功带领一个团队完成某一个项目的一次经历	您认为一个高效的团队的构成要素有哪些?而您又是如何对待难以管理的团队成员的?
销售能力	请描述您曾经成功签订一大笔订单的一次经历	我们公司的销售任务可能会有更大的挑战性,面对挑战您将如何顺利完成销售任务?
适应能力	请描述您必须按照不断变化的要求进行调整的一个实例	针对下属人员频繁跳槽这一现象,您将如何应对?

2. 压力面试法

压力面试法是面试考官故意制造紧张气氛，观察应聘者在压力情景下的反应，以了解其将如何面对工作压力的面试方法。通常由面试考官故意提出一些使应聘者感到难堪或者不舒服，或者不愿回答的问题，并会针对某一事件或者问题故意发起一连串不友好的提问，以考察应聘者的灵活应变能力、情绪控制能力及心理素质等。压力面试法问题举例见表7-3。

表7-3　压力面试法问题举例

您的工作经验并不符合我们的职位要求，怎么还要应聘这个职位呢？
您是重点大学毕业，怎么还没有通过大学英语四级考试？
与其他应聘者相比，您的表现好像不怎么好，您觉得自己在哪个环节存在明显不足？
您在过去两年里换了4次工作，您不觉得这是一种不负责任和不成熟的行为吗？
您的同事一直在上级面前说您的坏话以致上级对您越来越不信任，您会怎么办？
您销售产品，而一位客户当您面指出产品质量及售后服务很糟糕，您会怎么处理？
您在以前的工作中并没有突出的业绩，我们应该如何相信您的工作能力？

压力面试法通常适用于对应聘需要承受一定心理压力的岗位的人员进行测试。提问时，面试考官可能会不礼貌，甚至会冒犯到应聘者。在此种情况下，心理承受能力不强的应聘者会感到生气，甚至愤怒而做出异常反应；而心理承受能力较强的应聘者会应付自如，表现如常。压力面试便是通过应聘者的不同反应来判断其心理承受能力。

另外，压力面试法虽然能考查应聘者的思维能力、压力应对能力及情绪控制能力，但带有一定的欺骗性，所以面试考官应在事后向应聘者做出解释说明，避免引起误会。

3. 情景模拟法

情景模拟法是将应聘者安排在模拟的关注环境之中，让应聘者根据担任的职务，处理或者解决一些工作的"现实"问题，通过观察应聘者问题处理过程中的行为表现及问题处理结果，判断应聘者的工作胜任能力，如人际交往能力、事务处理能力等。最常见的情景模拟面试是无领导小组讨论法。

无领导小组讨论是评价技术中经常使用的一种测评技术，采用情景模拟的方式对应聘者进行集体面试。将应聘者按相同或者相近的应聘职位分组，每一个小组（一般为5~7人），在无人组织的情况下，就某个问题进行无领导讨论，各自提出自己的见解。

近几年来，无领导小组讨论得到越来越多单位的认可。在既定的情景下，应聘者需要通过对问题的分析、论述，给考官留下良好的印象，从而在激烈的竞争中脱颖而出，迈进成功的大门。

（二）面试过程

1.热身阶段

面试可能是面试考官和应聘者初次见面，所以面试的开始通常围绕一般社交话题，问题多为友善、客套、比较随便的，目的在于打破隔膜，使应聘者消除紧张情绪等。此部分通常只有主考官发问，介绍其他面试考官姓名、身份，然后开始发问。

2.查明背景资料

这阶段的问题主要围绕应聘者所填报的各种资料，这类问题往往是短暂而直接的，但倘若事前没有好好准备，便可能会变成枯燥的资料提供，使交谈无法进行下去。而且，有不少问题看上去似乎简单，但实际上不容易应付。

3.询问有关工作的问题

面试考官询问应聘者的职业经历、职业计划以及调换工作的原因，了解应聘者曾经受过的培调，就该职位了解应聘者有关的技能和专业知识。应聘者提供工作经历、个人技能的有关情况，尽力表达申请此职位的动机和信心。

4.向应聘者提供某些信息

这一阶段面试考官向应聘者介绍企业及各部门、各工作岗位的情况，回答应聘者的提问。应聘者询问相关工资福利、提升机会的情况，了解企业背景等。

5.面试结束

稍做总结，表示面试结束，起身握手告别，示意应聘者可以出去了。

（三）各阶段的面试技巧

1.面试氛围营造技巧

企业大多数岗位都与"处变表现"无关，也并不要求所有的员工都在陌生人面前表现自如，所以，面试考官应该在面试前主动握手和微笑，帮助应聘者放轻松，让其能在面试中充分发挥对应聘职位的介绍和对招聘目的的重申，也可以在面试考官选择应聘者的同时，帮助应聘者判断企业是否适合他的发展。

面试房间的布置方面，要尽可能地营造一种平等、融洽的氛围，以减少应聘者的压力。比如，用圆桌代替方桌；在位置的安排上，与应聘者保持一定的角度，而不是面对面等。

该阶段主要营造融洽的面试环境，适用的问题类型为封闭式问题，如"你这一路还顺利吧？"

2.面试的提问技巧

古希腊哲学家苏格拉底曾说过："我接近真理的方法是提出正确的问题。"同样，想了解一个人，也可以通过提问的方式来进行探究。

在实际面试中，招聘人员会用到多种提问方式，如开放式、封闭式提问等，每种方式都有特定的情境和目的。

（1）开放式提问方法：这是最常见的一种提问方法，一般在面试开始的时候最常见，是让求职者自由地去发表自己的意见和看法。这种提问方式没有固定答案，或者迫使应聘者非回答不可的问题。如：请你做一个简单自我介绍。你对……的看法是什么？开放式提问是最正确、应用最多的问话方式。

（2）封闭式提问方法：这种提问方法也比较常见，这种问题需要求职者给出一个明确的答案，比如：回答是或否。如：过去你曾做过多少种工作？你一直在找类似工作吗？这种方式明快简洁，但尽量少用，不利于鼓励应聘者多表达，也难以收到有效信息。

（3）假设式提问方法：这种提问方式是为了让求职者发挥自己的想象力，从不同的角度去思考问题，从而获知求职者的态度和自己的观点。通常采用"如果"的问题方式。如：如果……，你会怎么做呢？

（4）重复式提问方法：这是为了向求职者确认信息的准确性。重复应聘者回答中的某些关键信息。如：我没听错的话，你刚才说的是希望从事挑战性的工作吗？此时应聘者会做出解释，招聘人员可以获取更多有用的信息。

（5）举例式提问方法：这是 HR 最喜欢用的一种提问技巧，HR 在考察求职者的工作能力和工作经验的时候，一般都会通过这种方法来提问。比如："过去半年中你所建立最困难的客户关系是什么？当时你面临的主要问题是什么？你是怎样分析的？采取什么措施？效果怎样？"等等。通过这些问题来判断求职者解决问题的能力。

（6）优选式提问方法：这种提问方法鼓励求职者在众多选项中优先选择最重要的，或者是两害之中取其轻，从而检验求职者的判断分析能力和决策能力。如：你跳槽，是认为自己不太胜任呢，还是认为自己太自负？这种问法可能会使应聘者不能说出真实的想法，不宜使用过多。

3. 面试追问技巧

面试考官为了获得更加全面、真实的信息，有时需要对应聘者采用追问的方式，追根究底地追问。

（1）探寻式追问。当应聘者描述一个行为之后，面试考官如果想要深入地了解行为产生的原因，可以进行探寻式追问，以便判断应聘者的行为准则及价值观等。

探寻式追问常用问句类型有：
①你为什么会采取相关行动？
②基于产生的结果，你下一步打算怎么办？
③你为什么会这么想？
④真的如你说的那样吗？

在应聘者回答完上一个问题时，面试考官保持沉默，这实际上也是一种探寻式追问的方式。但是，面试考官保持沉默的时间不宜过长，否则容易造成冷场。

（2）反射式追问。当应聘者回答完上一个问题后，面试考官将其答案再重复一遍，以考验应聘者反应或真实意图，这就是反射式追问。面试考官重复应聘者的答案，必然会让应聘者感到面试考官的某种不信任，进而解释自己给出的答案。

反射式追问常用问句类型有：

①全复述式。全复述式，即面试考官将应聘者的答案全部复述一遍。这种复述方式只适用于应聘者回答的语句较短时。

②半复述式。半复述式，即面试考官将应聘者答案中最重要的或者有疑点的那部分内容复述一遍。这种复述方式适用于应聘者回答的语句较长时。

③重点复述式。重点复述式，即面试考官将应聘者答案中重点的语句或词语复述一遍。这种复述方式表现了面试考官对某一方向或要点的重视。

（3）逆向式追问。应聘者叙述某一行为或结果时，面试考官从相反的角度进行提问，这就是逆向式追问。面试考官如果对应聘者的答案表示怀疑或者想考查应聘者的逆向思维能力和反应能力，则可以采用逆向式追问方式。

逆向式追问常用问句类型有：

①逆前提式追问。逆前提式追问，是指当应聘者给出的答案有前提、有结论时，面试考官将前提逆转，借以观察应聘者反应的一种追问方式。

②逆结果式追问。逆结果式追问，是指当应聘者给出的答案有具体的结果或成果时，面试考官将结果逆转，借以观察应聘者反应的一种追问方式。

4. 面试倾听技巧

倾听是面试过程中最重要的技巧之一。"倾听"和"听"是有差别的，"听"是对声波振动的简单获得，"倾听"则要求弄懂听到的内容的意义，它要求对声音刺激给予注意、解释和记忆。有效"倾听"必须专心并筛选重点，解释含义并下结论。做到有效倾听要注意以下几点：

（1）不要以自我为中心。面试官自己是妨碍自己成为有效倾听者的最大障碍。因为面试官会不自觉地被自己的想法缠住，而漏失别人透露的语言和非语言信息。在良好的沟通要素中，话语占7%，音调占38%，而55%则完全是非言语信号。

（2）选择性注意。有效地倾听，不是被动、照单全收。它应该是积极主动地倾听。只有这样才会更了解对话内容，更懂得欣赏对方，回答也更能切中要点。

（3）巧设情境。负责任的态度能增加面试官与应聘者对话成功的机会。参加面试前，要妥善准备，准时出席，不要随意退席或离席，而且要集中注意力，不要坐立不安、抖动或看表。找一个不会被干扰、安静的面谈会议室也会促进有效的倾听。

（4）不要预设立场。如果从面试一开始，就认定对方"没戏"，就会不断地从对话中设法验证面试官自己的观点，结果面试官所听到的，都会是无趣的。

（5）倾听时的注意事项。

①不要轻易插嘴。打断别人的话表示面试官要说得比对方的还重要，即使对方说的话让面试官不耐烦，建议面试官还是要耐心地听，不到非常必要时不要打断应聘者。

②不要妄自评断。说话者的肢体语言、面部表情或音调是否符合应聘者所传递的信息？不论面试官心里是否存有疑惑，最好开口问问。

5. 面试薪资谈判技巧

公司要求薪酬保密，因此一旦在面试中涉及薪资问题，很多人会觉得比较尴尬。其实，只要掌握以下要点，一般会进行得比较顺利。

（1）初试阶段谈薪酬。

①放在最后谈。因为薪酬问题比较敏感，为了不影响招聘的进程，面试中应先对其他点进行考核，最后留几分钟时间让应聘者提问，薪酬问题放在这个时候谈比较妥当。

②先发制人。先询问对方的薪资要求是多少？但需重视对方以下的行为表现：

第一，低姿态。有些求职者因工作难找而怕真实的薪资要求被拒绝，所以薪资要求很低。这种应聘者存在一定隐患，因此要联系求职者的动机、行情或他原单位的薪资水平，太偏离反而有问题。

第二，踢皮球。有些求职者会说"按贵公司的薪资规定办，我没意见"，一般情况下，每个应聘者都会有个薪酬预期，说"随便"其实最不随便。因此在薪资要求上一定要追问。

第三，开天价。一些应聘者开出的价远远超过"内定的价"，一种可能是应聘者原单位的薪资，一种可能是应聘者的理想值，还有一种可能是应聘者漫天要价。在这种情况下，首先要问清楚应聘者原单位具体做得怎样，如工作量、岗位职责等，考虑与公司的要求差距。如果差距不大，则明确跟应聘者讲清楚业务范围差不多，但目前还达不到这样的薪酬，并从目前企业的规模、发展前景比较，尤其针对应聘者离职的原因及应聘者的价值趋向方面论述，供应聘者综合比较；若相差较大，则从该岗位在企业的地位、职责范围等方面论述，从而明确告知定位问题不统一，在薪资方面比较难协调。

对于可以继续谈的应聘者，介绍公司的薪酬、福利、保险结构，告知具体的薪酬情况要等面试通过后再详谈。

（2）复试阶段谈薪酬。总经理或者授权人应明确告知符合要求的应聘者到岗后的薪酬范围，详细说明税前、税后、转正前、转正后的薪酬水平。

6. 面试过程观察

面试信息获得通常 30% 来自问题的回答，70% 来自面试过程中的观察。一个人的素质与能力可以通过其行为特征表现出来。这就需要面试考官掌握观察的技巧。面试考官需要观察应聘者的语言行为和非语言行为。

（1）语言行为。

①语速。语速是指应聘者说话的速度。面试考官可以从语速上判断应聘者的性格与反应能力。

语速较快的人逻辑思维强，反应速度快，办事效率高，执行能力强，易于接受新事物，但是也容易急于求成，办事不细心，爱出风头，爱表现。语速较慢的人善于分析事物内在关系，性格沉稳，办事认真，对于不了解的事物不妄加评论，但是反应能力略差，思想趋于保守，不易接受新鲜事物。

②语调。语调是指应聘者说话的语气腔调。同样的句子，不同的语调，表达出的意思相去甚远。高亢的语调，表示应聘者对工作十分期待热爱生活；低沉的语调，表示应聘者

缺乏自信，对工作没有足够的信心。上行语调，表示应聘者不赞同面试考官的观点或是强调自己的某种见解；下行语调，表示应聘者对自己坚持的意见失去信心。正常语调最常用，表示正常的观点陈述。

③音量。音量是指应聘者说话声音的大小。通常情况下，音量大的应聘者为外向性格，音量小的为内向的性格。

（2）非语言行为。

①面部表情。人的面部表情十分的丰富，有超过 25 万种。面试考官有必要通过应聘者的面部表情判断其心理的变化。因为不同的人会用不同的面部表情表达相同的意义，所以面试考官不能简单决断，要结合经验进行综合分析。

②手势。手势具有说明、强调、解释等多种作用，并且很难与语言分开。面试考官要根据应聘者的语言综合分析手势表达的意义。双臂交叉，表示应聘者有戒备，内心处于防卫状态。

③体态。在面试中，应聘者总会习惯性地做出某种动作，这种行为往往是下意识的，且最能表现人的内心活动。面试考官要利用应聘者身体姿态所暴露的信息，了解应聘者的真实意图。端坐，表示应聘者充满自信，却可能比较保守，缺乏创新精神；侧坐，表示应聘者外向开放；缩坐，表示应聘者缺乏自信，比较谦虚，习惯服从；叉腿而坐，表示应聘者控制欲强，喜欢领导别人；摇头，表示应聘者感到迷惑或者怀疑；踮脚，表示应聘者紧张或者自负。

7. 面试疑点判断

在面试过程中，面试考官需要通过应聘者的外在行为表现来发现疑点，判断应聘者是否诚信、回答是否有夸大成分，是否有撒谎的可能。因为一个人回答问题时如果说了谎，必然会在某些方面表现出来。面试考官需要特别关注应聘者的以下行为：

（1）夸大个人工作成果。据统计，在面试时，80% 以上的应聘者都曾有过夸大自己的工作成果的行为。针对这种情况，面试考官最好的应对策略就是轻结果、重过程，通过不断询问结果得到具体过程，让应聘者无法夸大事实。如果应聘者能够清楚地表述当时的整个过程，结果也就不言而喻了。

（2）面部表情有变化。在面试过程中，应聘者的面部表情应该是随着事情的叙述逐步变化或者基本不变的。如果应聘者在叙述过程中，情绪或是面部表情突然变化，那么面试考官应该特别注意。针对这种情况，面试考官可以进行追问，以便弄清应聘者表情变化的原因。

（3）语无伦次。

造成应聘者语无伦次的原因有三种：①应聘者过于紧张；②应聘者逻辑思维能力与语言表达能力欠佳；③应聘者正在说谎。

针对不同的原因，面试考官有不同的应对策略：①面试考官要适当调节现场氛围，帮助应聘者舒缓情绪；②面试考官应如实记录；③面试考官应针对疑点详细询问。

8.面试记录技巧

面试记录是指面试考官在面试过程中基于应聘者表现所做的记录。面试考官在面试时要做好笔记，用简短的话语，快速记下重要的或必需的信息，以及在面试过程中观察到的行为，为以后的决策提供参考。

（1）面试记录表。企业应该根据自身特点以及不同岗位的不同要求.编制出科学规范的面试记录表。

（2）面试记录要求。面试考官在记录时，应该做到以下几点：

①避免主观性语言。面试记录应客观陈述事实，且以事实为依据，不能记录主观性以及概括性的词语，也不应将应聘者说的话用自己的方式来描述，还要尤其注意避免贬低性语言和赞赏性语言。

②避免无根据意见。面试考官的意见对企业招聘与录用会产生重大影响，因此面试官的意见必须基于事实，不能主观臆断。

③提供支持性事件。面试考官得出结论时，最好能写下相应的支持性事件，而这些事件最好与应聘岗位的工作内容相关。

④提供量化的数据。量化的数据记录有利于对应聘者的横向比较与评估。

（3）面试记录注意事项。

①要让应聘者知道面试官在做记录，但是不要让应聘者看到面试官写的是什么。

②不要犹豫不定左右涂改。

③仅如实记录即可，切不可当场就下结论。

四、面试结果的评价

（一）面试结果评价概述

面试结果的评价是运用评价量表，根据面试过程中通过观察与提问所收集到的信息，对应聘者的素质、工作动机及工作经验等进行价值判断的过程。在这一过程中，面试考官必须做出三种一般类型的判断：第一，对应聘者特定方面的判断，如能力、个性品质、工作经验或工作动机（一般要求应用预先设计好的评价量表对这些因素做出正式的评价或评级）；第二，录用建议；第三，录用决策。

这三种类型的判断有一定难度，尤其是第一种类型的判断，它与面试同时进行，没有单独的评分时间和可以让面试考官仔细斟酌的思考过程。作为面试考官，应认真研究和掌握成绩评定中的各种技术及相关评价手段。

面试结果的评价通常以面试评分表的形式表现，面试评分表的设计至少包括三个方面的内容：面试评分表的构成、面试评价标准和面试评分表的形式。

（二）面试评分表的构成

面试评分表主要包括以下几个方面的项目：

（1）姓名、编号、性别、年龄。

（2）应聘的职位。

（3）面试考察的重点内容及考核要素。

（4）面试评价的标准与等级。

（5）评语栏（包括录用建议、录用决策）。

（6）面试评价签字栏。

（7）面试时间等。

（三）面试成绩的评定

有了面试评价标准和面试评分表，经过培训的面试考官即可进行评分。基本思路是通过将应聘者在面试中的言语和行为表现与体现职位要求的评价指标相比较，对二者相一致的程度给出数量化的描述。评分的科学、准确程度与面试官的品格、素质和业务能力密切相关。作为面试考官，除了要具备与岗位相关的具体业务知识和能力外，还应掌握人才评价方面的有关理论和方法，特别是与面试直接相关的面试设计思想、命题原理、提问技巧、倾听技巧和观察技巧，这些都是正确评分的基础。

面试评价的具体操作方法：

1. 内容评分法

内容评分法的操作过程为：每面试一位应聘者，各面试考官根据应聘者问答问题的情况，在面试评分表的各项内容的得分内打分。也可以在面试时，记录应聘者回答的要点和评定意见，每该应聘者面试结束时再在各个项目得分栏内打分，并写出简短评语或者录用建议。要求面试考官不得互相商量，各自独立打分。

2. 问答评分法

问答评分法的操作过程为：将拟定的所有题目进行顺序编号，面试时面试考官依照顺序进行提问，应聘者针对问题作答。每答完一题，面试考官即为此题打分，直到问题问完。

问答评分法的优点：可使评分工作变得简单、易分析，评分的信度有可能提高。这一方法缺点较多：一方面，对应聘者的基本素质判断不明确，方法不够规范，尤其是一些技术问题的处理（如提问的题目的评价要素如何对应、各面试考官意见如何统一等）存在一定困难；另一方面，考虑的内容不全面，有些面试内容是很难用提问的形式考察的。

3. 面试评语

面试评语分为两种：一种是面试考官评语，另一种是综合评语。

（1）面试考官评语。面试中，各位面试考官在为应聘者打分的同时，要对应聘者面试的总体情况做出简明扼要的评价。也就是说，要概括地说明对应聘者的总体印象，如特别突出明显不足等，作为面试小组对某应聘者形成综合评语的参考。

（2）综合评语。综合评语是面试小组在对某一应聘者的面试结束时，根据各位面试考官的评定意见，综合概括形成的评语。综合评语一般由面试考官负责形成并填写在面试成绩汇总评定表的综合评语栏内。

评语是对面试分数的一种补充，是对应聘者考核及录用的重要参考，必须认真对待，不能以为已有面试分数，评语便失去了意义。面试评分表、面试评价标准等都有一定的局限性，有些情况的评定难以量化，必须有定性分析的辅助，定量分析和定性分析相结合才能构成对应聘者的完整评价。

（四）面试评分应注意的问题

面试评分难度大，对面试考官的要求高。为保证评分的质量，评分时应注意以下几个问题：

（1）每位面试考官的评分标准要前后宽严一致。也就是说，不能对先进行面试的应聘者打分严格，而对后进行面试的应聘者逐渐放宽标准，反之亦然。宽严相当，就要求面试考官加强自我控制能力。

（2）各面试考官横向的评分标准要基本一致。这要求面试考官在评定完哪一位应聘者的面试成绩后，及时组织交流情况，统一评分标准，以便横向之间的宽严基本一致，避免评分差距过大。这里所说的交流，是在评分完毕的情况下，而不是说面试考官可互相商量后才给应聘者打分。

（3）对全部应聘者要机会均等，考核标准统一。为此，须注意以下技术性问题：

①提问的范围大小、难易程度要基本一致。

②既要体现应聘者的个性，又不能过多地考虑应聘者的现实情况。例如，只围绕应聘者的现职岗位提问。

③要避免纯粹工作式的讨论。例如，要求对工作情况进行详细介绍或纠缠于某一具体的工作问题。

五、面试结果应用阶段

面试结束后，就进入面试结果应用阶段。这个阶段的主要工作包括面试结果的分析与评价、确定最后的人选、面试结果的反馈及面试资料的存档。面试结果的分析与评价主要是针对应聘者在面试过程中实际表现做出的结论性评价，为录用人员的取舍提供依据。面试结果的反馈有两种途径：一是由人事部门将人员录用结果反馈到组织上级和用人部门；二是逐一将面试结果通知应聘者本人，其中既包括录用人员，也包括未录用人员，对未录用人员表示组织的辞谢。最后一个环节是将所有面试资料存档备案，以备查询。至此，面试工作全部完成。

第四节 面试应注意的问题

招聘单位和应聘者都要求考官做到公平公正，但在实际的面试中，面试考官的评价容易受到各种主观因素的影响，而使其判断产生一定程度的偏差。为了让应聘单位招到所需要的人，让面试考官的评价更加公平合理，面试考官一定要注意以下这些问题。

(一) 首因效应

首因效应也称为第一印象，即面试考官根据开始几分钟的印象，甚至是面试前从资料(如笔试、个人简历等)中得到印象对应聘者做出评价。如果面试考官对应聘者的第一印象很好，就会有意无意地证明这个人确实不错；反之，则会证明这个人确实不好。

(二) 对比效应

对比效应，即面试考官对比前一个接受面试的应聘者来评价目前正在接受面试的应聘者的倾向。如果第一个应聘者得到极好的评价，而第二个应聘者的评价为"一般"，则面试考官对第二个应聘者的评价往往会比本应给予的评价低；如果第一个应聘者的表现一般，而第二个应聘者的表现出色，则他得到的评价可能会比他本应该得到的评价高。

(三) 晕轮效应

晕轮原指月亮被光环笼罩时产生的模糊不清的现象。晕轮效应是一种普遍存在的心理现象，即对一个人进行评价时，往往会因为对其某一品质特征的强烈、清晰的感知而掩盖其他方面的品质。"爱屋及乌""情人眼里出西施"都是晕轮效应的典型例子。在面试中，面试考官可能会因为一个人反应敏捷而有意无意地认为其聪明、能力强，也可能会因为一个人反应慢而不经意地认为其不够聪明、能力差。

(四) 近因效应

人们对近期发生的事情往往印象比较深刻，而对远期发生的事情印象比较浅薄。在面试考评中也会经常发生这种情况，即评价一个人时，只看其近期表现情况，因而造成考评误差。

(五) 刻板印象

刻板印象是指对某个人产生一种固定的印象。例如，认为老年人一定是保守的人，这种刻板印象往往会使面试考官不能客观准确地评价应聘者。

(六) 暗示误差

暗示是指通过语言、行为或某种事物提示别人，使其接受并引起迅速的心理反应。在面试程中，在考官的暗示下，应聘者容易接受他们的看法，而改变自己原来的看法，结果造成面试误差。

(七) 面试考官不了解岗位要求或者缺乏经验

缺乏经验的面试考官不能敏感地把握面试中的有用信息，还特别容易受到心理效应的干扰。不了解岗位要求的面试考官只能选出自己认为合适的人，而不是真正适合招聘岗位的人。当招的岗位具有较高的技术要求时，面试考官对这方面知识的缺乏更容易使其做出错误的决策。

(八)草率决定

很多面试考官往过于相信自己的直觉或者经验。有人声称 5 分钟就能读懂一个人。这样的面试效果很令人担忧。即使偶有成功，恐怕也是机缘巧合。真正好的面试效果还是源于科学、认真的准备以及严谨的工作态度。

(九)非言语行为的影响

研究表明，目光接触、摇头微笑这类动作较多的应聘者容易得到更多的评价。另外，应聘者的个人魅力以及性别对面试考官也会有影响，而这些和工作的要求有时并不相关。

(十)面试考官忽略对应聘者的尊重

有些大公司知名度高，福利待遇好，招聘门庭若市，面试考官便有人才很多，随便挑选的想法。以至于不尊重应聘者的人格，在面试中有意无意地贬低应聘者的才能及过去的成就，故意提些问题为难应聘者。这样，不但不能了解应聘者，反而使应聘者产生对立、戒备情绪，甚至破坏公司的形象，使其招不到真正想要的人才。

(十一)面试考官遗漏重要的信息

面试考官把过多的时间和精力花在影响工作是否成功的关键因素之中的个别因素上，这样的面试考官往往只考察到应聘者有限的几个方面，而难以获得关于应聘者的完整全面的信息。

(十二)面试考官忽略了应聘者的工作能动性和组织适应性

面试考官容易把注意力放在应聘者的工作能力上，而因此忽略了应聘者的工作能动性和组织适应性。工作能力和工作能动性并不相同，能力和态度也不相同。工作能力代表应聘者是否具有做好某项工作的客观能力，而工作能动性反映了应聘者的一种主观愿望，应聘者是否愿意为企业服务。如果忽视这一点，可能会出现应聘者被录用后的低劣绩效表现，以及较高的流失率、离职率等。

(十三)面试考官问了非法的、与工作无关的问题

如果面试考官问了非法的、与工作无关的问题，可能会把自己卷入令人生厌的法律纠纷中，给应聘者留下非常不好的印象，甚至可能给公司形象造成巨大的损失。

(十四)面试考官的问题重复

大量重复的问题就是在浪费宝贵的面试时间，不但容易使应聘者感到厌烦，而且不利于考察应聘者的全面素质。

(十五)面试考官不能系统性地组织面试

如果面试考官不能系统性地组织面试，那么他可能会针对不同的应聘者采用不同的方法，使一些应聘者处于有利局面，而使另一些应聘者处于不利的局面。相反，一个系统性的面试方法会有效地把不符合要求的应聘者排除在外。

(十六)应聘者对面试方法与过程不满

面试考官有时候会在面试中夸夸其谈，行为粗鲁或者思维无序。在这种情况下，有些应聘者会拒绝面试，甚至是拒绝录用，转投其他公司。这很可能使招聘公司失去一位优秀的员工，而更加糟糕的是，公司的声誉也会因此受到损害。

(十七)面试考官不做记录或者很少做记录

面试考官不做记录或者很少做记录，他们依赖自己的记忆来做出评价。这样做的结果往往他们对面试过程中的第一个人和最后一个人的记忆比较清晰。面对其他的应聘者记忆模糊，而且较少的信息也使面试考官的判断不再真实可靠。

(十八)招聘单位只依赖面试做出录用

面试是非常重要的人员素质测评方式，招聘单位可以通过面试找到综合素质与招聘岗位匹配的人才。但是，招聘单位不可以单纯地依赖面试做出决策，而是应该综合其他的方法，综合判断。

阅读与思考

怎样拥有企业所需要的人才——从某 G 集团的人才失误谈

1990 年 10 月，某 G 集团只是一个注册资金只有 75 万元，员工几十人的小企业，而 1991 年实现利润 400 万元，1992 年实现利润 6000 万元，1993 年和 1994 年利润都超过 2 亿元。1995 年 6 月某 G 集团突然在报纸上登出一则广告，某 G 集团进入休整，然后便不见踪迹，似乎在逃避所有的热点时间和热点场合，过上一种隐居生活，谁也说不清他们在干什么。1997 年 6 月，消失两年的某某先生突然从地下"钻"出来了。在记者招待会上坦言：这两年，我拒绝任何采访，完全切断与新闻界的来往，过着一种近乎与世隔绝的生活，闭门思过，修炼内功，以求脱胎换骨，改过自新。

总裁两年的反省和深思，为中国企业提供了一笔堪称宝贵财富，他自称为"总裁的二十大失误"。其中特别提到了关于"人才的四大失误"。

1. 没有一个长远的人才战略

市场经济的本质是人才的竞争，这是老生常谈的问题，回顾某 G 集团的发展，除 1992 年向社会严格招聘营销人才外，从来没有对人才结构认真地进行过战略性设计。随机招收人员、凭人情招收人员，甚至出现亲情、家庭、联姻等不正常的招收人员的现象，而且持续 3 年之久。作为已经发展成为国内医药保健品前几名的公司，外人或许难以想象，公司竟没有一个完整的人才结构，竟没有一个完整地选择和培养人才的规章；一个市场经济竞争的前沿企业，竟没有实现人才管理、人才竞聘、人才使用的市场化。

人员素质的偏低，造成企业处在一种低水平、低质量的运行状态。企业人才素质单一，知识互补能力很弱，不能成为一个有机的快速发展的整体。人才结构的不合理又造成企业各部门发展不均衡，出现弱企业、大市场；弱质检、大生产；弱财务、大营销等发展不均衡或无法协调发展的局面，经常出现由于人才结构的不合理，造成弱人才部门阻碍、破坏、停滞了强人才部门快速发展的局面。最后造成整个公司缓慢甚至停滞发展。

由于没有长远的人才战略，也就没有人才储备构想。当企业发展到涉足新行业或跨入新阶段时，才猛然发现没有人才储备，所以在企业发展中经常处于人才短缺的状况，赶着鸭子上架，又往往付出惨重的学费。

2. 人才机制没有市场化

某 G 集团在人才观上有两个失误：一是人才轻易不流动，二是自己培养人才。长时间忽视了重要部门、关键部门、紧需部门对成熟人才的招聘和使用，导致了目前人员素质偏低、企业难以高质量运行的错误。

3. 单一的人才结构

由于专业的特性，某 G 集团从 1993 年开始，在无人才结构设计的前提下，盲目地大量招收中医药方向的专业人才，并且安插在企业所有部门和机构，造成企业高层、中层知识结构单一，导致企业人才结构不合理，严重地阻碍了一个大型企业的发展。

4. 人才选拔不畅

1993 年 3 月，一位高层领导的失误造成营销中心主任离开公司，营销中心一度陷入混乱。这件事反映出某 G 集团的一个普遍现象——弱帅强将。造成这一现象的根本原因在于集团内部竞聘的机制没有解决，强将成不了强帅，弱帅占着位置不下来，强将根本不接受弱帅的管理，弱帅从根本上也管理不了强将，这样一来，实际上就造成了无法管理和不管理，出现军阀割据，占山为王。

思考题：

1. G 集团的人才失误主要表现在哪些方面？
2. 请根据 G 集体的实际情况，根据所学提出你的建议和想法。

✦ **本章小结**

面试是一种招聘者精心设计的，在特定的时间与场景下，通过招聘者与应聘者之间面对面地交流与观察，由表及里地评估应聘者的综合素质及职位胜任能力的测评方式。按不同的标准，面试可以分为不同的类型。面试组织实施程序一般要经过以下五个阶段：面试通知、面试前的准备、正式面试、面试结果的评价和面试结果应用。选择科学有效的面试组织实施程序对企业招聘来说是十分重要的。面试的技巧包括面试氛围营造技巧、面试问题设计技巧、面试提问技巧、面试追问技巧、面试主动倾听技巧、面试过程观察技巧、面试疑点判断技巧、面试记录技巧。在实际面试中,面试考官的评价容易受到各种主观因素的影响,而使其判断产生一定程度的偏差,为了让招聘单位招到符合需要的人才,让面试考官的评价更加公平合理,每一个面试考官都应该注意常见的面试误区。

关键术语

面试(interview)

面试组织(interview organization)

面试结果评价(interview results evaluation)

面试结果应用(application of interview results)

面试评分表(interview scorecard)

面试误区(interview mistakes)

复习思考题

1. 什么是面试? 面试的特点是什么?
2. 面试可以从哪些方面进行分类,各种类型的含义和特点是什么?
3. 面试的组织实施程序有哪些? 面试前期准备工作有哪些?
4. 面试过程应该注意什么? 如何进行面试评价?
5. 面试有哪些技巧,如何应用?
6. 面试考官在面试过程中应该注意哪些问题?

第八章

评价中心技术

知识结构图

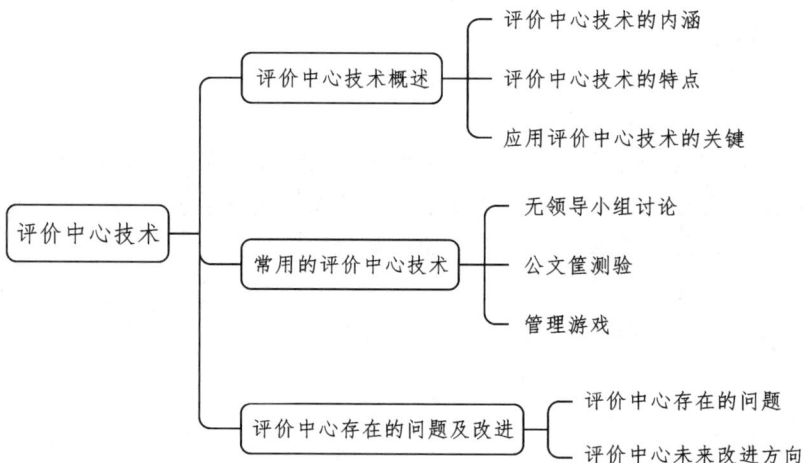

学习要点

- 评价中心技术的内涵
- 评价中心技术的产生
- 评价中心技术的理解
- 评价中心测评法的特点
- 应用评价中心技术的关键环节
- 无领导小组讨论
- 公文筐测验
- 管理游戏
- 评价中心技术存在的问题及改进

📢 学习目标

本章主要研究评价中心技术，需要了解评价中心的定义、发展历程、基本形式；掌握评价中心的基本操作方法；学会在实际的人力资源管理中应用评价中心的多种工具。

📢 引导案例

他是总经理的最佳人选吗？

最近，国内某知名日化集团（以下简称 D 集团）正在对下属各区的总经理进行一年一度的绩效考核与工作评估，以此决定明年的人事任免。作为市场重镇的华南大区，总经理人选却是迟迟不定，近两年来走马灯似的换了好几人。2008 年初，五家国内知名猎头公司曾先后向 D 集团推荐了 9 人，但真正被董事会看好的也就一个人。这个人姓靳，35 岁左右，国际 MBA 专业，有三年外企服务背景，也曾经在 D 集团国内市场最强劲的竞争对手中担当过两年的市场总监，8 月份空降到 D 集团，之后被委以华南大区营销副总经理之职。

走马上任三个多月，董事会明显地感觉到了靳副总的专业能力和高效的执行力。比如，销售团队的组建与培训体系的建设初见成效，新招聘来的 30 多名大学生很快走上市场第一线，老队员的状况也明显回升，这一点充分印证了他作为营销管理高手的专业能力；上任伊始，他还顶住了各方面的压力，彻底贯彻了集团关于优化营销管理体系的战略思想，体现出他优秀的执行力和强势的领导风格⋯⋯ 三个多月的市场检验，靳副总应该说为董事会交了一份满意度较高的试用期答卷，他自己也感受到了董事会的信任和满意，期待着 2008 年能晋升为华南大区总经理。董事会中的多数董事也认为靳副总应该是华南大区总经理的不二人选。

作为 D 集团的董事长、掌门人，曹总裁对近两年来华南大区高管频繁换人造成的市场起伏痛彻犹深，因此，他不愿再看到所谓的众望所归，他更想听听基层员工的声音，听听第三方的声音，特别是专业人才"质检"机构的声音。

于是，一方面，他让集团人力资源部按既定的程序对华南大区中高层管理干部进行考核，另一方面，他想起了四年来一直保持紧密合作关系的智尊测评，希望借助专业的人才评估技术，给 D 集团一个是否为靳副总晋级的理由和依据，避免重陷以往先凭印象选拔高管、再用实践检验真伪的用才误区。

通过机构运用评价中心技术多种方法测评，给出的结论是虽然候选人的成就导向和组织协调能力表现相对突出，并具有较强的责任心，但其作为总经理所需要的统筹规划能力、决策能力、影响力、战略思维、沟通能力均明显偏弱，基本上仅能够胜任目前的营销副总职位。建议可以先作为重点培养对象，在实际工作中经历更多的挑战与实际考验后，再根据其实际工作表现，结合其与 D 集团文化、核心价值观的适应性来作出进一步的适当的人事决策。

相比较传统的评价方法，评价中心是近几十年来西方企业中流行的一种选拔和评估管理人员，特别是中高层管理人员的人才测评方法。它是现代人才测评方法综合发展的最高体现，也为 D 集团做出了科学的测评，避免了一次人员的错误调整。

（资料来源：评价中心案例，https://wenku.baidu.com/view/75c6d52fc181e53a580216fc700abb68a982ad9b.html?_wkts_=1702563477230&bdQuery=%E8%AF%84%E4%BB%B7%E4%B8%AD%E5%BF%83%E6%A1%88%E4%BE%8B）

第一节　评价中心概述

评价中心技术是现代人事测评理论最近三十多年来的主要发展领域之一，工业和组织心理学家对此颇感兴趣，进行了大量的研究和实验。随着人力资源管理在各种形态的组织发展中日益得到重视，评价中心也越来越在人才评价、个人发展指导、人员培训等人力资源管理领域得到更为广泛的实际应用。目前，评价中心在工业、教育、政府、军队和其他组织形式中都被广泛地加以应用。

一、评价中心技术的内涵

(一)评价中心技术的概念

评价中心技术（Assessment Center or Development Center），是一种综合性的人员测评方法，由几种选择测试方法组合而成，利用现场测试或演练，由测评人员观察候选人的具体行为，并给予评分。

评价中心是在情景模拟和角色扮演测评方法的基础上发展起来的，其主要特点就是情景模拟性。评价中心活动的内容主要有公文筐测试、投射测验、无领导小组讨论、角色扮演、案例分析、管理游戏、演讲、事实判断、模拟面谈等。

评价中心技术有两种用途：

①选拔与晋升管理人员。

②以发展为目的，为应试者辨别其优缺点。

评价中心技术集合了许多选拔管理者的方法和技术，比较复杂，也难于掌握。第三次评价中心技术国际年会规定，在应用评价中心技术选拔人才时，必须遵循几项最低要求：

①必须应用多项评价方法。

②必须有不止一位评价者参加。

③必须根据所有参加的评价者的意见下结论。

④必须对应试者的行为做出综合评价。

⑤必须实施模拟练习。

(二)评价中心技术的产生

1929 年，德国心理学家哈茨霍恩等人为德国军事部门建立了一套挑选军官的多项评价程序。随后，美国战略情报局也将此方法用于军事人才的选拔，使用小组讨论和情景模拟练习来选拔情报人员，并获得了成功。由于战略情报局的特工人员要在高度压力下的敌后进行活动，所以他们设计了一套具有这种情境压力的测验来选拔特工人员。美国心理学家道格拉斯·布雷（Douglas Bray，1918—2006）于1956年首先研究和使用评价中心技术，对美国电话电报公司的管理人员进行素质与潜能测评选拔和培训活动，公司几百名初级管理人员接受了评价，在工业企业中率先使用评价中心技术进行人员素质测评。

1. 美国电话电报公司（AT&T公司）

开创在工业组织中使用评价中心技术先河的是当时国际最大的公司美国电话电报公司。研发管理部门的经理Robert Greenleaf邀请布雷博士参加一项有关公司在职经理人职业生涯的追踪性研究，研究领导者生活和生涯的建立过程是否会有助于改进录用程序和领导行为。在研究中布雷将评价中心技术首次应用于私营企业，并且首次引用了公文筐、小组讨论技术，以及引用测验和访谈评价职业动机态度。在8年到20年的时间里，参与者被评价了两次以上，许多参与者和他们行为绩效的观察者都接到过问卷或访谈调查。这项"管理进步研究"早期的成功，意味着AT&T公司内的所有居职高位者都应通过评价中心方法来选择，布雷只得依靠非心理学评价专家来大规模使用。几年里AT&T公司已经有100000人接受过管理职位的评价。

2. 道格拉斯·布雷（Douglas Bray，1918—2006）

道格拉斯·布雷是现今评价中心的发明人。评价中心应用于世界各地的成千上万的用户来确定最佳的领导人和重要作用的雇员。博士布雷在AT&T公司进行了一项25年多时间具有里程碑意义的纵向研究，他证明了该方法的有效性。该研究题为"管理进步研究进展"，是在工业和组织心理学领域最有参考价值的研究成果之一。

布雷生于1918年11月7日，成长于马萨诸塞州斯普林菲尔德，是一个弗里斯克橡胶公司采购代理的儿子，家里唯一的孩子。布雷在克拉克大学获得心理学硕士学位，此时正值工业心理学领域刚刚开始。

1943年，他到陆军航空集团，被安排在医学和心理检查组，最终布雷博士由于行为的评价和他进行的实际调查研究最终决定从事心理研究工作，成为一个应用心理学家。在1946年，他到耶鲁大学学习并获得社会心理学博士学位。

美国电话电报公司从1956年起，用了长达8年的时间对评价中心技术的效度进行追踪研究，结果表明，该技术选拔中层管理人员效度极好。例如，在一次测试中，用评价中心技术进行预测，确定出55人是中层管理人员的最佳人选，追踪结果表明，评价中心技术的预测效度达0.78。经过8年的追踪研究，该公司正式决定采用评价中心技术作为其中层管理人员的选拔手段。

1968年William Byham在Bray的帮助下，在JC Penney（杰西潘尼，美国第三大连锁百货零售商）建立了评价中心，应用成功后，Byham在《哈佛商业周刊》首次公开发表关于评价中心的文章，引起全球各地的各种组织的兴趣，并请Byham和Bray帮助他们建立评价中心。为满足社会需要，Byham和Bray成立了"美国智睿咨询有限公司"（Development

Dimensions International，DDI），提供评价中心的咨询服务。DDI 目前遍布全球各地。

到 1972 年，世界著名的大公司中有 12 家采用了这一技术，如通用电器公司、西尔斯公司、福特汽车公司、国际商用机器公司、俄亥俄州标准石油公司、柯达公司等，并建立了相应的评价中心机构来评价管理人员。评价中心技术正受到越来越多的研究者、企事业单位甚至国家行政机构的重视。目前，英国、法国、加拿大、澳大利亚、日本等国家，都在管理评价工作中积极应用此技术，美国政府的一些部门也应用评价中心技术选拔人才。

评价中心在应用中也被称为发展中心、职业发展评价中心、潜能评价中心。一旦评价中心将测评结果反馈给候选人，对候选人而言，整个评价过程就是一个很好的培训过程。通过评估报告和具体行为表现的反馈，候选人便知道了自己的素质状况在人群中的水平；知道了自己的优势领域、有待发展的素质；知道了在今后工作中如何扬长避短，积极发挥自己的特长，并在行为层面改进自己，有意识地培养弥补自己的劣势，成为更为优秀的人才。同时对于候选人中存在的共同不足，可以开设专题性培训课程。所以说评价中心技术除了是一种最有效的人才选拔工具，是人才的试金石，同时对人才的培训、职业生涯规划等均有很强的应用价值。

（三）评价中心技术的理解

评价中心技术是应用现代心理学、管理学、计算机科学等相关学科的研究成果，通过心理测验、能力测试、个性和情境测试对人员进行测量，并根据工作岗位要求及企业组织特性进行评价，从而实现对人个性、动机和能力等较为准确的把握，做到人—职匹配，确保人员达到最佳工作绩效。现代人才测评理论认为，人的行为和工作绩效都是在一定的环境中产生和形成的。对人的行为、能力、绩效等素质特征的观察与评价，不能脱离一定的环境。所以，要想准确地测评一个人的素质，应将其纳入一定的环境系统中，观察、分析、评定被试人的行为表现以及工作绩效，从而考察其全面素质。基于这种理论，人们逐步形成和发展了评价中心这种现代人才测评的新方法。

评价中心的最大特点是注重情景模拟，在一次评价中心中包含多个情景模拟测验，可以说评价中心既源于情景模拟，但又不同于简单情景模拟，是多种测评方法的有机结合。评价中心测评法将各种不同的素质测评方法相互结合，通过创设一种逼真的模拟管理系统和工作场景，将被试人纳入该环境系统中，使其完成该系统环境下对应的各种工作。在这个过程中，主试人采用多种测评技术和方法，观察和分析被试人在模拟的各种情景压力下的心理、行为、表现以及工作绩效，以测量评价被试人的管理能力和潜能等素质。评价中心最主要的特点之一就是它的情景模拟性，所以又被称为情景模拟测评。

评价中心技术是现代人事测评的一种主要形式，被认为是一种针对高级管理人员的最有效的测评方法。一次完整的评价中心通常需要两三天的时间，对个人的评价是在团体中进行的。被试者组成一个小组，由一组测试人员对其进行包括心理测验、面试、多项情景模拟测验在内的一系列测评，测评结果是在多个测试人员系统观察的基础上综合得到的。严格来讲评价中心是一种程序而不是一种具体的方法；是组织选拔管理人员的一项人事评价过程，不是空间场所、地点。它由多个测试人员，针对特定的目的与标准，使用多种主客观人事评价方法，对被试者的各种能力进行评价，为组织选拔、提升、鉴别、发展和训练个人服务。

评价中心具有较高的信度和效度，得出的结论质量较高，但与其他测评方法比较，评价中心需投入很大的人力、物力，且时间较长，操作难度大，对测试人员的要求很高。

二、评价中心技术的特点

1. 针对性

评价中心模拟特定的工作条件和环境，并在特定的工作情景和压力下实施测评。根据不同层次人员的岗位要求和必备能力，设计不同的模拟情景，具有很强的针对性，避免"高分低能"倾向。

2. 全面性

评价中心突出的特点之一是多种测评技术与手段综合运用，不仅能很好地反映被试者的实际工作能力，还可以测评其他方面的各种能力和素质。

3. 可靠性

评价中心由多个主试小组成员分别对被试人给予评价，减少了因被试人水平发挥不正常或个别主试人评价偏差而导致的测评结果失真。每项测验后，请被试人说明测验时的想法以及处理问题的理由。在此基础上，主试人进一步评定被试人处理实际问题的能力和技巧，使评价结果的可靠性大大增加。

4. 动态性

评价中心将被试人置于动态的模拟工作情景中，模拟实际管理工作中瞬息万变的情况，不断对被试人发出各种随机变化的信息，要求被试人在一定时间和一定情景压力下作出决策，在动态环境中充分展示自己的能力和素质。

5. 预测性

评价中心具有识才于未显之时的功能，模拟的工作环境为尚未进入这一层次的人员提供了一个发挥其才能与潜力的机会，对于被试者的素质和能力具有一定的预测作用。同时，测评中心集测评与培训功能于一体，为准确预测被试人的发展前途，并有重点地进行培养训练提供了较为有效的手段和途径。

三、应用评价中心技术的关键环节

国内引入评价中心技术的时间比较短，但近年，许多组织已经开始积极运用这一技术手段，并初见成效。为了提高国内测评工作的科学规范水平，根据国际操作规范要求，可以在以下几方面提高测评水平。

(一)明确目标岗位的素质要求

"目标岗位"是指对于将要招聘和选拔的人才,我们安置在什么岗位上,是销售经理还是副总经理的岗位。"素质"的英文为 competency,是在 1973 年由哈佛大学麦克利兰(McClelland)教授根据大量的实证研究结果提出的。它的含义是和有效的绩效或优秀的绩效有因果关联的个体的潜在特征,就是指能够将某一工作(或组织、文化)中表现优秀者和表现一般者区分开来的个体潜在的深层次特征。McClelland 把素质划分为五个层次(见图 8-1):①知识;②技能;③自我概念(态度、价值观和自我形象等);④特质;⑤动机。

从素质的含义可以看出,素质是直接与个体的工作绩效表现紧密相关的内在因素,因而是预测个体工作绩效的有效的评价指标体系,于是评价中心以此作为测评工作的基准。如果忽略这一环节,即使在测评上投入再多的精力也是无的放矢,甚至是南辕北辙。所以,测评之前要针对具体企业的目标岗位进行工作分析,确定该岗位的能力、知识和动机等素质维度(胜任力),并界定素质维度定义,作为测评的标准。比如,销

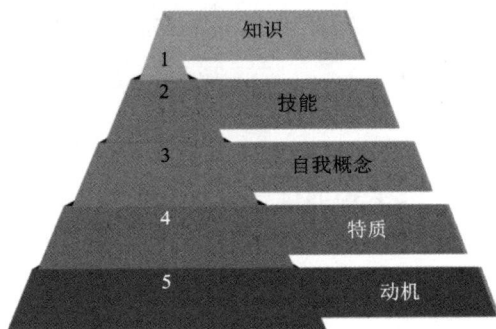

图 8-1 素质的五层次示意图

售人员的素质维度(胜任力)可以是人际敏感性、说服力、客户服务意识、分析能力、成就动机等。

(二)精心设计测试方案

首先,选择和完善测试练习和工具。针对目标岗位的素质维度(胜任力),选择合适的测试练习和工具。

选择测试练习和工具的原则:

(1)每个练习必须与测评的素质维度(胜任力)标准直接相关。

(2)每个练习的难度适中、内容丰富,具备与岗位相关的情境,并保证该测试练习和工具经过专家的精心设计,具有合理的信度和效度。

(3)针对客户的组织特点和时间、费用要求,对测试工具进行修正。

其次,设计素质评价矩阵。评价矩阵包括测试工具和素质维度(胜任力)两部分内容,每个素质维度必须通过多个测试手段进行观察,以保证测试的效度。比如,"影响力",该素质可通过无领导小组讨论、面试和演讲三种不同的测试工具进行评估。

最后,制订评价行动计划,包括确认评价目标,设计测评流程和测试的时间进度表,并将测试时间进度表提供给每位测评师,测试应按时间进度进行,确保每位候选人在公平一致的条件下进行测试。

(三)测评师培训

测试效果的好坏在一定程度上依赖于测评师的技术水平,测评师要从专业人士中挑选,具有丰富的测评实践经验。即使是最优秀的测评专家,在测试前也要接受有针对性的培训,包括:

(1)熟悉测评的素质维度(胜任力)和测试工具,了解特殊测验的一些细节内容。
(2)测试过程中行为观察、归类和行为评估等。
(3)统一评价的标准和尺度,提高测评师评价的一致性。

(四)测试评估

测试结束后,每位测评师要将观察记录进行归类、评估,写出评语,然后一起对每位候选人在不同测试练习中的表现分析整合,逐一对每一项素质维度(胜任力)出具分数,并按照严格的格式撰写测评报告,即对候选人的管理能力和素质有何劣势、候选人的潜在能力和发展趋势怎样、候选人还需要什么样的能力和经验方能满足既选岗位所明确的条件、要采取何种培训弥补候选人经验和能力的不足等方面做出评价。

只有做到以上几点,才能使评价中心成为一种科学有效的人才选拔和评估工具。

第二节 常用的评价中心技术

一、无领导小组讨论

(一)无领导小组讨论的概述

无领导小组讨论是评价中心技术中经常使用的一种测评技术,其采用情景模拟的方式对考生进行集体面试。它通过给一组考生(一般 5~7 人)一个与工作相关的问题,让考生们进行一定时间(一般 1 小时)的讨论,讨论过程中不指定谁是领导,也不指定受测者应坐的位置,让受测者自行安排组织,评价者观测考生的组织协调能力、口头表达能力、辩论的说明能力、情绪稳定性、处理人际关系的技巧、非言语沟通能力(如面部表情、身体姿势、语调、语速和手势等)等各个方面的能力和素质是否达到拟任岗位的要求,由此来综合评价考生之间的优劣。

由于在无领导小组讨论中,评价者或者不给考生指定特别的角色(不定角色的无领导小组讨论),或者只给每个考生指定一个彼此平等的角色(定角色的无领导小组讨论),但都不指定谁是领导,也不指定每个考生应该坐在哪个位置,而是让所有考生自行排位、自行组织,评价者只是通过安排考生的活动,观察每个考生的表现,来对考生进行评价,这也就是无领导小组讨论名称的由来。

无领导小组讨论测评方法最早用于一战后德国军队选拔军官,二战期间被广泛用于各国军官的选拔。战争结束后，它被复员军人带到企事业单位应用。如今，无领导小组讨论已有广泛应用。目前，在世界 500 强企业中，有 80% 的企业在高级人才招聘、职务晋升中使用无领导小组讨论。

随着无领导小组讨论在国外人才素质测评中的广泛应用，国内企事业机关单位也开始采用。无领导小组讨论已被认为是招聘、选拔中高层管理人才的最佳方法，尤其适用于评价分析问题、解决问题以及决策等具体的领导人才素质。此外，无领导小组讨论在党政领导干部的素质评价中也已得到普遍认可。国家公务员考试针对领导干部的基本素质，特别是能力素质要求和职位特点，将其列为领导人才素质测评的重要方式。

(二) 无领导小组讨论的功能和特点

1. 无领导小组讨论的功能

无领导小组讨论具备以下三个功能：

(1) 区分功能，在一定程度上能够区分出考生能力、素质上的相对差异。

(2) 评定功能，能在一定程度上评价、鉴别被评人某些方面的能力、素质和水平是否达到了规定的某一标准。

(3) 预测功能，能在一定程度上预测考生的能力倾向和发展潜力，预测考生在未来岗位上的表现、成功的可能性和成就。

2. 无领导小组讨论的特征

(1) 讨论角色的平等性。顾名思义，"无领导小组讨论"就是没有领导的讨论，在讨论中每个人的地位是平等的。这样人为地提供一个相对平等的讨论场所，有利于每个参与者不受拘束，充分展示自己的能力和才华，保证每个参与者能真实表现自我。

(2) 讨论活动中的赛马场效应。无领导小组讨论使被评人之间的竞争由间接变为直接，强化了面试的竞争性，不仅为人才脱颖而出提供了机会，而且更有利于识别最具潜能的千里马。

(3) 测评方式的仿真模拟性。这种群体讨论决策的方式，在某种程度上与一个单位的决策者们商讨问题极为相似。面对多元化的竞争对手，被评人如何表述自己的观点、如何说服别人、如何争取他人的认可、如何对待不同意见、如何巧妙地控制讨论的局势，这些都能反映被评人具备的组织协调能力以及显在和潜在的领导者素质。

(4) 评价的公平客观性。这种公平效应主要体现在评委对被评人的评价判断上。在传统的面试中，难免会出现光环效应、刻板效应、第一印象、近因效应等认知误差。而在无领导小组讨论中，由于评委主要从可观察的、可比较的行为表现去评判被评人，有别于一般的价值判断，因此能较好地克服认知偏差，得出公平而科学的判断。

(三)实施无领导小组讨论的准备

1.岗位分析

不同的岗位对担任该岗位的人的个性、能力要求是不同的,因此应该首先分析岗位活动的种类、性质、特点、核心要素,还要分析该岗位的工作内容是程序性的还是非程序性的,是已有同种性质的还是新出现的。岗位分析的重点在于总结出那些与组织的远景、价值观、工作战略等相关活动,分析它们的特征,并由此概括出胜任该岗位所需的竞争能力。

2.确定评价维度

无领导小组讨论评价维度主要是基于领导人才的要求和无领导小组讨论的特性确定的。在基础评价维度上,我们根据领导人才的素质结构要求,同时考虑无领导小组讨论自身特点,选取决策能力、分析能力、应变能力、人际沟通能力、组织领导能力等测评要素。

3.编写测评试题

编制试题应符合以下三个方面要求:
首先,题目必须具有争论性。
其次,题目为大家所熟悉,能保证人人有感可发。
再次,题目的内容不会诱发被评人的防御心理,因为这样能被评人尽情展现自己的风采,表现真实的自我。

4.选定并培训评委

确定评委除了要考虑其素质外,还应注意以下几点:首先,如果测评的目的是晋升,那么被评人的直接上司最好不要担任评委;其次,评委人数一般与参与讨论的小组成员比例为1:2。此外,评委应对所聘领导岗位的工作较为熟悉,了解部门的工作性质和内容。
评委确定以后,要统一召集实施培训。培训可以从以下几个方面着手:
(1)评委要熟悉整个无领导小组讨论的过程。
(2)要统一测评要素的评价标准,以保证评委评分的一致性。
(3)善于观察、如何观察显得非常重要。要通过观察来获取参与讨论的领导人才的有关信息。观察评价的依据标准主要是:
①受测者参与有效发言次数的多少?
②参与讨论的受测者提出的观点是否有新意?
③他们怎样处理意见相左时的关系?
④受测者是否善于赢得他人的支持?
⑤受测者是否善于倾听别人的意见?
⑥受测者是否一味只顾自己讲或者常常打断别人的讲话?
⑦是谁在引导着讨论的进程?
⑧是谁经常进行阶段性的总结?

(四)无领导小组讨论的几个阶段

无领导小组讨论的正式测评流程包括准备阶段、自由发言阶段、讨论辩驳阶段和总结阶段四个环节(见图8-2)。

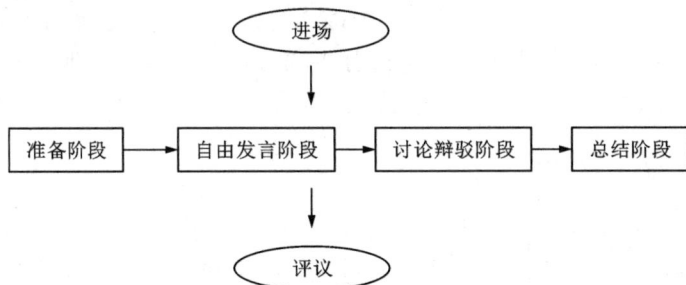

图8-2 无领导小组讨论的四个阶段

1. 准备阶段

(1)主持人介绍整个测评程序、宣读指导语。

(2)考生了解试题,独立思考,列出发言提纲,一般为5分钟。

2. 自由发言阶段

(1)考生轮流发言阐述自己的观点;要求每个人先阐明自己的观点,摆明自己的态度和立场。

(2)发言顺序可以是随机的。

(3)保证每个人有发言机会,给那些个性内向、表现欲不强的人提供一个展现风采的舞台。

(4)评委的任务是观察记录每个发言者的内容,形成初步印象。

3. 讨论辩驳阶段

(1)被评人交叉辩论,继续阐明自己的观点,或对别人的观点提出不同的意见,并最终得出小组的一致意见。

(2)每个被评人必须充分展示自己的聪慧才智。

(3)杰出者在这个阶段脱颖而出,成为小组的核心人物。

(4)被评人的人际沟通能力、决策能力、应变能力和组织领导能力充分展现在评委面前。

(5)在整个讨论过程中,每个评委要根据自己的观察对被评人的表现根据公正、客观的原则在评分要素上打分。

(6)评委在评分时不能相互商量,以避免相互影响。

4. 总结阶段

（1）各组需要推荐一名小组长进行总结发言。

（2）评委需要写一份评定报告，内容包括此次讨论的整体情况、所问的问题内容以及此问题的优缺点，重点说明每个被评人的具体表现、最终录用结果、自己的建议等。

（五）无领导小组讨论的优缺点

1. 优点

无领导小组讨论作为一种有效的测评工具，和其他测评工具比较起来，具有以下几个方面的优点：

（1）能检测出笔试和单一面试法所不能检测出的能力或者素质。

（2）可以依据考生的行为、言论来对考生进行更加全面、合理的评价。

（3）能使考生在相对无意中显示自己各个方面的特点。

（4）使考生有平等的发挥机会，从而很快地表现出个体上的差异。

（5）节省时间，并能对竞争同一岗位的考生的表现进行同时比较（横向对比），观察到考生之间的相互作用。

（6）应用范围广，能广泛应用于技术领域、管理领域等。

2. 缺点

（1）对测试题目的要求较高。

（2）对考官的评分技术要求较高，考官应该接受专门的培训。

（3）对应试者的评价易受考官各个方面特别是主观意见的影响（如偏见和误解），从而导致考官对应试者评价结果的不一致。

（4）应试者有存在做戏、表演或者伪装的可能性。

（5）指定角色的随意性，可能导致应试者之间地位的不平等；应试者的经验可以影响其能力的真正表现。

（6）适用面较窄，只适用较高层次人才。

（7）时间成本较高。一般来说，一个无领导小组讨论要持续一个多小时，这相对于面试和心理测评来说，时间成本还是相对较高的。

二、公文筐测验

(一)公文筐测验的内涵

1.公文筐测验的概念

"公文处理模拟测验"又称"文件筐测验"、篮中训练法,是面试评价最常用和最核心的技术之一。作为一种个人综合性笔试测验,它是一种对管理人员的潜在能力进行测定的有效方法,特别适合于中、高级管理人员的能力测评,考查授权、计划、组织、控制和判断等能力素质。在这种测评方法中,要求被试者阅读和处理备忘录、信函等一系列文字材料,其涉及的问题随被试者拟任岗位的要求不同而变化。一般做法是让考生在限定时间(通常为1~3小时)内处理事务记录、函电、报告、声明、请示及有关材料等文件,内容涉及人事、资金、财务、工作程序等方面。一般只给日历、背景介绍、测验提示和纸笔,考生在没有旁人协助的情况下回复函电,拟写指示,作出决定,以及安排会议。评分除了看书面结果外,还要求考生对其问题处理方式作出解释,根据其思维过程予以评分。

文件筐测验最基础、最重要的工作是测试题目的设计,也就是呈现给被测人员的各类书面文件,它决定了测评结果的信度和效度。一般来讲,文件筐内装的是十几份甚至更多的诸如备忘录、请示、信函、报表等书面形式的文件,这些文件的信息来源有上级和下级,有内部也有外部,内容涉及内部管理、人事、财务、生产、市场、政策法规、客户、公共关系等方面,其中有些是日常琐事,有些是紧急事务,也有重大事宜,但这些问题都是围绕目标职位可能遇到的状况进行设计的。公文筐测验的所有题目都来自管理工作的实践,通过考察被测评者在处理具体业务中的表现,评估其关键能力。例如,如果是录用一般管理岗位的人员,问题可能仅仅涉及理解并遵循指令、安排日常事务性工作、文稿归类整理、协调各方面执行等任务,而对于高层次的管理人员,则可能涉及十分广泛的问题,诸如人事安排、人事关系、财政支出、控制下属的能力、内部关系和组织结构等。

2.适用对象

公文筐测验的适用对象为具有较高学历的人(大专以上)或企业的中、高层管理者(部门经理以上),它可以为企业有针对性地选拔中、高层管理人员或考核现有管理人员。公文筐测验的所有题目都来自管理工作的实践,通过考察被测评者在处理具体业务中的表现,评估其关键能力,主要用作评价、选拔管理人员,提高管理人员的管理技巧、解决人际冲突和组织内各部门间的摩擦的技巧,以及为人力资源计划和组织设计提供信息。在实际运用中,公文筐测验主要通过从业务角度和技能各角度对管理人员进行测试来帮助企业选拔优秀的管理人才或考核现有管理人员,测试通过对应试者的计划、授权、预测、决策、沟通等方面能力,特别是针对应试者综合业务信息,审时度势全面把握、运筹自如的素质,来考察其作为高层管理者综合性管理技能。尤其是考察经理一级管理者的胜任能力,测验考察的能力定位于管理者从事管理活动时正确处理普遍性的管理问题,有效地履行主要管理职能(包括计划、组织、预测、决策、沟通等)所具备的能力，它需要受测人员具有对多方面管理业务的整体运作能力，包括对人、财、物、信息等多方面的控制和把握。

3. 特点

(1)实战性：公文筐测验的所有题目均来自管理工作的实践，是基于高级管理人员的特点设计的，它自然也最符合高级管理者的职位特点、职责内涵。

(2)仿真性：公文筐测验力求模拟目标职位现实中真实发生的管理情境，让被测人员扮演目标职位管理者的角色，与实际解决问题具有高度似真性。

(3)机动性：公文筐测验可以根据不同目标职位的特点、所面临的难题和困境以及需要评价的测评要素有针对性地编制题目，内容灵活多变，表面效度高。

(4)操作性：公文筐测验提供给被测人员的背景信息、测试问题以及被测人员对文件的处理意见都是以书面形式呈现的，测验便于操作，可多人同时实施。

(5)多用性：公文筐测验除用作评价、选拔管理人员外，还可用于考核和培训。它能够有效提高管理者的管理技巧，选拔过程也就是培训过程。

(二)公文筐测验的形式

公文筐测验的形式，按其具体内容可分为三种形式：

1. 情景模拟

这种形式在正式开始之前便告诉被试者所处的工作环境，组织所处的地位，所要扮演的角色，上级主管领导的方式、行为作风，情景中各种角色人物的相互需求等信息，用以测评被试者的准备与反应的恰当性。

2. 公文类别处理模拟

这种处理模式分为三类：

(1)所需处理的公文已有正确结论，是已经处理完毕归入档案的材料，用这样的公文让候选人处理，是要检验候选人处理得是否有效、恰当、合乎规范。

(2)所需处理的公文条件已具备，要求在综合分析的基础上作出决策。

(3)所需处理的公文尚缺少某些条件或信息，看候选人是否能够发现问题和提出进一步获得信息的要求。

3. 处理过程模拟

这种形式要求被试者以某领导角色的身份参与公文处理活动，并尽量使自己的行为符合角色规范。

公文筐测试便于操作，效度也很高，因为测试情景与工作情景几乎一致。对于候选人的处理方式的评估，由几名评估员在评分基础上讨论决定。有研究表明：两个评估员对同一候选人公文处理案卷及解释，相关系数高达 0.92。

(三)公文筐测验的设计

公文筐测验的设计必须紧紧抓住三个环节,见图8-3所示。

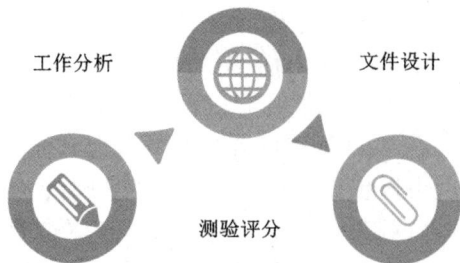

图8-3 公文筐测验设计的三个环节示意图

1.工作分析

深入分析职位工作的特点,确定胜任该职位必须具备哪些知识、经验和能力。工作分析的方法可以是面谈、现场观察或问卷。通过工作分析,要确定文件筐测验要测评什么要素、哪些要素可以得到充分测评、各个要素应占多大权重。

公文筐测验一般可以考察以下要素:

(1)书面表达及其理解。

(2)统筹规划能力。

(3)组织协调能力。

(4)洞察问题和判断、决策能力。

(5)任用授权能力。

(6)指导控制能力。

(7)岗位特殊素质,如法规条例知识。

2.文件设计

文件设计包括选择什么文件种类(如信函、报表、备忘录、批示等),确定每个文件的内容,选定文件预设的情境,等等。文件数量较多,时间以2~3小时为宜。文件的签发方式及其行文规定可以忽略,但文件的行文方向(对上与对下、对内与对外等)应有所区别。特别要注意各个文件测评要素的设计。常常一个文件不同的处理可以体现不同的要素,设计的对文件的处理方式要有所控制,确定好计分规则或计分标准,尽量避免每个要素同时得分和无法归于某一要素的情况出现。

3.测验评分

实施文件筐测验之后,评分一般由专家和具备该职位工作经验的人(一般是选拔职位的上级主管及人事组织部门的领导)进行,除了前面设计时要制订好评分标准外,更重要的是对评分者要进行培训,使评分者根据评分标准而不是个人的经验评分。评分的程序也要特别注意,可以考虑各自独立评分,然后交流评分结果,对评分差异各自申述理由后,再独立第二次评分。最后将评分结果进行统计(评分者比较多时,可以去掉最高分和最低分),以平均分作为最后得分。有时,在考生答案不明确的情况下,需要质询应聘考生,根据其对处理方式的解释确定得分。

整个公文筐测验的设计要特别注意两点:

一是测验材料难度的把握。目前国内对各个职位应具备何种程度的知识、经验和能力缺乏客观可靠的依据,难度的把握比较困难。材料过难,固然有时可以选拔到很好的人才,但大材小用,很难设想这人会安心本职位工作,且导致人力资源的浪费。材料过于容易,测验会出现"天花板效应",大家都得高分,区分不出应聘考生的能力高低。

二是要注意材料真实性程度的把握。完全杜撰的材料,应聘考生可以根据一般知识推理,处理的结果没有针对性,看不出应聘考生的水平差异,考生被录取后需要经过较长时间的培训和适应才能胜任工作。完全真实的材料,过于偏重经验的考察,忽视潜能的考察,最后选拔到的人无疑是完全与招聘单位文化气氛相同的人,违背了引入外来人才、给单位输入新鲜血液的本来目的。同时完全真实的材料,使招聘考试本身对单位内部考生和单位外部考生不公平,同样的能力水平内部考生被录取的可能性更大,结果给人留下"一切都是内定,考试不过是走形式"的印象,这对真正想引进外部人才的单位尤其不利。

(四) 实施过程

公文筐测验有严格的时间控制,总计时间为 2~3 小时。其具体过程如图 8-4 所示。

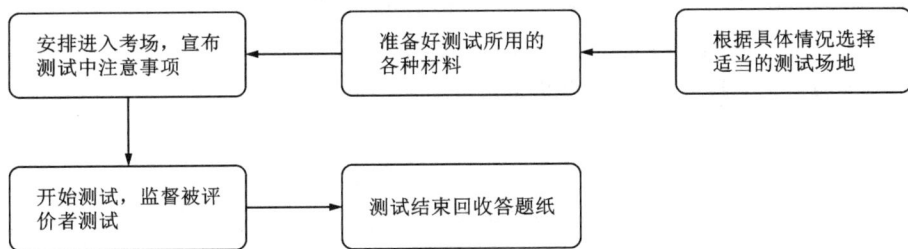

图 8-4　公文筐测验实施过程图

1. 准备

准备过程主要指测验材料和测试场所的准备。给每个考生的测验材料事前要编上序号,答题纸也要有相应序号,实施前要注意清点核对。

答题纸主要由三部分内容构成(表 8-1):

一是考生姓名(或编号)、应聘单位和职位、文件序号等。

二是处理意见(或处理措施)、签名及处理时间。

三是处理的理由。

表 8-1　公文筐测验答题纸

公文筐测验答题纸

应试者编号：

姓　名：

竞聘职位：

文件序号：

处理意见：

签名：

年　　月　　日

处理理由：

文件序号只是文件的标识顺序，不代表处理的顺序，应允许考生根据轻重缓急调整顺序，但给所有考生的文件顺序必须相同，以示公正。测试的场所要求比较宽敞、安静，每个人一桌一椅，相互之间无干扰。为了保密，最好所有考生在同一时间完成。如果文件内容涉及到招聘单位内部的一些情况，测试前应为所有考生提供培训，介绍相关情况，缩小内部考生和外部考生对职位熟悉程度的差别。

2. 实施

实施过程中主试要对测验要求作一简单介绍，说明注意事项。然后发给考生测试指导语和答题纸，回答考生的提问，当考生觉得没有问题后再发测试用的文件。考生人数比较少时，也可以一次将材料发给考生，但要求考生严格遵从主试的要求，先看指导语再看文件。测试指导语是测试情景、考生扮演的角色、考生任务和测试要求的说明，必须明确、具体，一目了然。有时在初级人员的文件筐测验中，发给考生指导语后，让考生完成一个指导语的测验，强迫考生熟悉理解指导语，这在文化水平低的群体中有时十分有用。在考生正式进入文件处理后，一般不允许考生提问，除非是测验材料本身有问题。

3. 评分

评分宜在考生做完后立即进行，当有质询考生的设计时，特别应该如此。为求客观，可将考生编号，由一个人将考生的处理意见和处理理由念给所有评分者听，由各位评分者独立评分。为了保证评分的一致性，事前的评分者培训很重要，可以考虑对一部分考生

(或者模拟考生)进行试评分,考察各个评分者对标准的掌握及评分过程中存在的问题,待取得一致意见后再往下进行。评分时,可按号序逐一评定,也可按文件内容分类评定。前一种办法可以对考生的素质形成整体印象,后一种办法容易达成评分标准的一致性。

(五)公文筐测验的评价

1.公文筐测验的优点

(1)考察内容范围十分广泛。测评受测者的依据是文件处理的方式及理由,是静态的思维结果。因此,除了必须通过实际操作的动态过程才能体现的要素外,任何背景知识、业务知识、操作经验以及能力要素都可以涵盖于文件之中。借助于受测者对文件的处理来实现对受测者素质的考察。

(2)表面效度很高。公文筐测验采用十分类似应聘职位中常见的文件,甚至有的直接就是应聘职位中常见的文件。因此,受测者如果能够妥善处理测试公文的话,那么他就能理所当然地被认为具备职位所需的素质。

(3)应用范围大、灵活度高。考察内容范围的广泛使得公文筐测验具有广泛的实用,并且表面效度高,易为人所接受,因此公文筐测验在众多公选考试测试中普遍使用。从形式上看,公文筐测验把置于模拟的工作情景中去完成一项任务,与通常的纸笔测验相比,显得生动而不呆板,较能吸引被试者的答题兴趣。由于文件筐测验所采用的文件,十分类似于考生应聘职位上常见的文件,有时就是完全真实的文件,因此,若考生能妥善处理测验文件,就理所当然地被认为具备职位所需的素质。

(4)高度似真性。公文筐测验完全模拟现实中真实发生的经营、管理情景,与实际操作有高度似真性,因而预测效度高。公文筐测验高度仿真和接近管理实践,非常有利于激发被测评者的积极性和创造性,对于在很短的时间内全面、准确掌握管理者的能力、潜能以及个性心理特征的某些关键要素具有不可替代的重要作用,是不折不扣的"管理者实战演习"。

(5)综合性强。公文筐测验的测试材料涉及日常管理、人事、财务、市场、公共关系、政策法规等行政机关的各项工作,因此,能够对高层及中层管理人员进行全面细致的测评与评价。公文筐测验是一套公文的组合,可以同时从多个维度上评定一个人的管理能力,这些能力是知识、经验和智力相互作用和整合的结果,具有综合性。这些题目的设计也可以因不同的工作特征和所有评价的能力的不同而不同,具有一定的灵活性。

(6)和无领导小组讨论等其他情景模拟测验相比,公文筐提供给被试的背景信息、测验材料和要求的作业都以书面的形式来完成和实现,比较简便,对实施者和场地的要求最低,既可以采取个别的方式进行施测,也可以采取团体的方式进行施测,只要评价者给予被试者相同的指导语就可以了。

(7)公文筐测验具有跨文化、跨地区、跨行业和跨企业规模的普遍适应性。据统计,欧美发达国家和日本在选拔、评价管理人员时最常用的技术就是评价中心,而评价中心中公文筐测验的使用频率高达95%。公文筐测验效度和信度极高(信度相关系数为0.92)且操作方便,在以往的四十年中为各国企业的人才招聘选拔、人才评价和管理人员培训需求分析都提供了便利。近几年来，公文筐测验在企业管理工作中的价值和作用也逐步得到中国管理理论界及企业界人士的高度重视。

2. 公文筐测验的缺点

（1）对公文的编制人员要求很高。编制文件的人员应由测试专家、管理专家和行业专家(实际工作者)三部分组成，三类专家相互配合才能完成公文的编制工作，投入的人力、物力和费用都比较多。

（2）花费的精力和费用都比较高。编制公文筐测验需要结合实际的拟任职位特征和要求，共同研究开发新的合适的题目，收集不同的文件，并对文件进行典型化处理，将各个文件串联起来成套编制并标准化，这本身就是一个需要花费大量时间的过程。公文处理测试的试题不论从设计、实施到评分都需要较长时间的研究与筛选，都必须投入相当大的人力、物力和财力才能保证较高的表面效度，因此成本会很高。

（3）不同的评价者之间对此也会有不同的认识，尤其是专业人员和实际工作者之间的认识有较大的差异。鉴于此，公文筐测验结果的评价应有专家指导，否则会由于评价尺度把握不准而无法取得好的效果，而在具体实践中专家并不容易请到，因此这就使得公文筐测验很难大规模推广使用，西方也一般只是在选拔高级管理人员和高级官员时才使用。

（4）评价的客观性难以保证。在缺少人际沟通能力评价的公文处理测试中，由于被评价者是单独作答，因此很难看到他们与他人交往的能力。虽然公文筐测验采用纸笔的形式和较为标准的考试程序，但是它所包含的公文的题目基本上都是采用开放式的方式，要求被试主观作答。由于被试者在经验、背景、管理理念、基本素质等方面存在个体差异，其处理公文的行为方式也是不尽相同的。一个经常与公文打交道的企业中层管理者，由于受到企业文化和企业的做事风格的影响，在做此类的测验时就很容易按照工作习惯来处理，一些真实的能力被隐藏了起来。这会影响到评价者给予他的评价。

（5）依然采用静态的形式。公文筐采用静态的纸笔考试，每个被试都是自己独立完成测验，评价者与被试之间没有互动的交流，所以评价者很难对被试实际当中与他人交往的能力和人际协调能力直接进行判断和评价。

（6）评分比较困难。一份文件的处理，除了个人素质的原因外，机构、氛围、管理观念等不同的组织，具有不同的评价标准。显然政府机关与公司企业、私营企业与国有企业对有关文件的处理是大相径庭的。

在我国从事实际工作的人们往往缺乏对招聘单位管理或经营状况的深入了解，因而文件如何处理才能充分表明考生具备招聘职位所需素质，专业人员与实际工作者往往存在理解上的差异。因此，评分不容易把握。

三、管理游戏

（一）管理游戏的概念

管理游戏(Management Game)是一种以完成某项"实际任务"为基础的团队模拟活动，

通常采用小组形式进行，数名被测评者（通常 6~10 人）组合成一个小组，就给定的材料、工具共同完成一项游戏任务，并在任务结束后就某一主题进行讨论交流。在游戏中，每个小组成员各被分配一定的任务，有的游戏还规定了小组成员的角色，不同的角色权限不同，但不管处于什么角色，要完成任务，所有的成员都必须合作；在游戏的过程中，测评者通过观察被测评者在游戏中的行为表现，对预先设计好的某些能力与素质指标进行评价。

管理游戏是一种社会性的游戏，它通常经过严密的组织和设计，要求参与者必须严格遵守游戏规则，通过团队合作，解决某些问题，进而完成任务。根据游戏要解决的问题类型，可以将管理游戏分为会议游戏、销售游戏、创造力游戏、破冰游戏、团队建设游戏、压力缓解游戏、激励游戏等。

管理游戏作为评价中心技术的一种测评方式，其复杂程度是评价中心技术中最高的，另外，与其他方式相比，其使用频率相对偏低，但是它的测评效度较高。

(二) 管理游戏实施中的注意事项

管理游戏的复杂程度是评价中心各种测评方法中最高的，因此，在具体实施过程中，有一些问题值得注意：

1. 测评场所的安排

管理游戏的测评场所类似于拓展培训游戏的实施，一般在宽敞、明亮的房间内，或根据游戏的要求安排在野外。整个测评过程应该确保被测评者所受的干扰最小化，被测评者与测评者之间应有一定的距离，既要保证所有测评者都能看清被测评者的活动内容，又要保证被测评者不会因为和测评者太近而产生被监视的情绪，无法表现正常的能力素质。

2. 测评者的选择与培训

由于管理游戏的复杂程度高，对测评者的要求也较高，因此选择测评者的标准是至少应包括熟悉管理游戏的培训师、心理学专家、人力资源管理咨询师、目标职位直接上级或公司的中高层领导；同时，为了保证测评人员的技术水平，在实施测评前，应对测评者进行针对性培训，培训内容包括：熟悉测评能力素质维度、行为观察及评估的技巧、评价的统一标准和尺度等。

3. 游戏过程的问题应对

由于管理游戏的形式活泼、给被测评者自由发挥的空间，因此在游戏过程中发生意外的可能性也较其他测评方式大，组织者应采取有效措施尽量避免。

以下列举几种常见的问题应对方法：

(1) 事先准备备用游戏。当原定游戏因某种情况不能使用时，可以用备用游戏替换，如室外游戏由于天气的原因无法进行时，可以用备用的室内游戏替代，另外，在开始游戏前，务必检查道具是否有遗漏或错误。

(2) 控制游戏成员间的互动过程。有些被测评者试图通过游戏来展示自己，但表现过于夸张，影响了游戏正常进行，或者有的被测评者在游戏中让他人遭受失败或羞辱，此时组织者应适当控制，使游戏回到正常的轨道上。

（3）提醒游戏目的。管理游戏的趣味性易造成被测评者忘掉游戏的测评目的，因此，过程中应避免只为游戏而游戏，经常提醒被测评者游戏的目的，同时，游戏中要注重对被测评者的引导。

随着企业对人才的重视，人才测评也越来越重要，管理游戏作为一种有效的人才测评方法，虽然目前在评价中心中使用频率并不高，但凭借其无可替代的优势，一定会在人才测评中发挥越来越重要的作用；当然，在实践过程中，也会不断改进，减少管理游戏的缺点对测评效果的影响，从而更加具有使用价值。

（三）在培训中管理游戏的应用

培训游戏已成为开发人力资源的重要方式，不仅让受训人员兴趣较高，还可间接传递企业哲学。曾有一个较有名的"建塔"游戏，要求员工在 15 分钟内，用报纸和透明胶纸在地上搭一个塔，越高越好。在完成过程中员工发现：垒到一定高度后，塔根本站不住。员工们纷纷在每个脆弱关节处加固，还是站不稳。最后找到解决办法：用胶纸从四个方向把塔身和地面连起来，起到平衡作用。在培训师的启发下，受训人员开始明白，企业文化犹如强大的黏合剂，能使企业各部分良好有效地结合在一起。不过，在管理游戏中能否做到有效引导，并把握好现场的互动，往往是影响管理游戏实施效果的关键因素。

首先，要学会巧妙提问。通过提问帮助学员对游戏规则逐一理解，发现学员偏离游戏规则，应通过提问，给予及时辅导。分享阶段，应通过设计精辟的问题，让学员自己领悟寻找答案。

其次，善于组织小组讨论及大组分享。一般游戏方案的制订、游戏结果的分享，都是通过小组讨论进行的。对精彩之处，要及时给予肯定，并加以总结和发挥。

最后，要重视角色的扮演。角色的产生一般用主动报名方式，培训师应给予必要的辅导。表演结束后，表演者谈完感想后，由观察者给予赞赏性和建设性两方面的反馈，最后由讲师进行总结性辅导。

（四）管理游戏的评价

1. 管理游戏的优点

（1）集中考察被测评者的多种能力。管理游戏是为了解决某一问题或达到具体目的而设计的，被测评者在游戏过程中，参与问题的解决，集中反映了多种能力素质。

（2）模拟内容更接近于实际工作情况，真实感强。例如一个游戏的题目是"组建新的集团公司"。将被试人按 4 人一组分成几个小组，形成若干个公司董事会，给各董事会一些关于市场状况和本公司下属各单位情况的资料，要求他们研究确定进行内部结构调整优化的目标，并做好计划与组织工作。与其他公司董事会进行谈判，转让影响公司发展的部门，买进本公司需要的企业或单位（或者是控股权），完成调整任务，组建一个结构合理、有发展潜力的新的集团公司。被测评者在游戏过程中，通过组建新的集团公司，感受真实的工作场景。

（3）形式活泼，趣味性强。管理游戏将复杂的测评内容与有趣的游戏结合起来，形式活泼，消除了被测评者的紧张感，使他们在游戏的过程中得到乐趣，在游戏结束后，通常会安排讨论，讨论的过程会揭示蕴含在游戏中的深刻寓意，被测评者可以从中受到启发；同时，游戏的趣味性容易激发被测评者潜在的能力以及创造性解决问题的方法。

（4）测评效度高。在管理游戏测评过程中，由于被评价者处于一种更为放松的状态，其行为表现会更加真实，可以减少掩饰的机会，提高测评的效度。

2. 管理游戏的缺点

（1）管理游戏对环境、道具的要求较高，且需要花费大量的时间去组织与实施。大多数管理游戏都要设置特定的场景，一些游戏还需要在户外进行，且根据游戏内容的不同要准备各种有形的道具，比如小溪任务中，需要选择特定的户外环境，以及滑轮、木板、绳索以及粗大的圆木等道具。

（2）操作不便，难于观察，对测评者要求较高。通常在游戏中，成员完成任务时要来回走动，这时测评者的观察难以进行，假如测评者要观察一个以上被测评者的行为，问题就更为复杂。鉴于这种活泼的测评形式，在游戏过程中往往会产生混乱状态，测评者要在这样的情形中仍能观察并评价被测评者细小的行为表现，确实需要测评者具有很高的水准。

（3）完成游戏所需时间较长。由于兼行为运动与脑力活动的特点，管理游戏通常比其他测评方法耗费更多的时间，大部分需要一个小时才能完成，一些要求较高的游戏则需两个小时甚至更多时间。

第三节 评价中心存在的问题及改进方向

一、评价中心存在的问题

1. 成本较高

评价中心技术是一种广泛应用于人员选拔的方法，它结合了多种评估技术，包括心理测试、面试、工作模拟等，以评估候选人的技能、能力和潜力。然而，评价中心技术也存在一些成本较高和技术要求的问题。评价中心技术的成本较高。由于这种方法需要专业的评估人员和设备，以及相应的培训和时间投入，因此它的成本往往较高。例如，一些复杂的评价中心需要数天的评估时间，这对于企业和评估人员来说都是一项额外的成本。

2. 操作难度大

操作难度较大。评价中心对评价者的要求很高，行评价中心的评分工作，草率地运用会带来很大危害，一般人操作不了。评价中心技术是一种复杂的人员选拔方法，需要专业的培训和支持以确保其有效性和准确性。评价中心技术涉及多种评估方法，如面试、心理测试、无领导小组讨论、案例分析等，需要对每种方法进行详细的了解和掌握。此外，评价中心技术还需要对招聘岗位的职责和要求有深入的了解，以便制订出适合招聘岗位的评估标准和方法。

专业的培训和支持对于评价中心技术的有效性和准确性至关重要。在评价中心技术的实施过程中，需要考虑到各种因素，如招聘岗位的特点、应聘者的背景和经验、评估标准的制订等。这些因素的考虑需要在专业的培训和支持下进行，以确保评价中心技术的有效性和准确性。

3. 应用范围小

应用范围小，人数不宜过多；与其他测评方法相比，评价中心主要用于对管理人员的人际沟通能力、分析解决问题的能力等进行评价。评价中心方法本身也决定了人数的多少。评价中心方法参与的人数不宜过多，一般包括 12 名测评对象和 6 名评价人员，再加上一名测评主管，从而对测评对象的若干管理才能进行评价，或对测评对象在目标岗位上成功可能性做出总体评价。

4. 评审标准难确定

评价中心的评审标准确定难，存在不可克服的误差。在确定评价中心练习活动时，需要考虑测评对象所表现出来的行为是否能够揭示他在以后新的工作中的管理能力。另外在商议测评结果的过程中须进行团队决策，在其过程中，评价人员由于一些错误和偏见，可能会低估最优秀成员提出的建议，而被个别成员控制会议进程从而引导别人指向错误的信息，造成误差。另外，由于一些主观条件的存在也可能造成一些不可克服的误差。

二、改进方向

1. 选择针对性的测评方法

根据需要测评的素质内容，选择合适的、有针对性的测评方法，并做好相应的题目设计。另外，评价中心方法可以根据员工的评估结果，提供个性化的发展计划和培训项目。每个员工都有自己的优势和劣势，通过为员工提供个性化的发展机会，可以更好地激发其潜力，提高组织的整体绩效。评价中心方法可以通过评估结果的分析，为员工提供适合其个人发展的培训和发展计划。这将有助于优化组织的人才管理和发展，提高员工的工作满意度和绩效。

2. 需要专业培训和支持

评价中心技术是一种复杂的人员选拔方法，需要专业的培训和支持以确保其有效性和准确性。评价中心技术涉及多种评估方法，如面试、心理测试、无领导小组讨论、案例分析等，需要对每种方法进行详细的了解和掌握。此外，评价中心技术还需要对招聘岗位的职责和要求有深入的了解，以便制订出适合招聘岗位的评估标准和方法。

专业的培训和支持对于评价中心技术的有效性和准确性至关重要。在评价中心技术的实施过程中，需要考虑到各种因素，如招聘岗位的特点、应聘者的背景和经验、评估标准的制订等。这些因素的考虑需要在专业的培训和支持下进行，以确保评价中心技术的有效性和准确性。

评价中心技术的专业培训和支持还需要考虑到招聘流程的设计和实施。在评价中心技术的实施过程中，需要制订出详细的招聘流程，以确保招聘流程的公平、公正和透明。此外，还需要对招聘流程进行监督和管理，以确保招聘流程的顺利进行和结果的准确性。

3.结合多种评价方法

评价中心方法可以引入更多种类的评估活动，如在线模拟任务、虚拟现实案例等，以更好地模拟真实工作场景，提高评估的准确性和可信度。传统的评价中心方法主要通过角色扮演和小组讨论等方式来评估员工的能力和潜力。然而，这些方法存在一定的主观性和局限性。引入在线模拟任务和虚拟现实案例等新的评估活动，可以更真实地衡量员工在实际工作中的表现和潜力。这样的评估活动可以更全面地评估员工的各项能力和素质，从而提供更准确和全面的评估结果。

4.注意评估工具的适用性和准确性

首先，需要选择适合特定职位的评估工具。例如，对于销售人员的选拔，需要使用与销售技能相关的评估工具，如销售模拟、谈判测试等。对于管理人员的选拔，则需要使用与领导力、决策能力和人际关系技能相关的评估工具，如小组讨论、案例分析等。需要确保评估工具能够充分反映候选人的实际工作能力和潜力。

其次，需要确保评估工具的准确性。评估工具的准确性直接影响到评估结果的可靠性和有效性。因此，需要在评估工具的设计和使用过程中，采用科学的方法和标准化的程序，以减少评估误差和主观性。例如，可以通过对评估者进行培训，以确保他们对评估标准的理解和应用一致。同时，还可以采用多个评估者对同一个候选人进行评估，以提高评估结果的客观性和准确性。

此外，需要定期对评估工具进行修订和更新，以适应不同职位的需求和变化。通过对评估工具的不断完善和改进，可以提高评价中心技术的有效性和准确性，从而为企业选拔出更优秀的人才。

✦ 本章小结

本章对评价中心技术的相关内容进行了详细概述。通过分析评价中心技术的内涵、特点和关键环节，总结了评价中心技术的概念。同时分析常见的评价中心技术，包括无领导小组讨论、公文筐测验和管理游戏。最后分析评价中心技术目前存在的不足之处，并提出未来改进的方向。

关键术语

评价中心技术（Evaluation center technology）
无领导小组讨论（Leaderless group discussion）
公文筐测验（In-basket test）
管理游戏（Management game）

复习思考题

1. 回顾评价中心技术的产生。
2. 尝试概括无领导小组讨论的过程。
3. 分析公文筐测验的优缺点。
4. 试分析管理游戏在人力资源管理中的应用。
5. 试分析销售专员应采用何种评价中心技术方法。
6. 简述评价中心技术未来的发展趋势。

第九章
心理测量

知识结构图

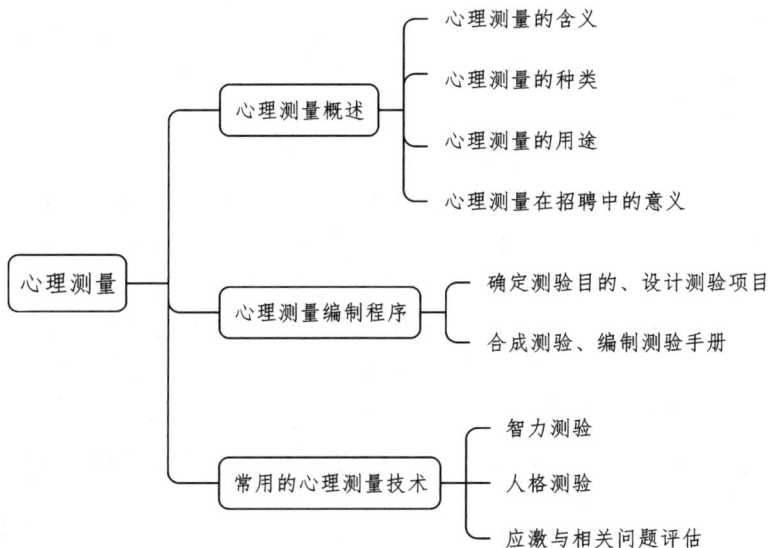

学习要点

- 心理测量的含义
- 心理测量的种类
- 测验目的的确定
- 拟定编制计划
- 设计测试项目
- 项目的测试与分析
- 合成测试
- 常用的测试技术

🔊 学习目标

通过本章的学习，首先要掌握心理测量的含义、心理测量的种类，明确测验目的；其次是理解并掌握拟定编制计划、设计测试项目和项目的测试与分析，理解如何进行合成测试；最后是掌握常用的测试技术的类型以及理解常用的测试技术的运用。

🔊 引导案例

华信中安使用心理筛查机器人开展保安心理测评

保安队伍作为维护社会治安的重要力量，在推进平安和谐的美好生活中扮演着重要的角色。由于保安工作的特殊性，他们常常面临着诸多工作压力。比如，有的保安员难以融入所服务单位的群体中，缺乏归属感；有些保安员日常工作单调，工作责任重大，经常要处理突发或危险的事件，这些都会给他们带来很大的心理压力，而这些压力都可能会导致职业倦怠，继而降低其职业承诺。因此，分析保安员心理健康状况，探索心理调适途径，对保安企业具有重要意义。

为全面掌握保安心理健康状况，建立科学、规范的员工心理健康档案，构建心理危机预警、干预机制，华信中安应用沃民心理筛查机器人，在华信中安地铁 10 号线安检员住宿基地，连续两天对 273 人进行了心理测评，共获取 546 份有效心理测评报告。

心理健康问题不仅是员工个人的事，更是企业关心的事。在企业生产经营活动中，员工队伍的稳定和员工工作的积极性充分发挥对企业的生存和发展起着极其重要的作用。缓解员工心理压力，促进员工心理健康，实现员工心理和谐，已经成为加强和改进企业思想政治工作，维护企业团结稳定，促进企业和谐发展的重大课题。

（资料来源："华信中安使用心理筛查机器人开展保安员心理测评"，犀猫心识别微信公众号，2022-09-13。相关文字做了适当删减和处理。）

第一节　心理测量概述

一、测量与心理测量的含义

（一）测量的含义

测量是指依据一定的法则使用量具对事物的特征进行定量描述的过程。所谓"一定的法则"，是指测量都要建立在科学规则和科学原理之上，并通过科学的方法和程序完成测量过程。所谓"事物的特征"，是指所要测定的事物的特定属性。所谓"量具"，是指测量中所使用的工具。所谓"定量描述"是指任何测量的结果总是对事物特征的量的确定。测量精度首先取决于测量对象本身的性质，其次取决于测量工具的精确度。

(二)心理测量的含义

心理测量是一种通过一系列的工具或手段将人的某些心理特征加以量化，从而衡量个体心理因素水平和个体心理差异的科学测量方法。心理测评通常使用各种心理测量工具，如智力测试、人格测试、行为观察等，来获取个体心理特征和行为的量化信息。

心理测量的性质包括：

(1)心理测量依据的法则在很大程度上只是一种理论，很难达到如同物理法则那样普遍被人们接受的程度。

(2)心理测量的对象是人们的心理特质和教育成就。

(3)心理测量所使用的量具是由专家编制、试用、修订、完善而逐渐形成的标准化测验。

(4)心理与教育测量的目标是对人的心理特质和教育成就进行定量分析，但这种分析的精度并不理想。

心理测量的发展历史可以追溯到19世纪末和20世纪初的心理学发展阶段。

19世纪末，心理学的实验研究开始引入测量。威廉·沃连特(William Wundt)在德国莱比锡大学创立了第一个实验室，并使用反应时间等测量方法来研究感觉和知觉过程。

20世纪初，法国心理学家阿尔弗雷德·比奇(Alfred Binet)和西蒙·贝尔曼(Théodore Simon)于1905年开发了第一份智力测验，作为评估儿童智力水平的工具。这标志着心理测量进入了现代阶段。

20世纪20年代至40年代，在这个时期，心理学家开始使用项目ive测试和问卷调查等方法来评估个体的人格特征。爱德华·斯利(Edward Thorndike)、罗伯特·伍德沃德(Robert Woodworth)等人在人格测量领域做出了重要贡献。

20世纪50年代，统计学和测量学的发展为心理测评提供了可靠性和效度分析的方法。这一时期出现了许多量表、问卷和测试，如明尼苏达多项人格测验(MMPI)和斯坦福—比奇智力量表(Stanford-Binet Intelligence Scale)。

20世纪60年代至70年代，在这一时期，心理测量领域出现了各种新的测量工具，包括自我报告量表、行为观察、情绪测量等。其中，大五人格模型在人格测量中得到广泛应用。

20世纪80年代至今，随着计算机技术的进步，心理测评开始向计算机化发展，使测评工具更加标准化、自动化和个性化。同时，随着互联网的普及，在线测评也逐渐普及，提供了更便捷的测评方式。

心理测量的发展是一个不断演变和改进的过程。随着心理学理论的不断发展和技术的进步，心理测量工具不断更新和完善，可以更准确地评估个体的心理特征、能力和态度。

二、心理测量的种类

心理测量是通过科学、客观、标准的测量手段对人的特定素质进行测量、分析、评价。测量划分依据不同,心理测量的种类划分也不同。

(一)根据测验对象分类

1.智力测验

智力测验是关于人的普通心智功能的各种测验的总称,又称普通能力测验。常用测验包括:比奈—西蒙智力量表、韦克斯勒智力量表、斯坦福—比奈智力量表、瑞文标准智力测验、军队甲种团体智力测验和军队乙种团体智力测验,其中斯坦福—比奈智力量表和韦克斯勒智力量表是目前国际上比较通用的量表。

2.能力倾向测验

能力倾向测验是用来测量从事某种职业或活动的潜在能力的评估工具。它是一种高度标准化的素质测评方法,由智力测验发展而来,用于了解特殊能力差异,并且含有对今后工作绩效的预测性。能力倾向测验是对人的不同能力因素水平和观测将来从事某种专业或工种活动能力的测验,包括社会智能倾向测验、特殊能力测验以及创造力测验等。

3.成就测验

成就测验主要是针对特定领域为检测应试者对有关知识和技能的掌握程度而设计的。成就测验主要用于教育领域,即反馈、评价、科研和选拔安置。比如,成就测验的得分可以作为反馈信息,调节教师的教学活动。在某一教学阶段开始前的成就测验,能使教师了解学生对完成本阶段学习任务的智力、知识和技能的准备情况,为修改教育目标和教学计划提供依据。

4.人格测验

人格测验也称个性测验,主要用来测量个体行为独特性和倾向性等特征,最常用的方法有问卷和投射技术。常用人格问卷有艾森克人格问卷(EPQ)、明尼苏达多项人格测验和卡特尔16因素人格测验。投射技术包括罗夏克墨迹测验、逆境对话测验和语句完成测验等。

(二)根据测验内容的形式分类

1.文字测验

文字测验的题目以文字材料组成并呈现,要求受测者用文字或语言的方式作答。文字测验的实施比较简便,而且较易于测量人类高层次的心理功能。但是,这类测验容易受社会文化背景的影响,在跨文化比较研究中应用比较困难。同时,不同的文化程度会影响测验结果,对于那些在语言文字方面有困难的人和幼小儿童完全不适用。如明尼苏达多项人格问卷和艾森克人格问卷采用的就是文字测验。

2.非文字(操作)测验

非文字测验即操作测验,是指在一定情境下对受测者运用非言语行为进行测量的一种测验类型。操作测验要求受测者演示操作的过程,而不是简单地描述如何做或者已做了什么。这种测验被广泛地用来评价受测者从实验室到运动场以及其他实际情境现场中习得的各种能力。从某种意义上讲,口头测验和书面测验都是对操作的测量,但是操作性测验的方法一般只强调非言语行为。因为操作性测验比言语测验更真实,所以它有时又被称为真实性评价。

(三)根据测验评价的参照标准分类

1.常模参照测验

常模参照测验是用常模来解释个人测验分数的一种测验,它是以团体的心理水平来衡量个体心理水平,主要目的在于将受测者的表现与该团体中其他受测者相比较,从而区分不同的受测者,确定每个受测者的心理水平在总体中的相对位置。测验项目要求具有适当的难度和一定的区分度,如智力测验、能力倾向测验等,常使用的常模参照表有百分等级量表、标准分数(Z)量表、T量表、比率智商量表和离差智商量表等。早期的教育测验和智力测验多属于常模参照测验。

2.目标参照测验

目标参照测验又称准则参照测验,是指在一定的行为领域上按照具体的行为标准水平对被试的测验结果作出直接解释的测验,它为人们提供了有关被试是否达到某种行为标准水平或要求的信息,是一种与以经典测验理论为基础的常模参照测验相对的测验类型。

3.潜力参照测验

潜力参照测验是指以无意识潜力参照个人的文化价值观、经验和知识,并以此作为决策依据的一种测验。值得一提的是,潜力参照测验只是一种评估工具,其结果并不能完全决定一个人的职业发展和成就,个人的潜力还需要结合其他因素,例如经验、技能、兴趣和性格等来进行全面评估和规划。

三、心理测量的用途

心理测量是一种非常有用的工具,可以帮助人们了解自己和他人的心理特征和行为模式,因此用途很广。心理测量常见用途主要有:

(1)增进自我了解。通过心理测量,个人可以了解自己的性格、价值观、情绪和智力水平等方面的特点和模式，而这些信息可以帮助个人更好地理解自己，提高自我认知和促进自我发展。

（2）用于职业规划。心理测量可以帮助个人找到适合自己的职业方向。通过了解自己的兴趣、能力、价值观和人格特点，个人可以更准确地选择适合自己的职业，从而提高职业满意度和工作表现。

（3）辅助教育指导。心理测量可以为学生提供个性化的教育指导。通过了解学生的学习风格、兴趣、能力和智力水平，教师可以更好地制订教学计划和教学方法，以满足学生的需求和期望。

（4）促进心理健康。心理测量可以帮助个人识别和解决心理健康问题。例如，通过评估情绪状态、焦虑程度和抑郁程度等，个人可以及时寻求帮助，并采取适当的措施来改善心理健康状况。

（5）参与人才选拔。在招聘和选拔过程中，心理测量可以帮助组织更好地了解候选人的性格、价值观和动机等方面的特点和模式。这些信息可以帮助组织做出更明智的招聘和晋升决策，提高组织绩效和团队凝聚力。

需要注意的是，心理测量的结果只是参考性的，不能作为唯一依据。在应用心理测量时，还需要综合考虑其他因素，如个人经验、专业知识、文化背景等。同时，个人应该保持开放的心态，认真思考和解读测验结果，并采取适当的行动来改善自己的生活。

四、心理测量在招聘中的意义

心理测量在招聘中的意义在于提供相应的数据支持，为企业选择最合适的人才提供参考依据，降低招聘风险，提高员工绩效和组织效益，促进团队合作和文化匹配。主要体现在以下几个方面：

（1）选拔合适的人才。心理测量可以为企业筛选出适合岗位的候选人提供参考依据。通过使用具有预测能力的心理测量工具，可以评估候选人的能力、技能、性格特征和适应性，从而更好地预测他们在特定岗位上的表现和在未来的职业发展潜力。

（2）减少招聘成本和风险。通过心理测量，企业可以更加客观地评估候选人的素质和匹配度，减少人力资源的投入和招聘过程中的不确定性。

（3）提高员工绩效和组织效益。通过心理测量，企业可以更好地了解员工的能力、兴趣和发展需求，为其提供个性化的培训和发展计划。这有助于提高员工的工作满意度和绩效，增加组织的生产力和效益。

（4）促进团队合作和文化匹配。心理测量可以帮助企业评估候选人在团队合作和组织文化方面的适应性。通过了解候选人的性格特征、价值观和沟通风格，企业可以选择那些与团队和组织价值观相匹配的人才，促进良好的团队合作和员工融入。

（5）合规和公正性。使用标准化的心理测量工具可以提供公正的选拔过程，避免主观偏见和歧视。可以确保所有候选人都接受相同的评估标准和程序，从而保证招聘过程的透明度和公平性。

第二节 心理测量的编制程序

一、确定测验目的

(一)明确心理测量对象

首先要明确测量的对象,也就是测验编成后要用于哪些团体。一般可以根据年龄、文化背景及受教育程度等来编制测验题目。如在编制儿童测验时,要充分考虑测验对象的教育水平和年龄的影响。

(二)明确心理测量目标

心理测量目标是指编制的测验是用来测量什么样的心理变量或行为特征。目标分析因测验不同而异,一般分为三种情况:

一是任务分析,主要是对所预测的行为活动作具体分析。

二是对特定概念下定义,如果测验是为了测量某种特殊的心理品质或特点,那么测验编制者就必须给所要测量的心理或行为特质下定义,然后必须发现该特质所包含的内容将通过什么行为表现出来或怎样进行测量。

三是确定测验的具体内容,如果测验是描述性的显示测验,那它的目标分析的主要任务则是确定显示的内容和技能。

(三)明确心理测量用途

在编制和设计心理测量题目或问卷前一定先要明确心理测量的用途,即明确所编出的测验是要对被测量对象做描述,还是做诊断,抑或是选拔和预测。

二、拟定编制计划

编制心理测量计划,实际上是对测验的总体设计,指出测验的内容结构和项目形式等,以及对每个内容、目标的相对重视程度。首先根据已经明确的测量对象进行一定的人群分类,例如根据测量对象的共同特点进行学生、员工和患者等分类。其次是要根据已经确定的测量目标确定要测量的心理特质或行为,例如性格、智力、情绪和动机等。再次是选择合适恰当的心理测量工具,如量表、问卷和观察表等。然后是测量方法的选择确定,例如测试时间、地点、指导语和计分方式等具体的测量流程和方法的明确。还有心理测量的数据设计,数据收集和分析的流程设计,例如如何进行数据整理、统计、解释和报告数据等。最后是参考依据的制订设计,即根据测量结果和其他相关信息,制订相应的建议和干预措施,以提高个人或组织的绩效。

三、设计测试项目

(一)前期准备

设计测试项目要做好前期准备工作,包括相关资料的收集和项目形式的选择及具体的项目测试设计要求等等。

为了提高项目测试设计的质量,在进行测试项目的设计前,一定要搜集丰富的资料,还要保证资料的普遍性和适应性。在选择测试项目的形式时要充分考虑测验的目的和材料性质、接受测验的团体的特点以及包括时间、人数、经费等各种实际因素。编写和修订项目时,一定要满足以下要求:项目的范围要与测验计划相一致;项目的数量要比最后所需的数目多一倍至几倍,以备筛选和编制复本;项目的难度必须符合测验目的需要;项目的说明必须清楚等。

(二)遵循原则

在设计心理测试项目时,需要遵循如下原则:

(1)科学性原则。确保测试项目的设计符合心理学原理和理论,能够准确、客观地测量需要测量的心理特质或行为。

(2)有效性原则。确保测试项目的设计能够达到预期的测试目标,能够准确地反映受测者的心理特征和行为模式。

(3)可靠性原则。确保测试项目的设计能够产生可靠的结果,避免因题目难度、指导语和计分方式等问题导致结果的偏差或误差。

(4)安全性原则。确保测试项目的设计不会对受测者的权益和隐私造成侵犯或伤害,遵守相关法律法规和伦理原则。

(5)公正性原则。确保测试项目的设计无偏见、无歧视,对待所有受测者公正、公平,避免因性别、种族和宗教等因素影响测试结果。

(6)透明性原则。确保测试项目的设计能够向受测者提供清晰、透明的解释和建议,让受测者了解测试的目的、过程和结果,增强信任度和参与度。

(7)综合性原则。综合考虑多个因素,如测试目标、工具、题目、流程和计分规则等,确保测试项目的设计全面、综合、多样化和具有代表性。

(8)伦理原则。遵守相关法律法规和伦理原则,如保护受测者的隐私权、知情权和保密权等权益,以及遵守伦理审查程序和要求。

(三)注意事项

设计心理测试题目时根据测试目标和工具,设计测试题目,确保题目能够准确、客观地测量需要测量的心理特质或行为。同时,确保题目难度适中、无歧义、无偏见和符合伦理原则。制订测试流程,例如测试时间、地点、指导语和计分方式等,确保测试流程规范、清晰和易于执行。根据测试目标和工具,确定计分规则和评分标准,确保计分规则客观、公正和易于操作。根据测试结果和计分规则，为受测者提供解释和建议，解释测试结果的含义，并提供相应的建议和干预措施，以改善个人或组织的发展和绩效。按照测试流程和计分规则实施测试，收集数据并进行处理和分析，确保数据的准确性和可靠性，并将结果转化为易于理解的形式，如柱状图、饼状图等。最后要根据测试结果和受测者的反馈，评估测试的效果和可靠性。如果存在问题，及时调整测试项目并重新实施。

在设计心理测试项目时，需要综合考虑以上原则和因素，以确保测试项目的质量和可靠性。同时，还需要不断更新和完善测试项目的设计，以满足不同的需求和挑战。

四、项目的试测和分析

（一）试测步骤

心理测验项目试测的操作步骤包括：

第一步要明确测验的目的，例如评估个体的智力、性格和职业倾向等。

第二步是根据测验目的，选择适合的测验项目，例如韦克斯勒成人智力测验、艾森克人格问卷和霍兰德职业倾向测验等。

第三步是根据选择的测验项目，准备相应的测验材料，例如问卷、图片和仪器等。

第四步是安排测验环境，选择一个安静、舒适和不受干扰的测验环境，确保测验的进行不受外界干扰。

第五步是实施测验，按照测验的指导语和要求，逐步进行测验。在测验过程中，要确保受试者充分理解题目要求，避免误解和歧义。

第六步是在测验结束后，将受试者的答案和得分记录在相应的表格或数据文件中。

第七步是分析结果，根据测验的目的和要求，对受试者的结果进行分析和解释，可以采用统计方法对结果进行处理，例如计算平均分、标准差等。

第八步是报告结果，根据分析结果撰写报告，对受试者的心理特点进行描述和总结，为受试者提供参考和建议。

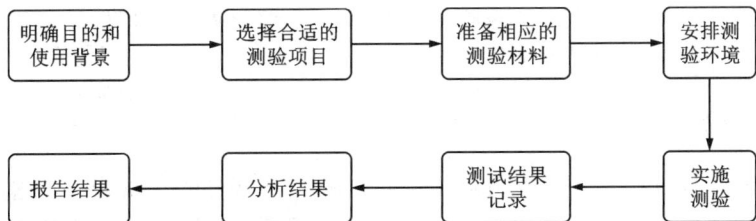

图 9-1 心理测量项目的试测步骤

（二）项目分析

心理测量的项目分析包括质的分析和量的分析。

1. 质的分析

质的分析是从内容取样的适当性、题目的思想性以及表达是否清楚等方面加以分析，一般包括内容效度、结构效度和内部一致性等内容。内容效度是指评估测试题目的内容是否与测量目标相关，是否能够涵盖测量目标的全部内容，通常可以通过专家评审和文献研究等方法进行评估。结构效度是指评估测试题目的结构是否能够反映测量目标的真实结构，一般可以通过因子分析、因素分析等方法进行评估。内部一致性多指评估测试题目的内部一致性，即测试题目的可靠性，可以通过计算测验的内部一致性信度进行评估。

2. 量的分析

量的分析是对预测结果进行统计分析，确定项目的难度、区分度和备选答案的适宜性等，一般包括难度分析、区分度分析、可靠性分析、有效性分析等内容。难度分析是指评估测试题目的难度水平，一般通过测试者的得分情况或使用难度公式进行计算。区分度分析是指评估测试题目的区分度，即测试项目能否将不同水平的人区分开来，通常通过试测者的得分分布、高低分组差异等方法进行评估。可靠性分析则是指评估测试题目的可靠性，即能否稳定地测量被试者的水平，实际操作中可以通过计算测验的稳定性系数、重测信度等方法进行评估。有效性分析是指评估测试题目的有效性，即能否准确地测量被试者的水平，可以通过计算测验的效度系数或使用相关分析等方法进行评估。

（三）注意事项

预测对象应选自将来正式测验准备应用的群体；预测的实施过程与情境应力求与将来正式测试时的情况相近似；预测的时限可稍宽一些，最好使每个被试都能将项目做完，以搜集较充分的反应资料，使统计分析的结果更为可靠；在预测过程中应随时记录被试的反应情形，如在不同时限内一般被试所完成的题数、题意不清之处及其他有关问题。

五、合成测验

合成测验是一种将多个心理测量指标整合成一个综合得分或指标的方法，以便更全面地评估个体的某种心理特质或能力。

（一）具体步骤

第一步是确定测量指标：合成测验首先需要确定要整合的测量指标，这些指标应该能够全面反映被试某种心理特质或能力。例如，如果要评估一个人的智力水平，可以考虑使用智商测验、思维能力测验、语言能力测验等。第二步是选择合成方法：根据测量指标的性质和目的，选择适当的合成方法。常见的合成方法包括加权平均、主成分分析和因子分析等。第三步是计算综合得分：根据选择的合成方法，将测量指标的得分进行加权或整合，计算出综合得分。综合得分可以是一个单一的数字，也可以是一个区间或等级。第四步是验证综合得分的可靠性，可以通过计算每个测量指标的信度和效度来评估综合得分的可靠性。第五步是解释综合得分，即根据综合得分的含义和目的，对其进行解释和说明。例如，如果综合得分反映了一个人的智力水平，那么可以根据得分高低来解释智力水平的高低。最后一步是应用综合得分，是指根据综合得分的应用场景和目的，将其应用到相关领域中。例如，如果综合得分用于招聘选拔，可以根据得分高低来评估候选人是否符合要求。

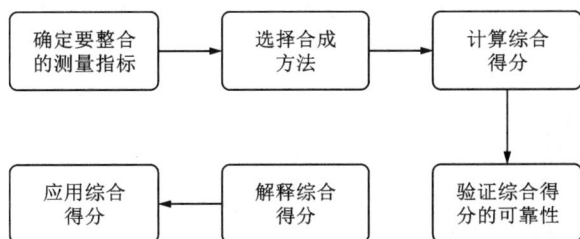

图 9-2　合成测验的具体步骤

需要注意的是，合成测验需要遵循科学规范和标准，保证测量指标的选择、计算和解释的合理性。同时，也需要不断验证和改进合成测验的方法和效果，以更好地服务于实践需求。

(二) 遵循原则

合成测验在进行测验时，应该遵循以下原则：

(1)实用性原则。测验应该能够测量出被试的能力、知识和技能等方面的信息，并且这些信息对于被试的未来发展或者实际工作有帮助。

(2)公正性原则。测验应该避免偏见和歧视，确保所有被试都在相同的条件下接受测试。

(3)可靠性原则。测验应该具有可靠性，即多次测试的结果应该是一致的。

(4)有效性原则。测验应该具有有效性，即测验的结果能够准确地反映被试的能力、知识和技能等方面的信息。

(5)安全性原则。测验应该确保被试的安全，避免测试过程中出现危险或伤害。

六、测验使用的标准化

(一) 施测过程标准化

在施测过程中，需要按照规定的程序和步骤进行操作，以确保测试结果的准确性和可靠性。例如，对于一个心理测试，需要确保测试环境安静、私密，测试者能够按照统一的指导语进行施测，并且严格控制测试时间等。

(二) 评分计分标准化

在评分计分过程中，需要遵循统一的评分标准，以确保不同测试者的分数能够进行比较。例如，对于一个语言能力测试，需要根据统一的评分标准对测试者的答案进行评分，避免主观因素对测试结果的影响。

(三)分数解释标准化

在分数解释过程中，需要依据统一的解释标准，对测试者的分数进行解释和评估，以确定测试者的能力和水平。例如，对于一个智力测试，可以根据测试者的分数，结合年龄和性别等因素，进行智力水平的评估和解释。

七、编写测验手册

(一)手册内容

(1)本测验的目的和功用。
(2)测验的理论背景以及选择项目的依据。
(3)测验的实施方法、时限及注意事项。
(4)测验的标准答案和记分方法。
(5)常模表或其他有助于分数转化与解释的资料。
(6)测验的信度、效度资料，包括信度系数、效度系数以及这些数据是在什么情境下得到的。

(二)示例说明

1. 本测验的目的和功用

本测验旨在评估个人在特定领域的技能、知识和经验水平。通过测试，可以了解个人在相关领域的实力和能力，帮助个人发现自己的优势和不足，为个人提供改进和提升的方向。同时，测验结果也可以为企业或组织提供人才评估和选拔的参考依据。

2. 测验的理论背景以及选择项目的依据

本测验的理论背景主要基于相关领域的专业知识和技能要求。测试项目根据专业知识、技能水平和经验水平等进行选择，其中专业知识是指测试项目涉及相关领域的专业知识和理论，考察个人对该领域的理解和掌握程度；技能水平包括实际操作和解决问题等技能方面的考察，以评估个人在相关技能方面的实际应用能力；经验水平包含测试项目设计考虑个人在实际工作中的应对能力和经验积累，通过模拟实际工作场景来考察个人在相关领域的经验和应对能力。

3. 测验的实施方法、时限及注意事项

本测验采用在线测试的方式进行。测试时限根据具体测试内容而定，一般不超过 4 小时。在测验过程中，受测者需按照要求完成各项任务，确保网络畅通、设备正常运转。

测验的标准答案和记分方法：测验的标准答案将根据参考答案进行制订。在评分过程中，将根据任务的完成情况、答案的准确性和操作的规范性等进行评分。最终得分将根据各个任务的得分进行加权平均，得出综合得分。

4.常模表或其他有助于分数转化与解释的资料

根据测试结果，将提供常模表或其他有助于分数转化与解释的资料。常模表将显示各项任务得分的百分位数、总体排名以及相应的解释说明，帮助受测者更好地理解自己的测试表现。此外，还将提供其他有关分数解释和转化方法的资料，以帮助受测者更好地理解和应用测试结果。

5.测验的信度、效度资料及资料的取得

本测验的信度和效度资料将在实际应用过程中进行收集和分析，通过测量重复性系数（test-retest reliability）、内部一致性系数（internal consistency reliability）和分半信度系数（split-half reliability）来评估测验的可靠性。这些系数将在不同情境下进行计算，以全面评估测验的信度水平。通过比较测验的结果与其他衡量标准（如相关领域的表现、面试评分等）之间的关系来评估测验的准确性。此外，还将进行因子分析和结构方程模型等方法来验证测验的结构效度。通过在大样本中实施测验并收集数据，以获得更准确的信度和效度系数。这些数据将在不同情境下进行收集和分析，以全面评估测验的信度和效度表现。

在测试手册中，将提供详细的方法和数据来源，以帮助用户全面了解本测验的信度和效度表现。同时，手册还将提供相关数据资料的下载和使用说明，以便用户在使用过程中进行参考和验证。

第三节　常用的心理测量技术

心理测量技术是指运用心理学原理和方法，通过一定的操作程序和量表，对个体的心理特征和行为进行量化分析的方法。它是一种评估和诊断个体心理状态的工具，可以帮助心理咨询师了解个体的情绪、行为模式和人格特点。心理测量技术在心理咨询、心理治疗、人力资源管理和教育等领域都有广泛的应用。

一、智力测验

智力测验是有关人的普通心智功能的各种测验的总称，又称普通能力测验。编制这类测验的目的是综合评定人的智力水平。早期编制的智力测验多采取个人测验的形式，这是单独评估心智功能的最好方法。现在常用的智力测验量表包括：比奈—西蒙智力量表、韦克斯勒智力量表、斯坦福—比奈智力量表、瑞文标准智力测验、军队甲种团体智力测验和军队乙种团体智力测验，目前国际上常用的个人智力测验量表主要是斯坦福—比奈智力量表和韦克斯勒智力量表。

(一)斯坦福-比奈智力量表

1.量表介绍

斯坦福—比奈智力量表是美国斯坦福大学教授推孟于1916年对"比奈—西孟智力量表"修订而成的,该修订本不但对每个测题的实施程序及评分方法作出了详细的说明和规定,而且把智商概念运用到智力测验中,使智力分数能在不同年龄间比较,从而进一步发展和完善了比奈以智龄评定智力的方法。1937年发表了第二个修订本,其中有两套等值的测验,即L型和M型。1960年在第三次修订中又将两个等值测验合并成一套,称L-M型。该量表将以前的比率智商换成了以均数为100,标准差为16的离差智商。1972年发表修订后的常模。作者认为新的常模比1937年的常模更能反映时代文化发展的影响。1986年公布第四次修订版,量表共包含15个分测验,可以评定4个认知领域,即言语推理、抽象/视觉推理、数量推理和短时记忆。其测验以个别方式进行,通常幼儿不超过30~40分钟,成人被试不多于90分钟,测验程序是从稍低于被试实际年龄组开始,如果在这组内有任何一项目未通过则降到低一级的年龄组继续进行,直至某组全部项目都通过,这一年龄组就作为该被试智龄分数的"基础年龄";然后再依次实施较大的各年龄组,直至某组的项目全部失败为止,此年龄组作为该被试的"上限年龄"。

2.量表内容

斯坦福—比奈智力量表是一种常用的智力测验,用于评估个体的智力水平。斯坦福—比奈智力量表,包括多个子量表和测试项目,一般包括以下内容:

(1)语言能力。

①词汇:测试个体对词语的理解和运用能力。

②语法:测试个体对语法规则的掌握和运用能力。

③阅读理解:测试个体在阅读文章时的理解和分析能力。

(2)推理能力。

①抽象推理:测试个体从具体事物中抽象出概念,进行推理的能力。

②归纳推理:测试个体根据已知信息,总结出规律或结论的能力。

③演绎推理:测试个体根据规则进行逻辑推断的能力。

(3)空间认知能力。

①空间想象:测试个体对空间关系的理解和想象能力。

②空间定向:测试个体对物体方位和运动方向的理解和判断能力。

(4)记忆能力。

①短时记忆:测试个体在短时间内记忆大量信息的能力。

②长时记忆:测试个体在长时间内记忆信息的能力。

(5)学习能力。

①快速阅读:测试个体在短时间内阅读并理解文章的能力。

②学习速度:测试个体在学习新知识时的速度和效率。

（6）解决问题能力。

①创新思维：测试个体运用创新思维，解决复杂问题的能力。

②决策能力：测试个体在面对复杂问题时的判断和决策能力。

（7）数学能力。

①数学基础：测试个体对数学基础知识的掌握和运用能力。

②数学推理：测试个体运用数学知识进行推理和解决问题的能力。

（8）注意力和集中力。

①持续性专注力：测试个体在一段时间内保持注意力和专注力的能力。

②分配性专注力：测试个体在同时处理多个任务时的注意力和专注力。

（9）观察力。

①细节观察力：测试个体从复杂环境中找出关键细节的能力。

②分析观察力：测试个体从复杂环境中找出规律和联系的能力。

（10）常识和知识储备。

①文化常识：测试个体对文化、历史和文学等方面的基本知识储备。

②科学知识：测试个体对科学、技术和自然等方面的基本知识储备。

（11）人际交往能力。

①沟通理解：测试个体在人际交往中的语言理解和表达能力。

②社会感知：测试个体对他人情感和需求的敏感度和理解能力。

（12）自知之明和自我调节能力。

①自知之明：测试个体对自己优缺点、兴趣爱好等方面的认知程度。

②自我调节能力：测试个体在面对挑战和压力时，进行自我调节的能力。

（13）创造力和想象力。

①创意联想：测试个体产生创意联想和独特想法的能力。

②创意实践：测试个体将创意想法转化为实际成果的能力。

（14）学习动机和兴趣。

①学习动机：测试个体在学习过程中的内在动力和积极性。

②学习兴趣：测试个体在学习过程中的兴趣和喜好程度。

（15）适应能力和灵活性。

①环境适应力：测试个体在不同环境和情境中的适应能力。

②处理灵活性：测试个体在面对变化和突发情况时的应对能力和灵活性。

（二）韦克斯勒智力量表

1.量表介绍

韦克斯勒量表是由美国心理学家韦克斯勒在临床心理工作中编制的 W-BI（韦克斯勒-贝尔韦量表）、WAIS（韦氏成人智力量表）、WISC（韦氏儿童智力量表）和 WPPSI（韦氏幼儿智力量表）几个智力量表。它与比萘智力量表（BS）是代表智力测验中的两种主要类型。

韦克斯勒于1934年开始致力于智力测验的编制和研究工作，1939年发表了韦克斯苗-贝尔韦智力量表Ⅰ型。W-BⅠ是第一个成人智力测验，它的内容是以特别适合成年人使用的眼光来选择的，并用一系列不同的子测验的形式来编制整个测验，每个子测验内的题目皆由易到难顺序排列。由于W-BⅠ在常模样本的代表性及子测验信度上的不足，韦克斯勒又于1949年增加了Ⅱ型。W-BⅠ和W-BⅡ主要用于测量10~60岁的被试，它们在内容和形式上为后来发展的各种量表奠定了基础。韦克斯勒对W-B作了修订和重新标准化，于1955年编制出版韦氏成人智力量表（WAIS），1981年又出版了再次修订和标准化后的WAIS，称为韦氏成人智力量表修订版（WAIS-R）。

2. 测验内容

韦克斯勒智力量表包括12个分测验，旨在评估受试者在各个领域的智力水平，包括语言、操作和注意力。以下是韦克斯勒智力量表的12个分测验：

（1）词汇：测试受试者对单词的理解和定义能力。

（2）算术：评估受试者在解决数学问题时的推理和计算能力。

（3）填图：测试受试者对细节的观察和记忆能力，以及想象力和创造力。

（4）积木设计：通过让受试者用模型积木构建物体来评估其空间想象和创造力。

（5）图片排列：通过让受试者按照故事情节或逻辑关系排列图片来评估其推理和解决问题的能力。

（6）动物运动：测试受试者对动物运动模式的观察和记忆能力。

（7）迷宫：评估受试者在解决迷宫问题时的注意力和空间推理能力。

（8）符号：测试受试者对符号的理解和运用能力。

（9）拼图：通过让受试者完成不同难度的拼图来评估其操作技能和视觉空间能力。

（10）数字记忆：测试受试者在短时间内对数字的记忆和再现能力。

（11）物体记忆：测试受试者在短时间内对物体的记忆和再现能力。

（12）词汇推理：评估受试者在理解单词意义的基础上进行推理和判断的能力。

韦克斯勒智力量表通过将各个分测验的得分进行加权和汇总，得出一个总智商分数，以评估受试者在各个领域的智力水平。这个量表被广泛应用于临床心理学、教育和研究领域，用于诊断和评估儿童的智力水平和认知能力。韦氏量表的优点主要体现在：具有复杂的结构，能够较好地反映智力的整体和各个侧面；各年龄组都接受相同的分测验，可以相互比较，并节省指导测验的时间；用离差智商代替比率智商，克服了计算成人智商的困难；采用因素分析法研究结构效度更具有理论意义；各量表之间相互衔接，适用的年龄范围可以从幼儿直到老年。但也存在一定的局限性，比如施测程序复杂费时；对于测量智力极高或极低的被试不大适用；缺乏充分的效度资料。

二、人格测验

人格测验是一种用于评估和测量个人人格特征和行为的工具。人格测验包括客观测验、投射测验和其他人格测验。

客观测验是一种基于自我报告的评估方法，通常使用问卷或简答题的形式进行。常见的客观测验包括：明尼苏达多项人格调查表(MMPI)、艾森克人格问卷(EPQ)、卡特尔16项人格因素问卷(16PF)等等。投射测验是一种基于被试对模糊刺激的反应的评估方法，这种刺激通常是一个图像、故事或其他开放性的任务。这些测验的目的是让被试通过他们的反应来展示他们的人格特征和内心感受。常见的投射测验包括：罗夏墨迹测验、主题统觉测验(TAT)、句子完成测验等等。其他人格测验主要有人格障碍问卷(PDQ)、加利福尼亚心理调查表(CPI)、自陈式人格问卷(CPQ)和明尼苏达多项人格问卷(MMPI-2)等等。由于篇幅受限，本节仅各举一例来予以说明。

(一)明尼苏达多项人格调查表

1.量表介绍

明尼苏达多项人格调查表(Minnesota Multiphasic Personality Inventory，简称 MMPI)是一种广泛应用于临床心理学和心理学研究的人格问卷调查表，由 H. S. Sydney 和 J. C. Mckinley 于 20 世纪 40 年代初编制。MMPI 的主要目的是评估个体的人格特质、心理问题和行为模式，并帮助临床医生诊断和治疗心理障碍。它是一种广泛应用于临床心理学、心理学研究和人格评估的重要工具。

2.具体内容

明尼苏达多项人格调查表包含 567 个自我报告的问题，这些问题被分为 14 个分量表，每个分量表对应一个特定的人格维度或心理问题，主要内容如下：

(1)癔症量表(Hy)：与神经症和心理问题相关的症状，如焦虑、抑郁和躯体化等。

(2)精神病态量表(Pd)：与违法、犯罪、冲动和不道德行为等相关的人格特质，如社会适应不良、攻击性和反社会行为等。

(3)男性化—女性化量表(Mf)：测量性别角色和性别认同，反映被试的性别特征和行为。

(4)偏执狂量表(Pa)：与偏执、疑虑、敌对等相关的人格特质，如多疑、不信任他人等。

(5)精神衰弱量表(Pt)：与心理病理学相关的认知和情感问题，如焦虑、强迫、抑郁等。

(6)精神分裂症量表(Sc)：与精神分裂症和其他精神障碍相关的行为和症状，如幻觉、妄想等。

(7)抑郁量表(D)：与抑郁和沮丧相关的情感和行为问题，如情绪低落、自杀倾向等。

(8)焦虑量表(Anx)：测量焦虑和担忧的程度，反映被试的焦虑水平。

(9)病态人格量表(Pm)：与人格障碍相关的行为问题，如自我中心、缺乏自我控制等。

(10)暴力量表(F)：与自我报告的暴力行为和攻击性相关的人格特质，如冲动、暴力倾向等。

（11）妄想量表（Gd）：与妄想和偏执性思维相关的人格特质，如被害妄想、关系妄想等。

（12）逃避现实量表（Re）：反映被试对现实问题的逃避和回避程度，如自我欺骗、逃避现实等。

（13）诈病量表（Fb）：测量被试的伪装或故意制造疾病的行为，反映被试的欺骗行为。

（14）附加量表（Fs）：包括一些特定的附加问题，用于评估特定的人格特质或心理问题，如酒精依赖、进食障碍等。

（二）主题统觉测验

1. 测验简介

主题统觉测验（Thematic Apperception Test，简称 TAT）是一种基于投射法的心理测验，由美国心理学家 A. M. Wittenberg、C. E. Pollock 和 M. R. Rugg 于 1935 年编制。主题统觉测验通过一系列隐喻性的图片，激发测试者投射出他们的内在情感、动机和人际关系。测试者需要根据自己的理解和感受来编故事，从而揭示他们的人格特质和心理问题。

2. 测验过程与主要特点

（1）测验过程。主题统觉测验通常由 30 张图片组成，每张图片都有一个主题，例如人物、场景或事件等。测试者被要求根据每张图片编一个故事，包括图片中的主题、背景、人物关系和情节等。测试者需要尽可能地发挥自己的想象力和创造力，让故事更加生动、有趣和连贯。测试者编完故事后，主测者会根据故事的内容和细节来分析测试者的人格特质和心理问题。

（2）主要特点。主题统觉测验是一种主观的测验方法，主测者需要根据测试者的故事来进行分析和解释。TAT 可以揭示测试者潜意识中的动机、情感和人际关系，从而提供更深入的人格洞察。

主题统觉测验的图片是经过精心设计的，它们可以激发测试者的创造力和想象力，从而产生丰富的故事和信息。

主题统觉测验不仅可以用于人格评估和心理诊断，还可以用于研究人格心理学和社会心理学等领域。

总之，主题统觉测验是一种基于投射法的心理测验，通过激发测试者的创造力和想象力，揭示他们的人格特质和心理问题。它是一种广泛应用于临床心理学、心理学研究和人格评估的重要工具。

（三）Millon 临床多轴量表

除了传统的心理测试和评估外，还包含一些特定的人格问卷，用于评估和诊断特定的人格障碍。其中，包括以下几种人格障碍问卷：

（1）依赖型人格障碍问卷（Dependent Personality Inventory，简称 DPI）：用于评估依赖型人格障碍的特征，如缺乏自主性、自我价值感低等。

（2）偏执型人格障碍问卷（Paranoid Personality Scale，简称 PPS）：用于评估偏执型人格障碍的特征，如多疑、不信任他人等。

（3）反社会型人格障碍问卷（Antisocial Personality Scale，简称 ASP）：用于评估反社会型人格障碍的特征，如违法、攻击性和不负责任等。

（4）表演/癔症型人格障碍问卷（Hysterical Personality Scale，简称 HPS）：用于评估表演/癔症型人格障碍的特征，如情感表达不当、自我中心等。

这些人格障碍问卷可以帮助临床医生更全面地评估个体的心理状况和人格特质。同时，它们也可以为个体提供更深入的自我了解和改善心理健康的途径。然而，这些问卷并非绝对准确或完整的评估工具，因此在使用时需要结合其他评估方法进行综合分析。

需要注意的是，这些人格测验的分类并不是绝对固定的，因为不同的人格测验可能采用不同的方法和理论，并且它们可能有不同的应用和限制。

三、应激与相关问题评估

应激是人们日常生活中常见的一种心理和生理反应，它通常是由于外部环境刺激或内部心理压力所引起的。应激反应可以通过一系列生理和心理变化来适应和应对外部刺激，但过度的应激反应也可能会导致一些健康问题和心理障碍。

(一) 应激反应的评估

应激反应的评估是一个多方面的过程，需要考虑个体的生理、心理和社会状况等多个方面。

1. 生理评估

（1）心血管系统：评估心率、血压和心电图等指标，了解心脏功能和心血管系统的稳定性。

（2）呼吸系统：评估呼吸频率、肺功能等指标，了解呼吸系统对应激反应的调节能力。

（3）消化系统：评估胃肠道反应、食欲等指标，了解消化系统对应激反应的适应性。

（4）免疫系统：评估免疫功能、炎症反应等指标，了解免疫系统对应激反应的调节能力。

2. 心理评估

（1）情绪状态：通过情绪问卷、情绪量表等方式评估个体的情绪状态，如焦虑、抑郁和紧张等。

（2）认知功能：通过认知测试、神经心理评估等方式评估个体的认知功能，如注意力、记忆力和思维灵活性等。

（3）人格特质：通过人格问卷、人格评估等方式了解个体的人格特质，如性格、情绪稳定性和行为习惯等。

3.社会评估

(1)社会支持：了解个体的社会网络、家庭关系和朋友关系等，评估社会支持系统对应激反应的调节作用。

(2)社会角色：了解个体的工作角色、家庭角色等，评估社会角色对应激反应的影响。

(3)社会适应：了解个体的社会适应能力、生活事件应对方式等，评估社会适应对应激反应的调节作用。

综合以上几个方面的评估结果，可以更全面地了解个体的应激反应状况，从而制订相应的干预措施，帮助个体更好地应对。

(二)应激相关问题的应对方法

应对应激相关问题的方法主要有以下几种：

(1)调整生活方式。通过改善饮食、增加运动和保持良好的睡眠习惯等方式来增强身体和心理的适应能力。例如，规律作息、均衡饮食和适量运动等。

(2)学习放松技巧。如深呼吸、冥想和渐进性肌肉松弛等，可以帮助缓解生理和心理紧张，减轻应激反应。例如，通过冥想、深呼吸等方式来缓解焦虑和紧张情绪。

(3)寻求社会支持。与家人、朋友或亲密的人交流，分享感受和压力，可以减轻孤独感和心理压力，提高应对能力。例如，与亲朋好友分享自己的感受和经历，寻求他们的支持和建议。

(4)寻求专业帮助。如果应激反应过于强烈，影响到日常生活和心理健康，可以考虑寻求心理咨询师或医生的帮助，进行专业的心理治疗和药物治疗。例如，寻求心理咨询师或心理医生的帮助，学习应对应激的方法和技术。

(5)建立稳定的社会支持网络。建立良好的社交关系，与他人建立互信和支持的关系，可以减轻应激反应的影响。例如，加入社交团体、参加社区活动等，与他人建立良好的社交关系。

(6)培养自我调节能力。通过学习自我调节的技巧和方法，如正念冥想、认知行为疗法等，可以帮助个体更好地管理应激反应，保持心理平衡。例如，通过参加正念冥想课程、认知行为疗法训练等来培养自我调节能力。

(7)制订应对策略。针对不同的应激情境，制订相应的应对策略，包括解决问题的方法、应对压力的技巧等。例如，面对工作压力时，可以制订合理的工作计划、采取积极的应对策略来缓解工作压力。

总之，应激是人们日常生活中常见的一种反应，适度的应激有助于适应环境，但过度的应激可能会影响身体健康和心理健康。通过对应激反应的评估和采取相应的应对方法，可以帮助个体更好地管理应激，维护身心健康。总的来说，应对应激相关问题需要综合考虑个体的生理、心理和社会状况。通过采取多种有效的方法和策略，才可以帮助个体更好地应对各种应激问题。

本章小结

首先，主要阐述了心理测量的含义、心理测量的种类，心理测量的用途，简单分析了测量与心理测量的关系。

其次，详细陈述了测验的目的，重点讲述了如何编制计划、设计测试项目、项目的测试与分析以及如何进行合成测试。

最后，重点介绍了常用的测试技术的类型以及常用的测试技术的运用。

关键术语

心理测量（psychometric）

合成测试（synthetic test）

智力测验（intelligence test）

人格测验（personality test）

应激（stress）

复习思考题

1. 简述心理测量的含义。

2. 简述心理测量的种类。

3. 简述如何设计测试项目。

4. 简述项目的测试与分析。

5. 常用的心理测量测试技术有哪些？如何运用？

第十章
员工录用

知识结构图

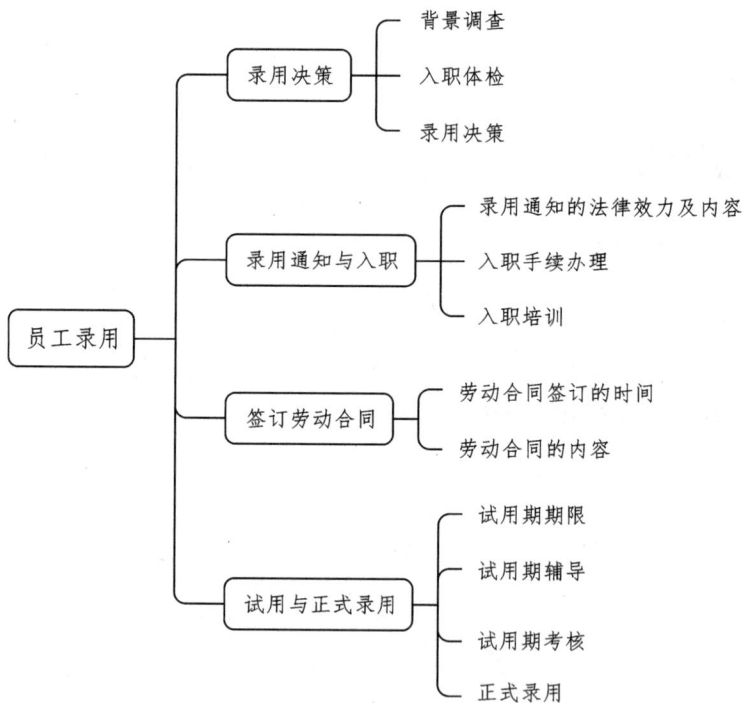

学习要点

- 录用决策的确定
- 录用通知的法律效力
- 员工入职手续办理
- 签订劳动合同的时间

- 试用期辅导及考核
- 试用期转正

🔊 学习目标

通过本章的学习，首先了解录用决策的参考依据，掌握录用通知书的法律效力，掌握劳动合同的概念、类型、内容和签订，掌握试用期的概念等理论知识；其次学会如何进行背景调查，掌握录用通知书的正确制作和签发，掌握员工入职手续的办理，掌握试用期员工的管理等实际操作。

🔊 引导案例

录而不用，用人单位担责并赔款！

2019 年 3 月，夏小姐通过某招聘网站接到一家服装公司的面试邀请，经多轮面试后，于 2019 年 3 月底收到了服装公司的录用通知函，其中载明录用夏小姐为人力资源部主管，如接受录用需当晚回复邮件确认入职，并于 2019 年 4 月 29 日持最新体检报告到公司办理入职手续。通知函中同时载明了夏小姐的工资标准、工作内容和工作地点等。夏小姐当晚回复邮件承诺准时入职并于之后的一周内与原公司办理了离职手续。

2019 年 4 月 29 日上午，夏小姐持体检报告到达服装公司办公地点办理入职手续时被告知，该岗位已经录用其他员工，无法给夏小姐办理入职手续。后夏小姐申请仲裁和诉讼，要求服装公司支付其入职体检费及未依约建立劳动关系给其造成的工资等损失合计 2 万余元。

庭审中，夏小姐称其因为服装公司的录用通知与原公司解除劳动关系，但服装公司未与其建立劳动关系造成其失业在家，服装公司应赔偿其失业期间的工资损失。服装公司称双方并未建立劳动关系，夏小姐的诉讼请求无法律依据。

法院经审理认为，夏小姐与服装公司虽未建立劳动关系，但服装公司向夏小姐发出的录用通知函中载明职务、工资标准、工作内容和入职时间等具体确定的内容，并表明如夏小姐同意入职需当天回复。该录用通知书的效力系向夏小姐发出要约，夏小姐回复确认构成承诺，此时双方已经形成劳动关系预约合同。夏小姐基于对服装公司的合理信赖与原单位办理了离职手续。服装公司后期不予建立劳动关系的行为，侵害了夏小姐的信赖利益，有违诚实信用原则，给夏小姐造成了损失，应承担缔约过失责任。

经调解，最终双方达成调解协议，服装公司支付了夏小姐体检费及部分损失等共计 3000 元。

（资料来源："录而不用，用人单位担责并赔款"，中国人力资源开发网，2019 - 10 - 23，http://www.chinahrd.net/blog/414/1213337/413402.html。相关文字做了适当删减和处理。）

第一节　录用决策

招募甄选环节之后，需要用人单位人力资源管理部门和用人部门依据招聘需要及录用条件共同作出录用决策，雇佣前的背景调查、入职体检为用人单位作出录用决策提供最后的参考信息，如表 10-1 所示。

表 10-1　录用流程

流程	说明	责任人
核岗	● 核定报批人员的岗位、薪级等项目	人力资源管理机构
审批	● 按录用审批权限报批	人力资源管理机构
背景调查、通知体检	● 通过审批后，通知拟录取人员到指定医院体检。体检合格的，通知报到	人力资源管理机构
报到	● 办理入职手续。新员工报到，必须提交最后一份工作的离职证明	人力资源管理机构

一、背景调查

背景调查是指为了保障用人单位招聘、员工管理等决策的科学性和合法性而进行的一系列信息收集、核实和分析的活动。拟录用人员的身份、教育背景、职业资格证书、职称、工作经历真实性和离职原因等信息主要通过背景调查来核实，通常情况下背景调查是由人力资源部或者委托第三方负责。

（一）背景调查的目的

1. 预测应聘者在本用人单位未来可能取得的工作业绩

应聘者的申请表和简历是其自己表述的经历和业绩，这对用人单位招聘行为本身来说只应起到参考的作用。用人单位要深入了解应聘者真实的工作能力，进行背景调查是一种非常有效的方法。用人单位通过背景调查，可以获得第三方对应聘者业绩优良与否的看法，据此在一定程度上可以推测应聘者将来在工作中的表现及其未来工作的成就。

2.确认求职者所提供的信息是否真实

用人单位需要确认求职者提供的信息，例如教育背景和工作经历的真实性与准确性，以避免雇佣不符合要求的员工，进而降低员工离职率和培训成本。同时，在求职过程中，应聘者不但可能篡改个人的就业经历和教育背景，对一些他认为会影响其就业机会的不良背景信息，诸如团队精神、行为操守等方面的负面信息，应聘者一般会有多隐瞒，而这些方面的信息很有可能就是一种潜在的威胁，通过全面的背景调查，可以尽量避免。

(二)调查内容

员工背景调查包括的内容比较多，涉及学历、学位等证书认证、工作经历、离职原因、犯罪记录、信用记录和家庭状况等信息。根据工作岗位的不一样，核查的内容也不一样，一般情况下越高端的岗位，背景调查涉及的内容应该更全面，如表10-2所示。

表 10-2　主要调查的内容和途径

调查项目	调查途径
学历学位证	学信网
职称、职业资格证	相关考试机构查询
工作经历、真实离职原因、违纪违规、奖惩等情况	致电或走访原单位
犯罪记录	公安部门开具的无犯罪记录证明

(三)调查方法

1.电话调查

调查员应预先设计好电话调查的问卷表，然后与被访问者进行事先沟通，说明意图，争得对方的理解和支持，约定好通话的日期和时间。调查员应根据拟定好的调查问卷内容逐一询问，同时快速记录下被访者的回答。通过电话进行背景调查，简便易行且省时价廉，应是大多数用人单位对应聘者进行背景调查的首选方法。

2.网络调查

对于用人单位招聘中的背景调查，网络同样不可或缺。例如，某些人才的从业经历、参加的社会活动和论文著作发表情况等可以在网络中搜索到。

3.访谈调查

访谈调查涉及与被访问者的正面接触，往往能得到一些隐藏的信息，如有关应聘者品质的评论。访谈调查的主要优点是调查资料的质量较好，而且调查的回答率较高；缺点是耗时费用高，对访谈者的个人素质要求较高。

4.委托咨询公司调查

用人单位人力资源部门选定一家咨询或调查公司，向其提出调查具体要求，双方签订合同，调查公司在约定日期交付调查信息。委托咨询公司进行背景调查，需要预先明确需求，寻找信誉良好的公司，注意保护隐私和合法性问题。

（四）背景调查的步骤

（1）明确目的：用人单位在进行背景调查之前，需要明确调查的目的和范围。

（2）获得授权：在开始背景调查之前，需要确保已经获得被调查人的授权，以符合个人信息保护法律法规的要求。被调查人应该签署同意背景调查的授权书。

（3）信息收集：根据调查的目的，可以采用多种方式收集信息，包括面谈、电话调查、文件核查、公安机关查询和信用记录查询等。需要注意的是，信息收集过程中要严格遵守相关法律法规，不得侵犯被调查人的合法权益。

（4）信息核实：在收集到相关信息后，用人单位需要进行信息核实，确保信息的真实性和准确性。例如，与被调查人提供的证明材料进行核对。

（5）信息分析和评估：在信息核实的基础上，用人单位需要对收集到的信息进行分析和评估。这可以包括对教育经历、工作经历和社会关系等进行综合评估，以便做出准确的决策。

（6）报告撰写：根据背景调查的结果撰写背景调查报告。报告应该客观、准确地反映调查结果，并保护被调查人的隐私。

（7）保密和合规：用人单位在进行背景调查时，需要遵守相关的法律法规，尤其是个人信息保护方面的规定，确保调查过程中信息的保密性和安全性。

作为合法合规的背景调查，必须在被调查人事先知情的情况下，获得被调查人本人的同意或授权，才能对其相关信息进行核实。用人单位一般有自己的《背景调查记录表》，背景调查结果需要以书面形式记录下来，调查人签字确认。

二、入职体检

新员工入职体检是指用人单位在聘用新员工入职前，对其身体健康状况进行一系列的检查和评估，以确保该员工适合从事相应的工作。新员工入职体检是用人单位管理人力资源的一项重要措施，在用人单位招聘管理中具有以下重要的意义：

第一，新员工入职体检在一定程度上可以确保员工的身体健康状况符合从事相应工作的要求。通过体检，可以及早发现潜在的健康问题，预防职业病或工伤的发生，保障员工的身体健康和工作安全。

第二，降低用人风险。通过体检，可以筛查一些与特定岗位或行业相关的职业禁忌证，避免因员工健康问题导致工作能力下降、频繁请假或离职等问题。

第三，预防疾病传播。通过体检，可以筛查某些传染性疾病，及早发现并防止疾病的传播，保护员工和整个工作环境的健康安全。

第四，建立员工健康档案。通过体检结果，用人单位可以建立新员工的健康档案，为日后的健康管理和职业病防治提供依据，并为员工提供相应的健康指导和关怀。

需特别注意，在进行新员工入职体检时，应该尊重和保护员工的隐私权，遵守相关法律法规，不得违反法律法规关于禁止歧视的强制性规定。例如用人单位招用人员，除规定禁止乙肝病原携带者从事的工作外，不得强行将乙肝病毒血清学指标作为体检标准。

三、录用决策

背景调查、入职体检后，用人单位如果决定不录用，应该通知未被录用的人员，可以通过电话用委婉的语言通知对方，也可以用短信或者信函的方式委婉告知对方。周到的辞谢方式一方面能树立良好的用人单位形象，另一方面有利于用人单位储备人才。如果决定录用，用人单位应当尽快通知候选人。

（一）录用的概念

录用是指从招聘选拔阶段层层筛选出来的候选人中选择符合工作需要的人，做出最终录用决定。录用要以空缺职位所需要的任职资格条件为依据来进行。录用是由人力资源部门和直线部门共同完成的，最终的录用决策应当由直线部门做出。

（二）录用的原则

1. 最合适原则

录用决策的最根本原则是最合适原则，最优秀的并不一定是最合适的，而最合适的对于用人单位来说是最好的。一般认为，录用高学历、高水平的人对公司是有利的，能够提高公司的整体水平，但如果一个人的知识、能力和素质水平明显高于他所从事的岗位要求，这未必是一件好事，离职风险很大。

2. 以岗定人，人岗匹配的原则

以岗定人强调人员录用必须要依据岗位的特性，根据用人单位的具体需要来进行，同时也要根据个人的能力和特长来匹配适合的岗位。做出录用决策时，一般情况下，不应降低标准录用人员，同时要将候选人与评价标准进行比较，而不是在候选人之间进行比较排序。这样才更有利于保障员工在工作岗位上的匹配度，提高工作效率和员工满意度，从而促进公司的长期发展。

3. 公平竞争原则

在招聘录用过程中，对所有的应聘者，公司应当一视同仁，对面试合格的人员应采取公平竞争的原则，择合适人员录取。

第二节　录用通知与入职

一、录用通知的法律效力及内容

如本章引导案例所列举，用人单位向录用人员发送录用通知书，其实是一种要约的法律行为，对用人单位和录用人员双方都有约束，效力受到《中华人民共和国民法典》的调整。如果录用人员确认接受，而用人单位单方面解除合同，在法律上被称为违约，如果录用人员证明其因为用人单位的违约行为遭受损失，那么用人单位就应该对该损失承担赔偿责任。

为了避免产生不必要的法律风险，用人单位需要正确制作和签发录用通知。

(1)在录用通知书中，首先可以让被录用人员了解用人单位对于他们加入用人单位的殷切希望和感谢，表示用人单位对人才的重视。

(2)明确回应是否接受录用的期限。如果对方不能按期确认，用人单位可以及时开展新一轮招聘，同时公司取消录用并无法律风险。

(3)再次明确录用条件。录用条件应当包括资质条件、工作能力条件及职业道德条件等方面的内容。录用条件的设定是试用期解除劳动合同的关键，如果用人单位以不符合录用条件为由解除与员工的劳动合同，那么应事先规定明确的录用条件，而且要让员工知晓。

(4)其内容原则上应具备以下要素：录用意向确认、职位信息、薪酬待遇、工作条件、试用期安排、保密义务和其他附加条件等。录用通知书模板见第12章。

需要注意的是，录用通知并不等同于雇佣合同，它是双方达成雇佣意向的书面确认。在实际操作中，用人单位与劳动者建立劳动关系，双方需签署正式的劳动合同来明确双方的权利和义务。

二、入职手续办理

许多用人单位，尤其是大型用人单位，制订有正式的入职手续办理指引。入职报到手续一般需要人力资源部和用人部门协助完成。

人力资源部各项手续办理可能包括提交入职资料、录入员工系统或职工名册、办理工卡、录入指纹、签订劳动合同和领取培训资料等事项。

用人部门需要指定负责人带领新员工熟悉工作环境，如参观办公场所、将新员工介绍给周围的同事、帮助员工申请办公电脑、上网权限、OA账号、公司邮箱和办公用品等。用人部门管理者有义务使新员工尽快无顾虑地顺利融入用人单位之中，需要与新员工坦诚地沟通用人单位和员工双方的权利和义务。

成功的入职指引，不管是正式的还是非正式的，会使新员工在身份转换过程中感到舒适，易于适应，可适当避免新员工在入职1~2周内就提出离职。

三、入职培训

入职培训是公司对每一个新员工介绍公司历史、基本工作流程、行为规范、组织结构、人员结构和处理同事关系等活动的总称，是为了使新员工尽快融入这个团队。入职培训是新员工在组织中发展自己职业生涯的起点，公司在这一阶段的工作是帮助新员工建立与同事和工作团队的关系，建立符合实际的期望和积极的态度。

（一）入职培训的目的

（1）让新员工了解公司历史、政策、价值观和企业文化，使其更快适应公司。

（2）为新员工提供正确的、相关的公司及工作岗位信息，鼓励新员工的士气，减少新员工的压力和焦虑。

（3）为新员工培训岗位的相关通用知识，使新员工的能力、知识和技能得到提升，快速适应岗位的需要。

（4）让新员工了解公司所能提供给他的相关工作环境及公司对他的期望。

（5）让新员工感受到公司对他的欢迎，消除紧张并体会到归属感，鼓励新员工形成积极的态度。

（6）降低员工流动。

（7）帮助新员工适应工作群体和规范，协助新员工获得适当的角色行为。

（二）入职培训的内容

有效的入职培训应该包括以下内容：公司历史、基本工作流程、企业规章制度、组织结构、人员结构、企业文化与理念、发展目标与愿景、工作职责与方式等。

（三）入职培训的形式

入职培训形式可分为两大类：一类是传统型培训形式，主要有在职培训、现场培训、讲座培训与程序化教学培训等；另一类是新型培训形式，主要有非正规学习培训、试听化培训、模拟式培训、远程网络培训、户外式培训与咨询式培训等。

无论是传统型培训形式还是新型培训形式皆有其优劣性，关键是针对培训资源、培训对象等因素特点，将其灵活组合，使其发挥最大效用。

第三节　签订劳动合同

劳动合同也称为劳动契约，是劳动者和用人单位之间明确劳动权利义务，规范劳动合同订立、履行、变更、解除和终止行为的协议。劳动合同期限包括固定期限劳动合同、无固定期限劳动合同和以完成一定工作任务为期限的劳动合同。对于新员工，用人单位普遍签订的是固定期限劳动合同，适用范围广泛，比较灵活，用人单位可以根据生产需要和工作岗位的不同要求来确定劳动合同期限，有利于合理使用人才。

一、劳动合同签订的时间

《劳动合同法》第十条明确规定："建立劳动关系，应当订立书面劳动合同。已建立劳动关系，未同时订立书面劳动合同的，应当自用工之日起一个月内订立书面劳动合同。"

《劳动合同法实施条例》第六条明确规定："用人单位自用工之日起超过一个月不满一年未与劳动者订立书面劳动合同的，应当依照劳动合同法第八十二条的规定向劳动者每月支付两倍的工资，并与劳动者补订书面劳动合同；劳动者不与用人单位订立书面劳动合同的，用人单位应当书面通知劳动者终止劳动关系，并依照劳动合同法第四十七条的规定支付经济补偿。"

《劳动合同法实施条例》第七条明确规定："用人单位自用工之日起满一年未与劳动者订立书面劳动合同的，自用工之日起满一个月的次日至满一年的前一日，应当依照劳动合同法第八十二条的规定向劳动者每月支付两倍的工资，并视为自用工之日起满一年的当日已经与劳动者订立无固定期限劳动合同，应当立即与劳动者补订书面劳动合同。"

综上所述，用人单位应秉承诚信协商、诚信订立合同的义务，严格把控书面劳动合同的签订时间，自用工之日起一个月内尽快与劳动者签订书面劳动合同。

二、劳动合同的内容

劳动合同的内容包括必备条款和约定条款，其中必备条款主要包括：

(1)用人单位的名称、住所和法定代表人或者主要负责人。

(2)劳动者的姓名、住址和居民身份证或者其他有效身份证件号码。

(3)劳动合同期限。

(4)工作内容和工作地点。

(5)工作时间和休息休假。

(6)劳动报酬。

(7)社会保险。

(8)劳动保护、劳动条件和职业危害防护。

(9)法律、法规规定应当纳入劳动合同的其他事项。

约定条款一般包括试用期、培训、保守秘密和竞业限制、补充保险和福利待遇等其他事项。对于用人单位引进的高级管理人员、高级技术人员和其他负有保密义务的人员，在签订劳动合同的同时可以约定竞业限制相关事项。

第四节　试用与正式录用

试用期是劳动合同的约定条款，包含在劳动合同期限内。用人单位一般会与新员工约定试用期的期限、试用期期间的工资福利水平等相关事项。试用期是用人单位和新员工双方在劳动合同中约定的一段互相考察的时间。

一、试用期期限

《劳动合同法》第 19 条明确规定："劳动合同期限 3 个月以上不满 1 年的,试用期不得超过 1 个月;劳动合同期限 1 年以上不满 3 年的,试用期不得超过 2 个月;3 年以上固定期限和无固定期限的劳动合同,试用期不得超过 6 个月。同一用人单位与同一劳动者只能约定一次试用期。以完成一定工作任务为期限的劳动合同或者劳动合同期限不满三个月的,不得约定试用期。试用期包含在劳动合同期限内。劳动合同仅约定试用期的,试用期不成立,该期限为劳动合同期限。"

用人单位违反本法规定与劳动者约定试用期的,由劳动行政部门责令改正;违法约定的试用期已经履行的,由用人单位以劳动者试用期满月工资为标准,按已经履行的超过法定试用期的期间向劳动者支付赔偿金。

二、试用期辅导

在试用期内,用人单位可以通过实际工作状况进一步考察新员工的业务知识、专业技能等方面是否符合岗位要求,员工也可以进一步考察岗位的工作内容、用人单位文化和工作环境等是否符合自己的预期。

用人单位需要对新员工进行试用期辅导,入职当天,用人部门应为其指定指导员,指导新员工试用期工作,指导员一般应是直接上级或工作经验较丰富、品行兼优的员工。指导内容一般为新员工工作岗位的工作关系、主要工作内容、工作流程以及工作的执行标准等方面。同时,人力资源部和用人单位应与试用期员工开展定期或不定期面谈,总结成绩和不足,促进其改进和提高,并将记录材料备存,为试用期考核提供参考依据。

三、试用期考核

(一)试用期考核的目的

(1)对新进人员在试用期间的工作业绩、能力和态度做客观的记录与评价。为人员转正、转岗、辞退和人员开发等提供客观、合理的依据。

(2)为用人单位造就一支业务精干的、高素质的、具有高度凝聚力和团队精神的人才队伍。

(3)通过对试用期员工的考核及与其沟通,帮助员工尽快了解公司,明确岗位职责,融入公司的用人单位文化。

(4)考核的真正目的应该是挖掘试用期员工的潜力与能为用人单位带来的潜在价值,并帮助员工完成目标,达到岗位胜任的能力要求;对于尚未符合要求的能力点,通过培训的方式帮助员工达成。

(二)试用期考核的基本原则

1.实事求是原则

试用考核要以日常管理中的观察、记录为基础，定量与定性相结合，强调以数据和事实说话，切不可根据考核人的主观臆断及片面观点进行考核。同时，考核者也应当充分考虑到试用期员工刚步入新环境、对所从事工作不熟练等客观因素所造成的工作失误。这样，才能为用人单位发掘出更具有潜在价值的人才。

2.全面考核原则

试用期员工的考评需要对其任职状况、劳动态度、工作绩效和胜任力等方面做评价，力求客观、公正和全面，员工试用期的考核关系到用人单位最终是否对员工进行录用。

3.效率优先原则

对于用人单位来说，无论是试用期还是正式录用，从基层到高层，都要讲求效率优先的原则。在试用考核中也是如此，对于考核结果证明不符合录用条件或能力明显不适应工作需求、工作缺乏责任心和主动性的员工，要及时按规定中止试用期，避免出现浪费资源和效率低下的情况。

4.开放沟通原则

在整个绩效考评过程中，考核标准、过程督导、结果考评及提出改进方向等环节均应进行充分的交流与沟通，并且各个环节的沟通与交流必须是上下级共同参与的双向沟通。一方面，上级管理者在与下级员工沟通的过程中，将试用期的考核结果公正客观地反馈给员工，让员工及时了解近期的工作状况并获得员工的理解与支持；另一方面，下级员工在与上级管理者沟通的过程中，可以将自己的想法及时反馈给上级管理者，让管理者了解考核过程中自己所产生的疑问与不满情绪，并及时获取相关帮助。

(三)试用期考核的内容

用人单位对试用期员工的考核主要包括工作技能、工作态度等方面的考核内容。

1.工作技能

(1)对本岗位的熟识度。是否了解主项工作内容，懂得如何合理计划开展工作。能否将专业知识与技能熟练应用于所在岗位。

(2)适岗程度。表现出来的知识、经验、能力和技能与岗位的符合程度

(3)工作效率。能否在规定的时间完成任务，遇到问题能否迅速反应。

(4)工作质量。完成的工作是否符合要求，能否达到预期的效果。

(5)工作业绩。在工作岗位上取得的有利于组织实现其战略目标的成绩。

2.工作态度

(1)出勤、纪律。是否有迟早、早退、请假及违反用人单位规章制度的情况。

(2)团队意识。是否关注团队目标,积极与团队成员合作。

(3)学习态度。是否具有虚心学习的态度,接受新知识的能力、速度。

(4)责任心。是否对自身岗位职责和目标负责,勇于承担责任。

(5)主动性与积极性。是否对自身的工作充满热爱并积极主动地完成岗位任务。

(6)思想态度。是否具有全局意识及战略眼光,注重组织的全面发展、热爱组织文化并全身心为组织服务。

四、正式录用

如果员工通过了试用期考察,转正考核合格(模板见第13章《转正考核表》),则可以以正式员工身份进入用人单位工作。一般来说,试用期转正分为三种类型:

(1)如期转正:按劳动合同约定的时间转正。

(2)提前转正:对于试用期间表现异常突出、有突出贡献的人员,用人单位可以决定是否能提前转正。

(3)延期转正:根据员工在试用期内的表现情况,用人单位可以决定对员工进行延期转正,但是需要特别注意,延长试用期的期限不能超过法律法规规定的期限。

如果用人单位有证据证明员工在试用期内不符合录用条件、因病不能工作或者不能胜任工作时,用人单位可以在试用期内与员工解除劳动合同,且不需要支付经济补偿金。

✦ 阅读与思考

录用通知与劳动合同内容不一致,以哪个为准?

招聘过程中,很多用人单位在笔试、面试后,会向有意向录用的应聘者寄发录用通知书。在该录用通知书中,一般会包括拟录用的岗位、薪资待遇等信息,确定劳动者意向之后,双方再订立劳动合同。如果劳动合同与录用通知的内容不一致,应以哪个为准?

案例:

2022年5月,黄先生收到A公司发来的录用通知,载明待遇为月基本工资17500元+绩效工资7500元。6月初,黄先生入职,并与A公司签订了劳动合同,其中载明工资为月固定工资17500元。

2022年10月,黄先生提起仲裁申请,要求A公司根据录用通知约定额外支付3个月的绩效工资22500元。

A公司称,劳动合同为双方协商一致签订,其中明确约定,黄先生的工资标准是17500元/月,并未另行约定绩效工资。当初发送的录用通知只是要约邀请,双方之间的权利义务应以入职以后实际签订的劳动合同为准。

录用通知内容与劳动合同不一致时，以哪个为准？

劳动人事争议仲裁委员会驳回了黄先生的仲裁请求。

入职通知书和劳动合同都属于具有法律效力的法律文书，入职通知书中一般已经包含了部分劳动合同约定的内容，如工作时间、地点、职位名称和薪酬福利等事项，而劳动合同产生于入职通知书之后，在劳动合同中并未约定明确废止入职通知书的法律效力的情况下，对劳动合同中约定的内容不同于入职通知书的内容，应当视为用人单位与员工就同一问题作的新约定，此时劳动合同的效力高于入职通知书，应以劳动合同的内容为准。

本案中，A公司签发录用通知在前，双方签订劳动合同在后。两份文件中对于工资构成约定不一致，应当理解为双方通过劳动合同修改了录用通知的内容，应当以劳动合同为准。

录用通知与劳动合同产生冲突，主要有两种情形：

第一，录用通知与劳动合同对某一内容的约定不一致。这应当视为用人单位与劳动者就同一问题协商一致作出了新约定，此时应适用劳动合同条款。

第二，录用通知中约定的内容在劳动合同中没有体现。此时就不能完全依据形成时间来确定适用哪份材料，而要看录用通知在劳动合同签订后是否继续有效。若用人单位并未明确约定录用通知的有效期，则录用通知中的内容可以作为劳动合同的补充，对双方均具有约束力。相反，若用人单位在签订劳动合同时明确说明自劳动合同签订之日起录用通知失效，或说明双方权利义务以劳动合同内容为准，那么录用通知相关内容就不再具有约束力。

劳动者在办理入职手续时，应当仔细比对劳动合同与录用通知是否存在不一致的地方，若有，应及时向用人单位提出并进行协商，否则就会被视为接受劳动合同约定，同意变更相关内容。同时，也提醒用人单位，并不能通过劳动合同的不约定就能抹去录用通知书承诺过的条件，即使在劳动合同中没有约定，但此时录用通知书作为劳动合同的补充，也能发生法律效力。

思考题：作为公司HR工作人员，在员工入职阶段如何有效避免劳资纠纷？

（资料来源："西安劳动监察"微信公众号。）

✦ 本章小结

本章着重阐述了用人单位在应聘者通过招募甄选之后，以正式身份加入公司之前的一系列操作程序。分析了背景调查和入职体检给录用决策提供了参考信息，对录用通知书的发放及如何防范法律风险、入职手续办理、劳动合同签订和试用期员工管理等人力资源管理实际操作问题进行了介绍。

✦ 关键术语

录用决策（recruitment decision）
录用通知（offer）

入职（start to work）

劳动合同（labor contract）

试用期（probation period）

复习思考题

1. 录用通知书发出后能随便撤销吗？为什么？

2. 试述劳动合同的概念、种类、订立时间和内容。

3. 用人单位应该如何让新员工尽快地融入组织？请谈一谈你的看法。

第十一章
招聘效果评估

知识结构图

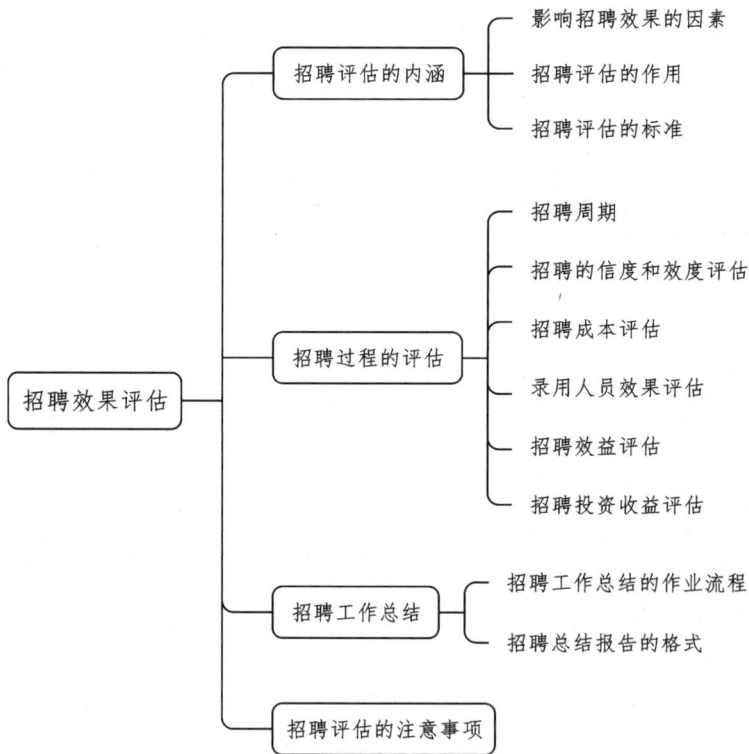

学习要点

- 影响招聘效果的内外部因素
- 招聘评估的作用及标准

- 六个招聘过程的评估
- 招聘工作总结流程
- 招聘工作总结格式
- 招聘评估的注意事项

学习目标

通过本章的学习，首先要理解招聘评估的内涵，理解招聘评估的影响因素和作用，理解招聘过程的评估，其次需要掌握招聘评估指标的实际运用，学会撰写招聘工作总结，掌握招聘评估过程中的注意事项。

引导案例

年薪 30 万，王先生入职新佳宜

新佳宜是湖南本土便利店品牌，创立于 2007，旗下品牌新佳宜连锁便利店，集门店选址评估、设计装修、物流配送、系统培训于一体的连锁品牌。在 2021 中国连锁便利店百强中以 1328 家门店位列 18 名，主要遍布湖南长沙、株洲、湘潭、岳阳、衡阳、常德等地。

2022 年新佳宜成立电商中心，通过数字化营销线上线下相结合，线上直播微信领券，线下就近提货。电商中心于 2022 年 3 月份创建，需要招募一名电商中心经理岗位，负责整个电商中心的运营管理及团队搭建。

公司 HR 对电商经理进行人物画像，很快锁定了候选人资格：年龄为 25~35 岁，有私域流量运营、直播运营经验以及零售连锁行业经验。

通过对简历的筛选及匹配，确定了符合条件的 10 人进入面试。面试的主考官分别是 HR 经理、部门总监、副总经理、董事长，面试的主要指标分别是：价值观匹配(诚信务实、追求卓越)、综合素质测评(沟通表达、逻辑思维、学习能力、企图心)、专业能力(目标管理、团队协作、执行力、经营分析、人员管理与培养)、发展潜力(市场敏锐度、创新意识、格局思维)等。通过 4 轮面试后，最终录取了王先生，经过背景调查后，新佳宜向王先生正式发放了 Offer，负责线上直播及微信小程序业务，年薪 30 万。

此次招聘由新佳宜委托的 AX 猎头公司完成，历时 43 天，期间费用包括猎聘费(背景调查费、选拔与测试费)、交通费、接待费等共计 8 万元，其中猎聘费 6 万元，在王先生入职满 15 天支付 50%，剩下的 50% 满 3 个月以后支付。

思考：

1. 此次招聘职位的标准是什么？
2. 新佳宜为什么能招到年薪 30 万的王先生？

(资料来源：根据新佳宜提供资料整理)

招聘是企业人力资本投资的基本途径之一。一个完整的招聘程序是包括招聘效果评估这一环节的，在招聘活动结束以后，应该对招聘的效果作一次全面、深入、科学合理的评估。招聘的目的是否达到？招聘渠道是否有效？招聘流程是否流畅？招聘预算的执行是否得当？招聘时间(周期)的安排是否合理？人才测评的方法是否可靠有效？所录用人员的实际业绩是否达到预期等等，都是需要企业认真探究的问题。

比如，通过对流程的效益和成本进行核算进而了解在招聘过程中相应的费用支出，并且可以有针对性地确定应支出项目和不应支出项目。通过这种方式的审核，可以相应的控制支出的成本，但前提必须是保证质量和效率，之后尽可能减少不必要的开支，并为以后的招聘提供丰富的参考资料以及经验。还有，对录用员工进行绩效审核，分析其能力以及工作潜力，并在此基础上分析招聘工作和方法的时效性，进而可以改变招聘的策略和方法，或者对其招聘资源进行优势重组。

因此，招聘效果评估可以帮助企业反思招聘过程中存在的问题，对招聘工作形成一个更加清晰的认识，从而总结经验、吸取教训，降低招聘成本，提高招聘效率，从而避免招聘工作的盲目性，合理配置企业资源。

第一节　招聘评估的内涵

一、影响招聘效果的因素

招聘评估是指在一次招聘工作结束之后，企业按照一定的标准，采用科学的方法，对整个招聘工作做一个总结和评价，主要包括对招聘的结果、招聘的成本和招聘的方法等方面进行检查和评定，总结经验，发现问题，在此基础上不断改进招聘方式，提升招聘效率的过程。

在评估招聘效果前，要了解招聘效果的影响因素。只有这样，才能够做到有针对性地对招聘效果进行评估。影响招聘效果的因素可以分为两大部分：一是内部因素；二是外部因素。

(一)影响招聘效果的内部因素

内部因素指企业自身影响招聘效果的各种条件，主要包括企业声望、招聘策略、福利待遇、时间和成本等。

1.企业声望

企业是否在应聘者心中树立了良好的形象以及是否具有强大的号召力，将从精神方面影响招聘工作。如中石油、国家电网、GE、宝洁等大公司，单凭它们在公众中的声望，就能很容易地吸引大批的应聘者。相反，刚刚成立的公司、小型公司因为知名度的问题，在招聘的时候相对难度系数会大一些。

2. 招聘策略

企业招聘策略影响到招聘人员对招聘方法的选择。例如，对于中高层职位，企业选择从内部提拔，外部广告招聘，还是通过猎头公司来招聘，相对效果是不一样的。

3. 福利待遇

福利待遇不仅仅包括直接的薪水，还包括员工的晋升机会及其他福利政策。相比同行业竞争对手，企业的薪酬政策、薪酬标准、薪酬的公正程度、福利的完善性等方面，都直接影响着招聘的效果。

4. 成本和时间

由于招聘包括成本和效益两个方面，同时各种招聘方法取得效果的时间也不一致，所以，成本和时间上的限制明显地影响招聘效果。

（二）影响招聘效果的外部因素

1. 国家政策与法律、法规

国家的政策与法律、法规从客观上界定了企业招聘对象选择和限制的条件。例如，西方国家中的人权法规定在招聘信息中不能有优先招聘哪些性别、种族、年龄、宗教信仰的人员倾向，除非这些人员是因为工作岗位的真实需要。

2. 劳动力市场地理位置

劳动力市场的地理位置对招聘效果具有重要影响。根据某一特定类型的劳动力供给和需求，劳动力市场的地理区域可以是局部性、区域性、国家性或者国际性。通常那些不需要很高技能的人员可以在局部劳动力市场招聘，而区域劳动力市场可以用来招聘那些具有更高技能的人员，专业高级管理人员应该在全国劳动力市场招聘，对某些特殊人员，如高级研究人员、投资银行家等，除了在国内招聘外，还可在国际市场进行招聘。

3. 劳动力市场的供求状况

劳动力市场供给小于需求的市场称为短缺市场，而把劳动力供给充足的市场称为过剩市场。一般来说，当失业率比较高时，在外部招聘人员比较容易，相反，某类人员的短缺可能引起价格的上升并迫使企业扩大招聘范围，从而使招聘工作变得错综复杂。

4. 行业发展状况

如果企业所属的行业具有巨大发展潜力，就能吸引大量的人才涌入这个行业，从而使企业选择人才的余地较大，如近几年的金融、IT 等行业。相反，当企业所属行业前景欠佳时，企业就难以有充裕的人才可供选择，如现在的纺织、钢铁等行业。

二、招聘评估的作用

招聘评估是招聘过程中必不可少的一个环节，是对前期工作的总结和今后招聘工作的经验积累过程。在某种程度上招聘工作的成功与否、企业的投资能否得到回报将由最后的招聘评估来完成检验。具体来说，招聘评估的作用主要体现在以下几方面：

1.有利于检验工作分析的有效性

录用新员工的标准是根据任职资格来制订的。通过招聘完成比、录用比、新员工留存率、新员工贡献率等指标可以验证任职资格是否符合岗位要求。如果某岗位招聘完成率比较低，而且新员工留存较低，说明该岗位的任职资格要求可能过高，难免会因为"大材小用"而导致高离职率。

2.有利于检验招聘计划的有效性

对招聘完成比、招聘成本效益评估、录用人员质量评估等指标结合起来进行分析，可以检验招聘计划的有效性。如果某岗位在规定的时间内难以招募到合适的人员，或者只有通过提高吸引人才的成本才能够完成招聘任务，则说明招聘计划的承诺期可能较短，以后再制订招聘计划时应适当延长招聘期。

3.有利于提高招聘工作质量

对招聘工作进行评估有利于评估招聘渠道的吸引力和有效性，有助于改进招聘的筛选方法，提高人才测评结果的准确度，从而提高招聘整体工作绩效和新聘员工的质量，避免招聘工作的短视性，实现合理配置企业资源。通过对录用员工质量的评估，检查招聘工作的成果与各种方法的有效性，有利于完善测评方法的组合配置，支持招聘战略更好地实现。

4.有利于正确评价招聘者的工作业绩

通过对招聘者的相关测评，了解其工作质量及效率，对招聘活动的策划、统筹和费用支出，所选候选人的录用比例及相关业绩等方面进行评估，并进行针对性的培训和奖惩，可以体现招聘人员的工作业绩，激发工作热情。

5.有利于降低招聘费用

通过成本与效益核算能够使招聘人员清楚地知道费用的支出情况，区分哪些是应支出项目，哪些是不应支出项目，这有利于降低今后的招聘费用，从而为企业节省开支。

三、招聘评估的标准

评估一次招聘活动成功与否，可以从以下几个方面来判断：

1.准确性

从所选用测评工作的测试内容、合理程度以及它与职位要求相吻合的程度来判断招聘的准确性，这要求负责招聘的人员必须真正了解空缺职位的要求。

2.可靠性

可靠性即评价结果客观反映应聘者实际情况的程度。这主要取决于选拔方法的效度。例如，通过面试与知识考试相结合的方法测评营销人员的市场营销知识和能力，而要了解应聘者的个性特点就应该借助于专门的心理测验方法。

3.客观性

客观性即不受主观因素影响，对应聘者进行客观的评价。具体来讲，它包括两个方面：一方面招聘人员不受个人偏见、价值观和感情等因素的影响，客观地对应聘者进行评价；另一方面应聘者不会因其社会地位、种族、宗教、性别和籍贯等因素人为地划分等级。

4.全面性

全面性即测评内容是否具有完整性，能否全面反映招聘岗位所需的各项要求。要想全面地对应聘者进行评价，需要明确岗位各方面的任职资格要求，包括专业能力、人际能力、政治素质等。对专业能力来讲，不仅包括专业知识，还应该包括技能和专业领域的工作经验等。

第二节　招聘过程的评估

一、招聘周期

招聘周期是指招聘人员需要耗费的时间，是从部门提出招聘需求开始一直到员工报到为止。一般而言，岗位越基层、技术含量越低，招聘周期越短；岗位越高层、技术含量越高，招聘周期越长。在用人部门提出招聘需求时，人力资源管理部门和用人部门需要就人员的到岗时间进行明确规定，招聘周期的评估主要是评估招聘是否能在规定的时间内完成。

二、用人部门满意度

用人部门满意度评估是提升人力资源部的招聘质量，提升整理招聘效果的有效方式，一般包括招聘分析的有效性、信息反馈的及时性、到岗人员的适岗程度等方面。用人部门满意度评估通常可以采取填写调查表的形式开展，并不需要针对某个岗位或者某场专场招聘做调查，可以季度或者半年度或者年度开展一次。

三、招聘的信度和效度评估

(一) 招聘的信度评估

在心理测量中，信度(reliability)指的是测量结果的稳定性程度。如果能用同一测量工具反复测量某人的同一种心理特质，则多次测量结果间的一致性程度就称为信度，也称为测量的可靠性。一般来说，一个好的测量必须具有较高的信度，也就是说，一个好的测量工具，只要遵守操作规则，其结果就不应随着使用者或使用时间等方面的变化而发生较大的变化。

测评的信度是指人员测评与选拔结果的准确性或一致性程度。在人员测评与选拔中，结果的可靠性是由测评信度来鉴定的，而信度的大小又由信度系数来衡量。信度系数越大，说明信度越高，即测评与选拔的可靠性程度越高。

按照信度衡量测评信度程度的方法不同，信度可以分为以下几种：

1.重测信度(稳定信度或稳定系数)

稳定系数是指用同一种测试方法对一组应聘者在两个不同时间进行测试人的结果的一致性。一致性可用两次结果之间的相关系数来测定。相关系数高低既与测试方法本身有关，也跟测试因素有关。此法不适用于受熟练程度影响较大的测试，因为被测者在第一次测试中可能记住某些测试题目的答案，从而提高了第二次测试的成绩。

2.复本信度

复本信度又称等值性系数。它是以两个等值但题目不同的测验(复本)来测量同一群体，然后求得被试者在两个测验上得分的相关系数。复本信度也要考虑两个复本实施的时间间隔。如果两个复本几乎是在同一时间内施测的，相关系数反映的才是不同复本的关系，而不掺有时间的影响。如果两个复本的施测相隔一段时间，则称稳定与等值系数。

复本测验有两种方式：一种是在同一时间里连续进行测验，另一种是间隔一段时间后再进行测试。前者可以判断两次测验内容之间是否等值，因此用这种方法得到的信度系数也被称为等值系数；后者不仅可以判断两次测验之间内容的等值状况，而且可以反映出时间因素对被试潜在属性的影响程度，因此用这种方法得到的信度系数也被称为等值稳定系数，并且对测验进行的评估最严。

3.内在一致性信度

内在一致性信度是指把同一(组)应聘者进行的同一测试分为若干部分加以考察，各部分所得结果之间的一致性。这可用各部分结果之间的相关系数来判断。

(二) 招聘的效度评估

在心理测量学上, 效度(Validity)是指一个测验或量表实际能测出其所要测的心理特质的程度。而测评效度, 是指测评结果对所测素质反映的真实程度, 即实际测评结果所能达到测评对象的实际程度是多少。(效度的取值范围为−1 到 1, 最高值是 1。)

在信度和效度的关系上, 信度高是效度高的必要而非充分条件, 测评的效度受它的信度的制约。

由于测评效度是就测评结果达到测评目的的程度而言的, 所以测评效度的估计在很大程度上取决于人们对测评目的的解释。目前比较常见的解释角度有三种: 一是用测评的内容来说明目的; 二是用心理学上某种理论结构来说明目的; 三是用工作实效来说明目的。

效度包括预测效度、内容效度、同测效度等三种。

1. 预测效度

这是指测试能预测将来行为有效性的程度。在人员选拔过程中, 预测效度是考虑选拔方法是否有效的一个常用的指标。把应聘者在选拔中得到的分数与他们被录后的绩效分数相比较, 两者的相关性越大, 则说明所选的测试方法、选拔方法越有效, 以后可根据此法来评估、预测应聘者的潜力。若相关性很小或不相关, 说明此法在预测人员潜力上效果不佳。

2. 内容效度

这是指测试方法能真正测定出想要测定的内容的程度。考虑内容效度时, 主要考虑所用的方法是否与想测试的特性有关, 如招聘打字员, 测试其打字速度和准确性、手眼协调性和手指灵活度的操作测试的内容效度是较高的。内容效度多应用于知识测试与实际操作测试, 而不适用于对能力和潜力的测试。

3. 同测效度

这是对现在员工实施某种测试, 然后将测试结果与员工的实际工作绩效考核得分进行比较, 若两者的相关系数很大, 则说明此测试效度就很高。这种测试效度的特点是省时, 可以尽快检验某种测试方法的效度, 但若将其应用到人员选拔测试时, 难免会受到其他因素的干扰而无法准确地预测应聘者未来的工作潜力。例如, 这种效度是根据现有员工的测试得出的, 而现在员工所具备的经验、对组织的了解等, 则是应聘者所缺乏的。因此, 应聘者有可能因缺乏经验而在测试中得不到高分, 从而错误地被认为是没有潜力或没有能力的。其实, 他们若经过一定的培训或锻炼, 是有可能成为称职员工的。

四、招聘成本评估

招聘成本评估是指对招聘中的各项费用在收集、调查、核实的基础上对照预算进行评价的过程, 它是鉴定招聘效率的一个重要指标。

(一)招聘预算

在正式招聘之前的招聘计划中,招聘预算应该是全年人力资源开发与管理的总预算的一部分,招聘预算中主要包括:①招聘广告预算;②招聘测试预算;③体格检查预算;④其他预算。

其中招聘广告预算占据相当大的比例,一般来说按 4：3：2：1 比例分配预算较为合理。

(二)招聘核算

招聘核算是指对招聘经费的使用情况进行度量、计算、审计、记录等的总称,通过核算企业可以了解招聘过程中经费的精确使用情况,是否符合预算以及主要的差异出现在哪个环节等。

1.招募成本

招募成本是为吸引和确定企业所需要的内外部人力资源而发生的费用,主要包括招募人员的直接劳务费用、直接业务费用(例如场地租赁费、差旅费、广告费、宣传资料费等等)、间接费用(例如行政管理费、设备使用费等)。招募成本既包括在企业内部和外部招聘人员的费用,又包括吸引人才的费用。其计算公式为:

$$招募成本=直接劳务费+直接业务费+间接管理费+各类预付费用$$

2.测评与选拔成本

测评与选拔成本由对应聘人员进行测评与选拔,以做出决定录用与否时所支付的费用所构成。

在一般情况下,测评与选拔成本主要包括以下几个方面的费用:

(1)简历印刷及办公用品费。

(2)测评费用。包括测评实施及测评结果分析费用,般为测评费、专家顾问费等。

(3)笔试费用。包括场地租赁费、主考官劳务费、差旅费、笔试试题费、评卷费等。

(4)实施评价中心测评方法费用。包括咨询顾问费、材料费用、培训费等。

(5)背景调查费用。包括交通费、电话费等。

(6)体检费用。

具体计算公式为:

$$初步面试的费用=面试时间\times面试者的小时工资率$$
$$选拔面谈的时间费用=(每人面谈前的准备时间+每人面谈所需要的时间)\times$$
$$选拔者工资率\times候选人数$$
$$汇总申请资料费用=(印发每份申请表资料费+每人资料汇总费)\times候选人数$$
$$考试费用=(平均每人的资料费+平均每人的评分成本)\times参加考试的人数\times考试次数$$
$$体检费=每位候选人的体检费用\times检查人数+体检时间\times体检组织者的小时工资率$$

需要注意的是,测评与选拔成本随着应聘人员需要从事的工作的不同(如岗位类别、职级)而有所差异。一般来说，外部招聘比内部招聘的成本要高，测评与选拔技术人员的成本要比操作人员的成本要高，管理人员的甄选比一般人员甄选的成本要高。

3.录用成本

录用成本是指经过招聘选拔后，把合适的人员录用到企业所发生的费用。录用成本包括录取手续费、调动补偿费、搬迁费和旅途补助费等由录用引起的有关费用。其计算公式为：

$$录用成本=录取手续费+调动补偿费+搬迁费+旅途补助费$$

4.安置成本

安置成本是为安置已被录取的员工到具体工作岗位所发生的费用，由为安排新员工的工作所发生的各种行政管理费用、为新员工提供工作所需要的装备条件以及录用部门因安置人员所损失的时间成本而发生的费用构成。

其计算公式为：

$$安置成本=各种安置行政管理费用+必要的装备费+安置人员时间损失成本$$

5.新员工培训成本

新员工培训成本是企业对上岗前的新员工在企业文化、规章制度、基本知识、基本技能等方面进行培训所发生的费用。

$$\begin{aligned}新员工培训成本=&(培训者的平均工资率\times培训引起的生产效率的降低率+\\&新员工的工资率\times新员工人数)\times受训天数+教育管理费用+\\&资料费用+培训设备折旧费用\end{aligned}$$

6.单位招聘成本

单位招聘成本是指企业为了招聘和雇佣员工而平均在他们身上花去的费用。

其公式为：

$$单位招聘成本=招聘总成本\div录用人数$$

需要注意的是，招聘职位的性质决定招聘渠道的选择，而不同的招聘渠道其成本结构各异。职位性质、招聘渠道、成本结构是决定单位招聘成本的三大模块。

7.标准人工成本的计算

标准人工成本即先确定一个员工从事某项工作平均一小时的成本，并把它作为这项工作的标准费用。例如，假如一名招聘专员的小时标准费用用以下方法计算：

工资(小时工资率)：20元

津贴：8元

场地、设备、资料费用15元

平均小时费用=20+8+15=43元

从以上计算结果可以看出，招聘专员按照每小时的标准费用就是43元。以此类推，招聘经理、测评专家(内外部)的小时标准费用亦可以计算出来。所以,当明确了一个招聘部门所有工作人员直接花费在每一次招聘工作中的具体时间后,就可以计算总的费用标准了。

8.特殊招聘成本的计算

在 HR 部门的实际工作中有时会进行一些特殊形式的招聘,如有时由于企业业务的急剧扩张,短时间内迫切需要大量的某一类员工:零售店营业员、修理工、技术工人等。所以企业的 HR 部门要有准备处理诸如在很短的时间内招聘大量人员的这种特殊情况,争取能够在最短的时间内吸引大批高质量的候选人填补尽可能多的空缺。

当招聘活动结束以后,HR 部门就要根据投资收益的标准来估算特殊招聘的成本。一般是通过比较特殊招聘的平均录用成本与 HR 部门的月报平均录用成本来进行比较。实践表明,周密计划实施的特殊招聘对比常规的标准方法具有较低的平均录用成本。

9.离职成本与重置成本

虽然招聘成本是招聘过程中实际发生的各种费用,但招聘工作只是整个人力资源管理工作的起点,招聘工作质量的高低直接影响着员工的质量及其稳定性。因此,招聘成本就包括因招聘不慎,使员工离职而给企业带来的损失,即离职成本;以及重新再招聘时所花费的费用,即重置成本。

员工离职成本可以分为直接成本和间接成本两部分。

直接成本是指那些通过检查记录和准确估计时间和资源可以被量化的成本。这部分成本主要包括以下内容:由于处理离职带来的管理时间的额外支出、解聘费、离职面谈的成本支出、临时性加班补偿费用、策略性外包成本、应付的工资和福利等。

员工离职的间接成本要比直接成本高得多。间接成本主要包括以下内容:员工离职后保留下来的员工的劳动生产率降低、替补人员学习过程中的低效成本、企业资产的潜在损失、顾客或公司交易的损失、留下来的员工士气降低造成的损失、离职员工带走的公司客户或机密造成机会损失、离职员工离职前工作失误造成企业形象的损失、离职员工离职前寻找新的工作造成的工作延误损失。

重置成本指除了重新招聘过程中发生的成本和离职成本外,还包括人力资源开发的成本以及医疗保健费用。人力资源开发成本包括在职培训成本、特殊培训成本、培训者时间损失和劳动生产率损失等。医疗保险费用包括医疗保险与卫生保健费用、养老保险和改善环境与生产质量的费用。

五、录用人员效果评估

评估招聘工作的效果可以采用多种方法,但是归根结底,所有的评估方法都要落实到为工作岗位招到的应聘者的适岗性上来。这种适岗性可以用全部应聘者中合格者的比重、合格应聘者的数量与工作空缺的比率、实际招聘数量与计划招聘数量的比率、录用后的新员工的绩效水平、新员工总体辞职率以及从各种招聘来源得到的新员工的辞职率等指标来衡量。

录用人员效果评估是根据招聘计划，从应聘人员的质量、数量及用于填补空缺职位所用的时间三个角度来进行评估：

（一）应聘者数量

由于一个好的招聘计划以吸引大量可供选择的应聘者为目的，因此应聘者数量应作为评价招聘工作的基础。相关的计算公式有以下几个：

1. 应聘比

$$应聘比 = （应聘人数 ÷ 计划招聘人数）× 100\%$$

应聘比说明员工招聘的挑选余地和信息发布状况。该比率越大，说明企业的招聘信息发布越广、越有效，招聘渠道吸引力就越大，企业挑选的余地就越大；反之，该比率越小，说明企业的招聘信息发布不适当或无效，企业挑选的余地也越小。一般说来，应聘者比率应当在200%以上。招聘越重要的岗位，该比率应当越大，这样才能保证录用者的质量。

2. 某职位的选择率

$$某职位的选择率 = （某职位计划招聘的人数 ÷ 申请该职位的人数）× 100\%$$

选择率低于1.00的程度越大，管理者在选择决策中的可行方案就越多。

3. 录用比

$$录用比 = （实际录用人数 ÷ 应聘人数）× 100\%$$

录用比率越小，说明可供选择的人员越多，实际录用的员工质量可能比较高，但同时也加大了企业的招聘成本；该比率越大，说明可供选择的人员越少，实际录用的员工质量可能较低。

4. 招聘完成比

$$招聘完成比 = （录用人数 ÷ 计划招聘人数）× 100\%$$

该比率说明招聘员工数量的完成情况。该比率越小，说明招聘员工数量越不足；如果等于或大于100%则说明在数量上全面或超额完成招聘计划。

（二）应聘者质量

除了数量以外，另一个应关注的事项是应聘者素质是否符合职位的工作要求以及应聘者是否与职位相匹配。相关的计算公式有以下几个：

1. 招聘合格率

$$招聘合格率 = （合格招聘人数 ÷ 总招聘人数）× 100\%$$

该比率高说明录用人员对企业的适合度高。

2. 用人单位或部门对新录用员工绩效的满意度

用人单位或部门对新录用员工绩效的满意度＝(满意的用人单位数量÷

新录用员工总数)×100%

3. 新员工对企业和所在岗位的满意度

新员工对企业和所在岗位的满意度＝(满意的新员工数量÷新员工总数)×100%

4. 新员工离职率

新员工离职率＝(新录用人员离职数÷新录用人员总数)×100%

离职率高,表示新录用人员对企业或岗位的满意度低。

5. 员工录用质量比

$$QH=(PR+HP+HR)÷N$$

式中,QH 为被聘用的新员工的质量;PR 为工作绩效的百分比;HP 为新聘员工在一年内晋升的人数占所有当期新员工人数的比率;HR 为 1 年后还留在企业工作的员工数占原招聘的新员工总数的百分比;N 为指标的个数。

该指标在一定程度上也能反映出招聘新员工的质量高低。

录用人员的质量也可以通过用人部门的满意度(如用人单位或部门对新录用员工的数量、质量的满意度,以及对招聘过程的满意度,是否按照用人单位或部门的要求招聘到合适的人选等)、某职位的平均流动率或招聘重复率来考核,也可以通过所招聘录用人员的类型、职位、薪金等对人员招聘选拔工作的难度进行考察。

✦ 阅读与思考

A 公司因生产和业务的需要,计划招聘中级技术和管理人员 50 人,其中包括班组长 10 人、机械维修技工 20 人、储备干部 10 人。人力资源部在当地的主流报纸上登载了招聘广告,一星期后收到了 45 份求职申请。由于公司正赶上生产旺季,董事会和总经理都要求人力资源部在规定的时间内完成招聘任务。人力资源部急忙组织面试,最后的招聘结果是:招聘了 7 名班组长、18 名技工,20 名储备干部。面试结束的第二天,人力资源到当地的人才市场招到 3 名班组长和 2 名技工。新员工上岗后两周内就有 5 名技工离职、3 名班组长离职和 9 名储备干部离职。

请思考:这次招聘活动的结果达到了企业的预期吗? 为什么?

六、招聘效益评估

(一)选拔成本效用

$$选拔成本效用 = 被选中人数 \div 选拔期间的费用$$

该比率说明选拔过程中资金使用的效率。比例越低，企业用于选拔的投入越大，选拔面较广、余地较大，被选中的人员素质较高；反之，入选人员多，效果不明显，人员素质可能不高。

(二)人员录用成本效用

$$人员录用成本效用 = 正式录用的人员 \div 录用期间的费用$$

该比率说明录用期间资金的使用效率。

(三)招聘总成本效用

$$招聘总成本效用 = 录用人数 \div 招聘总成本$$

该比率越大，说明企业花费一定的费用后，录用的人员较多，取得的效果越好；反之，则说明企业没有能招收到足够的员工，总成本效用低。

(四)招聘成本效用

$$招聘成本效用 = 应聘人数 \div 招聘期间的费用$$

该比例越大，说明招聘期间费用开支的效用越高，用于不同渠道的费用组合较合理，能够为组织吸引大量的应聘者，企业挑选的余地大，有利于提高录用人员的素质；反之，则说明无效的费用较多，资金运用不合理。

七、招聘投资收益评估

(一)招聘投资收益的预测方法

招聘方式多种多样，不同方法的应用亦会产生不同的投资收益。企业的招聘投资收益包括招录的新员工为企业带来的直接经济利益、企业产品质量的提高、市场份额的增长、市场竞争力的提高以及未来支出的减少等各个方面。如果采用的方法有效，就能使企业招聘到最佳的人选，并能获得长期的效益；反之则会得不偿失，不但完不成招聘任务，还浪费了大量的经费和物资，影响了以后的工作，因此，有必要对招聘的投资收益进行评估。

对招聘投资收益分析一般是人力资源会计的工作，常用的方法也是会计收益法，即通过分析招聘带给企业的预期总收益与现实招聘总支出之间的差额，进而计算员工招聘投资净收益的方法，其计算方式为：

$$员工招聘净收益 = 员工招聘总收益 - 员工招聘总算成本$$

具体分析为：

1. 招聘投资总收益

招聘投资总收益=实际招聘人数×招聘过程有效性指标（即测评方法的效度）×应聘后实际工作绩效的差别×被录用者在招聘过程中的平均测试成绩

用字母表示为：

$$招聘投资总收益=N·R·SD_y·Z$$

式中，N 为实际招聘人数；R 为招聘过程有效性指标；SD_y 为应聘后实际工作绩效的差别；Z 为被录用者在招聘过程中的平均测试成绩。

2. 招聘投资净收益

$$招聘投资净收益=招聘总收益-招聘总成本$$

招聘总成本=实际招聘人数×（全部申请者人均成本×申请人数÷实际招聘人数）

= 实际招聘人数×（全部申请者人均成本÷录用率）

= N×（C/SR）

式中，N 为实际招聘人数；C 为全部申请者人均成本；SR 为录用率。

把招聘总收益和招聘总成本的公式代入招聘净收益的公式中，得到：

$$U=N·R·SD_y·Z-N×（C/SR）$$

式中，U 为招聘净收益。

【示例】

EL 电力公司今年实际招聘 100 人，在招聘过程中采用面试与知识测验两种方法相结合。方法一为面试，其有效性指标为 0.14；方法二为知识测验，其有效性指标为 0.48。不同应聘者实际工作绩效的差别根据工作记录可知为 5500 元/年；被录用者在招聘过程中的平均测试成绩为 1.5。全部申请者人均成本，在采用方法一（面试）时为 30 元；在采用方法二（知识测验）时为 40 元。录用率均为 20%。

根据以上资料分别计算采用方法一"面试"、方法二"知识测验"，招聘方案的投资净收益如下：

U1 = 100×0.14×5500×1.5-100×（30÷20%）= 100500（元）

U2 = 100×0.48×5500×1.5-100×（40÷20%）= 376000（元）

从以上计算可知方法二的招聘净收益较大，方法一较小。

（资料来源：https://doc.mbalib.com/view/0a013338ad76c6476e82cdbfe2318fda.html）

3. 招聘投资收益率

招聘投资收益率=（招聘总收益-招聘总成本）÷招聘总成本=招聘净收益÷总成本

在以上阅读资料中，方法一的投资收益率=100500÷[100×（30÷20%）]=6.7

方法二的投资收益率=376000÷[100×（40÷20%）]=18.8

（二）招聘投资收益的其他评价方法

1. 招聘收益/成本比

招聘收益/成本比是用招聘的投入和新招聘员工创造的价值来衡量评价经济效益的一项指标。其计算公式如下：

招聘收益/成本比=所有新员工为企业创造的总价值÷招聘总成本

招聘收益是指所有招聘总成本所能带来的收益，包括招聘收益、甄选的有效性、实际录用人数、录用人员的工作绩效和贡献、由于新员工的加入所带来的总体性收益增长和文化氛围的改善等。该比率越高，说明招聘工作越有效，即招聘收益越大，录用员工对企业的贡献越大，并且说明录用人员的素质较高，招聘效果好，实现了企业设定的招聘目标；反之，说明企业可能招入了不合格的员工，不能实现创造价值的目标。

2. 留职至少 n 年（ n =1，2，3，……）以上新员工的数量或百分比

留职 n 年以上的新员工百分比=留职 n 年以上的新员工÷新员工录用总人数×100%

3. 业绩优良新员工的数量或百分比

业绩优良新员工的百分比=业绩优良的新员工数÷新员工录用总人数×100%

4. 新员工晋升的百分比

在一定时期内晋升的新员工百分比=晋升的新员工数÷新员工录用总人数×100%

5. 推荐的候选人中被录用而且业绩突出的员工比例

推荐的候选人中被录用而且业绩突出的员工比例=推荐的候选人中被录用而且业绩突出的员工数÷推荐的候选人总数×100%

6. 招聘渠道的效益评估

需要强调的是，企业人力资本的投资收益有的难以用货币量化，因此需要借助于员工满意度和顾客满意度两个非货币指标来评价。员工是企业人力资本投资的直接受益者，只有让员工满意的投资才能切实发挥人力资本的潜能，取得预期的投资收益。

顾客是消费企业人力资本投资成果的企业内部经营单位（生产部门、营销部门）、外部单位和个人（供应商、销售商、直接消费者），只有满足顾客需求的人力资本投资，才能实现人力资本的价值。

第三节　招聘工作总结

招聘工作总结，是指对一次招聘工作的全面总结，是对招聘工作整体流程的回顾与梳理，让工作过程更加清晰、工作重点更加明确。其目的就是用最简单清晰的方式将工作结果呈现出来。同时，在招聘工作总结中，还要分析招聘工作成败的原因，对招聘方法、过程、渠道进行有效的改进，以指导后续工作的方向，并向合作部门公开工作进度、向上级部门解释工作结果、争取项目预算。

一、招聘工作总结的作业流程

（1）进行招聘工作结果汇总。主要针对招聘人员组成、招聘工作程序、招聘到岗情况、人员要素水平、招聘成本、特殊情况等的说明。

（2）同招聘人员进行沟通。主要了解具体工作成果和问题，要求招聘人员对工作汇总中的结果作出评价，就结果汇总中和计划要求的差异作出说明，同时提出意见和建议。

（3）同应聘部门人员进行沟通。主要就招聘人员组成、招聘程序、到岗人员表现、数量等作出评价，同时提出意见和建议。

（4）同应聘人员进行沟通。主要就招聘人员素质、招聘程序、个人工作表现和应聘动因作出分析，同时提出意见和建议。

（5）综合上述内容，编写招聘分析报告。

（6）报批，归档，分发相关部门，作为日后工作参考。

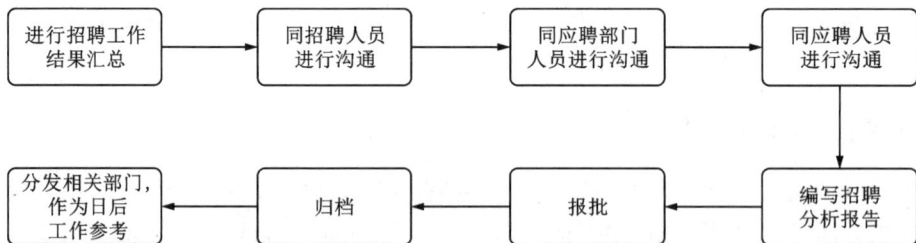

图 11-1　招聘工作总结的作业流程示意图

二、招聘总结报告的格式

（1）招聘工作结果汇总

此部分内容主要包括：招聘小组的人员组成及分工情况；招聘工作开展的流程及相应的工作质量汇总；应聘人员的到岗情况（计划数、应聘数、实际到岗数）；应聘人员同招聘标准的吻合情况（年龄、性别、学历、经验、薪金要求等）；招聘工作耗用工时；招聘工作费用；招聘工作中的特殊问题。

（2）招聘工作结果评价

此项工作指综合各方面意见，根据相关标准，给予类似 ABC 级评价，这是一项关键工作。此部分内容主要包括：对招聘人员评价作出相应解释；对招聘工作流程的评价作出相应解释；对应聘到岗情况评价作出相应解释；对招聘吻合度评价作出相应解释；对招聘工作耗用工时作出相应解释；对招聘工作费用作出相应解释；对招聘工作中的特殊问题作出相应解释；对应聘人员工作表现作出评价（人数、标准、绩效）；应聘人员动因分析（薪金、发展、福利等）。

（3）招聘工作改进意见

此部分内容主要包括：招聘人员组成及分工的改进意见；招聘工作开展的流程的改进意见；应聘人员计划数调整意见；应聘人员同招聘标准（年龄、性别、学历、经验、薪金要求等）的调整意见；招聘工作耗用工时调整意见；招聘工作费用调整意见；招聘工作中的特殊问题的解决和预防手段；应聘人员的处理意见；根据动因分析结果调整招聘标准。

（4）报告总述

报告总述指总结招聘计划的改进要点和经验。

总之，招聘工作总结报告的基本格式为：陈述事实、分析误差、提出改进。

【阅读材料】某医院招聘工作总结

今年招聘工作在吸取总结往年经验的基础上，在招聘流程及渠道方面做出了改进和完善，取得了一定的成果。现对上半年招聘工作总结如下：

1.招聘工作概况

2月下旬：汇总科室用人需求。

3月—4月：设计医院招聘启事，与人才市场、网站、院校进行联系，发布招聘启事；参加校园春季招聘会及人才市场招聘会；接待应聘人员、整理应聘资料、录入备用人才信息库，筛选简历。

5月上旬：通知应聘者面试。

5月中旬：进行面试。

5月下旬：进行笔试（复试）。

6月上旬：汇总通过复试人员名单，报业务部门审核，上院办公会审批。

6月中旬：通知合格人员准备材料及报到时间。

2.招聘数据统计

（1）基本数据：

今年先后有31个科室上报了用人需求，计划招聘人数68人，实际招聘人数48人，招聘完成比为70.6%。

（2）学历比例：

①1214名应聘人员当中，本科生有827人，占68%；研究生有387人，占32%。

②106名面试人员中，本科生共80人，占75%，研究生共26人，占25%。

③48 名录取人员中，本科生共 35 人，占 73%，研究生共 13 人，占 27%。

（3）录用人员效果评估：

录用比=录用人数/应聘人数×100%=48/1214×100%=39.5%

招聘完成比=录用人数/计划招聘人数×100%=48/68×100%=70.6%

应聘比=应聘人数/计划招聘人数×100%=1214/68×100%=1785.3%

说明：

①本次招聘的应聘比为 1785.3%，表示应聘人数远超计划招聘人数，说明招聘方法和渠道比较有效，足以吸引超过计划招聘人数的应聘者，促进招聘任务的完成和达成招聘质量。

②本次招聘的完成率为 70.6%，表示招聘任务没有完成。

③本次招聘的录用比为 39.5%，说明可供选择的人员多，实际录用的员工质量比较高，但同时也加大了招聘成本。

（4）招聘成本：

①招聘广告发布 10000 元。

②招聘面试人员累计工资性支出 7600 元。

③租招聘会场 4000 元。

到岗了 48 名人员，相关培训费用 24000 元。

以上总投入为：10000+7600+4000+24000=45600

单位招聘成本=45600 元/48 人=960（元）/人

3.今年招聘工作情况分析

今年招聘工作较往年更加规范、透明；人才质量也较往年有很大提高，具体情况分析如下：

（1）优点：

①招聘渠道多样化。今年除了采取往年参加现场招聘会及内部推荐的方式外，首次采用了网络招聘。3 月份先后在全国前 50 名高等院校的就业网上发布了医院人才招聘信息，应聘者可以通过现场报名及电子邮件的方式投递简历。截止到 4 月 30 日，共收到简历 1200 余份，为招聘工作提供了充足的人才资源。

②招聘流程规范化。严格按照招聘流程开展工作，并按专业分别进行了外科、内科、技类、药学、医学工程、麻醉专业的专场面试会。并强化机关指导科室的职能作用，每场面试会都有业务部门及相关用人部门的领导参与评分，面试结果比较客观、公平。

③公开招聘、公平竞争、挖掘人才。严格按照招聘标准，从人才信息库中挑选优秀人才，公开面试，现场评分，公布结果，杜绝了不公平竞争，也给优秀人才充分展示自己的舞台。

（2）缺点：

①计划招聘执行力不强。主要表现在以下两个方面：一是用人科室用人需求上报不及时，造成制订招聘计划不准确；二是个别科室不按流程招聘，不能保证招聘人才质量。

②招聘工作环节衔接不紧凑。投递简历和面试间隔时间太长，特别是在就业高峰期的应届毕业生，择业机会比较多，因为间隔时间过长，导致人才流失。

(3)改进意见：

①加强计划招聘的执行力度，严格按照招聘流程实施招聘工作督促各科室及时上报用人需求。尤其是上半年为应届毕业生的就业高峰期，不同于平时的零星招聘，上半年的招聘工作是成批量的，只有及时汇总各科室的用人需求计划，才能保证招聘工作的有效性。

②合理安排招聘工作时间，缩短投递简历及面试之间的间隔，让应聘人员在较短的时间内便能接到面试通知，使得工作更紧凑，从而防止人才流失。

③合理设计招聘启事，注意细节。比如报名方式里要求应聘人员发电子简历时注明姓名及专业，不要重复投递简历。吸取本次招聘工作的经验教训，更好地利用网络招聘的优势。

④加强与各医学院校就业指导中心的联系，保证充足的生源。

第四节　招聘评估的注意事项

(一) 作好规范的基础管理

(1)作为企业实施的招聘效果评估工作，首先必须要在充分考虑到企业实际情况的基础上，编制与其相关的管理制度。

(2)既然是招聘方面的管理制度就必须在广泛征求意见的基础上，一旦脱离实际是难以实现或在实现中会缺乏说服力。

(3)具体的管理制度必须能够指导、管理、监督企业的招聘效果，同时必须经过职代会的讨论通过，否则是不合理、不合法的。

(二) 招聘的过程必须规范

(1)在评估过程中，首先要检查、评估企业在招聘过程中是否严格按照管理制度的规定，做好招聘的各项流程。

(2)企业中人力资源管理者是否具备良好的招聘素质和能力，如果不具备或在其过程中不遵守管理制度，则其制度就形同虚设，起不到应有的招聘效果。

(3)作为人力资源的负责人，必须时刻关心、关注招聘的过程和效果，一旦下属不称职或效果不好，必须及时加以解决或调整。

(三) 考察招聘整体效果如何

(1)考察招聘效果必须从招聘的计划、招聘的方式、招聘的渠道、实施的步骤等方面开展；同时需要关注细节，其中包括招聘的年龄结构、文化程度、招聘的稳定性等。

(2)年度招聘的数量、招聘的成功率是重要的招聘效果评估指标，一旦重要指标完不成，可能会影响到企业的整体生产管理。

(3)综合加强招聘系统管理，尤其是招聘者的培训和业务增强，专业提高、管理提升，是不断提升企业招聘效果的良方。

(四)不断反思招聘实际效果

(1)反思整个招聘管理制度是否合理,并能够指导、规范工作的开展,否则就必须及时地更改或改进。

(2)反思招聘管理者的业务能力和主观能动性。

(3)反思企业招聘效果的综合内容,并从企业招聘的各环节、各步骤、各管理等全面考察,以便从反面引导、指导企业今后的招聘工作,为企业的招聘提供新的思路。

本章小结

本章首先简单介绍了招聘评估的内涵、招聘评估的内外部影响因素;其次着重阐述了招聘过程中主要评估的七个方面,包括招聘周期评估、用人部门满意度评估、招聘信度和效度评估、招聘成本评估、录用人员效果评估、招聘效益评估、招聘投资收益评估;最后对招聘工作总结的撰写和招聘评估过程中的注意事项进行了介绍。

关键术语

招聘评估(recruitment assessment)

招聘周期(recruitment cycle)

招聘信度(recruitment reliability)

招聘效度(recruitment validity)

招聘成本(recruitment cost)

录用人员效果评估(effectiveness evaluation of the personnel employed)

招聘效益(recruitment benefits)

招聘投资收益(return on investment in recruitment)

复习思考题

1.影响招聘效果的因素有哪些?

2.招聘过程评估主要包含哪些方面?

3.企业为提升招聘效果,可以采取哪些切实可行的措施?

4.什么样的招聘总结才有可能为后续的招聘工作改进带来帮助?

第十二章
招聘程序文件示例

表 12-1　招聘需求表

招聘岗位		岗位别称			
申请部门		岗位级别		招聘人数	
编制类别	□编制内　□编制外	申请人		申请日期	
招聘原因	□员工离职　□业务增量 □新增业务 □新设部门 □其他原因：＿＿＿＿＿＿＿＿＿＿＿				
招聘类别	□现有空缺　□储备人员　□新岗位 □替换(当前岗位任职者姓名)：＿＿＿＿＿＿＿＿＿				
紧急状态	□特急　□较急　□一般 (特急应说明理由：＿＿＿＿＿＿＿＿＿)			希望到岗日期	
基本要求	性别	□男 □女 □不限	年龄　＿＿至＿＿岁	婚否	□未婚 □已婚 □不限
	学历	□高中以上　□大专以上　□本科以上　□不限		工作经历	＿＿＿＿年以上
	专业要求			职称要求	
	表达能力		写作能力	电脑操作	□一般 □熟练 □精通
利用现有《岗位说明书》	□可以利用　□不能利用　□局部更改　□尚无《岗位说明书》需编写				
岗位职责					

续表12-1

任职资格要求	任职要求的具体内容	是否招聘时必须具备条件		若不具备是否可以勉强接受	补充说明
		□是　□否		□是 □否	
		□是　□否		□是 □否	
		□是　□否		□是 □否	
		□是　□否		□是 □否	
		□是　□否		□是 □否	
		□是　□否		□是 □否	
薪资标准		招聘方法	□网络　　□内部推荐　　□人才市场　　□猎头　　□其他		
部门负责人签字		人力资源部复核		总经理批示	
备注说明：	1. 如招聘新岗位或岗位要求有变动，请在提交此表的同时提交相应的《岗位说明书》到人力资源部。 2. 本表申请部门负责人填写，人力资源部在收到经总经理批示后的招聘申请表后方可开展招聘工作				

表 12-2　招聘预算表

招聘时间			
招聘地点			
负责部门			
具体负责人			
招聘费用预算			
序号	项目名称	预算金额/元	备注
1	企业宣传海报及广告制作费		
2	招聘场地租用费		
3	会议室租用费		

续表12-2

序号	项目名称	预算金额/元	备注
4	交通费		
5	食宿费		
6	招聘资料复印打印费		
	合计		

预算审核人 （签字）：		公司主管领导审批 （签字）：	
制表人：		制表日期：	

表 12-3　岗位工作说明书

职位名称	总经理	所属部门	
直属上级	董事会	晋升方向	

工作内容：
秉承董事会决议，全面负责公司一切日常事务的管理

权力与职责
1. 负责确定组织结构，建立质量管理体系，负责质量手册、程序文件的批准，负责持续改进管理体系的有效性。
2. 负责确定各级领导的岗位职责、任职条件、权限和相互之间的关系，建立顺畅的指挥、运作系统。
3. 负责确定公司的质量方针、质量目标，并确保配备与之相适应的人力资源和设施，负责批准年度培训计划。
4. 负责任命管理者代表。
5. 负责主持管理评审。
6. 对产品和服务负有最终质量责任。
7. 确定本公司新项目开发的目标及数量，批准新项目的立项。
8. 负责采购计划及相关合同的审批。
9. 负责质量管理体系的持续改进

任职资格
1. 学历：相关专业大学本科或以上学历。
2. 工作经历：具有 8 年以上企业管理经验，担任部门主要职务不少于 5 年。
3. 专业技术职称：具有本行业高级专业技术职称。
4. 技能：熟悉电脑操作及目前流行的管理软件。
5. 年龄：30 岁以上

表 12-4　面试通知

_____先生/女士：

　　您好！

　　感谢您应聘我公司_____一职，现通知你于_____年_____月_____日_____点到我公司面试，面试时请携带如下资料：个人简历、学历学位证明、身份证明、相关能力证明材料的原件和复印件，1 寸免冠照片。

　　同时，请您于面试之前登录网站(××××××)，输入序列号(_____)完成我公司的素质测评，谢谢合作！

　　为了让您更详细地了解我们公司，可登录公司网站：××××××。

　　公司名称：

　　公司地址：

　　联系人：

　　电话：

　　邮箱：

表 12-5　应聘登记表

应聘职位：　　　　　　　　　　　　　　　　　填表日期：　　　年　　　月　　　日

姓名		性别		出生日期		照片
民族		婚姻状况		政治面貌		
最高学历		专业		毕业学校		
毕业时间		籍贯		健康状况		
身高		体重		邮箱		
户口所在地详细地址						
身份证号码			首次参加工作时间			
通信方式	手机号码			家庭电话		
	现居住地址					

教育培训经历(从高中起)	起止时间	学校/培训机构	专业/培训内容	是否取得学历	备注

专业资格证书		获取资格时间	
懂何种外语		掌握程度		计算机程度	

续表12-5

主要工作经历	起止时间	工作单位	工作岗位	薪资水平	离职原因	证明人及电话

家庭成员	关系	姓名	年龄	工作单位	联系方式	备注

是否有亲属在公司(是□否□)	姓名		与本人关系		职务	
紧急联系人关系		姓名		联系电话		

福利保险种类	养老保险	医疗保险	失业保险	生育保险	工伤保险	住房公积金
	有□　无□	有□　无□	有□　无□	有□　无□	有□　无□	有□　无□

已婚/未婚	是□　　否□	是否孕育	是□　　否□

若未婚,预计结婚时间:	预计生育或再育时间:
期望薪资	

本人承诺以上所有信息真实有效,且可以作为审查依据,若出现问题愿意承担法律责任。

签名:　　　　　　　日期:

表 12-6　面试结果评分表

序号		姓名		性别		文化程度		报考单位	
面试考官编号	面试考官姓名	综合分析与表达能力	语言理解与表达能力	应变能力	计划组织与协调能力	人际交往意识与技巧	自我情绪控制	求职动机与岗位匹配	举止仪表
1									
2									
3									
扣最高分									
扣最低分									
综合得分									
总分									
综合评语									

面试考官签字:　　　　　年　月　日

表 12-7　面试评估表

应聘者姓名		性别		年龄	
毕业学校		专业		学历	
应聘岗位		毕业时间			
考评项目	权重	考核内容	分值	考核得分	
仪容仪表	10%	穿着打扮	5		
		气质	5		
知识技能与工作经验	40%	专业知识	10		
		专业技能	10		
		相关知识	10		
		实际工作经验	10		
个人能力	40%	语言表达能力	10		
		解决问题能力	10		
		应变能力	10		
		创新能力	10		
工作态度	10%	工作主动性	5		
		工作责任感	5		
面试评价	考核得分	90~100 分　80~89 分　70~79 分　60~69 分			
	录用决定	予以录用(　)　有待进一步考核(　)　不予考虑(　)			

表 12-8　面试评价表

姓名		应聘岗位			面试时间	
资格审核	□学历证书		□学位证书	□身份证		□专业资格证书
信息查询	□学历信息查询		□公民信息查询			
初试评价(人力资源管理部门填写)						
考察维度	形象气质	沟通技巧	业务能力	自我认识	团队精神	对企业文化认同度
评价等级						
应聘者加入公司意愿：强□　较强□　一般□　弱□ 性格倾向：外向□　中性□　内向□ 应聘者工作地点要求：　　　　　　　　　薪资要求：						

续表12-8

初试意见：
复试□　　　　　淘汰□ 　　　　　　　　　　　　面试评委签名：　　　　　日期：

<table>
<tr><td colspan="5" align="center">语言测试（语言面试官填写）</td></tr>
<tr><td>考查维度</td><td>发音</td><td>词汇量</td><td>沟通技巧</td><td>语言组织</td><td>书面表达</td></tr>
<tr><td>评价等级</td><td></td><td></td><td></td><td></td><td></td></tr>
</table>

面试评委签名：　　　　　日期：

<table>
<tr><td colspan="6" align="center">复试评价（用人部门填写）</td></tr>
<tr><td>考查维度</td><td>专业知识</td><td>业务能力</td><td>创新能力</td><td>沟通能力</td><td>团队精神</td></tr>
<tr><td>评价等级</td><td></td><td></td><td></td><td></td><td></td></tr>
</table>

复试意见：
录用□　　　　不录用□　　　　储备□ 　　　　　　　　　　　面试评委签名：　　　　　日期：

表 12-9　录用审批表

姓名：　　　　　　　　应聘岗位：　　　　　　　　应聘部门：

<table>
<tr><td rowspan="5">用人部门</td><td rowspan="2">拟聘职位</td><td rowspan="2"></td><td>合同期限</td><td></td></tr>
<tr><td>其中试用期限</td><td></td></tr>
<tr><td>拟定薪级</td><td></td><td>试用薪级</td><td></td></tr>
<tr><td>直接主管意见</td><td colspan="3">签名/日期：</td></tr>
<tr><td>部门负责人意见</td><td colspan="3">签名/日期：</td></tr>
<tr><td colspan="2">分管领导意见</td><td colspan="3">签名/日期：</td></tr>
<tr><td rowspan="2">人力资源部门</td><td>薪资核定意见</td><td colspan="3">签名/日期：</td></tr>
<tr><td>人力资源部负责人意见</td><td colspan="3">签名/日期：</td></tr>
<tr><td colspan="2">总经理意见</td><td colspan="3">签名/日期：</td></tr>
</table>

续表12-9

CEO 或董事长意见			签名/日期:	
体检结果	合　格□ 不合格□ 原因: 招聘负责人签名:　　　　　　　年　　月　　日	入职培训意见	培训负责人签名:　　　　　　　年　　月　　日	

表 12-10　背景调查样表(电话沟通)

被调查人:

应聘部门:

应聘职位:

调查时间:

被调查单位 1:

接受调查对象:

①姓名,职务,联系方式:

②姓名,职务,联系方式:

调查内容如下:

1. 他在贵公司的工作起止时间:

2. 他的职位是:

3. 他的工作内容是:

4. 您对他的工作评价:

5. 他与上司、同事的关系:

6. 他的离职原因:

7. 是否有不良记录:

8. 他的薪金水平:

补充说明:

调查人签名:＿＿＿＿＿＿

调查日期:＿＿＿＿＿＿

表 12-11　录用通知书

_____先生/女士：

　　您好！我们很高兴地通知您，您已经被＊＊＊＊＊＊公司录用。竭诚欢迎您加入。具体聘用情况如下：

　　一、聘用职位：_____

　　二、薪酬待遇

　　1.基本薪资：税前_____元/月，公司将依据中国相关法令法规，从中代缴您应缴纳的个人收入所得税和社会保险金、住房公积金。

　　2.绩效激励奖金或业绩提成：根据公司和个人业绩发放。

　　3.福利：按公司《薪酬福利制度》提供。

　　三、合同期限：合同期_____年，其中试用期_____个月。（试用期间发放基本薪资的80%）。

　　四、报到事宜

　　1.报到有限期：_____年_____月_____日前

　　2.报到地点：

　　3.需提交资料：

　　1）原雇主离职证明原件，由原雇主盖章（入职当天请提交）。

　　2）身份证原件及复印件1张（正反两面）。

　　3）一寸证件照1张（同时提供电子档）。

　　4）学历学位证书复印件1张。

　　5）职业资格、职称证书复印件1张。

　　五、其他相关事项说明

　　1.背景调查：只有完成您现雇主及以往雇主的背景调查，本聘任书才会生效。

　　2.体检：入职时公司将统一安排在指定的医院进行常规体检，体检费用由公司承担。如体检不合格的，本通知自动失效。

　　以上事项如有疑问，请及时与我们联系。

　　联系人：

　　联系电话：

　　＊＊＊＊＊＊公司人力资源部

　　　　　　　　　　　　　　　　　　　　　　　　　　　　　　　年　　月　　日

表 12-12　不予录用通知

_____先生/女士：

　　非常感谢您对我公司的关注及对招聘工作的大力支持，您的学识、资历给我们留下了深刻的印象。因您的条件与我公司招聘岗位要求不相吻合，我们很遗憾地告知您未被录用。但我们已经将您的应聘资料列入公司的人才储备档案，待有机会即当优先考虑。

　　再次感谢您对本公司的关注和支持。

表 12-13 新员工入职指引

您好,欢迎加入＊＊＊＊＊＊! 为了您顺利办理各项入职手续,为接下来正常开展工作做好准备,请遵照以下指引办理报到手续:

1. 人力资源部各项手续办理。

2. 工作及相关部门手续办理。

员工资料	姓名		工号	
	性别		入司时间	
	部门		职位	
	部门负责人		联系方式	

Step1:以下项目由人力资源部协助完成

序号	项目	经办部门	经办人	联系方式
1	提交入职资料	人力资源部		
1	领取培训资料	人力资源部		
2	签订劳动合同	人力资源部		
3	制作员工工卡	人力资源部		

Step2:以下项目由用人部门协助完成(根据实际工作开展需要申请)

序号	项目	申请/经办部门	经办/咨询人	联系方式
1	参观介绍部门	用人部门		
2	申领办公电脑	用人部门→信息化室		
3	申请上网权限	用人部门→信息化室		
5	申请 OA 账号	用人部门→信息化室		
6	申请公司邮箱	用人部门→信息化室		
7	申领办公用品	用人部门→行政管理室		
8	登记通信方式	用人部门→行政管理室		

人力资源部

年　　月　　日

表 12-14 员工试用考核表

（适合于一般员工）

被考核人姓名：_____ 部门：_____ 岗位：_____

考核时间：_____年_____月_____日至_____月_____日

考核内容			评价标准	权重	直接上级评价	
					得分	关键事件记录
胜任岗位	适岗程度	90~100分	具备的知识、经验、能力和技能可以充分达到岗位要求	40%		
		70~90分	具备的知识、经验、能力和技能可以达到岗位的要求			
		70分以下	具备的知识、经验、能力和技能勉强达到岗位要求			
	工作效率	90~100分	能提前完成分配的工作	15%		
		70~90分	能在规定的时间内完成分配的工作			
		70分以下	需要提醒和帮助才能在规定的时间内完成分配的工作			
	工作质量	90~100分	完成的工作完全符合要求	15%		
		70~90分	完成的工作较好地符合要求			
		70分以下	完成的工作勉强或不符合要求			
行为指标	主动性	90~100分	责任心强，工作积极主动，愿意承担更大的责任。工作中遇到困难能够及时沟通并积极寻求解决办法	15%		
		70~90分	责任心较强，工作较积极，遇到困难能够及时沟通			
		70分以下	责任心不强，因循守旧，习惯回避工作中的困难和问题			
	团队合作意识	90~100分	主动配合他人工作，积极投入团队工作；管理者要求有强烈全局观念，能对其他部门提供较好的协助和支持	15%		
		70~90分	能配合他人工作，关心团队工作进展；管理者要求有一定全局观，能对其他部门提供一定的协助和支持			
		70分以下	勉强能配合他人工作，不太关心团队工作进展；管理者表现在以自我为中心，不重视部门之间的协作事项			
汇总				100%		
考核等级：□优秀　　□合格　　□不合格						
直接上级签名：				日期：		
部门负责人签名：				日期：		

表 12-15 员工转正审批表

(适合于一般员工)

部门：_____   _____年____月____日

姓名		岗位		性别		出生年月	
学历		毕业学校		专业		毕业时间	

试用时间	自_____年____月____日至_____年____月____日

出勤情况	迟到___次	早退___次	旷工___天	事假___天	病假___天

自我评价：(如纸张不够可加附件)

请员工针对本人岗位提出合理化建议：

签名：

试用期考核等级	□优秀　　　　□合格　　　　□不合格
用人部门 意见	□ 提前转正　_____年____月____日至_____年____月____日 □ 按期转正　_____年____月____日至_____年____月____日 □ 延期转正　_____年____月____日至_____年____月____日 签名：　　　　　日期：
分管领导意见	 签名：　　　　　日期：
人力资源管理 部门意见	 签名：　　　　　日期：
总经理意见	 签名：　　　　　日期：

表 12-16 斯坦福-比奈智力量表实例

1. 五个答案中哪一个是最好的类比（ ）

工工人人人工人 对于 2211121 相当于 工工人人工人人工 对于

　A. 22122112　　B. 22112122　　C. 22112112　　D. 11221221　　E. 21221121

2. 找出与众不同的一个（ ）

　A. 铝　　　　　B. 锡　　　　　C. 钢　　　　　D. 铁　　　　　E. 铜

3. 五个答案中哪一个是最好的类比（ ）

△ 对于 △ 相当于 ⬡ 对于

　A. ⊗　　　　　B. ▱　　　　　C. ⊕　　　　　D. △　　　　　E. ⬡

4. 找出与众不同的一个（ ）

　A. **N**　　　　B. **A**　　　　C. **V**　　　　D. **H**　　　　E. **F**

5. 全班学生排成一行，从左数和从右数沃斯都是第 15 名，问全班共有学生多少人（ ）

　A. 15 人　　　B. 25 人　　　C. 29 人　　　D. 30 人　　　E. 31 人

6. 一个立方体的六面，分别写着 abcdef 六个字母，根据以下四张图，推测 b 的对面是什么字母？（ ）

　A.（e/a/c）　B.（a/b/c）　C.（f/e/c）　D.（e/d/a）

7. 找出与"确信"意思相同或意义最相近的词（ ）

　A. 正确　　　B. 明确　　　C. 信心　　　D. 肯定　　　E. 真实

8. 五个答案中哪一个是最好的类比？（ ）

脚 对于 手 相当于 腿 对于

　A. 肘　　　　　B. 膝　　　　　C. 脚趾　　　　D. 手指　　　　E. 臂

9. 五个答案中哪一个是最好的类比？（ ）

■ 对于 ▲ 相当于 □ 对于

　A. ▫　　　　　B. △　　　　　C. △　　　　　D. ▲　　　　　E. △

10. 如果所有的甲是乙，没有一个乙是丙，那么，一定没有一个丙是甲。这句话是（ ）

　A. 对的　　　B. 错的　　　C. 既不对也不错

11. 找出下列数字中特殊的一个（ ）

　A. 1　　　　　B. 3　　　　　C. 5　　　　　D. 7　　　　　E. 11

　F. 13　　　　G. 15　　　　H. 17

12. 找出与众不同的一个（ ）

　A. **D**　　　　B. **G**　　　　C. **C**　　　　D. **P**　　　　E. **R**

13. 小明比小强大，小红比小明小。下列陈述中哪一句是正确的（ ）

　A. 小红比小强大　　　　　　　B. 小红比小强小

C. 小红与小强一样大   D. 无法确定小红与小强谁大

14. 找出与众不同的一个(   )

A. 　　B. 　　C. 　　D. 　　E.

15. 五个答案中哪一个是最好的类比(   )

预杉 对于 须抒 相当于 8326 对于

A. 2368　　B. 6238　　C. 2683　　D. 6328　　E. 3628

16. 小明有 12 枚硬币，共 3 角 6 分钱。其中有 5 枚硬币是一样的，那么这五枚一定是(   )

A. 1 分的　　B. 2 分的　　C. 5 分的

17. 找出与众不同的一个(   )

A. 公里　　B. 英寸　　C. 亩　　D. 丈　　E. 米

18. 经过破译敌人密码，已经知道了"香蕉苹果大鸭梨"的意思是"星期三秘密进攻"；"苹果甘蔗水蜜桃"的意思是"执行秘密计划"；"广柑香蕉西红柿"的意思是"星期三的胜利属于我们"；那么，"大鸭梨"的意思是(   )

A. 秘密　　B. 星期三　　C. 进攻　　D. 执行　　E. 计划

19. 五个答案中哪个是做好的类比(   )

爱 对于 恨 相当于 英勇 对于

A. 士气　　B. 安全　　C. 怯懦　　D. 愤怒　　E. 恐怖

20. 一本书的价格低了 50%。现在，如果按原价出售，提高了百分之几(   )

A. 25%　　B. 50%　　C. 75%　　D. 100%　　E. 200%

21. 五个答案中哪一个是最好的类比(   )

对于 相当于 对于

A. 　　B. 　　C. 　　D. 　　E.

22. 找出与众不同的一个(   )

A. 南瓜　　B. 葡萄　　C. 黄瓜　　D. 玉米　　E. 豌豆

23. 从五个答案中找出最好的类比(   )

水 对于 龙头 相当于 电 对于

A. 光线　　B. 开关　　C. 电话　　D. 危险　　E. 电线

24. 打满水缸要 11 桶水。王林每次只能提两桶水，要打满水缸他需要走几趟(   )

A. 5　　B. 5.5　　C. 6　　D. 6.5　　E. 7

25. 五个答案中哪个是最好类比(   )

对于 相当于 对于

A. 　　B. 　　C. 　　D. 　　E.

26. 如果所有的甲都是乙，所有的乙都是丙，那么一定所有的甲都是丙。这句话是
（　　　）
　　A. 对的　　　　　B. 错的　　　　　C. 既不对的也不错

27. 下边哪一个盒子是用左边这张硬纸折成的（　　　）

28. 小张、小李、小王、小刘共买苹果 144 个。小张买的苹果比小李多 10 个，比小王多 26 个，比小刘多 32 个。小张买了多少个苹果（　　　）
　　A. 73　　　　B. 63　　　　C. 53　　　　D. 43　　　　E. 27

29. 找出与众不同的一个（　　　）
　　A. 触　　　　B. 视　　　　C. 听　　　　D. 吃　　　　E. 嗅

30. 五个答案中哪个是最好的类比（　　　）
　　女儿 对于 父亲 相当于 侄女 对于
　　A. 侄子　　B. 表兄　　C. 叔叔　　D. 母亲　　E. 哥哥

31. 找出与众不同的一个（　　　）
　　A. ⬯　　　B. △　　　C. ◎　　　D. ⚠　　　E. ⊡

32. 找出下列数字中多余的一个（　11　）

| 4 | 5 | 8 | 10 | 11 | 16 | 19 | 32 | 36 |

33. 五个答案中哪个是最好的类比（　　　）
　　皮 对于 树 相当于 鳞 对于
　　A. 鳃　　B. 大海　　C. 渔夫　　D. 鱼　　E. 鳍

34. 找出与众不同的一个（　　　）
　　A. 鸡　　　　B. 鸽　　　　C. 鸭　　　　D. 鹤　　　　E. 鹅

35. 五个答案中哪个是最好的类比（　　　）
　　樱桃 对于 红 相当于 牛奶 对于
　　A. 湿　　B. 冷　　C. 白　　D. 甜　　E. 熟

36. 火车守车(车尾)长 6.4 米。机车的长度等于守车的长加上半节车厢的长。车厢长度等于守车长加上机车长。火车的机车、车厢、守车共长多少米（　　　）
　　A. 25.6 米　　B. 36 米　　C. 51.2 米　　D. 64.4 米　　E. 76.2 米

37. 找出与众不同的一个（　　　）
　　A. ◇　　　B. ⬡　　　C. △　　　D. □　　　E. △

38. 在括号中填一字，使这字与括号外面的字分别组成两个字
　　古（　　　）巴

39. 哥哥今年 15 岁，他的年龄是妹妹年龄的 3 倍。当哥哥的年龄是妹妹年龄 2 倍时，

哥哥几岁( )

    A. 18 岁   B. 20 岁   C. 24 岁   D. 26 岁   E. 30 岁

40. 五个答案中哪个是最好的类比( )

  □ 对于 ⬡ 相对于 △

    A. △   B. ⬡   C. △   D. △   E. ⬡

41. 角对于元相当于小时对于( )

    A. 分   B. 秒   C. 月   D. 日   E. 钟

42. 五个答案中哪一个是最好的类比( )

  ✎ 对于 📄 相当于 👁

    A. 👓   B. 👂   C. 📖   D. 🧢   E. 🖌

43. 如果把这个大立方体的六个面全部涂上黑色，然后按图中虚线把它切成 36 个小方块，两面有黑色的小方块有多少个( )

    A. 8 个   B. 10 个   C. 12 个   D. 16 个   E. 20 个

44. 从 A、B、C、D 中选出一个最合适的图案填在下边的问号处( )

    A. ◔   B. ◑   C. ◕   D. ◔

45. 五个答案中哪一个是最好的类比( )

  汽油 对于 汽车 相当于 食物 对于

    A. 嘴   B. 胃   C. 吃   D. 人   E. 牙

46. 找出与众不同的一个( )

    A. ▣   B. ▣   C. ▣   D. ▣   E. ▣

47. 找出与众不同的一个( )

    A. 南昌   B. 西安   C. 郑州   D. 哈尔滨   E. 昆明

48. 如果有些甲是乙，所有的丙都是乙，那么，一定有些甲是丙。这句话是( )

    A. 对的   B. 错的   C. 既不对也不错

49. 五个答案中哪一个是最好的类比( )

  □ 对于 ～ 相对于 ○○ 对于
                        ○○○

    A.   B.   C.   D.   E.

50. 图中阴影部分占面积百分之几(　　　)

A. 20%　　　　　B. 25%　　　　　C. 30%　　　　　D. 35%　　　　　E. 40%

51. 找出与众不同的一个(　　　)

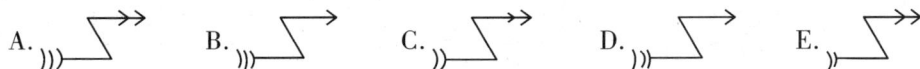

A.　　　　　　　B.　　　　　　　C.　　　　　　　D.　　　　　　　E.

52. 数数有多少个三角形(　　　)

A. 5　　　　　　B. 7　　　　　　C. 9　　　　　　D. 11　　　　　　E. 13

53. 五个答案中哪一个是最好的类比(　　　)

车站 对于 火车 相当于 港口 对于

A. 起重机　　　B. 船坞　　　　C. 领航员　　　D. 轮船　　　　E. 旅行

54. 找出与众不同的一个(　　　)

A.　　　　　　　B.　　　　　　　C.　　　　　　　D.　　　　　　　E.

55. 找出与众不同的一个(　　　)

A. 〉　　　　　　B. ＝　　　　　　C. ＋　　　　　　D. 〈　　　　　　E. ∥

56. 如果所有的甲都是乙，有些乙是丙，那么，一定有些甲是丙。这一陈述是(　　　)

A. 对的　　　　　B. 错的　　　　　C. 既不对也不错

57. 找出与众不同的一个(　　　)

A. 画家　　　　　B. 排球运动员　　C. 播音员　　　　D. 舞蹈演员　　　E. 化妆师

58. 哪个图形与众不同(　　　)

A.　　　　　　　B.　　　　　　　C.　　　　　　　D.　　　　　　　E.

59. 找出与众不同的一个(　　　)

A. 水　　　　　　B. 太阳　　　　　C. 汽油　　　　　D. 风　　　　　　E. 水泥

60. ABCDEF 哪个放在下面的问号处最合适(　　　)

A.　　　　　　　B.　　　　　　　C.

D.　　　　　　　E.　　　　　　　F.

附答案

题号	1	2	3	4	5	6	7	8	9	10
答案	C	C	A	C	C	E	D	E	B	A
题号	11	12	13	14	15	16	17	18	19	20
答案	G	C	D	C	D	C	C	C	C	D
题号	21	22	23	24	25	26	27	28	29	30
答案	E	D	B	C	E	A	D	C	D	C
题号	31	32	33	34	35	36	37	38	39	40
答案	B	11	D	D	C	C	E	月	B	C
题号	41	42	43	44	45	46	47	48	49	50
答案	D	C	D	A	D	D	D	B	E	B
题号	51	52	53	54	55	56	57	58	59	60
答案	A	D	D	B	C	B	C	A	E	C

表12-17 招聘满意度调查表

各位部门领导:

为提高人力资源部的招聘质量,提升招聘的整理效果,人力资源部招聘组希望得到您的宝贵意见,以便更好地开展招聘工作。请您填写好下表,谢谢您的支持和配合!

序号	内容	很满意 5	满意 4	较满意 3	不满意 2	很不满意 1
1	招聘人员对招聘申请处理的及时性					
2	招聘人员对招聘岗位核心要求的理解程度					
3	经人力资源部筛选后简历的合格率					
4	经人力资源部初试后求职者的合格率					
5	面试安排的合理性(如时间、地点、资料准备等)					
6	招聘人员对招聘过程的跟进力度					
7	招聘人员的工作素养(耐心度、专业性等)					
8	试用人员的合格率					
9	招聘人员的工作失误率(越低得分越高)					
共计得分:						
招聘满意度 M=得分/总分45分×100%						
评价参考标准: 很满意:90%<M≤100% 满意:80%<M≤90% 比较满意:60%<M≤80% 不满意:50%<M≤60% 很不满意:M≤50%						
对招聘工作的意见及建议:						

参考文献

[1] 徐晓枫.企业人才招聘管理中的问题及对策研究[J].今日财富,2024:137-139.

[2] 崔媛媛.G 公司 HRBP 功能的改进研究[D].成都:电子科技大学,2022.

[3] 李雪.美达物业华北分公司 HRBP 管理模式构建研究[D].天津:河北工业大学,2022.

[4] 陈莉.J 公司 HRBP 管理模式优化研究[D].昆明:云南财经大学,2021.

[5] 吴孝健.基于 HRBP 管理模式下的招聘体系优化——以 X 公司为例[J].中国人力资源开发,2015:10-12.

[6] 陆启明.基于 HRBP 的 X 企业中层人员招聘体系优化研究[D].南京:东南大学,2018.5.

[7] 贺文博.数字化加速人才招聘效率提升的现实路径[J].人力资源开发,2022:9-10.

[8] 王剑峰.基于大数据时代企业人力资源管理的优化策略分析[J].中外企业家,2020.4.

[9] 蒋波.企业战略招聘应用研究——以 FG 煤业为例[D].重庆:西南大学,2012.

[10] 黄飞,高群.战略招聘与招聘渠道选择机制[J].中国管理信息化,2011.10.

[11] 窦胜功,卢纪华,周玉良.人力资源管理与开发[M].北京:清华大学出版社,2016.

[12] 斯蒂芬·罗宾斯,玛丽·库尔特.管理学[M].北京:中国人民大学出版社,2022.

[13] 刘莹,陈淑英,王沙力.劳动关系管理[M].长沙:湖南师范大学出版社,2019.

[14] 程延园,王甫希.劳动关系[M].北京:中国人民大学出版社,2021.

[15] 潘辉.HR 劳动关系经典管理案例[M].北京:中国法制出版社,2019.

[16] 侯光明.人力资源管理[M].北京:高等教育出版社,2009.

[17] 白旭云,樊贵莲.知识型员工的招聘与甄选[M].北京:经济科学出版社,2014.

[18] 赵曙明,彼得·J.道林,丹尼斯·E.韦尔奇.跨国公司人力资源管理[M].北京:中国人民大学出版社,2001.

[19] 贺新闻.战略人力资源管理[M].北京:高等教育出版社,2014.

[20] 边文霞.员工招聘实务[M].北京:机械工业出版社,2008.

[21] 曹晖,陈新玲.人员招聘与配置[M].北京:中国劳动社会保障出版社,2006.

[22] 池永明.员工招聘规划与执行精细化实操手册[M].北京:中国劳动社会保障出版社,2013.

[23] 高秀娟,王朝霞.人员招聘与配置[M].北京:中国人民大学出版社,2013.

[24] 郭毅.组织行为学[M].北京:高等教育出版社,2000.

[25] 侯典牧.人员测评原理与方法[M].北京:中国人民大学出版社,2012.

[26] 劳动部职业技能开发司,劳动部人事司.人员测评理论与方法[M].北京:中国劳动出版社,1997.

[27] 李旭旦,吴文艳.员工招聘与甄选[M].上海:华东理工大学出版社,2014.

[28] 廖泉文.招聘与录用[M].北京:中国人民大学出版社,2010.

[29] 林忠.人力资源招聘与选拔[M].沈阳:辽宁教育出版社,2006.

[30] 刘小平.现代人力资源测评理论与方法[M].广州:中山大学出版社,2006.

[31] 刘追.人员招聘与配置[M].北京:中国电力出版社,2014.

[32] 吕忠才.企业招聘实务[M].广州:广州出版社,2012.

[33] 彭程远.内部选拔 VS 外部招聘[J].企业家天地,2011(5):45-46.

[34] 石伟.人员招聘与培训实务[M].北京:中央广播电视大学出版社,2013.

[35] 宋艳红.员工招聘与配置[M].北京:北京理工大学出版社,2014.

[36] 孙卫敏.招聘与选拔[M].济南:山东人民出版社,2004.

[37] 滕晓丽. 招聘管理工作手册[M]. 北京：人民邮电出版社，2013.

[38] 王丽娟. 员工招聘与配置[M]. 上海：复旦大学出版社，2006.

[39] 王胜会. 员工面试与录用精细化实操手册[M]. 北京：中国劳动社会保障出版社，2013.

[40] 吴文艳. 论现代企业中招聘团队的组建[J]. 中国人力资源开发，2005(9)：34-36.

[41] 吴玉梅. 企业人员招聘的方式探讨[J]. 中国商界，2010(12)：470-472.

[42] 吴志明. 招聘与选拔实务手册[M]. 北京：机械工业出版社，2007.

[43] 萧鸣政. 人员测评与选拔[M]. 上海：复旦大学出版社，2010.

[44] 徐光辉. 创业型企业如何打赢人才战：招聘九剑[M]. 北京：光明日报出版社，2014.

[45] 杨杰. 有效的招聘[M]. 北京：中国纺织出版社，2003.

[46] 杨倩. 员工招聘[M]. 西安：西安交通大学出版社，2014.

[47] 远鸣. 把招聘做到极致[M]. 北京：中华工商联合出版社，2014

[48] 曾令萍. 招聘面试管理制度[M]. 北京：人民邮电出版社，2013.

[49] 张廷兴，葛凤华. 面试[M]. 北京：机械工业出版社，2007.

[50] 张志军. 员工招聘与选拔实务[M]. 北京：中国物资出版社，2010.

[51] 赵建伟. 人员素质测评理论与方法[M]. 成都：四川大学出版社，2007.

[52] 赵淑芳. 员工招聘与甄选实务手册[M]. 北京：清华大学出版社，2013.

[53] 周文，刘立明，方芳. 员工招聘与选拔[M]. 长沙：湖南科学技术出版社，2005.

[54] 周永亮，万鹏. 现代企业招聘全案[M]. 北京：机械工业出版社，2014.

[55] 窦胜功，卢纪华，周玉良. 人力资源管理与开发[M]. 北京：清华大学出版社，2016.

[56] 斯蒂芬·罗宾斯，玛丽·库尔特. 管理学[M]. 北京：中国人民大学出版社，2022.

[57] 刘莹，陈淑英，王沙力. 劳动关系管理[M]. 长沙：湖南师范大学出版社，2019.

[58] 程延园，王甫希. 劳动关系[M]. 北京：中国人民大学出版社，2021.

[59] 潘辉. HR劳动关系经典管理案例[M]. 北京：中国法制出版社，2019.

[60] 王静姝，鲁艳霞. 招聘需求入手——实现人才精准培养[J]. 人力资源，2022(6)：80-81.

[61] 刘畅. 数据类岗位招聘需求信息研究[D]. 兰州：兰州财经大学，2019.

[62] 王成泽. 中文简历解析及招聘需求匹配算法研究[D]. 武汉：武汉邮电科学研究院，2021.

[63] 王长乐. 人工智能相关岗位招聘需求研究[D]. 重庆：重庆大学，2020.

[64] 王红杰. YJ公司技术人员招聘流程优化研究[D]. 石家庄：河北地质大学，2022.

[65] 曾昆. Z公司校园招聘方案优化设计研究[D]. 南昌：华东交通大学，2021.

[66] 罗芳. 企业招聘精细化管理. 北京：中国铁道出版社，2021.

[67] 水心，赵治国，张胜利. 招聘管理实操[M]. 北京：人民邮电出版社，2020.

[68] 李中斌，卢斌，郑文智. 招聘管理[M]. 北京：中国社会科学出版社，2008.

[69] 杜大源. 三种心理测量理论的演变和发展[J]. 兰州教育学院学报，2013(1)：81-83.

[70] 亓玉璐. 心理测量系统的开发与实现[D]. 昆明：云南大学，2014.

[71] 叶红. 大唐国际员工群体心理测量体系研究[D]. 北京：华北电力大学，2013.

[72] 戴海琦. 心理测量学(第三版)[M]. 北京：高等教育出版社，2022.

[73] 黎光明. 心理测量[M]. 北京：清华大学出版社，2022.

[74] 戴海琦. 心理与教育测量[M]. 广州：暨南大学出版社，2018.

[75] 李旭旦，吴文艳. 员工招聘与甄选(第2版)[M]. 上海：华东理工大学出版社，2014.

[76] 《人力资源管理》编写组. 人力资源管理[M]. 北京：高等教育出版社，2023.

[77] 赵中利，马彩凤. 人力资源管理理论·实务·工具[M]. 南京：南京大学出版社，2019.

[78] 董克用，李超平. 人力资源管理概论(第5版)[M]. 北京：中国人民大学出版社，2019.

[79] 廖泉文. 招聘与录用(第4版)[M]. 北京：中国人民大学出版社，2022.

[80] 胡学勤，胡泊. 劳动经济学(第5版)[M]. 北京：高等教育出版社，2018.